더 그레이트 비트코인

THE GREAT BITCOIN

더 그레이트 비트코인

인문학, 경제학, 과학을 아우르는 절대 지성의 세계관

오태민 지음

거인의 정원

들어가는 말

2023년 8월, 미국 법원은 미국 증권위원회SEC에 불리한 판결을 내렸다. 미국 자산운용사인 그레이스케일이 SEC의 비트코인 상장지수펀드ETF 기각이 부당하다고 소송한 재판에서 법원은 SEC의 거절 사유가 자의적이고 변덕스럽다arbitrary and capricious고 판시했다. 법원이 SEC가 그레이스케일의 비트코인 ETF를 승인해야 한다고 명령한 것은 아니다. 다만 거절 사유가 불충분하고, SEC가 이미 승인한 바 있는 비트코인 선물 ETF와 이 건의 구조적 차이점에 대해 설명하지 못했으므로 그레이스케일의 신청을 재검토할 것을 명령했다. 법원의 이번 판결로 인해 비트코인과 암호화폐 업계에 미쳐 온 SEC의 재량권이 위축될 것으로 기대된다.

SEC는 지난 7년간 여러 회사의 비트코인 ETF 신청을 거절해 왔다. 시장조작으로부터 소비자를 보호할 장치가 미비하다는 것이 주된 거절 사유였다. 그러나 2023년 6월, 세계 최대 자산운용사인 블랙록이 비트코인 ETF를 신청하면서 전문가들은 미국 자본시장의 기류가 바뀔 것으로 전망하고 있다.

비트코인 가격이 어떤 세력에 좌우되어 요동칠지도 모르기 때문에 투자자를 보호할 수 없어 비트코인 ETF를 승인할 수 없다는 SEC의 논리는 일면 타당하다. 그러나 이들의 논리에서 진정성을 느끼지 못하는 이유는 SEC의 거절이 바로, 업계가 소비자를 보호하는 쪽으로 발전하는 것을 지연시키고 있기 때문이다.

비트코인이 15년 전에 발명되어 의미 있는 가격을 가진 투자자산이 된 지도 10년이 넘었다. 이제 비트코인은 새로운 개념이긴 해도 예전처럼 낯선 개념은 아니다. 전 세계에서 금융투자가 활발한 지역이라면 비트코인을 들어보지 못한 사람을 찾는 것이 훨씬 어려울 것이다. 그러나 비트코인 투자에는 넘어서기 어려운 벽이 있는 것이 사실이다. 생업에 바쁜 사람들이 가벼운 마음으로 접근하기에는 여전히 난해하고 낯설다. 만약 비트코인 상장지수펀드처럼 믿을 만한 회사가 만든 관련 투자상품을 이용할 수 있다면, 훨씬 더 많은 사람이 안심하고 비트코인에 접근할 수 있을 것이다.

미국 시장에 비트코인 ETF가 출시된다면 공신력 있는 기관들도 사람들이 관심을 가질 것을 예상하여 관련 상품을 여럿 만들고 투자할 것이므로, 비트코인에는 훨씬 더 많은 이해관계자가 생길 것이고 훨씬 더 많은 자금이 몰릴 것이다. 질량 자체가 늘어나는 것만으로도 비트코인은 일부 세력이 판세를 좌우하기 어려운 금융상품으로 자리 잡을 것이다. 즉, SEC가 일찌감치 파생상품을 승인해 주고 실험적으로 운용하라고 했다면 비트코인은 투자자들에게 지금보다 훨씬 더 안전한 자산이 되었을 것이다. 이렇듯 반복되는 지연을 통해 알 수 있는 것은 SEC가 진심으로 원하는 것이 투자자 보호가 아니라 비트코인의 주류화를 최대한 지연하는 쪽이라는 것이다.

내가 투자대상으로서 비트코인에 매력을 느끼는 이유는 비트코인이 증권이 아니기 때문이다. 비트코인은 튤립과 비슷하다. 그것도 전 세계 어디서나 똑같이 꽃을 피우는 단일한 튤립이라 할 수 있다. 사람들의 기호 변화로 튤립의 수요가 크게 증가할 것으로 예상될 때 일반인이 접근할 수 있는 투자 방법은 크게 두 가지다. 튤립을 생산 또는 유통하는 회사의 주식에 투자하거나 아니면 튤립 그 자체를 매입하는 것이다. 후자의 경우 실물을 인도받기 위해 창고가 필요하고 보관과 유통을 위해 전문적인 지식도 필요하기 때문에 일반인이 선뜻 하겠다고 나서기는 쉽지 않다. 그래서 대체로 전자를 선택한다. 그러나 전자에는 독특한 도덕적 문제가 발생할 여지가 있다. 바로 회사의 내부자들이 남들보다 먼저 알 수밖에 없는 정보를 투자에 활용할 수 있다는 점이다. 이들은 법적인 제약 때문에 노골적으로 정보를 활용하지는 못하더라도 주변의 특수관계자와 정보를 공유하는 간접적인 방식을 사용할 수 있다. 모든 증권투자는 이렇듯 특수관계자들과의 싸움이다. 그러나 튤립 그 자체에 투자한다면 이런 위험을 감수할 필요가 없다. 실패도 성공도 모두 자신의 지식과 운의 문제지, 누군가의 '도덕적 실력'에 달린 문제가 아니다.

그렇다. 하필이면 왜 튤립을 예로 들었을까? 이 책의 본문에도 나오는 주장이지만 17세기에 일었던 네덜란드의 튤립버블은 크게 과장되거나 혹은 거의 날조되었다. 사실 사회를 혼돈 속으로 몰아넣는 버블붕괴와 금융위기는 도덕적 실력과 연결된다. 정보가 비교적 단순해서 도덕적 문제가 생길 여지가 없는 순수한 사물 그 자체가 투기대상일 때는 그 피해범위도 제한적이다. 1630년대에 일어난 튤립버블 사건은 네덜란드 사회를 뒤집지도 않았고 심지어 법원에 파산신청을 한 화훼투자자도 없었다. 주기적으로 산업사회를 강타하는 부동산 거품의 경우에는 단일 품목이라고 보기도 어렵고, 실제로는 저금리와 인플레이션 같은 금융위기의 한 양태로 나타나거나 국지적으로는 관과 개발회사가 밀착해 대중을 기만하는 거대한 사기 행각이기 때문에 튤립버블과는 성격이 다르다.

튤립버블로부터 100년 뒤 프랑스 사회를 뒤엎은 미시시피회사 사건이나 영국의 남해회사 버블붕괴는 사회 전체에 불신풍조를 확산시켰다. 2008년 리먼브러더스 파산이나 이후 미국의 양적완화도 모두 금융시스템에 대한 불신을 확산시켰는데, 따져보면 평소 고액의 수익을 챙기던 능력자들이 실제로는 그만큼 실력이 없었던 게 그 원인이었다. 금융 엘리트들에게는 미래를 내다보는 안목이나 정보를 읽고 판세를 분별하는 탁월한 능력은 물론이거니와 도덕성도 분명 중요한 실력의 하나인데, 당시 '월가의 총체적 부실'은 고액 연봉자들이 이런 덕목 중 일반인에 비해 월등하게 갖춘 게 하나도 없었다는 것을 증명했다.

비트코인은 회사가 아니라 하나의 사물로 단일 상품이다. 그렇기에 비트코인을 투자대상으로 삼는 한, 내부자들에 의해 놀아날 염려가 없다. 거의 모든 정보가 공개되어 있으므로 남보다 더 빨리, 더 좋은 정보를 얻기 위해 연줄이 필요하지도 않다. 뉴스를 읽어내는 안목이 뉴스를 접하는 순서보다 훨씬 중요하다. 나는 2014년 비트코인을 공부하는 동시에 투자하기 시작했는데, 만약 투자에 실패한다면 그것은 내 공부가 부족했기 때문이므로 나 자신과의 승부가 모든 것을 결정한다고 확신했다. 남을 탓할 여지가 없다는 점, 인생에서 그럴 수 있는 승부가 거의 없으므로 이 깨끗한 단판 승부의 매력이 나를 끌어당겼다. 그리고 나는 승부에서 이겼다. 이겼다는 것이 판명 날 때까지 거의 7년을 절치부심해야 했지만 어쨌건 지지 않았고, 지금까지도 지지 않고 있으므로 결과적으로 이겼다고 할 수 있다.

SEC를 비롯한 주무관청들의 재량권이야말로 내게는 너무나 순수한 비트코인 승부를 지저분하게 만들어 짜증을 자아내는 요소들이다. SEC 위원의 한마디에도 비트코인 가격은 요동친다. SEC가 영향력을 행사하는 한, SEC 내부에 지인이 있으면 남들보다 위원회의 결정을 미리 알 수 있으므로 제한된 폭이나마 손쉽게 큰 이익을 편취할 수 있다. 나로서는 비트코인 ETF 승인이 중요한 것이 아니라 SEC의 영향력으로부터 멀어지는 것이 중요하다. SEC의 중요 인사들이 앞으로 모든 비트코인 ETF를 거절하겠다고 깨끗하게 못 박아 선언하지 않으면서, 그동안 지속적으로 다양한 디자인의 상품들에 대해 같은 논리로 거절해 온 것을 순수하게 보지 않는 이유가 바로 여기에 있다. 왜냐하면 내게는 그들의 불순한 의도가 읽히기 때문이다. 그 의도란 시장 영향력을 잃지 않는 것이다. 승인할 듯 거절하는 것이야말로 그들이 영향력을 오랫동안 행사하는 방법이고, 그들과 내밀하게 교류하는 이들이 하루라도 먼저 정보를 얻어 부당한 이익을 편취하는 좋은 방법이기도 하다. 이렇게 음모론적으로 해석하지 않더라도 관청은 원래 속성상 자신의 영향력 확대를 추구한다.

비트코인은 관료의 재량권이나 회사 내부자들의 탐욕으로부터 개인의 재산을 지키고자 하는 시도의 산물이자, 영화 〈반지의 제왕〉에서 보자면 권력자의 절대반지를 봉인하는 작업이다. 판타지 소설《반지의 제왕》을 쓴 J. R. R. 톨킨은 서구문명이 위기에 처한 20세기 초, 서구문명의 본질이 바로 전체주의로부터 개인의 자유를 지키려는 긴 여정이었다는 것을 상기하고자 했다. 그는 소설을 통해 서구문명이 결국 나치즘과 공산주의의 도전도 물리칠 것이라고 예언했다. 이 소설은 2차 세계대전이 끝난 뒤 출간됐지만 크게 반향을 일으킨 것은 1960년대 미국의 대학가였다. 당시 미국의 대학생들은 베트남전에 징집될지도 모른다는 불안감에 휩싸여 있었고, 모든 권력과 기존 질서를 거부하는 히피문화가 대학가를 휩쓸었다. 이때 대학가에서 선택한 책이 바로《반지의 제왕》이었다. 미국의 대학 서점마다《반지의 제왕》이 쌓여 있었고, 소설 속에 나오는 마법사 간달프를 공화당 소속 닉슨의 대항마로 내세워 대통령 후보로 추대하는 퍼포먼스도 있었다.

서구문명의 본질을 성찰한 소설이 문명 자체를 거부하는 것이 핵심인 히피문화에 의해 퍼져나간 셈이다. 미국의 히피문화는 구세대의 가치관과 구질서에 대한 젊은 이상주의자들의 반발이었지만 이 세대는 향후 미국의 지식과 문화, 정치권력을 장악한다. 히피세대의 한 축이 미국 반도체 산업의 태동기를 이끌었으며, 애플을 공동 설립한 스티브 잡스 역시 히피문화의 영향을 받았고 히피문화 그 자체로 인식되는 비틀스를 숭앙하며 사과를 심볼로 삼았다.[1]

---

1 비틀스의 음원유통회사 이름과 로고는 애플 Apple Inc.다.

반도체와 컴퓨터 산업은 히피세대에게 구세대를 능가하는 경제권력의 기반이 되어주었다. 비트코인의 창시자들도 이 세대와 같은 자양분으로 자라났다. 책의 본문에서 다룰 할 피니는 익스트로피안인데, 〈익스트로피Extropy〉는 컴퓨터가 촉발한 기술적 도약이 인간 자체를 진화시킨다는 미래에 대한 초긍정을 표방하는 잡지다. 익스트로피안들은 1990년대에 이미 암호화폐를 AI, 사이보그, 냉동인간 기술들과 함께 인간의 자유를 확장할 도구로 인식했다. 즉, 2008년 발명된 비트코인은 1930년대에 쓰인 《반지의 제왕》, 1960년대 미국 대학가에 퍼진 히피문화, 1970년대에 시작된 미국 반도체와 컴퓨터 산업의 성장, 1980년대와 1990년대에 피어난 기술과 인터넷 이상주의까지 점과 점으로 이어진 긴 선 위에서 출발했다.

비트코인은 분산 시스템에 대한 철학적 열정의 결과물이다. 한마디로 철학적으로 족보가 있는 현상이다. 많은 지식인들이 비트코인을 무시했다면, 이는 그들이 분산화에 대한 어떤 사람들의 오랜 열정을 이해하지 못했기 때문일 가능성이 크다. 비트코인이 이런 점과 점을 이은 선의 연장선상에서 등장했듯이 나의 비트코인 발견도 몇 개의 점들로 이어져 있다.

나는 2014년 아주 우연히 비트코인을 만났다. 처음에는 나도 비트코인이 사기라고 생각했다. 세상에는 나름 창의적인 바보들이 있기 마련이니 그리 신기한 일도 아니라고 여겼다. 그러나 공부를 시작하고 얼마 후, 나의 지적 수준으로 단정 지을 만한 현상이 아니라는 것을 인정할 수밖에 없었다. 공부를 더 해야 할 낯설고 심각한 주제들이 많았다.

처음에는 비판적으로 접근했지만 원리를 알아갈수록 빠져들고 말았다. 그러다가 결국 비트코인 옹호론자가 되었다.

나는 20대 후반에 온라인 콘텐츠를 다루는 케이블 방송 송출업체에 취업했는데, 이때 막 떠오르던 MMORPG 게임인 엔씨소프트 〈리니지〉의 사이버머니와 아이템 채굴, 거래 사례를 연구했다. 또, 이 회사가 스포츠토토 진출에 관심이 있었기 때문에 나는 온라인 도박에 대해서도 연구 보고서를 제출했다. 30대에는 직장을 나와서 모바일 인터넷 사업에 뛰어들었다. 그 당시는 스마트폰이 나오기 전이었다. 구형 핸드폰에서 인터넷으로 이메일을 확인할 수 있는 애플리케이션을 개발해 SKT와 LGT의 애플리케이션 스토어에 진출했다. 20대 후반에는 사이버머니와 온라인 도박을 연구했고 30대에는 모바일 인터넷 사업에 투신했다. 이런 경험들이 이 책의 본문에 녹아들어 있다. 비트코인은 탈중앙화라는 이념만이 아니라 온라인 도박과 관련 있는 기술이며, 그와 동시에 모바일 혁명이 전 세계인을 연결하는 환경 속에서 금융을 혁신할 도구라고 할 수 있다.

2014년, 비트코인을 발견하고 나서도 한참 지나서야 어떤 생각이 났다. 나는 20대 초반에 www(월드와이드웹)가 보급되기 몇 해 전 네트워크 시대의 도래를 예견하고 공부해 책을 쓴 적이 있었다. 당시 나는 인터넷과 같이 중앙이 없는 체제의 확산이 불러올 분산화에 관심을 가졌다. 그로부터 20년 후 나는 비트코인을 발견하고는 "유레카!"를 외쳤던 반면, 함께 경영학이나 경제학을 공부한 친구, 선후배와 지인들은 이 현상에 대해 나와는 정반대의 태도를 취했다. 그들과 달리 내가 비트코이너가 된 이유는 오래전 새겨 둔 분산화에 대한 학습의 흔적이 나의 뇌리에 남아 있었기 때문이었다.

1992년에 나는 대학생이었다. 당시 한국의 대학가에서는 현실정치에 대한 열정이 지적 풍토를 주도했다. 분산 시스템이라는 개념은커녕 이메일도 보급되기 전이었지만, 나는 인터넷이 문명을 바꿀 것이라는 외국 학자들의 주장에 관심을 가졌다. 관료제로 상징되는 중앙집중의 방사형 구조에서 분산형 다핵구조로 시스템이 이행될 것이라는 내용으로 몇 쪽의 글을 써 캠퍼스에 돌리며 동조자를 모았다. 그리고 1년 6개월간 분산 시스템이라는 관점에서 정치, 경제, 사회, 문화를 훑는 작업을 거쳐 1993년에 《여백의 질서》라는 이름으로 엮어 책을 냈다. 대학생 수준에서 쓴, 다소 현실과 동떨어지고 몽상적인 부분도 없지 않았던 나의 글은 계급적 갈등을 기준으로 세상만사를 분석하는 사고가 지배하던 당시 대학가에 작은 파장을 일으켰다. 그러나 개인적으로 《여백의 질서》가 사회에 진출하는 데 경력으로서 별 도움이 되지는 않았다.

대학생 신분으로 책을 쓰느라 일반적인 길을 포기하게 한 어리석은 선택으로 여겼기에 억지로라도 까맣게 잊고 지내다시피 했다. 40대 중반이 되어, 문명사적으로 유의미한 비트코인을 운명처럼 맞닥뜨릴 때까지는 그랬다. 그런데 지나고 보니 분산화에 대한 젊은 시절의 풋풋한 열정이 기나긴 지적 공백을 이어준 것이었다. 이를 남보다 일찍 발견하고 투신하게 해준 젊은 스스로에게 감사할 따름이다.

그럼에도 아쉬움은 남는다. 만약 내 주변에 인문학적 호기심이 왕성한 이들이 많았다면, 그중 한 명 정도는 2012년 무렵 내게 비트코인이 중요한 현상이라는 것을 알려줄 수도 있었을 것이다. 그리고 그때였다면 엄청난 기회를 잡을 수 있었을 것이다. 이런 아쉬운 마음에 2014년에 《비트코인은 강했다》 초판을 서둘러 출판했다. 나는 책을 내고 나서 얼마 후 한양대학교에서 비트코인 특강을 할 기회를 얻었는데, 이때 비트코인 가격이 향후 200배까지, 즉 1억 원까지 올라갈 것이라고 말해 대다수 청중으로부터 냉소를 받았다. 당시 60만 원대였던 비트코인 가격은 나를 포함해 청중이 '밑져야 본전'이라는 마음으로 모험을 감행하기에는 다소 비싸게 느껴졌다. 그러나 2012년이었다면 이야기가 달라진다. 비트코인이 1만 원이 안 되었고, 주로 1,000원대를 오가며 오랫동안 기회의 문이 크게 열려 있었기 때문이다. 그 가격이라면 다소 멀쩡해 보이지 않더라도 강사가 목에 핏대를 세우면서까지 열정적으로 강조하는 말을 듣고, 많은 사람이 비트코인을 수백 개 혹은 수천 개라도 재미 삼아 사볼 수 있었던 때였다.

2014년 그것도 우연히 검색하는 과정에서 비트코인을 발견하기 전까지, 나에게 비트코인의 존재와 이것이 인문학적인 탐구대상이라는 사실을 알려준 사람이 내 주변에는 단 한 명도 없었다. 만약 누군가 내게 이야기해 주었더라면 분산화 철학이 낯설지 않았던 나로서는 몇백만 원 정도는 투자하는 모험을 감행했을 것이다. 호기심에서라도 수천 개 이상은 구입했을 것이다. 그런데 내 주변에는 이 신물질을 탐구해야 한다고 생각하는 이가 단 한 명도 없었다. 이것은 둘러댈 여지가 별로 없는 슬픈 현실이다. 나뿐만이 아니라 이 책을 읽는 독자들도 지적인 갈라파고스에 속했다는 사실을 뼈아프게 느낄 때가 반드시 올 것이다. 소위 지적으로 '후진 그룹'에 속했음에도 뜻이 맞는 사람들끼리만 만나면서 '해도 그만, 안 해도 그만'인 이야기에 키득대며 소일했던 게 사실은 돌이킬 수 없는 대가를 요구했다는 사실을 뒤늦게 깨닫는 순간, 인생 자체가 쓰라리게 느껴진다. 다른 것도 아니고 단지 인문학적 호기심이 부족한 사람들과 어울리다가 부자가 될 수 있었던, 그것도 우리 세대에게만 주어졌던 절호의 기회를 우리 대부분은 놓쳐버리고 말았다.

2022년 가을, 나는 기로에 서 있었다. 오랫동안 시도해 온 블록체인 프로젝트를 불특정 다수의 대중을 대상으로 실행할 것인지를 최종적으로 선택해야만 했다. 수년 동안 기업체를 찾아가 설득하고 다녔지만 별 소득이 없었다(어떤 프로젝트인지, 왜 기업체를 찾아 설득했는지는 본문에 자세히 적어두었다). 그러나 대중을 대상으로 이와 비슷한 프로젝트를 수행하려면, 나중에 들어올 규제와 도덕적 비난에 대비하기 위해 엄청나게 높은 수준의 도덕성이 필요하다는 사실을 잘 알고 있는 상태였다. 한데 그러려면 나와 직계 가족들은 프로젝트를 통해 경제적으로 취할 이득이 없도록 판을 짜야 한다. 정부와 게임을 하려면, 특히 수사기관과 게임을 하려면 꼼수를 쓰기보다는 근본적인 차원에서 정부를 따돌려야 한다. 발행자가 갖지도 않고 팔지도 않으면 법적인 사건 자체를 구성하기 어렵다. 증권으로 판명 나도 결국 팔지 말라거나 투자받은 돈을 돌려주라는 판결이 날 것이므로 애초에 팔지도 않고 투자받지도 않으면 된다. 물론 나는 이 프로젝트를 지난 7년간 기업들에 제안할 때도 팔지 않아야 한다는 사실을 강조해 왔다. 기업이 투자했더라면 기업은 팔지 않더라도 나는 프로젝트 참가자의 일원으로서 코인을 성과급으로 받아서 챙길 수도 있었다. 그러나 내가 기업 입장의 발행자가 되면 얘기가 달라진다. 내가 발행자이므로 팔지 않아야 하고, 팔지 않아야 할 것을 오랫동안 소유하고 있으면 생태계에 불필요한 오해와 혼선만 초래하게 된다. 다만, 뒤에서 또 설명하겠지만 코인의 소유는 생각보다 복잡한 개념이다. 코인의 소유 자체가 어떤 국가기관에서 증명할 수 있는 성질의 것이 아니다. 코인은 등기물이 아니고 점유물이다. 내가 코인을 갖지 않기로 결심한 것은 가족을 보호해야 한다는 생각 때문이었다. 실제로 단 하나의 코인도 갖지 않겠다고 결심해도 이를 완벽하게 100% 증명할 방법은 없다. 물론 상당량의 코인은 블록체인의 속성상 누구나 추적이 가능하므로 간접적으로 결백을 증명할 수는 있다. 그러므로 발행자가 코인을 팔지 않는다는 것과 달리 애초에 단 하나도 갖지 않는다는 것은 개인적인 결단의 문제였다.

이 프로젝트를 실행에 옮기면 경제적 이득은 없고 여러 사람에게 증명하기도 어려운 수준의 결백을 유지하는 동시에, 이를 불특정 다수에게 납득시키기 위해 변명으로 들리는 설명을 끊임없이 강요당할 처지에 놓이게 된다. 더구나 이 프로젝트가 성공해서 사회적 반향이라도 일으키면 국가기관에 소환될 수도 있는 일이다. 이 프로젝트를 할 필요가 없는 이유는 여러 가지로 나열할 수 있다. 그러나 하면 좋은 이유도 나열할 수 있다. 무엇보다 그동안 비트코인이 그려낼 미래상에 대해 글을 쓰고 강의해 오던 나 자신이 이 프로젝트를 통해 직접 생태계를 구현해 보여줄 수 있다는 건 흥분을 감추기 어려울 정도로 매력적인 일이다. 이렇게 거부하기 어려운 매력 때문에라도 고민을 시작할 때부터 결국은 이 프로젝트를 하는 쪽으로 결론이 날 것을 마음 한편에서는 알고 있었다.

가장 큰 동인은 과거를 돌이켜 보았을 때 느껴지는 뭉클한 감정이었다. 2014년까지 내게 비트코인을 진지하게 소개한 사람이 아무도 없었다는 것 그리고 2014년부터 내가 아무리 열정적으로 설명해도 가족과 지인들이 알아듣지 못했다는 것, 이제 비트코인이 평범한 사람들에게는 너무 어렵고 너무 멀리 가버렸다는 사실이었다.

나는 2022년 겨울과 2023년 여름까지 대략 2,000여 명의 사람들과 함께 비트코인의 소스코드를 베껴 화폐현상을 재현했다. 비트코인을 블록체인 기술의 하나로 인식하는 이들은 비트코인을 낡은 기술로 치부하는 경향이 있다. 그러나 비트코인이 발명되고 몇 년 뒤, 의미 있는 가격으로 점점 성장하는 그 자체가 특별한 인문학적 사건이라고 생각한 우리는 비트코인을 하나의 기술로 차용해 비트코인이 등장했던 초기와 비슷한 생태계를 재현하는 데 성공했다.

상식과 직관으로만 보면 당장은 '어떤 쓸모도 없는 비트코인의 아류'가 가격을 가지는 것은 불합리하다. 그러나 이 코인(비트모빅)은 현재 가격을 가지고 있으며, 이 가격 역시 꾸준히 올라가고 있다. 생태계는 활기를 띠고 인재와 자금이 몰려들고 있다. 덕분에 이 책은 나의 전작들 2014년 《비트코인은 강했다》, 2018년 《스마트콘트랙: 신뢰혁명》, 2020년 《비트코인, 지혜의 족보》를 뒤섞고 간추린 것임에도 전혀 다른 책이라고 할 수 있게 되었다.

전작들을 쓸 때 나는 이 업계의 관찰자였다. 나름대로 생태계 참여를 시도했으나 번번이 실패했기 때문에 달리 선택지가 없었다. 그러나 이

책을 쓸 때, 나는 이미 내가 주도한 생태계의 태생기를 성공적으로 마무리한 상태였다. 이제 나는 단지 업계의 관찰자가 아니다. 그래서 생태계 창출의 경험이 녹아들어 갔기에 이 책은 좀 더 생동감이 있어진 반면, 저자가 객관적인 태도를 유지할 수 없는 데 따른 위험을 안게 되었다. 그러나 이 모든 것은 앞으로 진행될 거대한 일의 시작에 불과하다. 비트코인이 만들어낼 생태계는 너무나도 거대하다. 그리고 내가 주도한 생태계는 그 전체 생태계에서 상당히 중요하나 외형상으로는 보잘것없는 한 구석을 차지할 것으로 기대하고 있다. 내가 주도한 생태계가 왜 중요한지를 본문에서 성공적으로 설명했는지에 대해서는 별로 자신이 없다.

나는 독자들을 설득할 수 없다는 걸 잘 안다. 경험칙이지만 비트코인은 설득이 불가능하다. 그럼에도 책을 쓰고 강연을 하는 것은 한 마리의 개미로서 페로몬을 뿌리는 행위에 불과하다. 설득이 아니라 같은 페로몬에 반응하는 동류同流를 불러 모으려는 퍼포먼스다. 혹은 한 마리의 탐색벌로서 자신이 본 것을 동료들에게 알리기 위해 최선을 다해서 춤추는 것과 같다. 탐색벌은 자기가 발견한 꽃밭이 최고로 좋다고 자랑해야 하는 사명을 지닌다. 춤에는 태양을 기준으로 꽃밭의 방위정보가 들어가 있어야 하고, 춤추며 흩뿌리는 꽃가루를 통해 꽃밭의 신선도와 규모에 대한 정보도 동료들에게 알려주어야 한다. 벌 무리는 분산해 파견되었다 돌아온 여러 탐색벌들의 춤을 관찰하고 하나의 춤을 선택한 뒤, 무리를 분산하지 않고 떼지어 날아간다. 이는 꽃피는 시기가 제한된 환경에 적응한 결과라고 한다.

나는 지난 10여 년간의 공부와 글쓰기 그리고 강연이 절대적인 논증이 아니라 하나의 몸짓이자 페로몬이었다고 생각한다. 비판자들은 설득당하지 않기에 충분한 논리적 구멍을 얼마든지 찾아낼 수 있을 것이다. 그러나 설득당하기로 마음먹은 이들은 이 거대하고 매력적인 세계에 얼마든지 심취할 수도 있을 것이다. 나는 내가 발견한 꽃밭이 가장 중요하다고 진심으로 믿는다. 그러나 어찌 알랴. 나의 시야와 지혜와 탐색 시간은 제한되어 있다. 우리로서는 가늠할 수 없는 높은 지각이 여러 마리의 탐색벌 중 하나로서 내게 준 제한적인 과제에 불과할지도 모른다. 아니, 말할 것도 없이 이는 틀림없는 사실이다. 각자의 인생에서 오늘 비트코인보다 훨씬 중요한 것들은 너무나도 많다. 게다가 지성의 완성은 겸손이라는 말도 있듯이, 앎의 최고 경지는 결국 자신이 모른다는 것을 깨닫는 것이라고 하니 이 얼마나 허탈한 진실이랴. 그러나 그 앎의 가파른 경사면을 숨 가쁘게 오르다 보면 평지에 두고 온 것들을 새로운 관점, 아니 좀 더 높고 관조적인 시야로 조망하는 기회를 누릴 수 있다. 나는 비트코인을 탐험하기로 한 이들이 그런 소중한 경험을 하게 될 것이라고 확신한다. 새로운 금융과 새로운 기술에 대한 분석과 전망은 물론, 국가 그 자체 그리고 주변 사물들에 대해 자신이 믿어 온 바를 성찰할 수 있게 되고, 그 성찰을 통해 삶에서 새로운 기회를 통찰할 수 있는 시야까지 얻게 될 것이다.

만약 독자가 새로운 지식과 함께 새로운 경제적 기회까지 모두 탐할 만큼 진심으로 욕심 많은 사람이라면, 이 책이 어떤 힌트가 될지 모른다. 그리고 새롭게 보이는 것들이 사실은 고색창연한 옛것들과 밀접하게 연결되어 있다는 것까지 알게 되면서 '지식의 보편성'에 대해 감탄하게 될지도 모른다. 겸허함이라는 지성의 완성까지는 바랄 수 없겠지만 새로운 세계가 옛 철학자들의 고민과 맞닿아 있다는 것을 알게 되면, 우리는 흥분만큼이나 안도감을 느낄 수 있다. 우리는 한 줄기 빛도 없는 무지의 동굴에 던져진 '지적 고아'들이 아니었다. 우리는 더듬기만 하면 손이 닿는 곳에 우리의 시야를 확장해 줄 도구들이 즐비하도록 애써 준, 선인들의 배려와 축복 속에서 외견상 새로워 보이는 지식의 동굴을 탐험할 뿐이다. 우리의 임무는 한 발짝만 더 앞으로 나아가는 것이다.

그러기 위해서는, 일단 동굴의 존재를 인정하고 머리를 숙여 동굴 안으로 첫발을 내딛는 용기가 필요하겠지만 말이다.

2023년 10월

오태민

차례

CH3 화폐를 해킹하다

CH4 소유권 혁명

CH5 하왈라 모멘트, 0에서 1로의 도약

THE GREAT BITCOIN

CH1

비트코인은 오리너구리다

01

비트코인이라는 이름의 탄생

오리너구리

"비트코인은 생선도 가금류도 아니다."

2014년 비트코인BTC 규제 법제안을 발표하며 미국 뉴욕주 금융감독청NYDFS 국장 벤저민 로스키Benjamin Lawsky가 내뱉은 말이다. 뉴욕주의 법이긴 해도 이 법은 책임 있는 국가에서 최초로 비트코인 관련 사업자들을 규제하려 시도한 법안인 동시에, 세계 금융산업의 중심지인 월스트리트가 속한 주의 법이라는 데서 의미가 컸다. 이 법안을 기초하고 주도한 로스키는 비트코인이 기존에 알던 것이 아니기 때문에 어떻게 다룰지 몰라 힘들었다고 토로했다. 이후 관련 규제안을 만들려는 이들이 첫 번째로 부딪히는 난관은 바로 개념 규정의 어려움이다. 기존의 사고틀로만 비트코인에 접근하는 학자들은 덮어놓고 "비트코인은 무엇인가?"라는 질문부터 던지니 미궁에 빠질 수밖에 없다. 심지어 암호통화, 혹은 암호화폐라는 업계 내의 명칭을 버리고 규제기관 스스로 가상화폐라고 불러 놓고는, 가상이니까 '가짜화폐'라는 순환적 사고에 갇히기 일쑤다.

호모 사피엔스는 창의적이지 않다. 그들은 이전에 없던 새로운 것들을 보거나 듣거나 이해할 수 없다. 그러나 어찌 보면 호모 사피엔스는 매우 창의적이다. 아무리 낯선 것이라도 이름을 붙이고 이해한 척한다. 이때 그들은 자신들에게 익숙한 이름들을 활용한다. 몇 개를 섞어서 이어 붙이는 경우도 있지만 비례의 법칙을 활용한 왜곡을 주로 사용한다. 소위 '비유'라는 방식이다.

특히 기존에 아는 지식이 많은 사람일수록 "이것이 무엇인가?"라고 질문했을 때, 옛것(무엇)으로 새것(이것)을 규정할 수 있다는 완고한 태도를 유지하려는 경향이 짙다. 만약 새것이 옛것과 질적으로 다른 경우, "무엇인가?"라는 질문은 빠져나올 수 없는 미로로 안내할 뿐이다. 이들은 새것을 접하고도 과거만을 축적해 놓은 고리타분한 세계에서 허우적댄다. 결과적으로 옛것들의 사전에 갇혀 새것의 객관적 실체를 부정하는 오류를 범하게 된다.

오리너구리[2]는 이 문제에서 기념비적인 사건이 되었다. "무엇인가?"라는 질문으로는 새로운 대상에 다가가기 어렵다는 걸 잘 보여준다. 오

2 오리너구리의 영어 platypus는 평발을 의미하는데 원래는 '오리주둥이'라는 수식어와 함께 a duck-billed platypus로 불렸다. 오리너구리의 학명 오르니토린쿠스 아나티누스Ornithorhynchus anatinus에도 오리를 닮았다는 뜻이 들어있다. 출처: 위키피디아.

리너구리는 18세기 영국 선원들에 의해 외부인들에게 최초로 소개되었다. 호주의 태즈메이니아에 서식하며 다 자라면 크기가 50cm쯤 되는 이 동물은 오리의 주둥이와 비버의 몸을 가졌다. 알을 낳지만 젖을 먹인다. 발톱에는 독도 가지고 있다. 선원들이 잡아 본국에 보낸 오리너구리는 1798년에 박제되어 유럽에 도착했다.

오리너구리

이를 본 동물학자들은 오리너구리가 인어와 같이 뱃사람들의 상상일 뿐이라고 결론 내렸다. 그들은 오리너구리의 박제에서 주둥이와 몸을 이어 붙인 바늘 자국을 찾으려 애썼다. 기록에 의하면 로버트 녹스라는 외과의사는 훌륭한 예술작품이라며 치켜세우기까지 했다. 오리, 비버와 수달이 술에 취해 장난삼아 서로 몸을 더듬다가 뒤섞여 오리너구리가 되었다는 우스갯소리도 있었다. 오리너구리는 이런 어정쩡한 상태로 80년을 기다려야 했다. 분류학자들이 단공류, 혹은 난생포유류(알 낳는 젖먹이 동물)라는 새로운 범주를 만들어 여기에 넣기까지, 오리너구리는 '존재하지만 존재해서는 안 되는 동물'이었다.

범주적 사고의 오류

사람들은 범주라는 틀로 사물을 인식한다. 범주는 인간에게 많은 이득을 준다. 모든 사물을 개별적으로 인식할 필요가 없으므로 뇌를 효과적으로 사용할 수 있다. 그러나 새로운 개체를 효율적으로 인식하는 데 도움을 주는 범주가 막상 진짜로 새로운 현상을 접할 때는 방해물이 될 수도 있다.

새로운 현상에 대한 범주는 비유적으로 사용된다. 여기서 오해가 생긴다. 오리너구리와 장난감 차는 비슷한 표현 같지만 완전히 다르다. 장난감 차는 차 모양의 장난감이다. 차는 아닐 수 있지만 장난감인 건 분명하다. 오리너구리는 오리를 닮은 너구리도 아니고 너구리를 닮은 오리도 아니다. 오리너구리는 범주적 표현을 빌린 비유일 뿐이다. 새로운 현상을 발굴하거나 연구하는 사람들은 비유적으로 상상하고 비유적으로 풀어낸다. 그런데 이 비유가 청중에게는 범주로 인식되면서 혼동을 유발한다.

인터넷은 새로운 현상이었다. 1990년대 초 막 대중화가 시작되던 무렵 "인터넷이란 무엇인가?"라는 질문에 대한 답을 기존 관념에서 끌어온 단어로 표현하는 건 쉽지 않았다. 전자우편이라는 의미로 만든 이메일e-mail이 인터넷에 대한 첫 번째 인상을 결정했다.

이메일은 전자우편이 아니다. 우표도 없고 우체부도 없다. 그럼에도 이 표현은 오해를 유발하지 않았고 사람들이 인터넷이라는 새로운 현상에 쉽게 접근하도록 도왔다. 그러나 전자우편에 국한된 사고를 블로그나 SNS, 혹은 쇼핑몰로 확장해 나가기는 어렵다. 블로그나 SNS와 쇼핑몰을 발전시킨 사람들은 '언어의 감옥'에 갇히지 않았기에 인터넷의 경계를 마음껏 확장할 수 있었다. 언어의 감옥에 갇히지 않는 이들이 큰 기회를 먼저 발견한다.

자동차自動車, automobile는 '말 없는 마차'로 시작됐다. 마차시대에 대도시는 말똥으로 인한 오염으로 가득했다. 1900년대 초까지 뉴욕에서 한 해에 2만 명 이상이 거리에 쌓인 말똥과 관련한 질병으로 사망했다는 이야기도 있을 정도였다. 사람들은 말똥과 말 소음으로부터 자유로운 탈것을 원했다. 이런 열망이 '말 없는 마차'라는 표현에 담겼다. 그러나 오늘날 스포츠카를 보면서 '말 없이 스스로 달리는 탈것'을 연상하는 이들은 거의 없다. 자동차는 단지 말 없는 마차가 아니라 새로운 시스템이었다. 자동차는 마차가 다니는 길을 제대로 달릴 수조차 없었다. 마차를 위해 만들어진 길은 자동차에는 오히려 적대적인 환경이었다. 자동차는 자기만의 법과 제도를 끌어냈고 자기를 위한 길 위에서 달려야 했다. 쉽게 말해 길 위에서 모든 마차를 몰아내고 나서야 자동차답게 달릴 수 있었다.

전기차는 전기로 가는 차일까? 이 어휘는 당장에는 도움이 되겠지만 오류를 동반하므로 사람들은 이 오류의 대가를 지불하게 될 것이다. 액화연료에서 전기연료로 바뀐다는 생각만으로는 전기차가 몰고 올 파괴와 혁신을 상상하기 어렵다. 자동차는 마차와는 별 관계없는 새로운 환경을 요구한 새로운 시스템이었다. 마찬가지로 전기차 역시 자동차와는 다른 산업과 다른 시스템을 요구할 것이다. 전혀 다른 사물이기 때문이다. 마구간이 주유소로 바뀐 것이 아닌 것처럼 주유소가 충전소가 된다는 단순한 사고에서 벗어나야 한다. 보험이나 법체계의 변화까지 포함해 전기차가 촉진할 디지털 모빌리티 세상을 상상하려면 '전기로 가는 차'라는 틀을 애써 버릴 수 있어야 한다.

비트코인이라는 작명의 비극

어쩔 수 없는 작명이었지만 비트코인은 오리너구리보다 더 심각한 재앙을 불렀다. 비트코인은 코인이 아니다. 댕그랑 소리가 나지 않을 뿐 아니라 거의 무한히 분할할 수 있는 전자적 숫자에 불과하다. 그러나 코인 혹은 화폐라는 어휘가 경제학자들을 자극했다. 비트코인이 화폐라는 범주를 차용함에 따라 경제학자들은 자신들이 판단을 내려야 할 영역이라고 착각했다. 그들은 비트코인을 자신들에게 익숙한 영역으로 단정하는 과오를 범하고 말았다.

암호화폐는 컴퓨터나 인터넷을 만든 이들과 학문적 궤를 같이하는 과학자들이 만들었다. 뛰어난 소수가 오랫동안 탐구하여 얻은 결실이다. 컴퓨터 암호에 밝은 일군의 전문가들은 인터넷에서 이메일처럼 돈을 옮기는 방식을 연구해 왔다. 그리고 비트코인이 발명되기 오래전에 이미 몇 가지 고비를 넘었다. 한두 가지 문제만 해결하면 중앙서버의 판단에 의존하지 않고 네트워크에서 자동으로 이행되는 계약과 결제가 가능해졌다. 그들은 국가에 빼앗기지 않고 파악되지 않으며 인터넷 정신에 맞는 탈중앙화된 화폐를 꿈꿔 왔는데, 그 결실이 바로 비트코인이다.

경제학자들이 컴퓨터나 인터넷을 발명하는 데 어떤 역할도 부여받지 않았듯이 암호화폐의 탄생에서도 경제학자들이 공헌한 바는 별로 없다. 암호화폐의 지속성 혹은 강건성에 관해 노벨 경제학상 수상자의 의견을 묻는 것은 컴퓨터나 인터넷을 발명한 뒤 그 지속성 여부를 경제학자들에게 묻는 것과 비슷하다.

물론 경제학자들은 암호화폐가 경제에 미칠 영향을 고민하여 그 결과를 경제학적인 모형에 맞게 제시할 수 있다. 다만, 그전에 잠시 기다려야 한다. 일단 경제학자들은 비트코인이 자신들의 전문적 식견으로 쉽게 판단할 수 없는 새로운 현상이라는 사실부터 인정할 필요가 있다.

02

비트코인이 촉발한 생태계

그렇다면 비트코인은 무엇인가?

비트코인은 이중지불double-spending 문제를 해결하는 데 성공한 최초의 인터넷 결제 시스템이다. 물론 중앙화된 주체의 감독으로 결제 시스템을 만들어 인터넷에 접목할 수는 있다. 신용카드나 통신회사를 통한 결제가 그런 방식이다. 인터넷은 원래 중앙이 없는 통신 프로토콜이었다. 따라서 인터넷 결제 시스템에는 원래 중앙이 없어야 한다. 그러나 중앙이 없이는 이중지불 문제를 해결할 수 없었다. 쉽게 말해 이메일처럼 돈을 보낼 수 없었다. 왜냐하면 한 번 보낸 이메일을 다시 다른 사람에게 보내듯이 돈을 보내고 나서 다시 보낼 수 있기 때문이다. 비트코인은 신뢰받는 제3자 없이 이 문제를 해결한 최초의 시스템이다.

이메일은 보내고 난 뒤에도 내 컴퓨터에 남아 있다. 그런데 이게 돈이라면 상대는 내게 속은 셈이 된다. 지불된 돈이 내 컴퓨터에 남아 있어서는 안 된다. 즉, 이중지불을 할 수 없어야 한다. 인터넷은 이 문제를 해결할 수 없었다. 그래서 금융기관과 신용카드사는 인터넷 시대에도 당당히 살아남았고 오히려 사업 영역을 확장했다. 즉, 비트코인의 발명 전까지만 해도 이중지불 때문에 신뢰받는 제3자가 반드시 필요하다는 것이 상식이었다.

블록체인의 다른 이름은 '분산장부'다. 동일한 데이터를 여러 개의 독립된 컴퓨터에 보관하며 서로를 인증한다. 데이터를 별도의 서버에 백업해 분실이나 훼손의 위험을 줄이는 관리방법은 블록체인 이전에도 있었다. 《조선왕조실록》이 온전히 보관되어 있었기에 오늘날 조선 왕실을 중심으로 한 사극을 생동감 있게 즐길 수 있다. 실록의 복사본을 전국 각지에 흩어서 보관한 조선 건국 초기 선비들의 '시스템적 지혜' 덕분이다.

블록체인은 분산된 데이터베이스가 동기화하는 과정에서 서로를 검증하는 엄격한 테스트 작업, 소위 '작업증명PoW: Proofs of Work'을 수행한다는 것과 이를 감독하는 주체가 별도로 존재하지 않고 프로그램 자체의 논리에 따른다는 것 그리고 분산된 서버들이 시스템 전체에 대한 결정력에 동등한 권한을 갖고 있다는 점에서 유별나다.

돈을 이메일처럼 보내면 뭐가 좋은데?

소액결제micro payment가 가능해진다. 소액결제는 단순해 보여도 구현하기는 매우 어렵다. 인터넷에서 소액을 지불해 콘텐츠를 구입할 때면 많은 장벽에 부딪힌다. 거래 수수료가 비싸거나 신용카드 번호를 기입해야 하고 주민번호와 같은 개인정보도 입력해야 한다. 아니면 회원가입을 해야 하고 쓸 돈을 미리 맡겨 두어야 한다. 모든 사이트의 ID와 비밀번호를 동일하게 만들지 않는 한, ID와 비번을 잊어버려 갱신하는 수고를 반복해야 한다. 즉 1,000원짜리 콘텐츠를 구입할 때 수수료가 100원이 넘지 않으면서 개인정보를 노출하지 않고 어딘가에 돈을 미리 맡겨 놓지 않아야 소액결제라고 할 수 있다.

소액결제가 가능해지면 인터넷이 바뀐다. 우리가 아는 현재의 인터넷은 중앙화된 시스템이다. 애초에 인터넷을 열망했던 이들의 기대와는 멀어도 너무 멀리 와버렸다. 이렇게 인터넷이 몇몇 공룡들의 놀이터가 된 원인 중 하나는 인터넷이 미완성 발명품이었기 때문이다. 인터넷은 탈중앙 네트워크에 맞는 결제 시스템을 갖추지 못한 상태로 대중화되었다. 가장 중요한 가치물의 이전을 권위자에게 위탁해야 했으니 인터넷이 수평적인 네트워크라는 말은 허울로 남았다. 인터넷은 권위체에 의존하게 되었고, 결국 인터넷 생태계는 유사 이래 인류가 만든 어떤 구조물보다도 중심을 향해 편중되었다.

인터넷이 대중화된 1990년 중반부터 인터넷을 이용한 결제는 엔지니어들의 꿈이었다. 그들은 이메일로 파일을 보내듯이 돈을 보낼 수 있다면 인터넷이 훨씬 더 완결된 생태계가 될 수 있을 것으로 확신했다. 그러나 파일을 보내도 원본은 고스란히 남기에 이메일처럼 송금하는 방식은 오랫동안 꿈에 불과했다.

부족하나마 이 갈증을 해결한 것이 은행과 신용카드 회사였다. 금융기관들은 인터넷 환경에 빠르게 적응했다. 원본이 무한 복사되기에 돈을 파일처럼 주고받을 수는 없지만 금융기관의 중재를 통해 거래를 확증하는 방식으로 문제를 풀었다. 번잡한 인증 과정을 거쳐 자신의 정보를 권위자에게 넘기는 대가로 사람들은 인터넷상에서 결제할 수 있게 되었다.

그런데 제3기관이 거래를 확증해 주는 바로 그 지점이 문제의 온상이 되어버렸다. 금융기관은 결제를 승인해 주기 위해 인증에 필요한 개인정보를 빨아들였다. 사람들은 거대 은행들을 믿고 편리성을 위해 자기 개인정보를 선뜻 내주었다. 그러다 보니 온 국민의 정보가 인터넷 결제망을 통해 조직적인 범죄자들의 손에 고스란히 들어가는 사건도 터졌다. 오늘날 수많은 피싱 사기의 원죄는 실력이 부족한 금융기관과 그 금융기관을 믿고 개인정보를 내준 국민 모두에게 있다. 개인정보를 지킬 것으로 신뢰할 만한 금융기관이란 애초에 없었다. 정직성 이전에 정보를 보호할 시스템을 운영할 실력이 없는 것이 문제였다.

제3기관의 인증 없이 파일처럼 돈을 보낼 수 있다면 보호받을 고객정보란 애초에 존재하지 않는다. 비트코인과 비트코인이 촉발한 생태계는 바로 이 문제를 해결할 수 있다. 금융기관이나 신용카드 회사에 거래를 인증받을 필요 없이 구입자가 판매자에게 인터넷으로 비트코인을 바로 보낼 수 있다.

현실에서는 신분증을 보여주지 않고도 길에서 지폐를 주고 떡볶이와 순대를 사 먹을 수 있다. 그러나 인터넷에서는 모든 상인이 거대한 쇼핑몰에 입점해 있으므로 그 쇼핑몰이나 쇼핑몰과 협업하는 거대한 금융, 통신회사를 통해서만 떡볶이, 순대를 사 먹을 수 있다. 비트코인이 정말로 이메일처럼 돈을 보내는 기술이라면, 이제 인터넷에서도 거대한 쇼핑몰에 입점하지 않은 영세한 상인에게서 물건을 구입할 수 있게 된다. 인터넷이 좀 더 평평한 운동장으로 바뀔 수 있다고 기대할 수 있는 것이다.

인터넷은 왜
기울어진 운동장이 되었는가?

구글과 네이버, 유튜브, 페이스북이 각자 영역에서 차지하는 독점률은 놀랄 만큼 높다. 2021년 트래픽 기준 최다 방문으로만 봐도 웹 사이트 상위 20개 가운데 구글, 유튜브, 페이스북이 각각 1, 2, 3위로 전체의 약 70%를 차지한다. 수평적인 세상을 꿈꾸던 인터넷에서 어느 산업분야보다 독점률이 높은 이유는 무엇일까? 여러 가지가 있지만 무엇보다 주된 이유는 소액거래가 어려웠기 때문이다.

2000년대 초반, 인터넷 거품이 꺼지기 직전에 인터넷 유료화에 대한 논쟁이 일어났다. 기업 이름에 닷컴.com만 붙으면 돈이 몰렸다. 그러나 닷컴 기업들은 수익을 내지 못했다. 인터넷이 곧 미래라는 것에 흥분한 투자자들이 돈을 모아주었지만, 인터넷은 기본적으로 무료였고 닷컴 기업들은 회원을 모으는 데만 열중했다. 투자자들은 회원 수가 과연 수익으로 연결될 수 있을지 의심하기 시작했다. 이때 자금이 부족한 회사들부터 유료화를 시도했고, 섣불리 유료화를 시도한 수많은 닷컴 기업이 시장에서 빠르게 축출되었다.

무료를 고집한 닷컴 기업들은 자본이 두둑했던 기업들이다. 살아남은 기업들은 유료 사이트를 떠난 회원들까지 흡수하며 공룡이 되어갔다. 그들에게 광고가 몰리면서 콘텐츠 기반 기업들을 좌지우지하는 파워가 생겼다. 문제는 오늘날 이런 기업들이 그 어떤 정부기관보다 나와 여러분의 정보를 더 많이 가지고 있다는 사실이다. 포털들은 여러분이 무슨 옷을 입고 어떤 정보에 반응하고 무슨 책을 읽고 어느 카페에 가는지 알고 있다. 여러분의 금융상태도 마음만 먹으면 알 수 있다. 정치적 선호, 종교는 물론 지금 애인과 만나는지 차였는지, 아니면 얼마나 오랫동안 홀로 지내 왔는지까지도 알고 있다.

인터넷 공룡들이 이처럼 개인정보의 블랙홀이 된 이유는 무엇일까? 네트워크 효과로 인해 우리는 인터넷 공룡들을 이용할 때 편리함을 느낀다. 콘텐츠가 몰리니 거기서 모든 게 해결되고, 그 서비스를 이용하려고 사람들은 자신의 중요한 정보를 맡긴다. 구글이나 네이버나 카카오 덕에 여러분은 여기저기에 회원가입을 하지 않아도 된다. 그들이 개인의 가장 중요한 정보인 신원과 결제 정보를 이미 확보하고 있기 때문이다.

만약 내가 누구인지 밝히지 않고도 콘텐츠를 하나씩 구입할 수 있다면 이런 상태를 극복할 수 있다. 그랬다면 애초에 거대 공룡이 등장하지도 않았을 거라고 믿는 이들이 있었다. 이들은 돈을 이메일처럼 간단하게 보낼 수만 있다면 콘텐츠를 개별적으로 구입할 수 있고, 그러면 인터넷이 다시 수평적 세상이 될 것이라고 꿈꾸었다. 그리고 그 꿈을 사토시 나카모토Satoshi Nakamoto[3]가 비트코인으로 현실화했다. 몇몇 뛰어난 천재들이 오랫동안 시도했던 노력의 결실이었다.

공증公證으로 이중지불 해결

비트코인은 모든 거래를 기록하고 그 기록을 모두가 공유한다. 그래서 갑돌이 을순에게 한 번 보낸 돈을 다시 병돌에게 보낼 수 없다. 을순에게 보낸 돈이라는 것을 참가자 모두가 알고 있기 때문이다. 마치 돈마다 개별적인 역사를 가지고 있다고 할 만큼 발자취가 공개되어 있어서 추적이 가능하다. 장부의 기록은 많은 컴퓨터가 공유하므로 위조가 불가능하다. 공격자로서는 동시에 여러 컴퓨터의 장부에 들어가 위조해야 하기 때문이다. 비트코인에서는 거래장부의 기록권을 놓고 10분마다 경쟁이 벌어지는데 기록권을 획득하면 보상으로 6.25BTC(세 번째 반

3 'Satoshi Nakamoto'라는 영어 필명을 일본 이름으로 간주하면 나카모토 사토시(中本哲史)라고 읽어야 하지만, 이 책에서는 사토시 나카모토를 일본 이름이 아니라 개성 넘치는 하나의 필명으로 보고 저자의 의도대로 사토시 나카모토라고 쓰고 읽는다.

감기 이후에는 3.125BTC)를 받는다. 이를 채굴mining이라 한다. 10분 동안의 거래장부를 묶어 승인된 것을 블록block이라 부른다. 10분마다 완성되는 블록들이 하나의 긴 고리(체인)를 이룬다. 전 세계에 흩어진 비트코인 장부들은 동일한 역사를 가지고 있다.

10분마다 포장이 완료되는 블록에는 10분간 벌어진 거래들이 기록된다. 거래기록 메모장으로 가득 찬 라면박스가 블록이라면, 이 라면박스를 한 줄로 쌓아 올린 것이 블록체인이라고 생각하면 알기 쉽게 다가온다. 라면박스는 순서대로 쌓이는데, 바로 앞 라면박스의 요점을 뒤에 오는 라면박스 겉면에 적는 식으로 두 라면박스가 순차적으로 연결되어 있다는 것을 표시한다. 이렇게 라면박스를 쌓아 놓으면 순서가 바뀌지 않는다.

더 길수록 더 진실하다

채굴자들은 라면박스를 거래기록 메모장으로 채워 닫은 다음 포장하고, 이것을 다른 경쟁자들로부터 확인받아야 한다. 채굴 경쟁이란 바로 자신이 만든 그 라면박스가 이전 라면박스와 연결되며, 그 안에 든 거래기록들이 진실하다는 것을 가장 먼저 입증받기 위한 경주다. 여러 사람이 대강당에 모여 라면박스를 채워 포장하고 나서 손을 먼저 들어 표시하고, 다시 라면박스를 채우는 광경을 생각하면 된다.

블록체인은 분산 시스템이라서 어떤 정보가 진실하다는 것을 보증해 주는 중앙이 없다. 블록체인에서 어떤 사건 혹은 거래가 진실한지를 알려면 동료들의 지지를 받아야 한다. 블록체인에서 진실이란 가장 긴 체인the longest chain을 의미한다.

긴 체인이라는 것은 두 개의 다른 역사가 경쟁을 벌일 때 승부를 가르는 기준이다. 두 개 이상의 라면박스가 거의 동시에 기준을 충족할 수 있다. 이 경우 두 개의 라면박스는 동일할 수도 있고 그렇지 않을 수도 있다. 라면박스를 채우는 이의 재량에 따라 어떤 거래를 포함하거나 그렇지 않을 수 있어서 내용물은 약간 다르겠지만, 하나가 거짓이고 하나가 진실인 것은 아니다. 둘 다 진실일 수 있다. 그리고 두 라면박스 모두 직전의 라면박스를 정상적으로 승계했다면, 두 라면박스의 위상은 동일하다. 이 경우 두 개의 라면박스는 모두 승인을 받는다. 그리고 두 개의 라면박스, 그러니까 두 개의 블록 뒤에 각각 추종자들이 따라붙는다. 즉, 역사가 갈라지는 포크fork가 발생한다. 블록체인은 단 하나의 혈통만 남기는 왕족들의 왕위다툼과 같다. 본줄기 하나만 남기고 곁가지는 다 쳐내는 것이다. 둘 다 본줄기가 될 자격이 있지만 하나만 살아남아야 한다.

승부의 기준은 단순하다. 어떤 라면박스 위에 더 빨리, 더 많은 라면박스가 올라가는지로 정한다. 채굴자들은 각자 소중한 자원을 소모하기 때문에 다른 채굴자들이 선택하는 쪽에 줄을 서려고 한다. 원래 있던 줄에 남아 있겠다고 괜히 고집을 피웠다간 그동안 공들인 과업이 모두 백지가 되어버리기 때문이다. 설사 채굴에 성공했더라도 자기가 줄 선 곳이 곁가지로 판단되면 그간의 모든 노력이 헛수고가 된다. 따라서 갈라진 두 개의 체인 중 한 블록이라도 빨리 만든 체인 쪽으로 모든 채굴자가 줄을 바꾸어 서려 한다. 그래서 승부는 의외로 빠르게 결정된다. 결국 한 블록이라도 더 긴 체인이 더 빨리 다음 블록을 만들 수 있기 때문이다. 그렇게 대세가 굳어지고 곁가지는 사라진다.

그런데 두 갈래로 갈라진 라면박스 블록체인 위에 라면박스가 각각 하나씩 동시에 올라오는 경우는 극히 드물다. 바로 다음번 라면박스가 먼저 올라오는 쪽으로 대세가 결정되는 게 일반적이다. 경쟁하는 두 라면박스 위로 다음 박스까지 동시에 올라올 확률이 극히 적기 때문이다. 10분 동안의 채굴경쟁에서 '해시값'을 동시에 찾는 노드들 때문에 비트코인의 체인들은 수시로 갈라진다. 그러나 이 '긴 체인의 원리'로 인해 비트코인은 하나의 체인으로 수렴하면서 단일한 장부와 역사를 유지한다.

해시HASH로 암호화한다

라면박스 쌓기 경쟁은 좋은 비유이지만 실제로는 그렇게 단순하지 않다. 거래내역을 모두 암호화하고 요약해서 라면박스 겉면에 써넣어야만 하는데, 이 과정에는 컴퓨터 연산이 필요하다. 이 암호를 '해시'라고 한다.

해시라는 단어가 대마초(해시시)를 피우던 중세의 비밀결사대로부터 나왔다는 주장이 있다. 이 비밀결사대는 중세 중동의 어지러운 정치·군사적 지형에서 활동했던 무시무시한 청탁 암살조직인데, 의뢰를 받으면 어떤 대상이든 상관하지 않고 암살에 나섰다고 한다. 즉, 해시는 비밀결사대를 연상시키는 암호체계다.

특정한 값을 입력해 특정한 해시값을 얻는데, 원문에서 한 단어만 바꿔도 해시값은 완전히 달라진다.

아래는 사토시 나카모토가 2009년 1월 3일에 만든 제네시스 블록해더(라면박스 겉에 적는 내용물 요약)의 해시값이다.

000000000019d6689c085ae165831e934ff763ae46a2a6c172b3f-1b60a8ce26f

각각의 비트코인 블록은 해시값으로 구별되는데, 해시값은 개별 블록의 헤더를 2회 해싱해서 얻는다. 블록헤더가 바로 라면박스 겉포장지에 채굴자가 기입하는 박스 내용물 요약에 해당한다고 생각하면 된다. 라면박스는 이전 박스와 연결되어야 하므로 한 라면박스 겉에 매직으로 표시한 값, 즉 블록헤더에는 이전 블록의 해시값도 포함된다. 공격자가 특정 블록의 값을 수정하면 그 블록의 해시도 바뀌고 그다음 블록의 해시도 모두 바뀌어야만 한다. 이렇게 몇 단계를 지나면 이 연산을 하기란 거의 불가능해진다. 해시값의 특성상 글자 하나만 바뀌어도 전혀 다른 해시값이 나오기 때문에 공격자는 이를 모두 다시 계산하기 위해 엄청난 연산능력과 에너지를 확보해야 한다. 이런 방식으로 비트코인 블록은 보안성을 유지한다.[4]

막강한 적의 군대가 성을 포위하고 있다고 치자. 그 적 뒤로는 우리

---

4 출처: 안드레아스 M. 안토노풀로스, 《비트코인, 블록체인과 금융의 혁신》, p.234.

지원군이 성을 돕기 위해 도착해 있다. 성을 지키는 장수는 적진을 가로질러 지원군에게 신호를 보내야 한다. 성루에서 깃발로 날짜를 표시하고 그 날짜, 그 시각에 성문을 열고 나가서 공격하면 지원군도 적을 후방에서 치는 작전을 잘 수행해야만 성공할 수 있다. 이때 성벽에 바짝 붙어 있는 적도 깃발을 보기 때문에 일반 텍스트로 표시하면 안 되고 적이 해독할 수 없는 암호를 만들어야만 한다. 이 암호가 바로 해시다. 해시로 전달하면 전파를 가로채도 무슨 의미인지 알 수 없도록 은폐할 수 있다. 이미 그 정보의 원문을 가지고 있다면 전달자가 원문을 제대로 해싱했는지 손쉽게 확인할 수 있지만, 원래 문장을 가지고 있지 않은 제3자는 해시값을 통해 이를 복원할 수 없다.

비트코인이 사용하는 해시함수는 미국 국가안보국NSA이 만들어 배포한 SHA256이다. 해시함수는 불가역적인 특성을 갖는다. 즉, 암호값을 가지고 원문을 찾는 것을 복호라고 하는데, 무작위 수를 삽입하는 방식으로 SHA256을 복호하려면 슈퍼컴퓨터를 사용해도 수억 년이 소요된다는 계산이 있을 정도로 연산량이 방대하다. 따라서 시간과 에너지가 제한된 현실에서는 비트코인이 사용하는 해시함수를 안전하다고 간주한다.

양자컴퓨터가 발명될 경우, 비트코인이 채용한 SHA256 체계가 무용지물이 될 것인가에 대해서는 논란이 있다. 대세 의견은 양자컴퓨터로도 쉽게 뚫을 수는 없다는 쪽이다.[5] 그럼에도 양자컴퓨터는 비트코인을 다루는 데 중요하다. 이는 채굴을 설명하며 좀 더 자세하게 다룬다.

5 "Here's Why Quantum Computing Will Not Break Cryptocurrencies", Forbes, 2020.9.21.

비트코인은 익명인 동시에 너무나도 투명하다

비트코인이 등장한 초창기에 돈을 들고 이 대열에 먼저 합류한 이들은 비트코인의 익명성을 활용해 금지된 것들을 꿈꾸던 자들이었다. 비트코인의 일반적인 첫인상은 익명성이다. 사람들은 비트코인이 은행이나 신용카드사 같은 제3기관을 거치지 않으므로 자신의 신분을 누구에게도 드러내지 않고 결제할 수 있는 데다, 암호를 사용하니 위험한 것들을 거래할 때도 자신의 신원을 가릴 수 있다고 생각했다. 그러나 비트코인의 익명성은 미묘하다. 그 속성이 이중적이다.

모든 거래기록을 모두가 공증하는 것이 채굴 작업의 한 과정이다. 이를 음미해 보면 놀라운 사실을 깨닫게 된다. 비트코인의 모든 거래기록은 공개될까? 그것도 영구적으로? 그렇다. 그러나 이 투명성은 암호로 가려져 있다는 점에서 미묘한 성격을 지닌다. 비트코인은 일반 개인이나 소액거래를 주로 하는 대중의 관점에서 보면 비밀이 보호될 만큼 익명적이고 불투명한 반면, 범죄조직이나 정치권 또는 거대기업의 관점에서 보면 지나치게 개방적이고 투명하다. 이렇듯 익명성과 투명성이라는 상극의 특성이 결합돼 있기에 비트코인을 직관적으로 이해하기 어렵다. 그러나 이런 특성의 모순적인 측면은 비용을 이해하면 해소된다. 현실에서는 모든 작업에 비용이 들어간다. 정부 입장에서 모든 거래를 추적할 수는 없다. 그러나 어마어마한 범죄와 연결된 주소 한두 개는 집중적으로 추적 관찰할 수 있다. 그러다가 결정적인 흔적을 찾으면 이와 관련한 모든 거래를 투명하게 복기할 수도 있다. 즉, 비용을 들일 가치가 없는 일반 시민들의 정상적인 거래는 보호받겠지만, 비용을 들여 의미 있는 성과를 얻을 수 있다고 판단되는 거대 기업의 탈세와 비자금, 정치인들이 받은 뇌물과 범죄조직들 그리고 적성 국가들의 사용내역은 추적이 가능하다.

비트코인의 공개주소는 은행계좌와 비슷하다. 송금할 때 상대의 은행계좌를 알아야 하듯이 비트코인의 공개주소를 알아야 한다. 그런데 은행계좌의 소유자 정보는 은행과 정부가 모두 알고 있다. 그러나 비트코인의 공개주소는 직접 거래하면서 소유자가 알려주기 전에는 알 수 없다.

비트코인의 공개주소는 암호키에서 파생된다. 그러나 공개주소를 알았다고 해서 암호키를 알 수는 없다. 암호키는 256개의 0과 1의 나열이다. 특별한 양식이 요구되지만 그렇다고 누구의 허락을 받아서 만드는 건 아니다. 내가 내 마음대로 만든 계좌가 바로 나의 것이다. 바닷가에서 조약돌을 하나 줍는 것과 같다. 차이라면 2를 256번 제곱한 수의 개수가 바닷가의 조약돌보다 어마어마하게 많다는 것이다. 이 수치에서 몇 배만 더 나가면 알려진 우주 원소의 총 개수와 같다고 한다. 우주의 모든 물질이 아니라 원소의 개수다. 따라서 무작위로 만든 계좌가 겹칠까 봐 걱정할 필요는 없다.

개인키를 넣으면 공개키를 바로 찾을 수 있지만 공개키를 넣어서는 개인키를 찾을 수 없다. 과학자들이 소수와 배수의 원리를 가지고 만든 암호체계이기 때문이다. 두 소수의 곱으로 이루어진 큰 수에서 한 소수의 값을 찾으면 나머지 값을 바로 찾지만, 이 큰 수를 인수분해 해서 두 개의 소수를 찾는 것은 간단치 않다는 원리를 응용한다.(비트코인의 개인키 공개키는 소인수분해를 원리로 하는 RSA 의 대안으로 제시된 ECC**Elliptic Curve Cryptography**(타원곡선 암호학)을 사용한다)

비트코인 주소는 권위 있는 중앙으로부터 허가를 받아야만 만들 수 있는 것이 아니라 일정한 양식만 맞추면 무한정 생성할 수 있다. 해변가에서 아무 조약돌이나 주워 자신의 주소로 삼으면 그만이다. 그리고 그 조약돌을 별다른 조치도 없이 다시 자갈밭에 내려놓는다. 이 조약돌에 쓰인 것은 사실 패스워드다. 이 조약돌을 누군가 본다면 돌에 새겨진 돈을 갈취할 수 있다는 말이다. 계좌를 해킹하려는 입장에서 보면 수많은 자갈들 중에서 극히 일부만 비트코인 계좌이고 나머지는 텅 비어 있다. 분명히 어떤 돌을 찾으면 돈을 갈취할 수 있지만 거의 다 텅 빈 돌이기 때문에 몇 트럭 분량의 돌을 샅샅이 뒤져도 계좌가 쓰인 돌 하나를 찾기 어렵다. 그러니 이런 수고를 할 바에야 비트코인을 정직하게 채굴하는 편이 더 적은 에너지로 더 많은 비트코인을 얻는 방법이다.

비트코인에 모든 거래가 기록되고 오픈된다는 사실은 수사당국이나 사법당국에는 축복과도 같은 일이다. 공개주소는 누구나 알 수 있게 오픈되어 있는데, 수상한 거래를 한 공개주소를 하나 찾으면 그 공개주소와 거래로 연결된 다른 공개주소를 모두 찾을 수 있다. 비록 돈을 갈취할 수는 없지만 돈과 사람의 행적에 대한 중요한 단서를 찾을 수는 있다. 그리고 하나만 덜미를 잡으면 직간접적으로 얽혀 있는 조직의 모든 거래망을 밝혀낼 수도 있다. 검찰 입장에서는 법원으로부터 영장을 받지 않고도 추적이 가능하다는 장점이 있다. 거래기록이 모두 남기 때문에 증거 확보에도 크게 이롭다. 그래서 무정부주의적 경향이 강했던 아주 초기의 비트코이너들은 이런 이유 때문에 오히려 비트코인을 그다지 선호하지 않는다. 주류언론들은 비트코인이 탈법적인 일탈 행위에만 활용된다는 논조로 보도하지만, 이는 대체로 공부가 부족하고 실제로 벌어지는 일을 잘 몰라서 하는 소리다.

03

비트코인으로 사고 치다

2013년, 실크로드 사건

2013년 10월, '실크로드'라는 사이트가 미국 검찰에 의해 폐쇄되었다. 익명의 운영자가 마약류를 거래하며 10억 달러 이상 매출을 올리던 사이트였다. 이 사이트를 익명으로 설립한 사람은 체포 당시 29세였던 로스 울브리히트Ross Ulbricht라는 청년으로 밝혀졌고, 그는 체포되어 자금세탁과 살인교사 등의 혐의로 기소되었다. 이 사이트에서는 익명성을 유지하기 위해 비트코인을 결제수단으로 사용했다.

아이러니하게도 미국 연방수사국인 FBI는 비트코인의 거래 기록이 공개되고 저장되는 특성을 이용해 실크로드가 보유한 비트코인을 압수했다. 이로써 FBI는 당시까지 채굴 총량의 1.5%에 해당하는 비트코인을 소유하게 되었고 얼마 뒤에 순차적으로 경매로 팔았다. 2014년 6월, FBI가 실크로드 서버로부터 압수한 비트코인 3만 개(정확히는 29,656.51306529BTC)를 경매로 판매한다고 발표하자 그날 하루 만에 비트코인 가격은 6.74% 떨어졌다. 그 후로도 오늘날까지 미국 정부는 범죄수사로 획득한 비트코인을 시장에 내던지고 있다. 그럴 때마다 비트코인 가격은 부정적인 영향을 받지만, 비트코인 생태계는 생각보다 덩치가 커서 결정적인 타격을 입은 적은 없었다.

실크로드가 비트코인을 결제수단으로 사용한다는 얘기는 2011년부터 있었다. 미 상원의원인 찰스 슈머Charles Schumer와 조 맨친Joe Manchin은 당시 검찰총장이었던 에릭 홀더Eric H. Holder Jr.에게 편지를 보내 실크로드는 물론 비트코인도 폐쇄해 줄 것을 요청한 바 있었다. 이들의 경고가 사실로 드러난 셈이다. 실크로드 사건은 디지털 결제수단이 음성적인 거래에 활용된 사례로 언론에 크게 보도되었고 비트코인에 대한 대중의 관심이 폭증했다. 각국 정부도 이 사건을 계기로 비트코인에 주목하게 되었다. 그럼에도 이 사건은 비트코인에 대한 미국 정부의 대대적인 탄압으로 이어지지 않았다.

실크로드의 사례가 보여주듯이 비트코인의 익명성은 범죄를 꿈꾸는 이들에게 불법적이고 음성적인 거래를 손쉽게 할 수 있을 거라는 기대를 심어준다. 그러나 사토시 나카모토는 정부와 대다수 시민들의 우려에 답이라도 하듯이 비트코인에 아주 미묘한 특성을 부여해 놓았다. 비트코인이 제공하는 익명성은 이중적이다. 비트코인은 신용카드 넘버를 기록하지 않는다는 점에서 개인의 프라이버시를 보호한다. 이런 속성 때문에 비트코인이 현금처럼 익명성을 보장한다는 오해가 확산되었다. 그러나 비트코인은 현금과 같은 수준의 익명성을 보장하지는 않는다. 거래한 기록이 계속 유지되기 때문에 몇 년이 지나도 거래를 추적할 수 있다.

게다가 누구나 비트코인의 모든 기록을 열람할 수 있다. 수사기관에서는 신원이 노출된 거래나 IP 추적을 통해 범죄집단의 자금 이동을 찾아낼 수 있다. 범죄자들이 IP를 가리는 기술을 사용한다고 해도 언젠가는 오프라인에서 사람과 직접 만나 면대면 접촉을 할 수밖에 없다. 대규모 해킹에 성공한 해커들이 비트코인을 움직이지 못하는 이유도 이 때문이다. 비트코인의 이런 개방성 때문에 정부나 국가의 간섭으로부터 완전히 자유로울 수 있다고 주장하던 초기 추종자들조차, 비트코인의 익명성을 강화하거나 '해방적', '반문화적', '전복적' 도구로서 비트코인에 대한 기대를 접어야 한다고 푸념했을 정도다.

FBI도 비트코인의 이런 특성을 활용해 실크로드 운영자에게서 비트코인을 압수할 수 있었다. 범죄세계의 큰손들도 비트코인을 활용하는 것이 자신에게 불리한 증거를 법원에 스스로 제출하는 것과 같다는 점을 알 가능성이 크다. 이미 미국 수사당국이 경고했기 때문이다. 실크로드 사건 이후 2014년 4월, 국회 사법위원회 청문회에 참석한 에릭 홀더 검찰총장은 비트코인을 비롯한 가상화폐가 탈법적인 수단으로 쓰일 수 있다며, 사법행정이 새로운 기술이라는 도전에 직면했음을 인정하면서도 한편으로 비트코인의 익명성을 마약거래나 자금세탁에 활용하려는 이들은 한 번 더 생각해야 한다고 경고했다. 검찰은 디지털 화폐기

술의 발전에 맞춰 수사능력도 혁신 중이라며 자신감을 드러내기도 했다.[6]

당시 캐서린 혼Kathryn Haun 검사처럼 일찌감치 비트코인을 진지하게 탐구한 국가 엘리트들 덕분에 미국 수사당국은 비트코인이 가진 개방성이 수사에 도움이 된다는 걸 인식했던 것으로 보인다.

비트코인을 기소하다

캐서린 혼은 비트코인 업계에서 가장 이력이 특이한 사람 중 한 명이다. 실리콘밸리 최대의 벤처캐피털인 앤드리슨 호로위츠는 2018년 6월, 3억 달러의 가상통화 투자 펀드를 발표했는데 캐서린 혼을 이 펀드의 공동 관리자로 지명했다. 이후 독립한 그녀는 2022년 3월, 무려 15억 달러 규모의 암호화폐 펀드를 모아 또 한 번 뉴스메이커가 되었다. 그녀가 미국 연방검사 출신이라는 사실이 특히 눈길을 끄는 대목이다. 혼은 검사로 일하던 시절 암호화폐 업계

캐서린 혼(출처: Fortune)

6 출처: "U.S. Attorney General Warns of Criminal Appeal of Bitcoin, Other Virtual Currencies", The Wall Street Journal, 2014.4.8.

를 공포로 몰아 생태계를 위축시켰던 비트코인 관련 범죄를 거의 전담하다시피 했었다.

2013년, 혼은 미국 최초로 만들어진 연방 디지털 통화 태스크포스 창설에 주도적으로 참여했다. 이후 실크로드 사건을 수사했고, 범죄 자금을 국제적으로 환전해 준 암호화폐 거래소 BTC-e의 관계자인 알렉산더 비닉Alexander Vinnik을 체포해 기소하는 데 일익을 담당했다. 이후 검사직을 떠나 스탠퍼드 대학에서 암호화폐에 대한 강의를 시작했고 미국 최대 거래소인 코인베이스Coinbase의 이사를 겸하며 비트코이너로 변신했다.

한 언론사와의 인터뷰에 따르면 혼은 검사를 그만두려 했던 시점인 2012년에 비트코인을 처음 알게 되었다. 강력 조직범죄 수사에 신물이 난 그녀에게 상관이 던진 "비트코인을 기소해 보라"라는 말에 흥미를 느꼈다고 한다. 하지만 그녀는 비트코인을 공부한 뒤 얼마 지나지 않아 비트코인은 기소할 수 없다는 결론에 도달했다. 마치 인터넷이나 현금이 범죄에 사용된다고 해서 인터넷이나 현금 자체를 기소할 수 없듯이 말이다.[7]

비트코인과 비트코인 관련 범죄는 분리해서 다루어야 한다는 소신을 갖게 된 혼은 2019년에도 돈세탁을 하려는 이들이 여전히 고액권 달러를 선호한다며 비트코인 규제주의자들을 향해 일갈하기도 했다. 더구나 비트코인이 추적 가능하기 때문에 비트코인을 활용하는 범죄집단

7 출처: "The woman who led crypto policing in the US guesses what's next for regulation", Qartz, 2018.4.12.

을 더 쉽게 파괴할 수 있다는 점도 분명히 했다.[8]

비트코인에 열광했던 지하세계의 무법자들은 비트코인의 익명성에 대해 오해하고 있었다. 비트코인의 익명성은 제한적이다. 비트코인을 거래한 흔적은 영원히 남기 때문에 어느 한 지점에서 꼬리가 잡히면, 연관된 거래처가 오히려 모두 드러나고 만다. 수사하는 입장에서 무엇보다 좋았던 점은 피의자들과 관련자들 사이에 발생한 거래기록을 들여다보기 위해 법원으로부터 영장을 발부받을 필요가 없었다는 사실이다. 기존 금융회사들은 수사기관들의 요청에 제대로 답하지 않거나 답하더라도 오래 걸렸다. 하지만 비트코인은 언제나 투명하게 노출돼 있으므로, 결정적인 꼬리만 잡으면 거미줄처럼 연결된 생태계를 모조리 밝혀낼 수 있다.

비트코인 관련 범죄를 수사했던 일선 실무자들도 이 같은 비트코인의 익명성을 오해하는 바람에 수사관들이 비트코인을 착복하는 일이 여러 건 발생했다. 비밀경호국의 션 브리지와 마약단속반의 칼 마크 포스는 실크로드의 운영자 로스 울브리히트와 비밀리에 접촉해 수사 정보와 비트코인을 맞바꾸려는 검은 거래를 시도했다. 압수 수색하는 와중의 혼란을 틈타 울브리히트의 비트코인을 훔치기도 했다. 이들을 기소해 법의 심판을 받게 한 것도 검사 혼이었다.

검사였던 혼이 형사 절차를 밟아 비트코인의 경로를 추적했다면, 수사기관에 있었던 브리지나 포스도 자신들에 대한 수사가 진행되고 있

---

8 출처: "Where's crypto's watchdog?", American Banker, 2020.1.29.

다는 것을 알아채고 수사를 방해하거나 증거를 은닉했을 것이다. 하지만 그들은 무방비 상태로 있었다. 혼은 거래들을 모두 들여다볼 수 있었기 때문에 의심 가는 거래를 쉽게 찾았다.

범죄자들이나 수사관들 모두 비트코인의 투명한 속성을 온전히 이해하지 못했기에 범죄 유혹에 쉽게 넘어갔다. 범죄집단이나 애초에 상대를 기만하려고 하는 사기꾼들은 이메일로 소통하는 것을 피한다. 이메일이 재판에서 결정적인 증거가 될 가능성이 크기 때문이다. 거래 기록이 모두 남는 비트코인도 마찬가지다. 범죄집단이나 수사기관이 캐서린 혼처럼 비트코인의 속성을 꿰뚫어 본다면 검은 거래에 비트코인을 사용하는 것을 되도록 피하려 할 것이다.

미 수사당국, 거래소 해커를 잡다

2022년 2월, 미국 법무부는 뉴욕에 거주하는 리히텐슈타인과 모건 부부를 2016년 7월에 발생한 비트피넥스 해킹 사건과 관련한 자금세탁 혐의로 체포했다고 밝혔다. 이들 부부는 11만 9,754BTC 세탁을 공모했다고 한다.

부부는 암호화폐 기업가로 스스로를 포장했으며 체포되기 전까지 SNS에서 공개적으로 활동했다. 아내인 모건은 자신을 '월 스트리트의 악어'라고 칭하며 랩 비디오를 만들기도 했다. 미 수사당국은 체포 당시에 이들 부부가 해킹한 비트코인을 환전해 준 것인지 아니면 해커인지는 밝히지 않았다. 결국 1년 반 뒤인 2023년 8월, 리히텐슈타인과 모건은 법원에서 돈세탁과 관련된 음모에 대해 유죄를 인정하며 남편인 리히텐슈타인이 2016년에 해킹을 주도했다고 고백했다.

미국 법무부는 이들을 어떻게 검거했는지 밝히지 않았다. 그 말은 미국 수사당국이 비트코인의 흐름을 추적할 수 있는 기술을 가지고 있지만, 이를 범죄자들에게 노출하고 싶지 않다는 뜻이다.

거래소 해킹은 언제나 발생할 수 있는 일이다. 하지만 2014년 마운트곡스 해킹 사건과 2016년 비트피넥스 해킹 사건을 비교하면 몇 년 안 되는 기간에 시장市場과 수사당국이 얼마나 빠르게 적응해 갔는지 그 과정을 가늠할 수 있다.

1) 2014년, 마운트곡스 해킹 사건

2010년 7월에 문을 연 마운트곡스Mt. Gox는 비트코인을 달러로 사고팔 수 있게 한 최초의 거래소다. 2013년 중반까지 비트코인 통화거래의 60% 이상을 차지했다. 2013년 후반 중국 'BTC차이나'의 성장으로 마운트곡스의 점유 비중이 1/4 가까이 낮아지긴 했으나 그래도 가장 유명한 거래소의 지위를 유지했다. 일본 신주쿠에 위치했지만 CEO인 마크 카펠레스Mark Karpeles는 일본인이 아니라 프랑스인으로, 10대 때 해커로 활동하다가 실형을 받은 적도 있는 괴짜다. 게다가 마운트곡스에서는 엔화도 거래했지만 달러 거래가 대부분을 차지했다.

2014년 2월 말, 마운트곡스의 서버에는 일주일 넘게 접촉할 수 없었다. 2월 28일 마운트곡스는 일본 법원에 파산을 신청했다. 3월에는 미국 법원에도 파산을 신청했다. 고객들이 맡긴 75만 BTC와 회사가 보유한 10만 BTC를 해킹으로 잃어버렸기 때문이었다. 이는 당시 비트코인 총량의 7%, 당시 시가만으로도 4억 8,000만 달러에 해당한다.

비트코인 거래소에 대한 해커들의 공격은 지속적으로 이어져 왔다. 마운트곡스는 몇 차례나 해킹당했고 한 차례 거래정지를 한 전력도 있었다. 해커는 높은 안정성으로 명성을 얻고 있는 비트코인을 해킹했다는 사실 자체만으로도 자신의 실력을 과시할 수 있고, 거래소를 해킹하면 일확천금을 얻을 수도 있다. 거래소가 해커들의 공인된 타깃인 셈이다. 2013년 4월에 발표된 한 연구에 의하면 40개 거래소 중 18개, 45%가 해킹이나 사업상의 문제로 문을 닫았다. 2014년 마운트곡스의 파산 이후에도 플렉스코인Flexcoin과 빅큐렉스Vicurex가 해킹을 당했다. 거래 규모 3위인 폴로니엑스Poloniex는 보유하고 있던 비트코인 중 10% 정도를 해킹으로 잃어버리고 계좌를 일시 정지하기도 했다.[9]

마운트곡스의 경우 파산의 원인은 해킹만이 아니라는 쪽으로 여론과 검찰의 수사가 이어졌다. 2015년 8월, 마운트곡스의 대표 카펠레스는 데이터 조작과 공금횡령 혐의로 체포되었다. 마운트곡스의 파산 이후, 경영진들이 고객의 예치금을 회사 비용으로 사용했다는 제보가 잇따랐다.

카펠레스는 10개월 정도 복역한 후 보석으로 풀려났는데, 그 이유는 배임과 횡령의 증거물인 장부 자체가 없었기 때문이다. 장부도 만들지

---

9 출처: "Bitcoin Drama: Mt. Gox's Lost Coins, Another Failed Exchange, and a New Champion", The Motley Fool, 2014.3.25

않았던 방만한 경영이 오히려 그에게 유리하게 작용했다. 손실 중 일부는 내부자들의 방만한 회사 운영이나 회계누락 및 횡령 때문으로 보이지만 증거가 불충분했다. 이 사건은 중앙화된 시스템은 위험할 수밖에 없다는 것을 새삼 일깨워주었다. 그럼에도 무죄추정의 원칙과 다소 거리가 있는 일본 사법체계의 특징 때문에 카펠레스는 억울한 옥살이를 한 것으로 드러났다. 실제로 마운트곡스는 외국 해커에게 해킹당했던 것이고 카펠레스는 석방된 뒤에 진범을 체포하기 위해 미국 수사기관에 협조했다.

카펠레스에 의하면 미국 수사기관이 해커의 덜미를 잡은 지는 오래되었지만 일본 검찰에 수사내용을 털어놓지 않았다고 한다. 다른 진범이 있다는 첩보는 그를 표적으로 삼아 수사하던 일본 검찰로서도 달갑지 않은 결과였을 것이다. 마운트곡스의 해킹에는 러시아인 알렉산더 비닉이 관계했으며 그는 결국 그리스와 미국 수사기관의 공조로 체포되었다.

2) 2016년, 비트피넥스 해킹 사건

비트피넥스Bitfinex의 해킹 사건은 마운트곡스와는 사뭇 다르게 전개되었다. 2016년 8월 2일, 비트코인 가격은 하루 만에 23%나 폭락했다. 비트코인-달러 거래소인 비트피넥스에서 12만 BTC, 대략 7,200만 달러가 해킹으로 사라졌다는 뉴스 때문이었다. 마운트곡스 파산에 따른 손실에는 크게 미치지 못했지만, 당시 비트코인이 반감기에 따른 상승분위기를 타고 있는 가운데 이 해킹 사건은 비트코인에 대한 대중의 신뢰에 큰 흠집을 냈다. 비트코인 채굴량은 4년을 주기로 절반으로 줄어든다. 비트코인은 반감기가 일어나고 나서 1년 안에 10배 이상 뛰는 패턴을 반복해서 보여주었다. 주류 언론들은 비트코인 상승기에 발생한 이 사건을 대서특필해 대중에게 비트코인 자체에 뭔가 결함이 있는 듯한 인상을 심었다.

마운트곡스 사건 이후 2년 6개월 만에 발생한 대형 해킹 사건인데도 사건 이후의 전개는 판이했다. 먼저 비트피넥스는 파산신청을 하지 않았고 적극적으로 대응했다. 회사는 손실분을 모든 고객이 골고루 부담하는 헤어컷haircut 방침을 내놓았다. 모든 고객이 공동으로 부담하는 발상은 사회주의식이라는 비난도 있었지만 논리적으로 보면 타당한 면도 많았다. 거래소에 들어간 비트코인은 고객들의 개별 계좌가 아니라 회사의 서버에 담겨 있다. 따라서 해킹당한 고객과 그렇지 않은 고객을 구별하는 것은 사실상 불가능하다. 게다가 회사의 잘못을 일부 고객에게만 떠미는 것은 향후 법적 대응을 초래할 것이 뻔했다. 소송비용은 그나마 남아 있는 회사의 자산을 탕진해 회사를 도산으로 몰고 갈 것이다. 따라서 헤어컷은 주식회사의 법정관리처럼 우선 회사를 살려 장기적으로 채무자들의 이익을 지킨다는 명분이 컸다. 또, 회사는 법적 대응을 자제해줄 것을 요청했다. 일부 고객들이 법정투쟁을 선언하기도 했지만 회사의 존속을 바라는 다른 고객들의 지지를 받지 못했다. 회사는 영리하게도 손실분을 그냥 공제하는 대신 향후 이 회사의 주식과 교환할 수 있는 토큰으로 지불했다. 고객과 회사를 공동운명체로 묶는 데 성공한 셈이다. 이런 과정을 통해 비트코인 생태계가 성숙한 제도와 문화를 흡수하고 있다는 자신감을 심어주었다.

이 사건은 비트코인의 모든 거래가 공개되기 때문에 대규모 해킹을 통해서는 해커 자신이 이익을 취하기 어렵다는 점도 일깨웠다. 해커는 자기 지갑으로 옮긴 비트코인을 누군가와 교환해야 하는데 이 과정에서 자신을 노출하는 위험을 감수해야만 한다. 금액이 적을 때는 이해관계자도 적고 이해관계자가 적극적으로 해커의 지갑을 추적하지도 않는다. 그러나 이렇게 큰 사건을 저지르고 나면 무서운 사람들이 살기등등하게 지켜보는 가운데 흔적을 남길 수밖에 없는 위험을 감수해야만 한다. 이런 사실 자체가 향후에 대규모 해킹을 억제하는 효과가 있다. 해킹을 해도 별다른 소득이 없다면 두뇌와 비용과 위험이 따르는 해킹을 시도할 유인이 줄어든다.

실제로 해킹이 있었던 그해 10월, 비트피넥스가 해커에게 역으로 제안을 했다. 12만 개의 비트코인을 확보한 해커가 현금으로 바꾸지 못하고 있다는 걸 파악한 회사가 해커에게 해킹한 자산을 돌려주면 해킹총액의 5% 정도를 보상해 주겠다고 협상을 제안한 것이다. 5년 뒤 리히텐슈타인과 모건 부부가 체포된 것으로 보아 해커는 당시 회사의 제안을 수락하지 않았고, 어떻게 해서든 이익을 실현하려고 수년간 노력하다가 수사당국에 결국 덜미를 잡힌 것으로 보인다.

해커가 잡히기까지 5년이 남은 시점이었으나 2016년 가을, 비트피넥스 사건이 벌어진 이후임에도 비트코인 가격은 빠르게 회복되었다. 결과적으로 비트피넥스 해킹 사건이 비트코인과 암호화폐 커뮤니티로 하여금 자신감을 회복하게 하는 방향으로 작용했던 것으로 보인다.

비트코인 고고학자들

2018년 미국의 〈포춘〉과 〈월스트리트저널〉은 마운트곡스 해킹을 추적한 스웨덴 출신의 소프트웨어 개발자 킴 닐슨Kim Nilsson의 열정을 탐사 보도했다.[10]

마운트곡스가 85만 BTC를 잃어버렸다고 선언했던 2014년 2월, 닐슨은 분노한 소액 투자자들 중 한 명이었다. 하지만 그의 피해액은 고작 12.7BTC였다. 엄청난 인내심과 열정을 요구하는 추적작업을 위해 거처까지 일본으로 옮길 만한 금액은 아니었다. 하지만 닐슨은 위즈섹이라는 블록체인 보안 회사를 설립해 마운트곡스에서 도난당한 비트코인을 집요하게 추적했다.

닐슨은 마크 카펠레스 마운트곡스 최고경영자CEO의 도움도 받았다. 카펠레스가 일본 교도소에서 10개월간 복역한 뒤 보석으로 풀려난 직후였다. 피해자들이 카펠레스의 자작극이라고 굳게 믿던 때였다. 채권자들로서는 누구인지 모를 해커를 탓하기보다 회사 대표가 자산의 상당부분을 어디엔가 숨겨 놓았다는 쪽을 믿는 편이 나았을 뿐이다. 하지만 닐슨은 카펠레스 역시 진실을 알고 싶은 피해자라는 사실을 선택했다. 카펠레스의 도움으로 닐슨이 밝힌 사실 중에는 카펠레스 본인에게 불리한 것도 있었다. 마운트곡스는 비트코인을 어느 한순간 잃어버리지 않았다. 해커는 거래소의 입금 주소를 복사해 고객들의 자산을 오랫동안 조금씩 빼돌렸다. 카펠레스가 마운트곡스의 해킹을 오랫동안 고의로 은폐했다고 기소한 일본 검사들의 주장에 무게가 실리는 사실이었다.

닐슨은 영구적으로 기록이 남는 블록체인 거래의 속성을 전제로 마운트곡스에 연결된 200만 개의 비트코인 주소를 추적했다. 닐슨은 이 작업을 '블록체인 고고학'이라고 이름 지었다. 그는 잃어버린 코인 중 63만 개가 동일인 소유 지갑으로 곧바로 입금된 사실을 발견했다. WME라는 명칭과 연결된 지갑이었다.

10 출처: "The Man Who Solved Bitcoin's Most Notorious Heist", The Wall Street Journal, 2018.8.10. & "Mt. Gox and the Surprising Redemption of Bitcoin's Biggest Villain", Fortune, 2018.4.19.

이후 WME가 누구인지 밝히는 작업은 일반적인 인터넷 검색이었다. WME라는 사용자는 다른 거래소에서도 활동했고 부주의하게도 자신의 실체를 남겼다. WME는 한 거래소가 자신의 비트코인 1억 원 정도를 동결한 데 대해 분노한 글을 올리면서 거래소를 압박하기 위해 자신의 변호사 편지를 첨부했다. 바로 그 편지에 '알렉산더 비닉'이라는 클라이언트 이름이 적혀 있었다. 설마 본명이라고 생각하지는 않았지만 닐슨은 이를 미국 국세청IRS 사건 담당자에게 전달했다.
마침 미 수사당국도 불가리아에 위치한 비트코인 거래소 BTC-e에 대한 수사를 진행하고 있었기 때문에 빠르게 공조가 이뤄졌다. 다만, 닐슨이 민간인이었기에 미국 수사당국에 일방적으로 자료를 헌납하는 방식이었다고 한다. 그럼에도 불구하고 범인의 체포와 기소는 결국 미국 사법당국 말고는 할 수 없었기에 닐슨은 발견한 정보를 모두 제공했다.
비닉의 체포 영장을 발부한 캐서린 혼 미 연방검사는 비닉이 비트코인을 사용했던 것이 사건을 규명하는 데 도움이 됐으며, 디지털 화폐 관련 범죄는 추적을 통해 해결할 수 있다고 말했다.

2017년, BTC-e 폐쇄와 알렉산더 비닉의 체포

2017년 7월, 미국 연방수사국FBI과 금융범죄단속네트워크FinCEN는 불가리아에 터를 잡았던 비트코인 거래소 BTC-e를 전격 압수 수색했다. 또한, 그리스 경찰과 함께 2011년에 이 거래소를 공동 창립한 알렉산더 비닉을 그리스에서 체포한 후 기소하며 거래소를 폐쇄했다. 당시 그리스 경찰은 BTC-e가 최소 40억 달러의 범죄자금 세탁에 관계됐다고 발표했다.

비닉이 체포될 당시 BTC-e는 암호화폐 거래소 세계 8위 규모로 거래 물량의 5% 정도를 차지했다. FBI에 따르면 랜섬웨어와 관련한 범죄 수익금의 95% 정도가 BTC-e를 통해 현금화됐다고 한다. 다른 거래소들과 달리 BTC-e는 고객들에게 익명계좌를 만들어 주었다. 비닉의 체포는 거래소 서버가 미국에 없더라도, 운영자가 미국인이 아니더라도 자금세탁에 연루된 거래소라면 방관할 수 없다는 미국 수사당국의 의지를 보여준 사건이다.

비닉이 최대 90억 달러의 자금세탁에 관여했다고 본 미국 수사당국은 이미 2016년 그에 대한 기소 증거를 확보했다. 미국 수사당국은 비닉이 러시아 밖으로 나올 때까지 기다리다가 그가 그리스 북부 소도시 테살로니키의 해변에서 휴가를 보내고 있을 때 전격적으로 체포했다. 이후 미국과 러시아는 그의 신병을 확보하기 위해 그리스 법원에서 법정 공방을 벌였다. 러시아 역시 겉으로 밝힌 이유는 비닉을 컴퓨터와 금융사기죄로 러시아 법원에 기소하겠다는 것이었지만, 속내는 금융범죄 수사에서 관할권을 초월하려는 미국 사법당국의 부당함을 알리려는 것이었다. 2018년, 블라디미르 푸틴Vladimir Putin 러시아 대통령이 알렉시스 치프라스Alexis Tsipras 당시 그리스 총리를 만나 비닉 송환을 요구했지만 그리스 정부가 이를 거절하기도 했다.

2020년 2월, 비닉은 프랑스로 송환되어 프랑스 검찰에 의해 기소되었고, 같은 해 12월에 5년 형을 선고받았다. 프랑스에서 재판이 끝나면 미국으로 넘겨져 미국에서도 기소될 예정이었는데 비닉의 변호사는 비닉이 전 세계를 떠돌며 수십 년간 재판을 받는 비인간적인 대우를 받게 되었다고 항변하기도 했다. 비닉은 2022년 결국 미국으로 송환됐다. 미국 검찰은 비닉이 신원 도용, 마약 유통과 랜섬웨어에 관여했다는 등의 혐의를 적용해 21건에 걸쳐 기소했다. 2023년 5월, 미국 〈월스트리트저널〉에 의하면 비닉은 러시아로 돌아가기 위해 러시아에 억류된 〈월스트리트저널〉 기자와 범죄인 맞교환에 포함되게 해달라고 변호사를 통해 정치권에 로비 중이라고 한다.[11]

비닉은 2014년 최대 규모의 비트코인 거래소 해킹으로 기록된 마운트곡스 사건의 피해 금액 중 80%나 되는 물량의 현금화에 관여한 것으로 알려졌다. 그가 미국 수사당국에 덜미가 잡힌 결정적 계기도 마운트곡스 피해자들이 2년여간 끈질기게 추적한 덕분이었다.

2023년, 마운트곡스 청산

해킹 사건이 발생한 지 9년 8개월 만인 2023년 10월, 마운트곡스가 당시 자사에 암호화폐 자산을 가지고 있던 전 세계 투자자 총 1만 명 이상에게 50억 달러어치의 자산을 반환할 거라는 뉴스가 있었다. 지불은 명목화폐와 암호화폐의 조합으로 이루어지며, 마운트곡스는 채권자에게 14만 2,000BTC(약 43억 달러)와 포크된 암호화폐인 비트코인캐시로 14만 3,000BCH(약 3,000만 달러)를 상환할 예정이다. 또한, 일본 돈으로

11 출처: "Russian Indicted in U.S. Lobbies for Freedom Through a Prisoner Swap", The Wall Street Journal, 2023.5.24.

690억 엔(약 5억 1,000만 달러)을 지급할 것으로 알려졌다.[12] 그러나 지불을 한 달여 앞둔 시점에 마운트곡스의 청산관리인은 채권지불 기한을 2024년 10월로 1년 더 연장하겠다고 일방적으로 선언했다.[13] 이렇듯 일본 법원행정은 특별하지도 않은 이유로 자산의 청산을 계속 지연시키고 있다.

마운트곡스는 해킹 이후, 별도로 보관해 둔 지갑에서 20만 BTC를 발견했다. 회사는 일본 법원에 의해 몇 년 동안 청산 절차를 밟았는데 그 사이에 비트코인 가격이 크게 오르는 바람에 청산 가치가 영업할 때보다 더 높아지는 초유의 사태가 벌어지고 말았다.

신석기시대의 속도로 움직이는 일본의 청산기구는 마운트곡스 자산을 통해 비트코인 빅홀더로서 시장에 영향력을 행사해 왔다. 2018년 1월, 마운트곡스 신탁 관리인인 고바야시 노부아키 변호사가 비트코인을 일부 현금화했고, 이 소식이 알려지면서 비트코인을 비롯한 암호화폐 가격이 폭락했다. 마운트곡스의 피해자들은 일본 법원에 비트코인 처분 정지를 요청했다. 그들은 비트코인으로 돌려받기를 원했다. 자산 가치의 급격한 하락을 우려한 일본 법원도 이 요청을 받아들였다.

마운트곡스가 보유한 막대한 자산은 그 이후로 동결되었지만 회사를 다시 살리지 않는 한 언젠가 피해자들에게 전달될 것은 이미 정해진 사안이었다. 문제는 이 과정이 한꺼번에 진행돼 오랫동안 피해에 신음하던 투자자들이 비트코인을 시장에 내다팔았을 때다. 매물이 몰리

---

12 출처: "Mt. Gox repayment date looming: Is Bitcoin in trouble?", Cointelegraph, 2023.7.11.
13 출처: "Mt. Gox Bitcoin repayment: The day that never comes", Cointelegraph, 2023.9.21.

면 비트코인 가격의 하락을 면하기 어려울 것이라는 전망 때문인지 일본에서 마운트곡스의 자산 청산과 관련한 뉴스가 나올 때마다 비트코인과 암호화폐 시장 가격이 맥을 못 추는 것이 하나의 관례로 자리 잡을 정도였다.

언제 또 일방적으로 연기될는지 알 수는 없지만 만약 2024년 10월, 마운트곡스의 자산이 10년 만에 모두 채권자들에게 배분된다면 그 당시 단기적으로 시장이 어찌 반응하든지 간에 마운트곡스와 일본 청산 기구의 영향력도 그로써 종식될 것이다. 이는 비트코인과 암호화폐 생태계 전체에 악재가 아니라 매우 중요한 호재라고 할 수 있다.

04

사토시 나카모토 그리고 할 피니

할 피니가 사토시 나카모토일까?

상업용 웹브라우저와 넷스케이프의 창안자이자 투자자인 마크 안드레센Marc L. Andreessen은 비트코인을 처음 보고 "오, 신이여, 이것이 우리가 기다려온 바로 그것이군요"라고 말했다고 한다. 중앙서버의 도움 없이 컴퓨터에서 컴퓨터로 이동하는 전자적인 화폐가 이론적으로 가능하다는 것이 증명된 이후 수십 년을 기다려 얻은 결실이었기 때문이다.

그렇다면 누가 이것을 만들었을까? 비트코인의 창시자 사토시 나카모토의 정체에 대한 의문은 끝없이 이어지고 있다. 자기가 사토시 나카모토라고 주장하는 이들이 전 세계적으로 10여 명이나 된다. 이 세계에 입문한지 얼마 안 되는 사람들은 이렇게나 획기적인 발명품이 어느 날 하늘에서 뚝 떨어진 느낌을 받는다. 그러나 대다수 전문가들은 90년대부터 암호화폐를 꿈꿔온 이들의 기여가 한땀 한땀 스며든 결과물로서 비트코인을 바라본다.

발명이나 지식도 족보라는 게 있어서 하늘에서 뚝 떨어지지는 않는다. 그리고 학자마다 자기만의 스타일도 있으므로 이론에도 지문처럼 창안자의 독특한 개성이 스며 있다. 비트코인은 암호기술이나 작업증명PoW처럼 이미 있었던 개념들의 복합물이다. 심지어 분산 시스템 자체도 족보가 오래된 사고다. 이런 학문적 지문들로 인해 주목받는 이들이 몇 있다. 닉 사보Nick Szabo, 아담 백Adam Back 등이 끊임없이 사토시 나카모토 후보로 거론된다. 각기 암호화폐를 제안했거나 기술적으로 획기적인 진전을 이룬 사람들이다. 그런데 여러 시도들 중에서 비트코인 발명과 가장 가까운 단계가 있다. 그것도 가장 어려운 개념적 돌파가 이루어진 과정인데, 바로 재사용작업증명RPow: Reusable Proofs of Work이다.

재사용이라는 말에서 알 수 있듯이 이는 소프트웨어에 불과한 숫자를 사물事物화한 첫 번째 시도였다. 당시까지 PoW란 스팸메일 같은 악성 공격을 막기 위해 컴퓨팅파워를 이용해 비용을 투입하게 하는 기술이었다. 공격자로서는 비용을 지불하다 보면 공격의 효과보다 비용이 너무 높아서 채산성이 맞지 않는다. PoW 토큰이란, 어떤 소프트웨어가 진짜라는 것을 인증하는 표식이었다. 그런데 RPoW는 이 표식을 매번 새로 만들지 말고 이 컴퓨터에서 저 컴퓨터로 옮겨 다니면서 재사용이 가능하게 하자는 발상이었다. 비트코인을 알고 있는 상태에서 2004년도 작품인 RPoW의 제안을 읽다 보면 사실상 4년 뒤 개발될 비트코인의

예고편으로 착각하게 된다.[14]

RPoW를 제안한 사람이 바로 할 피니Hal Finney다. 할 피니는 사토시 나카모토에게서 최초로 비트코인을 건네받은 사람으로 기록되었다. 그는 당시 암호학계로부터 존경받는 유명한 개발자였다. 할 피니가 RPoW 제안과 소스코드를 공개한 건 2004년이다. 비트코인이 발명되기 4년 전이다. 비트코인은 작업증명 과정을 포함하는데, 이는 1997년 영국의 암호학자 아담 백의 논문으로 거슬러 올라간다. 아담 백은 해시캐시Hash Cash라는 암호화폐를 개발했다. 이 밖에 웨이 다이Wei Dai의 비머니B-Money와 실행된 적은 없지만 채굴 개념까지 있었던 닉 사보의 1998년도 제안, 비트골드Bit gold가 모두 비트코인 설계에 부분적으로 차용됐다고 여겨진다.

이렇듯 암호를 사용하고 이중지불되지 않도록 하기 위해 작업을 증명하도록 하는 방식은 이미 이 세계의 리더들에 의해 여러 차례 시도되었다. 피니는 이들에게 많은 영감을 받아 RPoW를 만들었다. 그는 가치가 나가는 담보물과 디지털화폐의 관계를 끊었고 오직 거래승인의 매개물로서 토큰의 의미에 집중했다. 물론 그는 거래를 승인해야 하는 중앙서버에 대한 신뢰문제와 컴퓨터의 발달에 따라 토큰이 무한정 발생될 수 있는 인플레이션 문제에 봉착했지만, 그 역시 자신의 발명품에 이런 한계가 있다는 사실을 인식하고 있었다. 비트코인의 설계를 잘 들여다보면 할 피니가 부딪혔던 난제를 풀기 위한 설계라는 것을 느낄 수 있다.

14 출처: Hal Finney, "Reusable Proofs of Work", 2004.

디지털 화폐라는 발상 자체에 대해 피니에게 최초로 영감을 준 이는 데이비드 차움David Chaum이다. 데이비드 차움이 1990년 개발을 주도한 디지캐시Digi Cash가 암호화폐 최초의 상업적 결실이었다. 뉴욕대와 캘리포니아대의 교수를 역임한 차움은 1983년 출판한 자신의 논문을 기초로, 스스로 개발한 암호화폐를 정부들과 중앙은행을 대상으로 상용화하기 위해 회사까지 설립했다. 네덜란드 정부와 도이체방크·크레딧스위스 등과 계약하고 마이크로소프트와 비자카드로부터도 관심과 도움을 받았다. 차움의 회사는 1,000만 달러가 넘는 투자를 받았지만 결국 1998년에 파산했다.

씨티은행도 1990년대 암호기술에 기초한 디지털 달러 발행에 관심을 갖고 발을 담근 적이 있다. 씨티이캐시Citi's e-cash로 불리던 프로젝트는 비트코인이나 디지캐시처럼 아예 새로운 전자통화를 만드는 방식이었음에도 불구하고 1997년 미국 재무부로부터 실험적 운영을 승인받기도 했다. 하지만 1990년대 후반 온라인 뱅킹과 신용카드 기반의 온라인 결제가 폭발적으로 확장되면서 중앙은행들과 금융기업들은 암호 기반 결제 프로젝트에 흥미를 잃었고 지원하던 프로젝트에서 발을 뺐다.

그렇지만 암호 기반 결제 시스템에 계속 매달린 사람들이 있었다. 사토시 나카모토는 갑자기 등장하기는 했지만 그들 중 한 사람이거나 그룹일 것으로 예측된다. 특히 할 피니가 유력한 후보로 꼽히는데, 위에서 언급한 사람들 중 유일하게 사토시 나카모토와 직접 소통하며 초창기부터 비트코인 확산에 관여했기 때문이다.

할 피니는 익스트로피안extropian이다

할 피니는 국가로부터 자유로운 암호화폐를 꿈꾸었다. 인터넷 초창기였던 1993년에 쓴 에세이에서 그는 네트워크에서 전통적인 방식의 결제수단을 사용하면 정부가 모든 거래를 추적할 수 있어 프라이버시가 사라진다며 깊은 우려를 나타낸 바 있었다. 그의 글이 실린 잡지가 바로 천재거나 괴짜들만 알던 잡지 〈익스트로피Extropy〉였다.

〈익스트로피〉는 과학과 기술의 발전으로 사람들이 영생하게 될 것이라는 주장을 펼치기도 하고, 1990년도에 이미 AI, 사이보그 같은 발전을 진지하게 예견하는 등 경계가 없는 상상을 펼치는 장이었다. 1980년대 막스 모어Max More가 주도한 기술 낙관주의 철학을 익스트로피아니즘extropianism이라고 하는데, 이는 1990년대 초에 캘리포니아의 작은 하위 문화로 성장했다. 익스트로피아니즘은 기술 발전의 가속화가 인류의 '업그레이드'를 실현할 수 있다는 트랜스휴머니즘transhumanism을 공유하는 과학자, 엔지니어, 연구원 및 미래 지향적인 개인을 끌어모았다.

익스트로피안인 할 피니는 데이비드 차움의 스타트업(디지캐시)에 대해 알게 되었을 때 디지털 캐시의 중요성을 재빨리 인식하고 동료 익스트로피안들의 관심을 끌기로 결정했다. 피니는 1993년판 〈익스트로피〉에 7페이지에 걸쳐 차움의 디지털 캐시 시스템의 내부 작동 방식을 설명했다. 아울러 익스트로피안들이 디지털 캐시에 관심을 가져야 하는 이유를 다음과 같이 설명했다.

"오늘 우리는 아무것도 변하지 않는다면 정부의 권력, 침입, 통제가 더 커질 가능성이 있는 세상으로 이어지는 길 위에 있다. 우리는 이것을 바꿀 수 있다. 이러한 기술은 개인과 조직 간의 관계에 혁명을 일으켜 처음으로 이 둘을 동등한 위치에 놓을 것이다."

할 피니의 노력으로 익스트로피안들은 디지털 캐시를 이념적으로 추종하게 되었다. 1995년 중반에 출판된 〈익스트로피〉 15판은 디지털 캐시 특집이었다. 잡지 콘텐츠의 약 절반을 돈의 디지털화에 할애하며 미래에는 개인정보 보호가 중요해질 것이라고 강조했다. 이때쯤 익스트로피안들은 암호로 보호되는 화폐에 대해 인식하면서 그런 암호화폐의 잠재력이 개인정보 보호보다 훨씬 더 클 수 있다는 것을 깨닫기 시작했다.[15]

크레이그 라이트의 등장

비트코인 창시자를 자처하며 하나의 세력을 형성한 사람이 바로 크레이그 라이트Craig Wright다. 그는 2016년 막대한 마케팅 비용까지 써가며 자신이 사토시 나카모토라고 선언했다. 그러나 결정적인 증거를 내놓겠다고 하고는 그때마다 말을 바꾸어 왔다.

누군가 사토시 나카모토라는 사실을 증명하는 방법은 간단하다. 사토시 나카모토만이 채굴할 수 있었던 첫 번째 블록의 개인키를 제시하

15 출처: AARON VAN WIRDUMMAY, "HOW THE EXTROPIAN QUEST FOR DIGITAL CASH SECURED OUR TRIPS TO THE STARS", Bitcoin Magazine, 2022.5.31.

거나 그 블록의 코인을 정해진 주소로 공개적으로 옮기면 된다. 반대로 누군가가 사토시 나카모토가 아니라는 것을 증명하는 것은 어렵다. 정황 증거가 아무리 많더라도 직접적인 증거를 찾기 어렵기 때문이다. 십수 년 전 자기 신분을 숨기고 활동한 사람을 두고 그가 아니라고 증명하는 어떤 증거가 있을지를 상상하기도 버겁다. 그가 영어로 의사소통을 했으니 영어를 못 하는 개발자라면 사토시 나카모토가 아니라고 할 수도 있지만, 누군가의 도움을 받아 영문을 작성했을 가능성도 존재한다. 누군가가 사토시 나카모토임을 증명하기는 쉬워도 아님을 증명하긴 어려운데, 이 비대칭을 라이트는 마음껏 활용하고 있다.

2019년 6월, 미국 법원은 라이트에게 초창기에 비트코인을 소유했다는 증거를 제시하지 않으면 법정 모독죄로 처벌하겠다고 엄포를 놓았다. 그간 여러 차례 말을 바꿔 법원을 능멸했다고 생각한 판사가 내린 지시인데도 라이트의 지지자들은 흥분했다. 드디어 그가 결정적인 증거를 제출하리라는 기대감 때문이었다. 라이트가 속한 회사와 그의 지지자들이 주도하는 비트코인에스브이BSV의 가격까지 뛰어오르며 기대감을 높였다.

당시 소송의 목적은 사토시 나카모토가 누구인지를 밝히는 것이 아니었다. 크레이그 라이트가 비트코인을 개발하는 과정에서 도움을 받았다고 한, 죽은 개발자의 유가족이 비트코인을 내놓으라고 민사소송을 걸었다. 즉, 라이트가 진짜로 사토시 나카모토라고 믿는 사람이 자신이 사토시라고 주장하는 라이트를 상대로 사토시가 보유하고 있을 것으로 추정되는 비트코인 반환소송을 한 셈이라, 그가 사토시인지에 대해서는 다툼의 여지가 없다. 그가 사토시가 맞는다면 대략 110만 BTC를 가지고 있어야 하는데, 재판 과정에서 라이트는 엄청나게 많은 비트코인을 가지고 있지만 당분간 그 코인에 접근할 수 없다고 말했다. 튤립트러스트라는 신탁회사에 맡겼는데 2020년 1월이 되어야만 자신에게 접근권한이 돌아온다고 했다. 그러나 이 과정에서 위조가 의심되는 서류들을 제출했고 자신이 소유했던 초창기 비트코인 주소라며 법원에 제출한 주소들 중에서는 대형 거래소 주소는 물론, 엉뚱한 사람의 소유로 확인된 주소도 포함되어 있었다.

그해 8월, 법원의 판결문에는 라이트가 법원을 모독했으며 말을 여러 차례 바꾸었고 믿을 수 없는 행동을 했다고 적시되어 있었다. 판사는 라이트가 서류를 조작하고 진실을 호도한 정황이 상당하다고 적었다. 그러면서 자신에게 유리한 기억에 대해서는 섬세하지만 자신에게 불리한 사실들은 전혀 기억하지 못하는 선택적 기억상실증을 질타했다.

튤립트러스트로부터 비트코인 접근권한을 받는다는 2020년 1월이 되기 직전 라이트는 또다시 기한이 연기될 수 있다고 했다. 튤립트러스트로부터 몇 개의 서류가 도착했다는 것을 알리고 법원에 제출기한 연기를 신청했다. 그의 변호사는 라이트가 튤립트러스트로부터 개인키를 받았다고 암시했고 그 때문에 BSV는 며칠 만에 3배나 뛰어올랐다. 그러나 그 이후 개인키를 받은 것은 아니었다고 또 말을 바꾸었다. 한편, 라이트는 당시 한 인터뷰에서 자신이 튤립트러스트로부터 개인키를 받을 확률은 99.99%라고 장담했다. 그러나 결국 법원에 내놓은 말은 또 한 번 모두의 예상을 깨버렸다. 튤립트러스트라는 신탁기관 자체가 변호사들로 구성되어 있으므로 변호사의 비밀특권 때문에 자신이 튤립트러스트로부터 받은 서류를 법원에 제출할 수 없다는 것이었다.

사토시 나카모토를 연구하는 이들은 라이트를 믿지 않는다. 가장 큰 이유는 두 인격의 불일치 때문이다. 사토시 나카모토는 자신의 역사적인 발명과 관련해 어떠한 배타적 권리도 주장하지 않았던 데 반해, 라이트는 비트코인 특허를 출원하는 등 재산권에 집착하고 있다. 2020년 2월, 그는 비트코인과 비트코인캐시가 자신에게 소송당하지 않으려면 비트코인의 소스코드를 사용하지 말라고 경고했다. 이 협박은 치명적으로 앞뒤가 맞지 않는 발상이다. 사토시 나카모토라면 입 밖에 내기 어려운 모순이기 때문이다. 만약 크레이그 라이트가 누군가 비트코인 코드로 노드를 운영하는 것을 막을 수 있다면 정부도 할 수 있다. 소송에 이겨 이를 집행하는 과정에서 라이트는 사법기구의 힘을 빌려야 할 텐데, 그렇다면 정부가 막을 수 없다는 비트코인의 특징은 농담이 돼버린다. 또한, 특허의 기본 개념은 기존에 없었던 아이디어를 창출한 이들의 재산권을 보호하는 것이다. 라이트가 특허를 출원한 시점에 비트코인 소스코드는 이미 수년간 공개되어 있었다. 이런 이유로 특허출원을 원하는 기업들은 출원하기 전에 학술적 발표나 언론보도를 피한다. 출원 전에 아이디어가 이미 알려져 있었다는 주장을 배제하지 못할 근거를 만들지 않기 위해서다.

어떤 정부가 비트코인 소스코드에 대한 라이트의 특허출원 신청을 인정해 줄지도 의문이지만, 비트코인과 블록체인 커뮤니티가 자중지란에 빠지도록 그에게 특허권을 준다고 한들 정부는 비트코인의 숨겨진 노드들을 찾아내 압류할 수 없다. 정부가 막지 못한다는 사실이야말로 이 발명품의 본질이며 이를 개발한 미스터리한 인물이 위대한 이유다.

정황적인 증거들이긴 해도 라이트가 사기꾼이라는 단편적인 사실들은 상당히 누적되었다. 그는 곧바로 들통날 잘못된 지식들을 떠벌리거나 자기 경력에 대한 거짓과 과장을 일삼았다. 일단 그는 정식으로 박사 학위를 받기 전에도 스스로를 박사로 지칭했으며 그가 밝힌 호주의 군 경력은 거의 대부분 날조였다. 전자결제에 대해 누구보다 해박한 사토시 나카모토가 비트코인 세계를 떠날 무렵에야, 라이트는 페이팔과 같은 전자결제에 관심이 생겨 수강신청을 했다는 글을 자신의 블로그에 올렸다. 또한, 그가 프로그램에 대해서도 무지하다는 증거가 있으며 그가 큰맘 먹고 공개한 간단한 프로그램도 작동하지 않았다. 사토시 나카모토가 온라인에서 활동했던 시기에 활동한 시간의 빅데이터도 라이트의 그것과 전혀 달랐다. 라이트는 호주가 새벽일 때는 활동하지 않았고 사토시 나카모토는 미국 서부가 새벽일 때 활동하지 않았다.

라이트는 비트코인에 대해서도 무지하다는 걸 결정적으로 들켰다. 자신이 처음에 70대의 장비로 채굴했다고 했는데 이는 가소로운 주장이다. 비트코인 기록은 다 남아 있으므로 초창기 채굴파워는 한동안 단 한 대나 두어 대의 컴퓨터였다는 걸 알 만한 사람은 다 알았다. 뒤늦게 그는 마이크로소프트가 윈도우를 업그레이드하느라 당시 대부분의 컴퓨터가 꺼져 있었다고 변명했다. 비트코인 시스템을 한 번이라도 뜯어본 경험이 있는 나 같은 사람들이 들으면 웃지 않을 수 없는 변명이다. 비트코인의 첫 번째 블록은 1주일이나 지나서 채굴되었는데 그가 윈도

우의 업그레이드가 있었다고 주장한 실제 날짜는 첫 번째 블록이 채굴되고 나서다. 어쨌건 업그레이드가 되고 나서 69대의 컴퓨터를 더 돌렸다 해도 말이 안 되기는 마찬가지다. 당시에는 난도difficulty가 낮았기 때문에 70대의 컴퓨터를 돌렸다면 갑자기 늘어난 채굴파워를 반영해 난도를 높이기 전까지 2,000여 개의 블록이 컴퓨터를 작동한 직후에 바로 채굴이 되어야 했다. 비트코인 난이도라는 게 2,016개의 블록이 생성되고 나면 블록당 시간거리가 10분이 되도록 자동 조정된다. 그것도 바로 10분에 맞추는 게 아니라 조금씩 조정된다. 채굴파워가 갑자기 몇 배로 증가하면 난이도가 조정된 이후로도 10분보다 빠른 시간에 채굴이 이루어지기 마련이다. 비트코인을 책으로만 공부한 사람들은 2주마다 난이도가 10분으로 맞춰진다고 기계적으로 암기하니까 결정적일 때 무지를 드러내는 것이다.

아무튼 이 모든 증거는 정황일 뿐이다. 라이트가 어느 날 첫 번째 코인이 담긴 비밀키를 가지고 나타나면 모든 논쟁은 끝난다. 그러나 그가 굳이 그러지 않는 이유를 상상해 보자면, 그럴 수 없든가 아니면 그러면 너무 큰 손해를 입든가 둘 중 하나다. 그의 추종자들은 후자 때문이라고 변호하고 있지만 자신이 사토시라는 걸 입증할 책임이 크레이그 라이트 본인에게 있다는 사실만은 추종자들조차도 부정하지 못한다.

크레이그 라이트가 선물한 단서

크레이그 라이트의 추종자들이 주장하는 가장 강력한 논거가 진짜 사토시 나카모토를 추정하는 실마리라는 건 이 세계 최대의 아이러니이기도 하다. 그가 결정적인 증거를 제시하지 않는데도 진짜 사토시가 크레이그를 제지하지 않는 현실, 그 자체가 라이트가 진짜 사토시라는 결정적인 증거라는 것이다. 이들의 논거는 타당하다.

실제로 〈뉴스위크〉가 2014년 초, LA에 사는 일본계 미국인 도리안 사토시 나카모토를 비트코인 발명자로 지목하자 사토시는 바로 대응했다. 사토시 자신의 2009년도 계정을 만든 이만이 사용할 수 있는 계정을 통해 "나는 도리안 나카모토가 아니다I am not Dorian Nakamoto"라는 메시지를 올렸다. 그런 그가 자신의 명예를 실추하는 것이 분명한 라이트를 놔두는 현실은 설명하기 어렵다.

만약 진짜 사토시 나카모토가 죽었다면 어떨까? 그것도 2014년의 도리안 메시지와 2016년의 라이트 출현 사이에 사망했다면 말이다. 2014년 8월 루게릭병으로 사망한 할 피니가 이 프로파일에 딱 들어맞는다.

사실상 할 피니가 사토시이거나 사토시와 함께 비트코인을 개발한 공동 개발자라는 사실을 인정하는 분위기에서 그를 추억하거나 그의 업적에 경의를 표하려는 이벤트도 있다. 할 피니를 아는 암호학 전문가들은 그가 사토시라는 것을 이미 알고 있으나, 가족을 보호하려는 그의 뜻을 존중해 이를 떠벌릴 수 없다는 듯한 인상을 풍기기도 한다.

사토시 나카모토 후보의 한 명으로 주목받는 아담 백의 경우, 2022년 마이애미 비트코인 콘퍼런스에서 강연을 했는데 이 강연에서 띄운 PPT 장부가 아담 백에서 시작해 할 피니로 끝나는 식으로 구성되어 있었다. 시작은 자신이 했고 마무리는 할 피니가 했다는 메시지를 담은 것이다. 이런 암시적인 형태로 비트코인 발명에 기여한 할 피니의 알려진 공헌을 최대한 기념해 경의를 표하려고 노력하는 게 이 세계 고수들의 태도다.

이더리움의 이더도 비트코인처럼 작은 단위로 쪼개진다. 소수점 이더의 단위들은 컴퓨터나 암호학 기술발전에 기여한 사람들의 이름으로 정해졌다. 웨이Wei, 배비지Babbage, 사보Szabo, 피니Finney 등이 단위로 쓰인다. 그런데 1이더의 바로 아래 단계, 즉 기념할 만한 사람들 중 가장 높은 가치를 '피니Finney'에 부여했다. 1,000피니가 1이더다. 이더가 이더리움 창시자인 비탈릭 부테린Vitalik Buterin의 이름이 아니므로 피니는 부테린을 제외하고는 이더리움 생태계도 인정하는 최고의 기여자라는 의미가 담겼다. 이더리움 생태계는 비트코인을 이더리움이라는 절정의 '완성품'에 기여한 가장 훌륭한 '미완성품'쯤으로 여기는데 피니를 '가장 훌륭한 미완성품'인 비트코인의 개발자라고 노골적으로 표시한 셈이다. 2019년, 세계 최초로 개발하여 보급하기 시작한 블록체인 기반 스마트폰의 이름도 피니를 기념해서 '피니Finney'로 지었다. 또, 2019년 9월 6일에는 사토시팀이라는 단체가 피니의 루게릭 발병 10주년을 기념하여 오래달리기 이벤트를 제안하기도 했다.

할 피니를 가리키는 화살표들

이 분야의 천재들이 오랫동안 풀지 못했던 난제를 풀었다고 선언하며 등장한 사토시 나카모토는 이전까지 활동 경력이 없는 이름이었다. 그리고 할 피니같이 알려진 인물들의 이메일에는 하루에 몇 통씩 자신이 대단한 발견을 했다며 읽어봐 달라는 아이디어가 날아 들어온다. 그 중 대부분은 이미 누군가 시도했거나 아니면 작동하는 데 여러 가지 난제가 있는 불완전한 것들이다. 사토시 나카모토가 비트코인이라는 논문을 보낸 이메일 리스트에 할 피니가 포함된 것은 자연스럽지만, 할 피니 같은 거물이 무명의 작가가 보내온 글을 유심히 보고 관심을 갖는다는 것은 그다지 확률이 높지 않은 우연의 하나다.

할 피니는 비트코인이 매우 흥미로운 아이디어라고 평가했다. 결국 사토시 나카모토를 후견하면서 암호화폐라는 무대에 등장시키는 데 도움을 줬다. 할 피니 자신이 사토시의 주장을 단번에 이해한 몇 안 되는 사람 중 한 명이었기 때문이라고 회고한 바도 있다. 이는 너무나 당연했다. 할 피니가 막힌 부분을 비트코인이 풀었기 때문이다. 그렇다면 왜 할 피니는 사토시 나카모토가 자신이 수년간 고민하던 난제를 해결했다고 좀 더 직접적으로 표현하지 않았을까?

할 피니는 세계 최초로 비트코인을 송금받은 사람이며 사토시에게 초기 프로그램의 버그를 알려줘 고치게 하기도 했다. 또, 사토시를 제외하고 최초로 비트코인을 채굴했다는 사실을 공시한 사람이다. 물론 이렇게 공개된 사실만으로도 그를 사토시 나카모토로 지목할 수 있다. 그런데 널리 알려지지 않은 사실들이 더 그럴듯하다.

할 피니는 도리안 사토시 나카모토와 한 동네에서 10년 이상 살았다. 도리안 사토시 나카모토는 〈뉴스위크〉가 사토시 나카모토의 실제 인물로 지목한 사람인데, 할 피니가 자신의 가명을 지을 때 동네 사람의 이름을 차용했다고 자연스럽게 추론할 수 있다.

할 피니는 죽기 직전에 이상한 협박에 시달렸는데 당시 언론에서는 협박자가 거액의 비트코인을 요구했다는 정도만 보도했다. 그가 사토시라는 걸 폭로하겠다는 협박이 아니라면 거액의 비트코인을 요구할 만한 협박이 성립하지 않는다는 합리적인 추론이 당시에도 떠돌았다. 할 피니는 2009년 9월에 루게릭 발병 사실을 알았으며 2014년 8월에 사망했다. 그가 만일 사토시라면 비트코인 발명에 성공한 바로 그해에 죽을 병에 걸렸다는 것을 인지한 셈이다. 그는 완전한 죽음 대신에 세포의 동결보전을 선택했다. '냉동인간' 기술은 주류의학이 공인하지는 않지만 이 서비스를 제공하는 이들에 의하면 후대에 적절한 처치를 통해 세포를 다시 살릴 수 있는 기술이다. 이 역시 익스트로피아니즘적인 아이디어다. 이때 냉동과정에서 몸속의 수분에 의해 세포가 파괴되는 것을 방지하기 위해 고난도의 기술로 시체를 빠르게 처치할 필요가 있다. 법의학적 죽음 이후 빠르게 조치해야 하므로 거액을 기부할 수 있는 부자들만이 받을 수 있는 서비스라는 점도 의미가 있다. 그가 영생에 관심이 있었다기보다는 자신이 만든 발명품으로 인해 바뀐 세상을 한번은 직접 보고 싶지 않았을까?

비트코인 고고학자로 불리는 일군의 개발자들은 비트코인의 특성을 활용하여 사토시 나카모토에 관한 진실에 접근하려 한다. 변하지 않는 장부이기도 한 비트코인이 모든 트랜잭션 정보를 고스란히 가지고 있기 때문에 증거가 인멸될 위험이 없다는 데 착안한 작업이다. 이들은 사토시가 채굴한 것이 분명한 블록들에서 특이성을 찾아냈다. 초창기에는 채굴 경쟁자가 없었다. 따라서 만약 당시 채굴값들에서 어떤 연속된 패턴이 보인다면 그것은 사토시의 컴퓨터만이 작업에 참여했기 때문이라고 가정할 수 있다. 다행히 초창기 블록의 엑스트라논스extraNonce 값들은 연속적인 패턴을 보여준다. 여러 대의 컴퓨터가 채굴 경쟁을 벌였다면 연속된 값이 아니라 무작위 값이 나와야 한다.

초창기 비트코인이 움직이면 사토시 나카모토가 돌아왔다고 보도된다. 그러면 예외 없이 가격이 폭락한다. 사토시 나카모토가 돌아온다는 건 그가 채굴한 110만 개의 비트코인이 시장에 쏟아질 수 있다는 의미다. 그리고 얼마 뒤 전문가들이 패턴을 분석해 문제의 코인이 사토시 나카모토의 코인이 아니라는 의견을 낸다. 이때 사용하는 게 바로 이 패턴인데 이를 파토시 패턴Patoshi pattern이라고 한다. 파토시 패턴은 단 한 대의 컴퓨터가 2009년 채굴하면서 남긴 패턴인데 이 컴퓨터가 바로 사토시의 컴퓨터로 추정된다.

할 피니는 비트코인이 채굴되는지 보려고 초창기에 채굴을 시도했고 자신이 채굴한 블록이 70번대라고 밝힌 바 있다. 그런데 비트코인 고고학자들에 의하면 피니가 채굴한 70번대 블록들에서도 엑스트라논스값들은 헝클어지지 않았다. 만약 피니가 사토시와 무관하다면 그가 채굴을 시도했을 때 사토시의 컴퓨터도 채굴하고 있어야 했으므로, 70

번대 블록들은 연속된 패턴을 잃어버리고 뒤엉켜 있어야 한다. 이것은 피니가 채굴하도록 사토시가 채굴 기계를 껐을 때만 가능한데 둘 사이에 그런 협조가 있었다고 말한 적은 없다. 만약 있었다면 사토시가 이메일로 언급했을 가능성이 높다. 피니가 채굴할 수 있도록 자신의 컴퓨터를 껐다는 식으로 말이다. 아무튼 피니가 채굴한 70번대의 블록들에는 사토시 이외 채굴자의 흔적은 남아 있지 않다. 이것까지 추적할지 당시에는 몰랐을 수도 있지만, 인류 역사상 몇 안 되는 엄청난 발명에 성공한 창시자가 일부러 약간의 흔적을 남긴 것일 수도 있다.

앞으로도 사토시를 자처하는 이들이 끊임없이 등장하겠지만 최초 코인에 대한 서명을 제시하는 것과 같은 직접증거가 없는 이상, 할 피니를 능가하는 개연성을 갖춘 후보자를 발견하기는 어려울 것이다. 사실 증거들의 추세만을 고려하면 그가 사토시가 아니라는 게 그야말로 놀라운 반전이자 억지스럽게 보일 정도다. 무엇보다도 그가 이미 죽었다는 사실이 지구를 뒤흔드는 미스터리한 인물에 걸맞은 스토리이기 때문에 많은 이들이 선택한 대답이기도 하다.

사토시 나카모토가 망자이기를
바라는 마음과 파토시 토큰

2020년 5월 21일, 사토시 나카모토가 코인을 움직였다는 뉴스가 등장했다. 내용은 이렇다. 비트코인이 세상에 나온 2009년 1월로부터 겨우

한 달이 지난 2월에 채굴된 주소에서 비트코인이 이동했다. 무려 11년 동안 움직이지 않던 비트코인이 움직인 것이다. 이 소식에 가격은 바로 반응했는데 2% 이상 폭락했다. 왜냐하면 사토시 나카모토가 최소 110만 개 이상의 비트코인을 보유하고 있기 때문이다. 비트코인 전체 총량의 5% 가까이 되는 비트코인을 보유한 사람이 무대에 등장하면 상당량의 비트코인이 한꺼번에 매도물량으로 쏟아질 수도 있다. 더구나 사토시 나카모토가 누구인지 밝혀진다면 해당 국가의 세무당국이 대응할 수밖에 없으므로 비트코인의 창시자는 막대한 세금을 감당하기 위해서라도 상당량의 비트코인을 급매로 처분할 처지에 내몰릴 가능성이 크다.

그렇다면 과연 문제의 #3,654 블록은 사토시 나카모토가 채굴한 것일까? 만약 사토시 나카모토가 의도적으로 이 주소를 선택했다면 그는 세상을 상대로 아직도 숨바꼭질을 할 마음인 걸로 보인다. 이 블록은 사토시가 단독으로 채굴할 때의 패턴, 즉 '파토시 패턴'을 띠지 않는데 비트코인 생태계 초기인 당시로는 극히 드문 예외에 해당하는 블록이기도 하다. 코인을 움직인 게 사토시가 맞는다면 그는 뻔한 코인이 아니라 자기가 아닐 수도 있다는 여지를 남기는 선택을 한 셈이다.

개발자들은 초창기 블록 중에서 어떤 것이 사토시의 컴퓨터로 채굴되었는지를 정확하게 알고 있다. 이 채굴자를 파토시Patoshi라고도 부르는데, 그가 사토시가 아닌 이유는 자신의 지문을 확실하게 남긴 당사자가 비트코인 창시자 사토시 본인이 아닐 가능성도 희박하긴 하지만 잔존하기 때문이다. 즉, 5월 21일에 일어난 사건은 막대한 비트코인을 보유한 파토시가 세상을 향해 헛기침을 한 것과 같은데, 놀랍게도 움직인 블록은 사토시나 파토시의 것이 아닐 수도 있다는 여지를 남겼다. #3,654 블록은 당시로서는 드물게도 파토시 패턴을 띠지 않았다.

패턴을 띠지 않는다고 해서 사토시의 것이 아니라고 단정할 수는 없는데, 파토시 혹은 사토시가 한 대 이상의 컴퓨터를 사용했을 수도 있기 때문이다. 물론 사토시 말고도 여러 사람이 간헐적으로 채굴에 참여했었다. 당시 사토시는 비트코인 소스코드를 여러 개발자에게 보내 채굴해 보라고 권유했으며 이들로부터 채굴 결과에 대해 어떤 피드백을 얻은 것도 사실이다. 그러나 해시레이트를 보면 한 대 이상의 컴퓨터가 꾸준하게 채굴한 것으로 보이지는 않는다. 사토시나 파토시를 제외한 누군가가 있었다면 그들은 꾸준하게 채굴하지는 않은 것이 분명하다.

2020년 5월의 사건은 대답보다는 더 많은 질문을 남겼다. 게다가 아직도 소수의 사람들에 의해 비트코인 생태계 전체가 농락당할 수 있다는 것을 보여줌으로써 비트코인의 약점을 새삼 각인시켰다. 일반적으로 꼽는 가격의 변동성은 비트코인의 진정한 약점이 아니다. 비트코인의 진정한 약점은 창시자와 관련하여 끊이지 않고 회자되곤 하는 미스터리다. 창시자가 미스터리를 선택하면서 그가 가진 100만 개 이상의 비트코인도 그와 함께 불확실성의 세계로 들어가버렸기 때문이다. 비트코인의 가격이 오르면 오를수록, 이 문제는 투자자들의 무의식 한편에 자리 잡은 채 깊은 불안감의 원천이 될 것이다. 따라서 비트코이너들은 사토시 나카모토가 살아 있지 않다는 가설을 믿고 싶어 한다. 더구나 할 피니는 능력으로도 행적으로도 사토시 나카모토로 간주하는 데 손색이 없다. 더구나 결정적인 것은 이런 엄청난 발명을 하고도 이름을 숨긴 미스터리를 풀 수 있다는 점이다.

이런 엄청난 일을 저지른 장본인이 명예 대신에 비트코인 110만 개를 선택했다는 것은 할 피니가 지금까지 보여준 인격에 부합하지 않는다. 그러나 만약 그가 시한부 인생이었고 남겨질 가족을 생각했다면 어떨까? 죽기 전에 명예를 위해 자신이 사토시임을 밝혔다면 유가족들은 엄청난 상속세를 내야 했을 것이고, 더구나 무시무시한 범죄자들과 집요한 언론의 표적이 되는 고단한 삶을 살아야만 했을 것이다. 시한부 판정을 받은 가장이 자신의 명예 대신 남은 가족을 위해 돈을 선택했고, 가족의 안위를 위해 자신의 신분을 가렸다는 가설은 적어도 사토시 나카모토가 보여준 고상함을 훼손하지는 않는다.

그렇다면 이것은 좋은 뉴스일까? 그렇지만은 않다. 할 피니가 진짜로 사토시 나카모토이고 그가 가족을 위해 끝까지 자신의 신분을 속인 것이라면 그는 가족에게 비트코인을 전달하고 있을 것이다. 과연 자기가 죽은 뒤에 생태계에 무리를 주지 않으면서 그리고 가족들을 위험에 빠뜨리지 않으면서 비트코인을 전달할 수 있을까? 그럴 수 있다. 약간의 코인을 담은 비밀키를 간헐적으로 가족에게 전송하는 방식이라면 충분히 가능하다. 그런데 이렇게 가설을 세우고 관찰하면 오히려 뉴스의 맥락이 보인다.

업계는 사토시 시절의 비트코인이 움직였다는 뉴스에 주기적으로 놀란다. 그리고 얼마 뒤 진정된다. 막대한 수량의 비트코인이 더 이상 움직이지 않기 때문이다. 그러나 이 역시 누군가에 의해 의도된 설계일 수 있다. 그렇다면 우리는 앞으로도 사토시 나카모토의 것으로 추정되는 비트코인이 움직였다는 뉴스와 그로 인해 가격이 떨어지는 현상 그리고 전문가들이 움직인 블록에 대해 분석을 내놓아 대중을 안심시키는 일련의 루틴을 오랫동안 목도하게 될 공산이 크다.

05

스마트 콘트랙트가 가능한 원리

비트코인 회의론 3단계

비트코인이 성장하면서 하나의 현실로 굳어질수록 비트코인 회의론도 변화하며 발전해 왔다. 회의론의 첫 번째는 여전히 비트코인을 사기이거나 가까운 미래에 없어질 튤립버블로 단정하는 것이다. 두 번째는 비트코인은 블록체인이라는 기술의 관점에서 보면 가장 낡은 코인이므로 그보다 더 좋은 코인들이 계속 나올 것이라는 가정에서 출발한다. 기술이란 계속 발전하기 마련이라, 현재 나온 모든 코인의 미래 역시도 비트코인만큼 불확실하므로 이더리움을 비롯한 대부분의 코인들이 기술 발전에 의해 도태될 것이라는 예측이다. 세 번째는 국가의 개입이다. 블록체인을 파악한 각국 정부는 블록체인을 이용해 안정적인 코인을 주도적으로 발행하려 할 것이다. 이 코인들은 달러, 원화 등과 법적으로 교환된다. 중앙은행이 발행하는 디지털 통화, 즉 CBDCCentral Bank Digital Currency가 나오면 누구도 가치를 보장해 주지 않고 가격이 요동치는 비트코인과 나머지 암호화폐들은 신뢰를 잃고 가격이 0으로 수렴할 것이라는 전망이다.

회의론의 단계별 발전은 비트코인을 사기라고 주장해 온 이들의 지적 성숙이나 반성의 결과가 아니다. 비트코인 주류화가 지속적으로 진행되는 현실에 수동적으로 적응한 것에 지나지 않는다. 수많은 코인들은 제각각 비트코인의 속성 중 한 부분을 본뜨고 확대하려는 의도로 창안되었다. 회의론자들은 이를 단순한 무질서로 치부하며 비트코인을 허다한 토큰의 하나로 폄하하기 바쁘다. 중앙은행들조차 비트코인과 같은 디지털 캐시의 발행을 고려하고 있다면, 블록체인과 암호화폐가 거스를 수 없는 대세라는 사실을 정부와 엘리트들도 인정했다는 식으로 이를 해석할 수도 있다. 하지만 회의론자들은 중앙은행들의 디지털 화폐가 비트코인을 끝장낼 것이라는 쪽으로만 읽으려고 한다.

그럼에도 두 번째, 세 번째 회의론은 비트코인 장기 보유자들의 마음을 흔들 만큼 논리에 일리가 있다. 기본적으로 두 쟁점 모두 경쟁하는 여러 기술 중에서 어떤 것이 채택되는지에 대한 논쟁이다. 경험적 법칙에 따르자면 비트코인이 가장 오래되었으니 기술의 발전을 고려할 때 비트코인은 결국 퇴장당할 운명이라는 논리는 설득력이 있다.

이렇게 주장하는 이들은 주로 블록체인이라는 기술에 초점을 두고 비트코인을 평가한다. 기술의 발전과정에서 초창기의 혁신제품은 후발 주자들에게 지위를 내주기 마련이다. 혁신기술이 한번 뿌리를 내리고 나면 비약적으로 발전하고, 국가에 의해 적극적으로 수용되는 생애주기도 경험적 법칙이다. 이더리움이 초창기에 내건 캐치프레이즈는 '블록체인 2.0'이었다. 이더리움은 비트코인이 낡아서 바로 퇴장할 것이라는 우려를 자신들의 마케팅 전략으로 활용해 크게 성공했다. 이런 마케팅이 먹힐 정도로 비트코인은 지속적으로 후발 주자들의 도전에 노출될 것이 분명한데도 불구하고 계속 지배적 지위를 유지할 거라는 주장은 여러모로 사람들의 상식에 어긋난다.

두 번째, 세 번째 회의론에 굴하지 않는 이들을 비트코인 맥시멀리스트bitcoin maximalist라고 부른다. 다소 조롱으로 시작된 표현이었지만 지금은 비트코인 철학의 완고한 신봉자로 의미를 굳혔다. 이들은 비트코인을 단순한 기술로 인식하지 않고 하나의 현상으로 바라본다. 이들은 비트코인의 가격이 3,000만 원을 넘었고, 발명된 지 15년이 지났으며, 수많은 이들이 인지하고 있고 채굴이 하나의 산업으로 자리 잡았다는 목록들을 제시한다. 얼핏 논리적이지 않은 주장으로 들린다. 결과로 모든 과정이 합리화된다는 억측으로도 느껴진다. 게다가 상황은 계속 변하지 않는가 말이다.

비트코인과 블록체인은 함께
거대한 생태계를 이룰 것이다

비트코인은 인문학적 현상이다. 온라인이라는 새로운 정글에서 네트워크로 연결된 민간인들이 사회적 본능이라고 할 수 있는 화폐현상을 재현하는 수단으로 비트코인을 선택했다. 블록체인 기술은 비트코인 현상을 촉발한 하나의 필요조건이다. 따라서 비트코인이 기술의 발전 하나만으로 대체될 것이라는 논리는 현상을 총체적으로 이해하지 못하는 데서 오는 오류다.

비트코인은 시가 총액 1위 자리를 다른 코인에 내준 적이 단 한 번도 없다. 그동안 수많은 코인들이 주목받았다가 유명무실해지기를 반복했고, 2위인 이더리움도 그들이 비트코인을 조롱했던 논리 그대로 후발 주자로부터 공격받는 처지가 되었다. 이더리움보다 더 빠르고 더 혁신적이라는 마케팅을 앞세우니 말이다.

비트코인이 가장 오래되었고 가장 비싸고 가장 강건한 체계를 유지하고 있다는 부인하기 어려운 현실과 비트코인에 대한 대중의 브랜드 인지 그리고 폭넓은 신뢰는 따로 떼어 놓고 생각할 수 없다. 어떤 강력한 충격이 가해지기 전까지는 뒤집어지기 어려운 경쟁우위다. 기술적으로 압도적인 또 다른 블록체인 시스템이 비트코인에 강력한 충격을 가하기 어렵다면, 그 이유는 역설적으로 비트코인에 쓰인 기술이 투박하기 때문이다. 투박한 기술이 더 세련된 기술에 의해 밀려나는 것이 대개 순리이지만, 어떤 면에서는 오히려 투박하기 때문에 정교한 기술들을 품어낼 수 있다. 뒤에서 더 자세히 설명하겠지만 체인들 간에는 교류가 가능하다. 체인들은 각자 독립된 것이 아니라 어떤 중심을 두고 거대한 생태계를 이루는 관계로 발전할 가능성이 크다.

비트코인은 어떤 특정한 용도에 최적화되어 있지 않다. 예측성이라는 속성을 강화하는 데 집중하느라 많은 부분을 포기한 선택의 결과다. 창안자가 언론에 등장하지 않는 점을 비롯해, 거대 기업 혹은 강력한 국가에 의해 좌우되지 않는다는 주장을 지속적으로 입증해 온 강건성이 비트코인의 미래에 대해 예측 가능성을 끌어올리고 있다. 이 예측 가능성이라는 요소가 바로 다른 블록체인과 비트코인의 본질적인 차이다.

흔히 간과하는 사실이 있다. 특히 이 부분은 비트코인 맥시멀리스트들도 무시하는 경향이 있다. 유력한 코인들 간의 관계는 제로섬게임이 아니다. 블록체인은 암호체계를 사용하기 때문에 서로 다른 코인들 간에 무신뢰거래가 가능하다. 즉, 서로 다른 블록체인을 넘나들 수 있다. 사이드체인sidechain이라고 불리기도 하는 개념이다. 블록체인 개발자들은 제3자의 개입이나 신뢰가 필요 없는 코인 간 거래 실험에도 성공했다. 이 아이디어는 이미 2012년도에 등장했으며 이후 논문들이 제출되었고 2017년도에 실행되었다.[16] 당시 1비트코인과 10라이트코인을 서로 신뢰할 수 없는 상대와 거래할 수 있다는 것을 증명했다. 자신의 비트코인을 묶어 놓은 비밀키를 라이트코인을 소유한 상대에게 보내고 상대의 라이트코인을 잠근 키를 넘겨받아 중재자 없이 코인 거래를 완

---

16 출처: "What is an atomic swap, and how does it work?", Cointelegraph, 2023.6.29.

료하는 아토믹 스와프 기술이다. 이런 방식을 확장하면 중앙서버 없이 코인 간 거래가 가능하고 결과적으로 정부가 개입하지 못하는 거래소로 성장할 수 있다. 비트코인 자체로도 스마트 콘트랙트에 활용될 수 있지만 사이드체인들이 결합되면 더 유연하고 다양해질 수 있다.

블록체인 간 무신뢰거래가 가능하다면 결국 수많은 블록체인 생태계가 서로 밀접하게 연결되어 거대한 생태계를 구성하게 될 것이다. 이는 신기술에 의해 비트코인이 퇴장할 것이라고 생각하는 이들이 당연하다고 간주하는 전제를 부정한다. 유력한 코인들 간의 관계는 제로섬 게임이 아니기 때문이다. 블록체인이 하나의 정글을 이룰 때 각각의 체인은 서로에 대해 사이드체인의 역할을 한다. 그리고 복잡한 생태계일수록 중심적 역할이 필요하다. 비트코인 코어 진영은 비트코인이 거대한 블록체인 생태계에서 가장 믿을 만한 담보물로서 신뢰의 중심이 될 것이라 믿는다.

사이드체인의 능력

사이드체인은 비트코인을 중시하는 비트코인 코어 진영이 '밀고 있는' 개념이다. 비트코인 자체는 적대적 환경에서 살아남도록 분산성을 최대한 유지해야 하므로 실용적으로 활용하는 데는 여러 가지 제약이 따른다. 비트코인 코드의 근본적인 수정 없이도 앞으로 형성될 블록체인 생태계의 다양성을 활용하면 비트코인을 일상적인 용도로 사용할 수 있다. 사이드체인이라는 발상은 비트코인을 보완하는 데서 출발했다. 일정한 액수의 비트코인을 동결한 키를 활용해 건너갈 수 있는 블록체인을 사이드체인으로 정의 내리면, 거의 대부분의 블록체인이 다른 블록체인의 사이드체인이 될 수 있다. 이 말은 거래소의 도움 없이 프로그램적으로 비트코인과 이더리움을 일정한 비율로 교환 가능하다는 뜻이다. 비트코인의 키를 활용해 이더리움상에서 코인을 발행할 수 있다. 비트코인의 암호키를 동결한 후 발행하는 이더리움 코인은 비트코인의 동결을 해제하는 키이기도 하기 때문에 비트코인과 일정한 교환 비율을 가질 수 있다. 비밀키를 동결하거나 동결을 해제하는 방식의 기능이야말로 탈중앙화된 블록체인의 강력한 속성이다.

예를 들어 비트코인의 잔돈은 무한정 분할될 수 없기 때문에 통화로서 기능하기 어렵다는 공격에 대해 비트코인 코어 진영은 사이드체인으로 간단하게 극복할 수 있는 문제라고 반박한다. 1비트코인은 1억 개의 사토시로 나눠진다. 코드상에서 1비트코인은 100,000,000이라는 정수다. 비트코인 가격이 올라가 1사토시도 상당한 액수에 이른다면 사토시가 잔돈의 역할을 할 수 없다. 사토시를 더 작은 수로 분할하려면 정수형 데이터를 실수형으로 바꾸기 위해 코드를 변경하면 된다. 그러나 프로그램의 용량이 늘어난다는 이유로 노드 관리자들이 변경에 동의하지 않을 수도 있다. 그러면 프로그램 업그레이드가 불가능할 수도 있다. 하지만 이는 가칭 '잔돈 체인'이라는 또 다른 블록체인으로 해결할 수 있다. 누군가 비트코인 블록체인에서 1사토시를 동결하고 그 열쇠를 잔돈 체인에 제시해 100'잔돈'을 얻는 식이다. 반대로 누군가 100개의

'잔돈'을 모으면 비트코인의 블록체인에 동결됐던 1사토시를 움직일 수 있다.

이 교환을 중재하는 사람은 필요 없다. 1'사토시'와 100'잔돈'을 교환하려는 당사자들이 서로 모르거나 심지어 동시에 행동하지 않아도 된다. 동시간대에 거래할 필요도 없다. 이 거래는 시간을 두고도 성립된다. 이런 체인 간 거래를 아토믹 스와프atomic swap라고 한다. 아토믹 스와프는 시스템에 의해 집행된다. 국가가 정책적으로 중지할 염려도 없다.

아토믹 스와프 원리, 두 개의 떨어진 금고

제3자의 중재가 없고 거래 상대에 대해 완전히 무지zero- knowledge한 상태임에도 안정적으로 교환할 수 있는 것이 아토믹 스와프의 기준이다. 2017년 가을, 비트코인 코어 진영의 과학자들은 비트코인과 라이트코인 간 아토믹 스와프 거래에 성공했다고 발표했다. 이는 라이트코인으로 바꾸기 위해 모르는 상대에게 비트코인을 보내고 떼일 것을 염려하지 않아도 된다는 것을 의미한다.

아토믹 스와프는 거래의 원자성과 맞교환이라는 뜻을 합성한 단어다. 이 두 개념의 결합이 왜 중요한지를 알기 위해서는 비유가 필요하다. 서로 신뢰할 수 없는 두 범죄자가 각각 부정하게 얻은 금괴와 부정하게 얻은 거액의 달러를 맞교환하려 한다고 해보자. 둘이 만나면 힘이

센 사람이 약한 사람을 제압할 수 있으므로 용기가 없거나 상대를 믿을 수 없는 경우, 거래가 성사되기 어렵다.

멀리 떨어진 두 군데에 특수하게 제작한 금고를 놓아둔다. 공중전화 부스를 연상하면 좋다. 금고는 공중전화 부스처럼 생긴 박스 안에 설치되어 있다. 금고 안에는 카메라가 있다. 또한, 금고를 조작하는 모습이 보이도록 금고 밖에도 카메라가 있다. 금고 안의 카메라는 껐다 켤 수 없고 금고 밖의 카메라는 껐다 켤 수 있다. 카메라의 영상들은 실시간으로 양쪽 모두의 스마트폰에 전송된다.

먼저 금괴를 팔려는 A가 자기 동네에 가까이 있는 첫 번째 금고에 가서 금괴를 넣는다. 이때 바깥쪽 카메라는 끈 상태다. 암호를 이용해서 금고를 잠근 다음에 바깥의 카메라를 켠다. 거액의 달러 뭉치를 주고 금괴를 얻으려는 B는 껐다 켤 수 없는 금고 안의 카메라가 송신하는 영상을 통해 금고 안에 금괴가 들어 있음을 실시간으로 확인할 수 있다. 이제 A는 B에게 자기가 입력한 암호의 해시값을 보낸다. 혹은 A 금고의 화면에 암호의 해시값이 나오고 B는 카메라가 전송하는 영상을 통해 이 해시값을 이미 알 수도 있다.

B는 사전에 약속한 대로 자신이 자주 가는 공원에 설치한 두 번째 금고에 가서 돈을 넣는다. 이때 A가 준 해시값을 먼저 입력하고 자신이 설정한 암호를 입력해서 금고를 잠가야 한다. 역시 A가 볼 수 없도록 바깥 카메라는 꺼둔다. 달러 뭉치가 들어 있는 금고를 열기 위해서는 해시값의 원문, 즉 A만 알고 있는 암호를 넣은 뒤에 B가 설정한 암호를 넣어야 한다. A는 두 번째 금고 안에 돈뭉치가 들어있는 것을 카메라가 전송하

1

A는 금괴를 가지고 있고 B는 달러를 가지고 있다. 이들은 서로 교환을 원한다.

2

각자 자기 동네에 설치된 특별한 금고에 가서 기다린다.

3

A가 먼저 금괴를 금고에 넣고 비밀번호를 입력한다. 금고 화면에 A가 입력한 비밀키의 해시값이 표시된다. 금고 밖에 설치된 카메라가 이 해시값을 B에게 전송한다.

4

B는 스마트폰을 통해서 금고 안에 금괴가 있다는 것을 확인다. B는 달러를 금고에 넣고 금괴 금고의 해시값을 먼저 넣은 다음, 자기 비밀번호를 넣어 달러 금고를 잠근다.

5

6

5. 둘은 위치를 바꾼다. B는 금괴 금고로 가고 A는 달러 금고로 간다.

6. A는 자기 비밀번호를 누른다. 달러 금고를 잠근 첫 번째 값은 A가 넣은 비밀키의 해시값이기 때문에 A가 해시값의 원문(비밀번호)을 올바르게 넣으면 달러 금고가 반응한다. A가 비밀번호를 누를 때 카메라로 이를 본 B는 이제 금괴 금고의 비밀번호를 획득했지만 달러 금고를 열기전까지 금괴금고는 열리지 않는다. B는 금괴를 가져가기 위해 A가 달러 금고를 열 수 있도록 협력해야 한다. B가 입력한 달러 금고의 비밀키를 알려주면 A는 금고를 열고 달러를 가져간다. 이제 B도 금괴 금고를 열 수 있다.

(그림: 이진규)

는 영상으로 확인하고 두 번째 금고가 있는 공원으로 향한다.

이제 첫 번째 금고에는 B가 도착해서 기다리고 두 번째 금고에는 A가 도착해서 기다린다. 금고 바깥의 카메라를 모두 켜놨으므로 둘은 상대가 금고 앞에 대기하고 있다는 것을 알 수 있다. A가 두 번째 금고를 열려고 시도한다. A는 자신이 첫 번째 금고를 잠글 때 사용한 암호를 먼저 입력한다. 해시값만 알고 있는 금고는 A가 입력한 값을 해싱해서 이상이 없다는 신호를 내보낸다. 이 모습을 영상으로 본 B는 자신이 열려고 하는 첫 번째 금고, 즉 금괴가 들어 있는 금고를 열 수 있다. A는 해시값의 원문을 넣기 위해 자신이 잠근 첫 번째 금고의 암호를 노출할 수밖에 없다. 그러면 B는 나머지 암호를 A에게 전달하지 않고 금만 꺼내서 도망을 갈 수도 있다. 그러나 이 금고는 보안업체가 제공한 것이므로 이를 방지하는 장치가 존재한다. 달러 뭉치가 든 두 번째 금고가 열려야만 첫 번째 금고를 열 수 있게 되어 있다.

어쩔 수 없이 B는 돈뭉치가 들어 있는 두 번째 금고를 열도록 A를 도와주어야 한다. B는 스마트폰을 이용해 자신이 설정한 두 번째 금고의 암호를 전달한다. A는 성공적으로 두 번째 금고를 열고, 첫 번째 금고의 암호를 이미 확인한 B는 A가 돈을 세는 것을 보면서 금괴가 담긴 금고를 연다.

A가 자신의 금고를 잠근 암호가 아니라 다른 암호로 만든 해시값을 보내서 B와 시스템을 기만할 수 있지 않을까 하는 의문이 들겠지만 애초에 해시값을 만들어준 것이 첫 번째 금고라는 사실을 기억하자. 금고의 전자기판에는 암호의 해시값이 표시되어 있다. B는 A가 첫 번째 금

고를 잠근 암호로 만든 해시값을 보내주지 않아도 금고의 해시값을 비추는 카메라를 통해 정확한 해시값을 확인할 수 있다. 즉, A는 자신이 입력한 비밀키를 넣었다는 것을 B에게 확인시켜준 이후에야 B로부터 암호키를 받을 수 있다.

아토믹이란 원자성을 의미하는데, 암호화폐를 다중지갑(금고)에 넣었는데 시간이 지나도 상대가 거래에 응하지 않으면 다시 자신에게 돌아온다. 즉, 거래가 이루어지거나 이루어지지 않기 때문에 신뢰할 수 있다. A의 금고가 열려야만 B가 금고를 열 수 있는데 이렇게 두 금고를 연결한 이유도 바로 원자성이다. 원자성이란 어떤 거래가 일어나거나 일어나지 않아야 한다는 의미다. 어중간하거나 애매한 사건을 배제하기 위해서다. B가 금괴를 꺼내려면 A가 달러를 꺼내도록 도와야 한다. 두 사건은 하나의 사건처럼 연결되어 있으므로 일어나거나 일어나지 않아야 하는 것이지, 둘 중 하나만 일어나면 원자성에 위배된다. 애초에 원자성을 고려해서 설계해야 한다.

중재자가 없는 거래의 경우, 둘이 교환하기로 합의해도 상대가 보낸 것을 보고서야 자신의 코인도 보내려 할 것이다. 즉, 아무도 먼저 보내지 않고 기다리는 교착상태에 빠져 애초에 거래가 시작되지 않을 가능성도 있다. 그러나 아토믹 스와프에서는 자신의 코인을 보내 놓고 상대방이 코인을 보내지 않을까 봐 걱정할 필요가 없다. 그렇기 때문에 아토믹 스와프를 활용하면 탈중앙화 코인거래소가 가능하다.

시간으로 잠그기

아토믹 스와프의 개념은 앞의 예시처럼 오프라인에서 두 개의 금고와 카메라와 해시값과 스마트폰을 이용하는 거래와 원리적으로 비슷하다. 아토믹 스와프는 자신의 목적을 달성하기 위해서는 상대에게 자신이 만든 암호를 노출할 수밖에 없도록 설정해 놓음으로써 서로가 서로를 믿게 만든다. 그런데 온라인에서는 실시간으로 카메라를 켜고 동시에 작업하는 게 아니다. 상대가 자고 있을 때 내가 뭔가를 해야 할 때가 많다. 그런 경우 자고 있는 상대를 기만할 수 없도록 장치를 해야 한다. 그러지 않으면 노심초사하며 컴퓨터 앞에서 대기해야 하니 말이다.

두 개의 금고를 활용해서 상대의 암호를 노출하게 하는 원리는 동일하나 내가 자고 있는 동안에는 일을 벌이지 못하게 해야 한다. 이때 사용하는 것이 시간을 잠그는 것이다. 온라인에서는 동일한 시간에 접속하는 것이 아니기 때문에 시간잠금을 이용해 특정한 행위가 완료되기까지 시간이 지연되도록 설정한다.

여러 주소로 잠그기(다중키 주소)

B가 달러를 금고에 넣을 때, A가 사용한 비밀키의 해시값과 자신의 비밀키를 사용해서 잠갔다. 둘 다 어떤 행위를 해야만 이 금고를 열 수 있다. 다중키 주소는 단일 암호로 열 수 있는 주소와 달리 M개의 키 중

에 N개 이상의 암호키가 있어야 열 수 있다. 예를 들어 5개의 키로 금고를 잠근 다음에 4개 이상이나 3개 이상의 키가 있으면 열 수 있도록 조건을 설정할 수 있다. 이를 n of m^{n-m} 주소라고 한다. 두 당사자 사이의 거래를 위한 스와프 지갑의 경우 2-2 다중키를 사용한다.

갑수와 영희가 공동계좌를 만들고 2-2 다중키로 설정한다. 블록체인상에서 이 장부를 변경하기 위해서는 두 사람의 비밀키가 모두 필요하다. 2-2 다중키의 경우 둘이 합의하지 못하면 교착이 계속되어 둘 다 돈을 찾지 못할 가능성이 생긴다. 이 문제를 해결하는 것이 바로 시간잠금계약이다. 일정한 시간이 지나면 다중키 주소에 담긴 비트코인은 원래의 주인에게 복귀된다. 즉, 둘이 합의하면 시간이 되기 전에 비트코인을 이전할 수 있다. 합의하지 못하면 정해진 시간 동안 움직이지 못하는 교착에 빠졌다가, 시간이 되면 둘 사이의 계약은 없었던 것이 되고 원주인에게 각각 배분된다.

누군가 스마트 콘트랙트로 암보험을 디자인해서 네트워크에 올렸다고 가정하자. 이 암보험에 가입하려면 1BTC를 다중키 주소에 보내야 한다. 그런데 신청자가 적어서 기금을 만들지 못할 수 있다. 그러면 1BTC는 원래 주인에게 다시 돌아와야 한다. 이것을 해주는 주체가 따로 있다면 가입자는 이 주체의 신뢰성을 검토해 봐야 한다. 이렇게 주체 측에 의지할 거라면 기업들의 보험에 가입하는 편이 낫다. 그러나 다중키 주소에 시간잠금계약이 걸려 있다는 것을 알면 주체 측에 대한 신뢰는 필요 없다. 그 기간 내에 가입자가 적어서 보험기금이 형성되지 못하면 송금한 이들의 지갑으로 비트코인이 되돌아온다는 것을 믿을 수 있기 때문이다.

라이트닝네트워크lightning network

비트코인의 비싼 수수료 때문에 '비트코인으로는 커피 한잔 사 마실 수 없다'는 비판이 있다. 실제로 2017년 말과 같이 암호화폐 열풍이 불어 거래량 자체가 넘칠 때, 비트코인에서는 1달러를 보내기 위해 5달러를 써야 하는 황당한 일이 벌어졌다. 라이트닝네트워크는 블록체인 밖에서 거래를 기록한다. 이론적으로는 수수료 제로가 가능하다. 라이트닝네트워크는 비트코인의 블록을 확장하지 않고 수수료 문제를 해결하면서도 채굴자들에게 부담을 주지 않기 때문에 높은 분산성을 유지할 수 있는 솔루션으로 제안됐다.

라이트닝네트워크는 여러모로 은행을 닮았다. 중세시대 기사들은 군자금으로 쓸 금괴를 고향의 은행에 맡기고 원정을 나갔다가 현지에서 금괴를 인출할 수 있었다. 덕분에 기사들은 먼 거리까지 싸우러 나가는 게 가능했다. 이것이 현대 은행의 모델이라고 한다. 은행의 핵심은 '건물이나 금고'가 아니라 은행들 간의 '신뢰 네트워크'다. 실제로 은행들은 서로 간의 채무와 채권을 바로바로 정산하지 않는다. 그래서 금을 멀리까지 직접 보내는 수고와 위험을 감수하지 않고 장부만 변경하는 식으로 금을 멀리 보내는 것과 동일한 효과를 얻을 수 있다.

다중키 주소와 시간잠금계약을 활용해 만드는 전형적인 시스템이 바로 라이트닝네트워크다. 라이트닝네트워크는 암호화시간잠금계약HTLC: Hashed Time Lock Contract을 사용한다. 갑수와 영희가 서로 빈번하게 거래하는 사이라면 둘 사이의 거래를 일일이 블록체인에 기록하지 않아도 된다. 둘만이 공유하는 장부를 유지하다가 거래를 종료하는 시점에 블록체인에 기록하면 된다. 거래를 매번 정산하지 않다가 회기 말 한 번에 정리하는 은행들 간의 거래와 비슷하다.

블록체인에 거래를 기록하는 행위를 온체인on-chain이라 하고 갑수와 영희처럼 블록체인 밖에서 장부를 기록하는 걸 오프체인off- chain이라 한다. 분산 시스템 용량에 부담을 주는 건 온체인이다. 모든 노드가 동일한 장부를 기록하는 게 블록체인인데, 오프체인 방식으로 이루어지는 거래는 채굴에 참여하는 컴퓨터들에 부담을 주지 않는다. 따라서 채굴자들에게 수수료를 주지 않아도 되므로 라이트닝네트워크가 제로 수수료를 달성할 수 있다는 말이 나온다.

엘리스와 밥은 자신들이 다중키 주소에 미리 보내 놓은 비트코인의 한도 내에서 오프체인 거래를 할 수 있다. 예를 들면 엘리스와 밥은 2-2 다중키 주소인 스와프 지갑에 각각 5BTC를 보내, 둘 사이의 빈번한 거래를 수수료 없이 기록할 채널을 개설한다. 채널을 없애고 돈을 돌려받으려면 둘 모두의 동의가 필요하다. 한 사람의 의지로 채널을 없앨 수 없도록 원자성을 설정한 것이다. 엘리스가 다중키 주소에 비트코인을 보내려면 이 지갑에 들어간 자금이 원래의 목적대로 사용되지 않았을 경우, 일정한 시간이 지나면 자신에게 되돌아오도록 설정되어 있어야 한다. 교착이 발생하지 않도록 원자성을 부여하는 것이다. 그 시간 내에는 일정한 조건이 충족되지 않는 한 엘리스도 상대방도 비트코인을 찾을 수 없어야 하기 때문에 다중키를 활용한다. 그리고 상대의 동의가 없더라도 일정한 시간이 지나면 엘리스가 넣은 비트코인이 그대로 엘리스에게 돌아오도록 보장되어 있다.

엘리스가 밥에게 1BTC를 지불할 일이 있어서 지불하고 나면 이 지갑은 엘리스 4BTC, 밥 6BTC로 변경된다(1차 오프체인상의 가상장부). 이때 엘리스는 가상장부를 온체인할 때 사용할 수 있는 자신의 해시키를 밥에게 넘겨준다. 이때도 비트코인의 블록체인상에서는 원래의 형태인 5:5로 변함이 없다는 사실을 기억하자. 밥은 5:5인 블록체인 장부를 4:6으로 바꿀 수 있다. 1차 가상장부를 온체인할 권한을 갖고 있기 때문이다. 밥은 엘리스의 해시키를 알고 있지만 엘리스는 밥의 해시키를 갖고 있지 않기 때문에 온체인할 권한이 없다. 밥이 6BTC를 찾으려면 가상지갑의 최종상태인 1차 가상장부(엘리스 4BTC, 밥 6BTC)를 블록체인에 등록한다. 이 경우 다중키 주소가 해체되므로 엘리스는 자동으로 4BTC를 갖는다. 그런데 정작 등록자인 밥이 6BTC를 찾기 위해서는 시간잠금계약 설정에 따라 1주일을 기다려야만 한다. 1주일이 지나면 엘리스와 밥의 라이트닝네트워크 계약은 종료되고 밥의 6BTC 소유권은 블록체인에 올라간다.

온체인하기 전에 밥이 엘리스에게 1BTC를 줄 일이 있다면 가상장부를 합의하에 5:5로 되돌릴 수 있다(2차 오프체인상의 가상장부). 밥은 2차 가상장부를 온체인할 수 있는 해시키를 엘리스에게 넘긴다. 이 경우 2차 가상장부를 등록할 권한은 엘리스가 갖는다. 시간잠금은 두 번의 거래 이후 밥이 자기에게 유리한 1차 가상장부를 등록하는 걸 막기 위한 장치다. 만약 밥이 장부의 최종 상태보다 자신에게 유리한 4:6(엘리스:밥)으로 되어 있는 1차 장부를 2차 거래 이후 블록체인에 등록하면

6BTC를 갖게 된다. 밥은 엘리스에게 1BTC를 지불하는 거래를 하고도 이를 무위로 돌릴 수 있다. 이 행위를 막지 못하면 둘 사이의 신뢰채널은 무너진다. 시간잠금이라는 규칙이 이런 일탈을 막는다.

라이트닝네트워크는 최신 장부로부터 오래된 장부를 온체인 선언하는 당사자가 더 오래 시간에 잠기도록 되어 있다. 밥이 최신에서 한 단계 이전의 장부를 온체인하면 엘리스는 밥이 선언한 이후의 장부 중에서 자신에게 가장 유리한 장부를 온체인 선언해서 밥에게 응징할 수 있다. 이런 사정 때문에 가장 최신의 장부를 선언하는 게 상대에게 보복당하지 않는 유일한 방법이 된다. 결국 밥은 엘리스에게 보복할 기회를 주지 않으려고 자신에게 유리한 이전 장부의 온체인 선언을 포기하고 최신 장부의 온체인을 선언한다.

복잡한 내용이지만 원리는 간단하다. 이익을 취하려면 자신의 약점을 상대에게 내주어야 한다. 그래서 부당하게 이익을 취할 수 없다. 응징당하기 때문이다. 이 사실을 알기 때문에 참가자들은 정직하게 거래를 보고할 유인을 갖고 신뢰채널도 정상적으로 작동한다.

HTLC (Hashed Time Lock Contract, 암호화시간잠금계약)

엘리스와 밥이 만든 신뢰의 섬은 다른 사람에게도 득이 된다. 엘리스와 첼시 사이에는 오프체인용 공동계좌가 없지만 밥과 첼시 사이에 공동계좌가 있다면, 엘리스는 밥과의 관계를 이용해 첼시에게 비트코인을 주거나 받을 수 있다. 이 아이디어의 묘미는 엘리스와 밥 그리고 첼시가 서로 믿지 못하는 상황에서도 무리 없이 작동한다는 점이다. 다중키 주소와 암호화시간잠금계약HTLC을 활용하면 무신뢰거래를 할 수 있다. 일단 엘리스와 밥 사이에 배신을 막을 수 있는 시스템을 만들면 엘리스와 첼시 사이에도 비슷한 방식으로 신뢰프로세스가 작동하기 때문에 세 사람은 무신뢰거래를 할 수 있다.

참가자들은 자신과 라이트닝네트워크 채널이 없는 상대와 거래할 때 암호화시간잠금계약을 사용한다. 앞에서 소개한 대로 엘리스와 밥이 라이트닝네트워크 채널을 가지고 있다고 가정하자. 밥은 첼시와도 채널을 가지고 있다. 그러나 엘리스는 첼시와 직접 채널이 없다. 이때 엘리스가 첼시에게 지불할 일이 생겼다. 첼시는 엘리스에게 받을 비트코인을 밥을 통해 받으려고 한다.

첼시는 사전이미지preimage(혹은 비밀원문)를 해싱한 해시값을 엘리스에게 보낸다. 즉, 엘리스는 h{첼시암호}만을 얻는다. 엘리스는 첼시암호의 해시값을 갖고 있고, 첼시암호는 첼시만 갖고 있는 상태임을 기억하자. 엘리스는 첼시에게 줄 비트코인을 시간과 암호로 잠그고 밥에게 전달한다. 이 계약을 HTLC라고 한다. h{첼시암호}를 이용해 HTLC를 만든 것이다. 10블록시간과 h{첼시암호}를 이용한 잠금코드를 만든다. 말로 풀면 이런 뜻이다. 밥이 첼시암호를 구해 오면 밥에게 비트코인이 넘어가고 10블록시간이 지나도록 밥이 첼시암호를 구하지 못하면 비트코인은 다시 엘리스에게 되돌아온다(거래의 원자성). 다음 작업은 밥이 자신의 비트코인을 이용해 첼시에게 h{첼시암호}와 7블록시간으로 잠근 HTLC를 설정해서 던지는 것이다. 첼시는 자신이 알고 있는 암호로 HTLC를 풀어 밥의 비트코인을 수령한다(엘리스의 비트코인이 아니다). 이제 첼시암호를 밥이 알게 되었으므로 그도 엘리스가 만든 HTLC를 풀어 엘리스가 걸어 놓은 비트코인을 받는다. 즉, 밥은 거래당사자가 아니지만 첼시와 라이트닝네트워크 채널이 있다는 이유로 자신의 비트코인을 첼시에게 주고 엘리스의 비트코인을 수령한다(엘리스는 밥에게 1.002BTC를 주고 밥은 첼시에게 1BTC만 준다. 0.002BTC는 수수료로 밥의 몫이다).

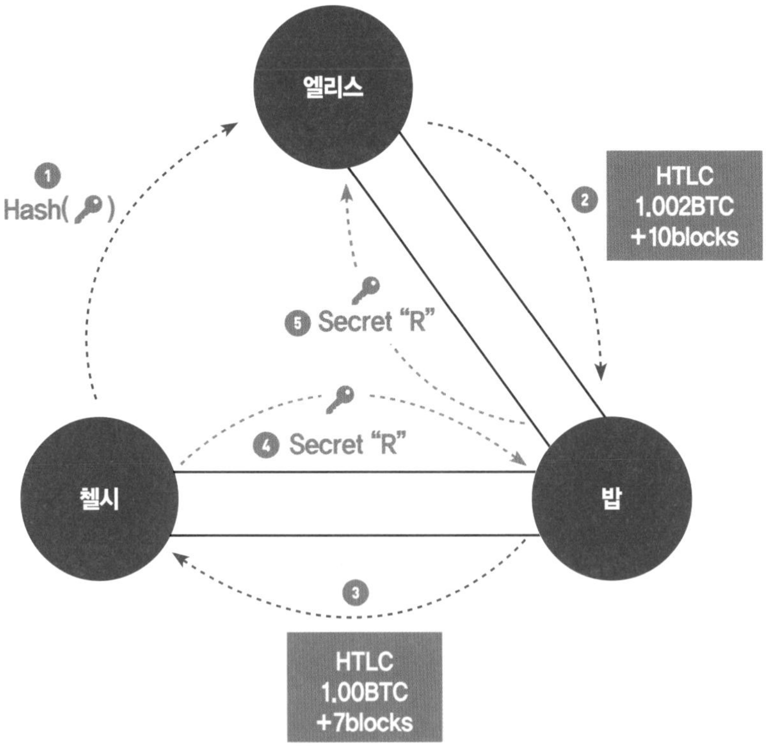

라이트닝네트워크 이해하기

밥이 설정한 HTLC의 시간이 엘리스의 HTLC보다 빨리 풀린다는 것을 눈여겨볼 필요가 있다. 이게 반대로 설정되면 밥이 첼시로부터 암호키를 수령하지 못한 채로 시간이 다 되어서, 엘리스가 비트코인을 돌려받은 뒤에 마침 첼시도 암호를 풀어 밥으로부터 비트코인을 수령할 여지가 생긴다. 즉, 밥만 바보가 될 수 있다.

라이트닝네트워크에서 일어나는 거래는 모두 무신뢰 기반이다. 아무리 자금이 풍부하다고 해도 그가 라이트닝네트워크에서 '나'와 공동계좌를 유지하려면 '나'와 동일한 금액으로 함께 묶여야 한다. 시간잠금이나 비밀키 공유와 같은 기술로 상대의 배반을 응징할 수 있으니 상대의 인격을 믿을 필요가 없다. 은행이 일방적으로 자신을 믿으라고 하는 것과는 다르다. 은행과 고객은 정보에서 비대칭하다. 고객은 은행에 자기의 모든 정보를 내주지만 은행은 자신의 비밀장부를 고객에게 보여주지 않는다. '내' 돈을 누구에게 대출해 줬는지 은행은 말하지 않는다. 라이트닝네트워크를 가능하게 하는 이론적 제안들과 기술들은 다가올 신뢰네트워크의 속성을 예고한다.

특히 정부가 암호체계를 이용해 디지털 캐시를 만들려고 한다면 이런 기술들이 각국 정부의 의도를 무색하게 할 수 있다는 사실을 엄중히 고려해야만 할 것이다.

06

비트코인과 CBDC

왜 미국은 중앙은행전자통화 CBDC에 관심을 가질까?

2022년 1월, 당초 예고한 지 6개월이 지나서야 미국 연준의 CBDC 보고서가 공개되었다.[17] 중앙은행 발행 디지털 화폐가 정확히 무엇을 뜻하는지는 말하는 기관마다 차이가 크다. 그러나 가상자산이 범람하고 있는 때에, 각국의 중앙은행들이 안정적이고 신뢰할 수 있는 디지털 통화를 발행하면 비트코인과 같은 가상화폐들은 대거 정리될 거라는 전망에는 차이가 없었다. 그러나 연준의 보고서에서는 블록체인을 뜻

17 출처: 「Money and Payments: The U.S. Dollar in the Age of Digital Transformation」, Boards of Governors of the Federal Reserve System, 2022.1.

하는 가상화폐나 분산장부라는 단어가 거의 등장하지 않았다. 지금까지 여러 기관들이 만든 CBDC 연구 검토보고서들과는 달리 달러 CBDC의 기술적 특징과 구조에 대해 충분한 설명이 없는 것도 눈에 띈다. 이는 달러 CBDC가 비트코인이나 블록체인, 가상화폐의 등장에 대한 대응이 아니라, 이와 무관하게 진행되어 온 프로젝트일 수 있다는 가설에 무게를 실어준다.

롱텀캐피털매니지먼트LTCM에서 일한 경험을 바탕으로 세계 금융 엘리트들과 통화 시스템의 문제를 날카롭게 지적한 금융 분석가 제임스 리카즈James Rickards는 그의 책《은행이 멈추는 날》에서 종이돈을 없애려는 세계 통화당국의 야심을 경고했다. 그의 지적대로 달러 CBDC는 종이돈을 없애고 자산을 모두 전산화하려는 오래된 기획의 일환일 수 있다. 그게 아니라면 굳이 달러 CBDC를 만들어야만 하는 이유를 찾기 어렵다. 보고서에서도 밝히고 있듯이 이미 통화 시스템은 상당부분 전자화되어 있다. 연준이 달러를 발행할 때 종이돈을 찍어서 시중에 뿌리는 비중은 크지 않다. 본원 통화의 상당부분은 상업은행들의 계좌에 전자 형태로 꽂힌다. 달러 CBDC가 전자화폐의 편리성을 극적으로 향상시킬 수 없다는 의미다. 게다가 CBDC는 상업은행들에 충격을 준다.

보고서에서 가장 많은 비중을 할애한 부분이 바로 상업은행과의 협업시스템이 훼손될 수 있다는 우려다. 호주 중앙은행이 발행한 CBDC 보고서에 따르면 호주 은행들의 예금자산의 60% 이상이 단기 예금이라고 한다. 즉, 중앙은행이 전자화된 화폐를 발행하면 상업은행의 요구불 예금 상당부분이 사라지게 된다. 은행면허란 고객이 맡긴 단기 예금을 장기로 대출하면서 예대마진을 독점적으로 얻는 특권이라고도 할 수 있다. 장기 대출에는 고이율의 이자를 부여하는 대신에 고객들의 단기 예금, 요구불예금에는 거의 이자를 지불하지 않아도 된다. 단기 예금으로 장기 대출을 하는 것은 위험하다. 그러나 고객들이 한꺼번에 돈을 인출하지 않는다는 경험에 따르면 이는 잘 작동하는 '돈놀이'다. 이런 방식으로 상업은행은 화폐를 창출한다. 즉, 상업은행은 중앙은행이 발행하는 본원 통화보다 훨씬 많은 유동성을 시중에 공급한다. 그러나 신용위기가 오면 고객들이 은행을 믿지 못해 예금을 인출하려고 길게 줄을 서는 뱅크런bank run이 발생한다. 이런 위기가 발생하면 부도가 나지 않을 은행이 거의 없다. 사업에 특별히 이상이 생겨서가 아니다. 이런 이상 현상을 방지하기 위해 중앙은행이 나선다. 중앙은행은 상업은행에 거의 무제한 신용을 공급하는 방식으로 상업은행들을 구하기 위해 설립되었다. 그런데 중앙은행이 CBDC를 발행해 국민들에게 디지털 화폐를 공급하면, 고객들은 얼마 안 되는 이자를 받기 위해 번거로움을 감수하면서까지 CBDC를 다시 상업은행에 맡기려 하지 않을 것이다. 즉, 상업은행을 위기로부터 구해 내고자 설립된 중앙은행이 상업은행의 기둥뿌리 하나를 철거한다는 자기모순에 직면하고 만다.

연준은 CBDC 보고서에서 블록체인이나 암호화 기술을 이용하려는 의욕을 드러내지 않았다. 이는 향후 달러 CBDC를 언급할 때 전제로 삼아야 할 만큼 중요한 사안이다. 개인정보를 요구하지 않으면서 위조지폐를 원천적으로 차단하는 비트코인과 암호화폐는 디지털 현찰이라고 할 수 있다. 그러나 달러 CBDC는 단순히 전자화된 달러가 아니다. 차라리 개인과 기업들의 중앙은행 계좌에 가깝다. 물론 중앙은행이 개인들에게 직접 계좌를 주는 것이 현행법으로는 불법이기 때문에 보고서는 중간에 지갑업자를 둔 간접적 시스템에 무게를 싣고 있다. 중간에 지갑업자를 둔다면 일단은 현재 시스템과 큰 차이가 없다. 지금도 유동성 증가를 위해 그만큼 종이달러를 만들지 않는다. 상업은행 대차대조표에 숫자를 써넣도록 해 주면 상업은행이 대출을 통해 시중에 유동성을 공급하는데, 이 과정이 모두 전자화되어 있으므로 간접 방식의 CBDC와 상업은행을 통한 신용창출 간에는 큰 차이가 없다.

아무튼 어떤 디자인이건 간에 달러 CBDC는 사람을 인증한다. 그래서 모든 거래 기록을 확보할 수 있다. 보고서에서는 이 특성을 직접 언급하는 대신 달러 CBDC가 자금세탁 문제가 없는 해결책이라는 점을 강조했다. 미국의 고성능 통화를 외국의 개인이나 기업들이 자유롭게 직접 소유하는 것은 현행 시스템에서는 많은 문제를 유발한다. 그러나 보고서에서는 이를 쟁점으로 다루지조차 않았다. 국경을 넘을 때 현행 시스템보다 수수료를 절감할 수 있다는 장점을 설명하면서도 정작 중요한 개별 국가의 통화 주권에 대한 위협은 문제 삼지 않았다. 이는 허가받은 지갑만이 디지털 달러를 주고받을 수 있게 한다는 설계의 기본적인 특성을 강하게 암시한다. 아마도 외국의 개인이나 기업은 자국 정부의 엄격한 심사를 거친 뒤 미국 연준으로부터 지갑을 받을 수 있을 것이다.

종합적으로 살펴볼 때, 달러 CBDC의 구조는 현금을 없애려는 통화당국의 의도에 대한 리카즈의 추론에 부합한다. 그렇다면 현찰을 없애려는 의도는 무엇일까? 리카즈에 따르면 디지털 자산이 현금자산보다 통제와 조절이 쉽기 때문이다. 리카즈는 거시경제학적으로 이런 방향으로 갈 수밖에 없는 타당한 이유를 설명한다. 바로 유동성 함정 때문이다.

유동성 함정이란 경제주체들이 시장에 대한 낙관적 전망을 완전히 잃어버려, 중앙은행이 막대한 양의 화폐를 공급해도 쓰지 않고 저축만 하려는 상태다. 이런 경우에는 통화정책이 작동하지 않으므로 정부가 가장 큰 소비자로서 직접 소비를 창출하는 재정정책이 적절하다는 것이 존 메이너드 케인스John Maynard Keynes의 주장이다. 그러나 경제주체들이 정부가 프로그램할 수 있는 디지털 형태로 돈을 보유하고 있다면 유동성 함정을 간단하게 극복할 수 있다. 그것도 화폐를 찍어 중앙은행의 부채를 쌓거나 정부가 세입보다 세출을 늘려 재정적자를 야기하지 않고도 말이다.

개인들이 달러 CBDC를 소유하는 것 이외에는 뾰족한 대안이 없다면, 보유 액수와 한도를 제한하고 마이너스 이자율을 적용하면 개인들도 소비에 나설 수밖에 없다. 쉽게 말해 사용하지 않는 돈은 점점 썩어서 가치를 잃어버리는 셈이다. 디지털 통화에서 마이너스 이자란 돈이 썩어서 못 쓰게 하는 것이다. 우리는 이미 2021년 코로나 사태에서 사용기간을 주고 기간이 지나면 사용을 제한하는 식으로 마이너스 이자 화폐를 경험했다. 공교롭게도 연준의 CBDC 보고서에서는 액수 제한과 차별적 이자율에 대해 언급하고 있다. 아무튼 경제주체들이 중앙은행이 발행한 디지털 통화를 사용하면 정부는 거시경제의 정책 목표를 미세한 조정을 통해 손쉽게 달성할 수 있다.

조금 더 나아가자면 사용처도 제한할 수 있기 때문에 문제가 되는 생산자를 시장에서 간단하게 퇴출해 버릴 수도 있다. 즉, 달러 CBDC는 개인들의 편리함을 위해서라기보다는 정부의 정책적 재량권을 확대하는 데 유용하다. 그러나 그 대가는 자유의 기본이라고도 할 수 있는 프라이버시의 희생이다.

보고서에서도 프라이버시 문제를 여러 쟁점 중 하나로 언급하지만 해결책은 제시하지 않았다. 그래서인지 연준의 보고서가 나오기 전에 관련 정보를 입수한 미국 정치권에서는 개인의 정보보호를 위해 CBDC 발행을 금지해야 한다는 법률 제안이 나오기 시작했다. 이런 노력의 결과로 2023년 9월, 공화당이 장악한 미국 하원에서는 'CBDC 감시국가 금지법안'이 통과되기도 했다. 이 법안은 상원에서 민주당의 반발에 부딪힐 가능성이 높지만, 미국의 국민들과 정치인들 상당수가 중앙은행이 발행하는 디지털 캐시가 개인의 프라이버시와 경제적 선택권을 크게 제약하고 통제국가로 가는 첫걸음이라는 인식을 공유하기 시작했다는 데 의미가 있다. 심지어 2023년 민주당 내 대통령 경선에 가담한 로버트 F. 케네디 주니어Robert F. Kennedy Jr.도 CBDC에 반대한다. 역시 개인에 대해 정부 통제가 우려된다는 주장이다.

리카즈에 따르면 평소에는 가능하지 않던 발상이라도 코로나 팬데믹이나 금융위기와 같은 격변에서는 가능하다고 한다. 특히 정책적 재량권을 확대하는 데 관심이 있는 엘리트들이라면 국민들이 빠른 해결책을 원하는 위기상황이 열어준 기회를 결코 놓치지 않는다고 한다.

사정이 이러하다면 연준의 보고서에서 전제하는 달러 CBDC는 절대로 비트코인을 대체할 수 없을 것이다. 오히려 중앙은행이 개인의 선택권을 제한하려는 의도로 디지털 통화를 밀어붙인다면, 비트코인의 의미만 부각될 가능성이 높다. 디지털 생활권이 절대적 비중을 차지하게 될 메타버스 시대에 정부통제로부터 개인의 자유를 보호하기 위해서는 비트코인이 반드시 먼저 발명되어야만 했다. 이런 절묘한 타이밍 때문에라도 대중은 비트코인의 발명을 역사의 보이지 않는 섭리로 인식할 가능성이 높아졌다.

CBDC에 남은 문제

2023년 8월, 호주 중앙은행은 CBDC 도입 검토를 잠정적으로 보류한다고 밝혔다. 외신에 의해 전해진 내용을 근거로 하면 풀리지 않은 중요한 문제 때문이다.[18] 세계 130개국의 중앙은행들이 CBDC를 검토하고 있다는 통계가 있지만 주요국가들이 CBDC를 적극적으로 확산시키지 못하는 이유는 호주 은행이 직면한 문제를 풀기 어렵기 때문이다.

2019년부터 스테이블코인이 업계에서 쟁점으로 떠올랐다. 페이스북의 자체 개발 가상화폐인 리브라Libra 발표에 즈음하여 중국 중앙은행이 블록체인 위안화 발행을 검토 중이라는 뉴스가 나왔고, 이후로 전 세계의 많은 정부와 기존 거대 은행들이 가격이 고정된 스테이블코인 발행을 검토하고 있다는 소식이 전해지고 있다. 이 자체는 블록체인과 암

18 출처: "Australia's CBDC Likely Some Years Away, Central Bank Says", Coindesk, 2023.8.23.

호화폐에 대한 주류사회의 긍정적 시각을 반영한다. 블록체인의 분산성과 투명성 그리고 해킹 불가능성 등의 특징들을 중앙은행들이 인정했다는 의미다. 게다가 블록체인 코인이란 스마트 콘트랙트에 활용될 수 있는 결제수단을 뜻한다. CBDC가 스마트 콘트랙트 결제에 사용될 수 있다는 의미는 스마트 콘트랙트가 네트워크를 벗어난 현실세계에서도 합법적인 지위를 갖게 된다는 뜻이다. 정부들이 스마트 콘트랙트에 대한 적대적 태도를 철회하고 수용적인 태도로 돌아선다는 것만으로도 크게 환영할 일이다. 아무튼 미국의 달러와 같은 블록체인 코인을 지구촌 시민들 누구나 구입하고 사용할 수 있는 시대가 열린다면 이는 기존의 금융질서를 모두 파괴할 가능성이 크다. 국경과 무관한 세계화폐가 등장하는 것이기 때문이다.

이렇듯 달러나 원화가 블록체인에 올라와서 무정부적인 암호화폐를 밀어낼 것이라고 예견하는 이들은 자신들도 모르는 사이에 국제 통화 시스템의 근본적인 혁신을 말하고 있는 셈이다. 어쩌면 비트코인을 합법적인 지불수단으로 인정하는 것보다 현재 시스템을 더 근본적인 수준에서 파괴할 텐데도 말이다.

세계는 한동안 세계화폐를 허용하지 않는 기묘한 규칙 속에서 살아왔다. 금은 명실상부한 세계화폐로서 19세기 세계화의 주축이었다. 그러나 정부의 힘이 민간의 힘을 압도하면서 금은 화폐의 지위를 빼앗기고 귀금속으로 봉인되어야 했다. 각국의 중앙은행들이 발행한 화폐가 은행에 보관된 금에 근거한다지만, 사실은 민간에 유통되는 금과 중앙은행들 간의 금 거래 사이에 철벽을 둘러 차단했다. 이로써 금괴의 명목상 가격과 실제 금의 가격이 크게 어긋나기 시작했다. 정부는 여러 가지 방법으로 금이 민간에서 결제수단이 되는 것을 막았다. 귀금속 금은화폐의 명목상 교환 가격보다 비쌌기 때문에 금화는 민간에서 사라졌다. 그러다가 종이돈과 금 사이의 명목상 고리마저도 끊어버리자, 정부는 금에 구속되지 않고 화폐를 발행할 수 있게 되었다.

사람들은 달러가 세계화폐라고 생각한다. 금본위제에서 살아본 적이 없으니 세계화폐가 본질적으로 무엇을 의미하는지를 모르는 것이다. 국제정치학자들은 현 체제, 즉 1945년 이후의 국제 통화질서를 브레턴우즈 체제라고 부르는데 이 시스템은 달러를 국제무역의 결제단위로 사용하면서도 달러가 세계화폐가 되지 않도록 하는 데 세심한 주의를 기울이고 있다. 달러가 금과 연계되고 다른 나라의 화폐는 금 대신 달러와 연계되도록 설계되었다. 물론 달러와 금의 연계는 끊어졌지만 각국의 통화가 달러와 연계되는 방식은 여전히 남아 있다. 각국의 통화와 달러는 변동환율이지만 환율은 일정 범위 내에서 관리된다. 브레턴우즈 시스템 설계에 영국 대표로 참여한 경제학자 존 메이너드 케인스는 시장에 대해 정부가 개입하는 것을 정당화하는 경제학 이론을 닦았다. 그의 미국 파트너였던 덱스터 화이트Dexter White조차 케인스언이었다. 이들은 미국 이외 국가에서 개인이나 기업이 달러로 결제하는 걸 최대한 억제하는 데 동의했다. 미국 내에서의 달러 유통과 해외에서의 달러 유통 간에 적절한 장벽을 둠으로써 국제무역에 쓰이는 달러가 미국 내에서 자유롭게 사용되는 것도 막았다. 즉, 과거의 금과 같이 어느 나라에서나 다른 화폐로 바꿀 수 있는 경화로 결제되는 표준적인 세계화폐는 없다.

세계화폐에 대한 민간의 접근을 차단함으로써 각국 정부는 강력한 정책수단을 확보하게 되었다. 자국의 이자율과 환율을 비교적 독립적으로 운영할 수 있으므로 각국이 처한 경제여건에 따라 통화의 미세조정이 가능하다.

중앙은행들이 보증하는 달러나 이에 고정된 스테이블코인이 블록체인상에서 발행된다는 건 어떤 의미일까? 블록체인은 국경이 없으므로 어느 나라 국민이나 별다른 장애 없이 직간접적으로 달러를 보유할 수 있다는 의미이기도 하다. 이렇게 되면 블록체인의 속성상 미국 정부는 물론 각국 정부들이 자국민들의 달러코인 보유와 거래현황을 파악하기 어려워진다.

물론 미국 정부는 달러코인의 모든 거래가 실명으로 이루어지거나 중앙서버에 의해 승인받도록 할 수 있다. 그렇다면 결론은 간단하다. 이는 더 이상 블록체인 코인이 아니다. 그냥 현재 온라인에서 사용하는 인터넷 뱅킹 계좌일 뿐이다. 인터넷 뱅킹을 통해서도 외국에 송금할 수 있다. 중간에 은행들의 전산 시스템이 연결되어 있어서 은행계좌가 있는 사람들 간에만 거래가 가능하다는 것과 모든 거래를 은행들의 서버가 승인하고 기록을 남긴다는 것이 특징일 뿐이다. 물론 중앙은행이 디지털 화폐를 발행해 은행을 거치지 않고 국민과 기업들의 지갑으로 바로 배분하고, 승인된 지갑들 간의 거래만 승인하면서 모든 거래를 추적할 수도 있다. 하지만 이는 기존 금융망의 네트워크적 협업체계를 허물고 중앙은행이 스스로 거대한 금융망이 되겠다는 것과 다를 바 없기도 하다.

블록체인은 이중지불 방지 능력을 활용하므로 은행이나 비자, 마스터와 같은 신뢰할 만한 중개기관의 개입이 필요 없다. 즉, 블록체인의 디지털 자산은 종이돈처럼 전달된다. 전자지갑에서 전자지갑으로 바로 이동할 수 있다. 중개기관의 승인이 필요 없기 때문에 온라인 뱅킹과 다르다. 만약 정부가 블록체인을 활용해 디지털 자산을 발행하고서도 거래를 일일이 승인하는 중앙서버를 따로 둔다면 블록체인이라는 개념을 이해하지 못한다는 뜻밖에 안 된다. 즉, 우리가 고려해야 할 달러코인이란 온라인상에서 종이돈처럼 익명으로 사용할 수 있는 코인이다.

달러코인 거래소는 각국이 자국의 정책 환율을 지키기 어렵게 만든다. 각국의 중앙은행이 막강한 자금력으로 환율에 영향을 미칠 수는 있겠지만 선택지는 매우 좁다. 예를 들어 중국의 대미 무역흑자로 중국의 위안화 수요가 달러에 비해 증가하면 달러코인의 가격은 낮아진다. 이는 곧 위안화의 가치가 절상되어야 한다는 뜻이다. 위안화가 절상되면 중국의 수출경쟁력이 약화되기 때문에 중국 정부는 달러코인 시장에 개입해 위안화의 가치를 낮추려고 한다. 이때 달러코인을 자유롭게 사고팔 수 있는 중국인들과 국제적인 투기꾼들이 힘을 합쳐 중국 정부가 한계에 도달할 때까지 밀어붙일 수 있다. 즉, 그들은 중국 정부가 달러코인을 무한정 구입할 수 없다는 전제하에 달러코인을 방출한다. 이들은 중국 정부가 백기를 들고 달러코인의 구입을 중단하면 달러코인의 가치가 폭락하고 위안화의 가치가 폭등할 것을 기대하며 달러코인을 팔고 위안화를 확보하려 할 것이다.

지금까지 중국 정부가 개입할 수 있었던 것은 중국인들이 달러를 자유롭게 사고팔 수 없도록 막았기 때문이다. 국경 없는 블록체인의 속성은 정부의 외환관리 능력을 제약한다.

외국 거래소와 중국 거래소의 달러코인 가격에 차이가 나면 중국인들은 달러코인을 들여와 차익만큼 이익을 얻으려 할 것이다. 결국 중국 정부는 달러코인 거래소를 폐쇄하고자 하겠지만 블록체인상에서의 거래는 정부도 차단할 방법이 없다. 달러와 동일한 가치를 갖는 디지털 자산을 확보할 기회를 중국인들이나 중국 시장에서 활동하는 글로벌 기업들이 쉽게 포기하지도 않을 것이다. 위안화 예금계좌를 열어야만 하는 거래소를 규제하는 접근으로도 완전히 통제할 수 없다. 외국의 친척에게 부탁하면 달러코인을 얼마든지 확보할 수 있다. 중국인들과 중국에서 활동하는 기업들이 위안화 대신에 달러자산을 확보할수록 중국의 독립적인 통화정책은 위축될 수밖에 없다. 독자적인 통화정책을 추구하길 원하는 국가들은 달러코인 거래소를 폐쇄하는 수준을 넘는 특단의 조치를 요구할 것이다. 이들은 달러코인을 폐기하고 현재 시스템으로 복귀하자고 할 것이다. 이렇게 논의는 다시 원점으로 돌아오고 만다.

여러 중앙은행들이 CBDC의 개발을 검토하고 있지만, 국경을 자유롭게 넘나드는 세계통화에 대한 적절한 대응책을 마련하기 전에 CBDC를 실제로 발행하기는 쉽지 않다. 아니면 무늬만 CBDC이고 실제로는 은행들 간에만 허용되거나 아니면 허가받은 개인과 기업들만 사용하는 식으로 제한될 것이다. 은행들 간에만 거래되는 블록체인 코인이 등장할 가능성은 상당히 높다. 바로 은행 간 결제를 돕는 SWIFT 코드를 블록체인 코인으로 대체하는 것이다. 은행들 간 거래의 본질이 바로 표준화된 단일장부인데 블록체인만큼 보안성이 뛰어난 표준장부도 없기 때문이다.

정부가 프로토콜 화폐를 발행할 수 없는 이유

비트코인은 사람을 인증하지 않는다. 암호를 인증한다. 어떤 양식에만 맞으면 계좌를 만들 수 있고 암호를 확보하면 비트코인을 옮길 수 있다. 그러나 중앙은행이 주도하는 CBDC가 이런 형태가 되기는 어렵다. CBDC는 결과적으로 사람의 신원을 인증하는 방식을 고집할 것이다. 만약 CBDC가 호기롭게 비트코인처럼 프로토콜 화폐를 추구하면 어떻게 될까?

결론적으로 말해서 비트코인과 암호화폐 생태계는 날개를 달게 될 것이다. 왜냐하면 정부가 스테이블코인을 만들어 주는 셈이기 때문이다. 그것도 정부가 스테이블코인의 이동을 파악하지 못하는 형태로 말이다. 이는 정부가 나서서 암호화폐 생태계에 꼭 필요했던 마지막 퍼즐을 맞춰주는 것과 마찬가지다.

그 이유는 앞에서 설명한 아토믹 스와프 기술 때문이다. 만약 달러코인이나 위안화코인이 프로토콜 기반이라고 가정해 보자. 누가 되었건 암호를 확보하면 달러코인을 옮길 수 있다. 위안화코인도 마찬가지다.

그렇다면 누군가 암호를 잠그고 그 해시값을 가지고 다른 코인, 예를 들어 이더리움상에서 누군가 발행한 토큰과 교환해 사용할 수 있다. 아토믹 스와프가 이종 코인 간 거래를 중재한다는 사실을 기억하자. 이 해시값은 달러코인 플랫폼에서는 열쇠와 같은 기능을 하기 때문에 적당한 조건이 충족되면 달러코인의 동결을 해제할 수 있다. 이 토큰의 발행자는 달러코인의 동결을 해제할 수 있는 열쇠를 받는 대신 토큰을 준 것이고, 달러코인을 동결한 사람은 이더리움 플랫폼에서 토큰을 받아 거래에 사용할 수 있다. 약간 복잡하지만 원리는 단순하다. 이더리움상에서 달러를 잠그고 받은 토큰으로 나중에 잠근 달러코인을 열고 달러를 이동시킬 수 있다면 이는 달러의 동결을 해제하는 열쇠를 토큰화한 셈이다. 금고의 열쇠가 일종의 토큰으로 거래되는 것이다. 즉, 달러의 가격에 연동된 스테이블토큰이 발행된 것과 같다.

규제당국에서 볼 때, 달러코인은 어느 지갑에 고정되어 있으며 달러코인의 이동은 포착되지 않는다. 그러나 암호화폐 생태계에서 달러를 잠갔다는 사실만 인정받을 수 있다면 달러는 다른 형태로 변형되어 자유롭게 이동하게 된다. 이는 아마도 정부가 가장 원하지 않는 방향으로의 전개일 것이다. 정부는 암호화폐 생태계에 안전성을 부여할 생각이 없었을 것이고, 더구나 달러의 이동을 확인하는 능력을 스스로 포기할 의도는 더욱 없었을 것이다.

대한항공 마일리지를 생각해 보자. 항공기를 이용하면 마일리지 포인트가 애매하게 남는다. 이를 누군가와 거래할 수 있다면 애매하게 남은 마일리지 포인트를 사용하지 못한 채 삭제당할 염려가 사라진다. 그러나 그렇게 할 수가 없다. 대한항공의 마일리지 포인트는 대한항공의 서버에 있고, 내가 아무리 누군가에게 돈을 받고 넘겨도 이를 최종적으로 승인할 권리는 대한항공에 있다. 내가 다른 사람과 교환해도 결국 대한항공이 승인해 줘야 한다. 이것이 바로 신원을 인증하는 달러코인, 위안화코인의 모습이다. 그러나 대한항공이 마일리지 포인트를 프로토콜 화폐로 발행하면 어떻게 될까? 프로토콜만 충족하면 누구나 이동할 수 있는 형태라면, 이런 경우 대한항공은 마일리지 포인트의 이동을 승인하며 누리던 특권을 포기하는 셈이다. 애매하게 남았던 마일리지 포인트가 거래를 통해 모여 더 많은 마일리지가 청구될 것이기 때문에, 마일리지 포인트 사용을 번거롭게 하거나 문턱을 높여 사장하려 의도했던 대한항공은 곤란을 겪을 것이다.

정부가 프로토콜 화폐를 발행하려 할 때 고심하지 않을 수 없는 이유다. 암호화폐 생태계는 빠르게 발전하고 있다. 그리고 블록체인 기술의 목적 중 하나는 중앙으로부터 권력을 빼앗는 것이기도 하다. 정부가 블록체인상에서 신원인증 없이 이동할 수 있는 디지털 현찰을 만들려고 할까? 그렇지는 않을 것이다.

정부가 스스로 자신을 옭아맬 수 있을까?

미국이 달러와 교환을 보장하지 않는, 달러 발행과 별도로 새로운 암호화폐를 발행하는 건 어떨까? 비트코인과 거의 유사한 속성을 갖는 코인을 미국 연준이 발행한다면 가치를 보장하지 않아도 되니, 국가 간 환율문제를 유발하지도 않고 브레턴우즈 체제의 근간에 영향을 미치지도 않을 것이다. 게다가 이 화폐가 성공할 경우 미국 정부로서는 막대한 재정수입을 기대할 수도 있다.

미국과 같은 강력한 정부가 뒷받침하는 '페드비트코인fed bitcoin'이라면 비트코인보다 더 신뢰할 만하지 않을까? 비트코인을 몰아내기까지는 못하겠지만 비트코인의 성장을 억제할 수 있을지도 모른다. 그럼에도 미국 정부가 발행할지도 모를 페드비트코인이 비트코인만큼 장기적인 투명성을 확보할 가능성은 별로 없다. 미국 정부가 전체 발행량을 수학적 약속으로 구속하려 하지 않을 것이기 때문이다. 미국 정부는 시스템에 대한 리더십을 포기하지 않고 발행량이나 발생속도를 끊임없이 수정하려 할 것이다. 이렇게 되면 비트코인의 리더십 부재와 예측 가능성만 더 크게 부각될 것이다.

만약 미국 정부가 페드비트코인에 대한 일체의 권리를 포기하고 비트코인처럼 소스를 공개해 누구나 채굴하고 노드를 운영하게 만든다면 어떨까? 이 코인이라면 강력한 암호화폐로 부상할 것이 분명하다. 그런데 미국 정부가 굳이 이런 수고를 해야 할 이유가 있을까? 통제할 수 없는 또 하나의 비트코인을 굳이 만들어야 할 이유가? 단지 비트코인 투자자들을 골탕 먹이기 위해서 말이다. 비트코인을 만들고자 했던 이들은 인류가 오랫동안 관습적으로 유지해 온 화폐제도를 정부관료들의 손에서 떼어내고자 노력해 왔다. 미국 정부나 중국 정부가 비트코인 투자자들에게 손실을 끼치기 위해 강력한 암호화폐를 만들 수야 있겠지만 그러려면 정말로 분산된 암호화폐를 디자인해야 한다. 정부가 스스로 지배할 수 없는 코인을 만들어야만 비트코인의 우월성을 훼손할 수 있다는 말이다. 이는 곧 비트코인을 꿈꾸던 이들이 만들려는 세상을 미국 정부가 나서서 개척한다는 뜻이다. 바로 이것이 미국 정부가 직면한 딜레마다.

각국 정부는 비트코인을 대체하기 위한 암호화폐가 비트코인을 닮아야만 한다는 것을 깨달을 것이고, 그럼에도 정부가 그런 암호화폐를 만들어 낸다면 정부로부터 독립된 암호화폐를 만들고자 했던 이들의 꿈이 바로 그 정부의 손에 의해 이루어지는 셈이다.

비트코인의 등장 이후에 외톨수에 몰린 건 비트코인이 아니라 각국 정부다.

THE
GREAT
BITCOIN

CH2

금융을 망가뜨리는 국가라는 이름

07

인간 무리에 대한 서술 그리고 금융의 탄생

인간생존의 특이성

금융이란 무엇일까? 금융은 인류와 함께 해온 근본적인 사회구성원이다. 왜냐하면 인간생존의 근본문제를 해결하려는 시도이기 때문이다. 인간생존의 근본문제 중 하나는 바로 생존을 위해 자기 몸 내부의 항상성恒常性을 일정하게 유지하는 것이다. 인간의 생명활동은 외부환경의 변화에도 불구하고 일정한 내부환경을 창출하는 것과 직간접적으로 관련이 있다. 말할 것도 없이 이는 많은 스트레스와 긴장을 요구한다. 인간을 둘러싼 환경이 변할 뿐만 아니라 나이에 따라 항상성 유지에 필요한 에너지 생산 능력이 현격하게 바뀌기 때문이다.

항상성이란 유기체의 내부가 일정한 온도와 에너지 수준을 유지하기 위해 외부환경의 변동으로부터 스스로를 격리하는 것이다. 유기체가 죽으면 몸의 내부는 더 이상 외부환경에 저항하지 못하고 외부환경을 그대로 추종한다. 여기에서 역설이 발생한다. 외부와 완전히 차단된 내부는 외부로부터 에너지원과 산소를 주입받지 못하고, 노폐물을 외부로 빼내지 못해 썩는다. 고로 외부를 향해 열려 있어야만 한다. 그러나 내부가 완전히 외부에 노출되어 외부환경의 변화를 적절하게 차단하지 못하면 항상성을 유지하지 못하고 더 이상 유기체로서 살아남지 못한다. 유기체의 죽음을 정의하는 방식에는 여러 가지가 있지만 유기체 내부가 외부환경을 저항 없이 추종하는 상태야말로 유기체의 최종적 사멸이라고 할 수 있다. 내부를 외부로부터 적절히 격리하기 위해 밸런스를 찾아야만 하는 긴장과 스트레스는 본질적으로 살아 있는 모든 것들의 숙제다.

인간은 살아가는 동안 외부환경에 노출될 수밖에 없지만 외부로부터 자신의 내부를 격리해야 하므로 에너지가 필요하다. 게다가 인간은 어떤 연유에서인지 겨울잠도 자지 않는다. 겨울이라는 혹독한 외부환경으로부터 자신을 지키기 위해 수면상태를 유지하는 방식으로 에너지 소모를 최소화하지 않는다는 의미다. 게다가 인간은 비교적 수명도 길다. 결국 오랜 시간 스트레스를 안고 살아갈 수밖에 없는 존재다. 무엇보다 가장 결정적인 미스터리는 홀로 생존이 불가능한 유아 상태가 다른 유기체에 비해 유난히 길다는 사실이다.

인류학자들이 관찰한 바에 따르면 문명의 지원을 받지 못한 원시부족들에서 유아기는 6세에서 8세까지다. 문명권에서 기초교육이 시작되는 시절과 비슷한데 원시부족 아이들은 그 나이부터 자기가 먹을 것을 대략 스스로 해결하기 시작한다. 엄마의 임신기간 1년을 포함해 최소 7년에서 8년까지 인간은 스스로 먹지도 활동하지도 못한다. 이렇게 무력한 유아기가 긴 유기체는 인간밖에 없다. 소나 말은 임신기간이 인간과 비슷해도 태어나자마자 걷는다. 인류의 진화를 연구하는 학자들에게 이는 매우 중요한 미스터리다. 수백만 년 전부터 인간의 유아기 뇌는 나이에 비해 작았다. 뇌가 천천히 성장하는 것이 침팬지나 다른 유인원과 현생인류의 운명을 갈랐다는 것이 학자들의 주장이다.[19]

인간 한 명이 살기 위해서는 거대무리가 필요하다

인간은 겨울잠을 자지 않는 반면에 환경은 변화무쌍하고 혹독하다. 결론적으로 인간은 자기 몸의 항상성을 수십 년 동안 유지하기 위해 거대한 무리를 필요로 하는 집단적 존재여야만 했다. 인간은 수백만 년 전부터 사회적인 존재였다. 일단 엄마를 중심으로 한 가족 무리가 필요하다. 유아기를 버티기 위해 또래 형제들은 엄마의 짐을 덜어주었을 것이다. 그리고 엄마의 임신을 지원할 아빠 혹은 연계된 가족이 필요하다. 그리고 외부 가족의 약탈로부터 가족을 보호하고 지원할 더 큰 가족, 즉

19 출처: "300만 년 전 아기의 '늦게 자란 뇌'가 인류와 유인원 운명 갈랐다", 동아사이언스, 2020.4.2.

부족이 필요하고 타 부족의 공격으로부터 보호해 줄 더 큰 부족, 즉 국가가 필요하다.

인간은 무리의 지원을 통해서만 겨울잠을 자지 않고도 척박한 겨울에 몸 내부의 항상성을 유지할 수 있었고 유아기를 견디고 살아남을 수 있었다. 이 순환은 확장적이어서 덩달아 노년기도 늘어났다. 그러나 인류학자들의 연구에 따르면 생산하지 못하는데도 살아남는 노년기의 존재는 실제로는 최근의 현상일 가능성이 높다고 한다. 대다수의 문명권에서 생산하지 않고 소비만 하는 노년기는 없거나 매우 짧으며, 생물학적으로 노쇠했어도 자기가 먹고 입을 것을 생산하거나 육아를 담당하는 등 공동체 전체의 생산을 지원하기 위해 노구를 이끌고 뭔가를 해야만 공동체로부터 생산물의 일부를 할당받을 수 있다.

가족으로부터 확장된 인간문명의 여러 제도를 항상성 유지를 위한 장치로서 정의하자면, 노부모에 대한 효보다는 자녀에 대한 내리사랑이 문명의 본질과 핵심에 더 가깝다고 할 수 있다. 다음 세대를 재생산하지 못하는 문명은 존재할 수조차 없지만 노년기가 짧은 문명은 얼마든지 가능하며 실제로 그렇지 않은 문명이 오히려 예외적이다.

인류 최초의 금융제도는 가족

유아 때는 부모로부터 지원받고 부모가 늙어서 쇠약해지면 장성한 자녀로부터 되돌려받는 이상적인 가족형태는 항상성 유지제도다. 즉,

성인 부모와 미성년 아이로 구성된 가족은 인류가 창안한 가장 원초적인 금융제도라고 할 수 있다. 자녀를 부양하는 것이 금융제도와 관련이 있는 개념이라는 것을 보여주는 흥미로운 사례가 있다.

바로 미국의 셰이커교도들이 만든 사바스데이 레이크Sabbathday Lake Shaker Village다. 이 마을은 비영리법인에 의해 지금까지 유지되고 있지만 막상 이 마을의 존속을 책임질 셰이커교도는 사라졌다. 18세기 후반, 미국에 들어온 셰이커교도는 금욕주의와 독신주의를 표방하는 기독교의 한 분파로서 우리에게는 빨래집게를 개발한 이들로 알려져 있다. 물질문명을 배격하고 노예해방을 주창하며 공동체를 중시했던 이들은 오래전부터 포장씨앗 사업을 벌여 성공했다. 다만, 이들은 독신주의를 중요한 교리로 삼았기 때문에 후손을 재창출하지 못했다. 대신 고아원을 운영해 명맥을 이어나가려고 했다. 그러나 미국 정부는 이들이 운영하는 고아원에 아이들을 보내는 것을 법으로 차단했다. 애초에 사바스데이 레이크를 운영하는 이사회는 신앙의 존속이라는 목적에 부합하도록 선택하게 되어 있지만 이사회를 채울 셰이커교도가 남지 않았다. 그러나 비영리법인은 신탁이라는 금융제도의 틀 안에서 지금까지 마을과 재단의 재산을 존속하고 있다.[20]

이 사례는 후손에 대한 기대가 없을 경우 인간 무리는 신탁과 같은 근대적 금융 시스템을 만들어서라도 공동체를 유지하려 한다는 것을 보여준다. 이를 달리 해석하면 자녀에 대한 기대가 클수록 금융제도를

20 출처: 로버트 쉴러, 《새로운 금융시대》, p.210.

창출할 유인이 줄어들고 금융형태의 투자도 줄어들 수 있다는 의미이기도 하다.

인간은 지능이 있고 인간의 지능과 현실은 상호 되먹임 구조를 형성한다. 이를 재귀再歸, reflexivity적이라고도 한다. 현실이 인간의 인식에 영향을 미치고 인식이 현실에 영향을 미치거나 현실을 창조한다. 인간은 뛰어난 지능을 가지고 있을 뿐만 아니라 자기 자신을 독립된 개체로 인식한다. 그 지능이 현실에 영향을 미치고 현실이 다시 인식에 영향을 미친다. 인간의 무리행동을 분석하고 예측하는 것이 간단치 않은 이유는 개체 차원에서의 인식과 무리 차원에서의 현실이 상호영향을 주고받는 재귀성 때문이기도 하다.

부모는 자녀들에게 땀 흘려 얻은 생산물의 일부를 떼어주고, 자녀들이 성장해 잉여를 생산하면 그들은 이것을 자신의 어린 자녀들에게 준다. 문명의 지속이라는 관점에서 이 자체에는 모순이 없다. 그런데 부모들은 자녀들에게 준 것을 자기 자신은 되받을 수 없다고 인식할 수 있고 이 인식이 가정이라는 기본적인 금융제도를 위태롭게 할 수도 있다. 자녀에 대한 사랑이 무력한 유아의 생존을 가능케 하는 가장 중요한 기제임은 두말할 필요가 없다. 그러나 자녀를 위한 헌신에서도 사람들 간의 격차는 생각보다 크다. 그리고 가장 자애로운 축에 속하는 사람조차도 자신의 합리성에 비추어 자녀에 대한 헌신의 정도를 조정할 수도 있다. 자애로운 부모가 자녀에게 기대감이 없을 때 사용하는 흔한 방법은 아이를 안 낳거나 적게 낳는 것이다.

효도는 기만이다

생산능력이 없는 노부모를 부양하는 것을 윤리의 근본으로 삼는 풍토가 여러 문명권에서 보편적으로 발견되는 것은 바로 이런 사유 때문일 수 있다. 부모는 자식에게 자원을 할당하면서 노년에 자녀로부터 생산물을 되받을 수 있을 거라고 기대한다. 이 기대가 비록 자연사망 등의 이유로 현실에서는 드물게 실현된다고 해도, 이 기대 때문에 성인 부모에게서 미성년 자녀에게로 자원이 할당되는 흐름에 마찰이 줄어들어 이러한 자원분배가 지속된다.

즉, '부모 부양'이야말로 문명의 기초를 이루는 사회적 약속이다. 실행하기 전에 먼저 약속부터 해야 한다면 성인 부모는 유아와 이 약속을 해야만 한다. 그렇기 때문에 당사자들의 신의성실만으로는 약속의 이행을 신뢰하기 어렵다. 어렸을 때 한 약속이라 기억이 나지 않는다거나 억지로 시켜서 한 약속이라는 변명이 충분히 가능하기도 하다. 따라서 부모 부양을 사회적으로 강제하는 문화를 조성할 필요가 있었다. 유아가 성인이 되었을 때 이를 실천하는지를 사회가 연대해 감시하는 방식이 부모와 자식 간, 개인 간 약속보다는 훨씬 믿음직스럽다. 노부모 부양이라는 윤리는 처음에는 확대가족에 의해 강제되었을 것이고 씨족사회로 확대되었다가, 사회 전체 혹은 국가 차원에서 고양되는 윤리가 되었을 것이다. 노부모를 부양해야 한다는 윤리는 실제로도 무력하고 병든 노인들이 생존하는 데 어느 정도 도움이 되었겠지만, 그보다는 그 약속으로 인해 미성년자에 대한 지원이 지속될 수 있었다는 사실이 더 중요하다.

문명을 지속하기 위해서라면 다음 세대를 키우는 것이 핵심이지, 과거 생산에 기여한 이들을 위해 꾸역꾸역 약속을 지키는 것이 핵심은 아니다. 환경이 혹독해지면 자녀들을 살려 문명을 지속하기 위해 오래전 과거의 약속부터 부도내야 했다. 다행스럽게도 완전히 무력한 노년은 대체로 길지 않았지만 환경이 좋지 않을 경우에는 병들고 무력한 노인들부터 방치되곤 했다.

노인을 배신하는 인플레이션

국민경제 차원에서 인플레이션은 노인들에게 불리하다. 노인들은 과거의 생산물을 다음 세대에게 이전하고 국가나 사회로부터 연금을 받는다. 사사로이 구입한 정부 채권이나 장기저축도 국민경제 전체로는 연금과 비슷한 자원의 배분이다. 연금은 보통 일정한 액수, 즉 화폐가치에 고정되어 있으므로 화폐가치를 절하하면 노인들의 저축은 조금씩 줄어들 수밖에 없다. 그러나 노인들과의 약속을 지키기 위해 현재 생산에 참여하지 않는 노인들에게 생산물의 상당부분을 떼어주면 경제는 서서히 활력을 잃기 시작한다. 자산에 비해 화폐가치가 올라가는 디플레이션은 사회를 침체로 빠뜨린다는 게 경제학의 정설이다. 생산해도 그 몫이 이전의 기여자들에게 가기 때문에 현재의 생산자들은 노동시간을 줄이려 하고 생산에 투입할 자원을 아낀다. 그래서 존 메이너드 케인스는 경기침체보다는 연금생활자들의 안락사를 선택해야 한다고 주장했다. 무력한 노인을 부양해야 한다는 사회적 약속이 사실은 노인을 위한 것이 아니라 문명의 지속을 위한 것이고 그 문명의 본질은 다음 세대를 재생산하는 것이지, 과거의 기여자들을 우대하는 것이 아니라는 것을 이미 알고 있었다는 전제에서 케인스는 문명의 본질에 부합하는 주장을 한 셈이다.

문제는 인간 개개인은 독립된 개체로서 사고를 전개하므로 문명을 위해 복무한다는 거창한 명분보다는 자신의 안락과 생존을 우선순위에 놓는다는 것이다. 생산자 세대가 생산물을 다음 세대와 노인들에게 분배하고 나서 정작 자기 자신이 노인이 되었을 때는 인플레이션으로 인해 사실상 사회로부터 안락사를 당할 운명이라는 것을 기정사실로 인식하는 순간, 이 생각은 재귀적으로 당장 현실에 영향을 미치며 이는 문명의 지속이라는 관점에서 파괴적일 수밖에 없다.

08

시간선호 현상으로 탄생한 금융

사람들의 시간이 어긋나야만 지속되는 금융제도

금융 시스템은 인간의 이러한 역설적이고 모순적인 삶의 조건에서 성장했다. 사람들은 자신의 부를 미래로 보낼 수 있다고 착각한다. 이는 착각이지만 현실성이 전혀 없지는 않다. 그리고 이 착각은 무리의 규모가 크고 사람들의 삶이 순차적으로 어긋날수록 실현될 가능성이 높아진다. 왜 그럴까? 부모와 자녀만 존재하는 공동체에서는 부를 미래로 보내는 게 쉽지 않다. 간극이 너무 커서 그 사이에 무슨 일이 일어날지 알 수 없다. 자녀가 도중에 사고나 병으로 사망할 수도 있고 부모가 임무를 완수하지 못하고 사라질 수도 있다. 이런 불확실성은 재귀적으로 부모의 생각에 영향을 미치므로 부모는 자녀에게 자원을 이전하는 것을 최소화하려 할 것이다. 그래서 예전부터 부모세대에서 자녀세대로 생산재(토지나 지식 혹은 기계도구)가 바로 넘어가는 경우는 오히려 드물었다고 보아야 한다. 부모세대와 자녀세대 사이에는 징검다리세대가 늘 존재해 왔는데 확대가족의 경우 젊은 삼촌이 그 역할을 하기도 한다. 부모가 어린 삼촌을 지원하고 삼촌이 커서 조카, 그러니까 자기를 지원한 형님의 자녀를 지원하는 식이라면 예측 가능성이 비교적 높아지므로 이 가족의 경우 부를 미래로 보내는 작업이 훨씬 수월하다. 이렇게 순차적으로 부가 다음 세대로 넘어갈 때, 금융 행위로부터 이익을 얻는 이들도 많아진다. 물론 삼촌을 믿을 수 있어야 하고 삼촌도 배신하지 않아야 한다.

인간이 만든 사회는 척추동물의 수준을 뛰어넘어 개미와 같은 곤충 규모로 엄청나게 거대하기 때문에 사람들의 삶은 실제로 정교하게 어긋나기 마련이다. 그래서 금융이 성공할 가능성도 높다. 1년 후 그날, 사용할 수 있는 100만 원에 대한 오늘의 현재가치는 모든 사람에게 다르다. 이를 두고 경제학자들은 사람들의 시간선호time preference가 모두 다르기 때문이라고 표현한다.

오늘 당장 소비해야만 하는 이들, 당장 수술해야 할 환자나 등록금을 지불해야 할 대학생, 혹은 내년의 삶이 불확실한 노인의 경우 시간선호가 높다. 즉, 1년 뒤까지 기다려 사용할 100만 원의 가치는 오늘 당장 쓸 수 있는 100만 원보다 많이 낮다. 이를 미래가치의 할인율이라고 한다. 시간선호가 높으면 미래가치의 할인율이 높다. 반대로 1년 뒤에 사용하는 것을 지금 당장 사용하는 것보다 상대적으로 선호하는 사람들도 있다. 오늘 사용하고 남은 소득이 있거나 1년 뒤에 은퇴해야 하는 사람들이 그러하다. 그들은 1년 뒤에 사용할 100만 원의 가치를 상대적으로 높이 평가하고 이런 이들의 시간선호가 낮다고 표현한다. 이런 경우 미래가치의 할인율이 낮다.

일반적으로 자녀를 키우는 부부는 시간선호가 낮다. 자녀들이 성장해서 고급교육을 받는 시점에 시간지평time horizon이 맞추어져 있기 때문이다. 시간선호가 낮아도 언젠가는 써야 한다. 오늘, 경제의 산출물을 가져가야 하는 사람들에게 시간지평은 오늘이다. 한편, 원래 시간선호가 높아서 오늘 번 돈으로 당장 신제품과 여행에 돈을 써야 하는 사람들도 있다. 이런 경우 사람들의 시간선호는 각각 다르지만 우연히 그들의 시간지평이 오늘로 같을 수도 있다.

호모 사피엔스는 일찌감치 이 이치를 깨달았다. 이것은 호모 사피엔스가 큰 무리를 만든 이유 중 하나다. 사람들이 많을수록 나이와 사정과 능력과 여건 그리고 시간선호의 다양성도 높다. 시간지평이 부드럽게 어긋나는 점을 활용하면 창고 저장능력의 한계를 훌쩍 뛰어넘어서까지 부를 미래로 보낼 수 있게 된다. 비록 그 자산 자체를 미래로 보내는 것은 아니지만 시간지평이 어긋나는 점을 이용해 남에게 주었다가 나중에 돌려받을 수 있다. 형태는 다르지만 부를 저장하는 방식이라는 점에서 창고와 같다. 처음에는 강력한 종교의 힘으로 금융을 구축했을 것으로 보인다. 종교는 사후세계의 심판과 구원을 강조하므로 세속 권력보다 구성원들의 내면적 도덕을 자극하는 경향이 있다. 이런 신뢰를 바탕으로 종교는 부자들로부터 곡식이나 가축의 잉여를 헌물로 받아서 당장 필요한 이들에게 꾸어 주었다가 나중에 되받는 역할을 했을 것으로 추론된다. "금융은 신성의 그늘에서 태어났다"라는 말이 있다. 사원은 처음에 고대 근동近東 지역에서 주요 대출자였다.[21] 이렇듯 그들은 헌물을 낸 이들과 꾸어준 이들의 명부를 장부로 남겼다.[22] 부의 시간분배를 가능하게 하는 제도가 바로 금융이다. 쉽게 표현하자면 금융이란 오늘 돈이 필요한 사람들에게 돈을 꾸어 주거나 투자해서 미래 어느 시점, 자신이 필요할 때 그 돈을 돌려받는 제도다.

금융의 이상향

금이나 돈 자체는 소비의 대상이 아니다. 하지만 '돈이라는 추상적인 도구'를 이용하면 미래의 산출물에 대해 분배를 보장받을 수 있었다. 당연한 말이지만 부 자체를 미래로 보낼 수는 없다. 과거에는 냉장고도 없었고 있더라도 한 달을 버티지는 못한다. 창고에는 쥐가 들끓고 산출물의 보관기간은 길어야 1, 2년이 한계치다. 한 해 산출물은 제한되어 있으므로, 그 한 해의 산출물에 대해 시간지평이 바로 그해인 청구권들 간에 분배가 이루어지는 것이다. 만약 어느 한 해에 거의 모든 구성원들의 시간지평이 맞추어져 있는데 그해에 유독 산출물이 적다면 금융은 무

21 출처: 에드워드 챈슬러, 《금리의 역습》, p.40.
22 출처: 윌리엄 N. 괴츠만, 《금융의 역사》, p.50.

용지물이다. 과거 산출물의 분배를 양보하고 지금 산출물을 분배받으려 했던 모든 약속이 충족될 수 없기 때문이다. 이를 통해 금융이 진짜로 부를 미래로 보내는 기술이 아니라는 걸 알 수 있다. 결국 인간들은 그해의 산출물을 그해에 구성원들 간에 배분해야 한다. 금융 역시도 인간이 잘하는 추상적 조작의 하나다. 이렇듯 금융 약속은 부도의 위험부담을 내포하고 있다. 그래서 금융은 안전하고 확실한 원금 보장과 위험하지만 높은 수익률 사이를 조율하는 기술을 요구한다.

금융은 빚을 전제로 하기 때문에 금융이 지속적으로 존립하기 위해서는 빚이 청산되어야 한다. 마치 질량 보존의 법칙으로부터 자유로울 수 없듯이 누군가는 빚을 청산해 주어야 한다. 금융에도 이상사회가 있는데, 위험 대신 안전을 선택한 이들은 최대한 보호하면서 높은 수익을 쫓는 대신 위험을 감수한 이들에게 악성부채를 떠넘기는 것이다. 이는 주식투자와 채권투자의 관계이기도 하다. 주식투자는 크게 오를 거라는 기대로 임하지만 채권은 그렇지 않다. 주식시장이 붕괴하면 경제가 침체하지만 채권, 즉 은행 시스템이 붕괴하면 사회붕괴로 이어진다.

2008년 리먼브러더스 부도 사태가 총체적인 위기로 이어졌던 주요한 이유다. 이론상 절대로 부도가 나지 않아야 할 AAA등급의 금융상품들이 연쇄적으로 무너지면서, 모험을 회피해 온 이들의 퇴직 이후를 책임져야 할 연기금까지 녹아내렸다. 금융의 이상향도 이상향일 뿐이다. 현실에서는 모험을 기피하는 이들에게까지 부채 청산의 부담이 종종 전이되곤 한다.[23]

---

23 출처: 오건영, 《위기의 역사》, p.293.

이렇듯 높은 위험과 높은 수익을 동시에 추구하지 않으려 했던 이들의 예금을 가진 은행이 부도를 내는 순간이 오면, 부를 미래로 보내거나 공간적 배치를 통해 시간적으로도 부를 분산할 수 있다는 금융의 본래 기능이 기본적으로 착각이라는 것을 모두가 한순간에 깨닫는다. 그리고 이런 깨달음은 예금인출, 즉 뱅크런으로 이어지고 이로 인해 멀쩡한 은행까지 부도를 맞게 된다. 망할 것 같다는 사람들의 불안이 은행을 실제로 망하게 만든다. 금융현상이 바로 재귀적 현상의 전형이다. 그러나 이런 경우는 간헐적으로 일어나므로 사람들은 이런 청산과정이 언젠가는 일어날 수 있다고 평소에는 생각하지 못한다. 그리고 거대한 무리가 모여서 시간의 어긋남을 만들어 내기만 하면 현재의 산출물을 타인에게 양보하는 방식으로 자신의 부를 미래로 보낼 수 있다는 믿음을 가지고 살아간다.

금융을 불가능하게 하는 인간의 특징

국가가 개입하기 전, 시장 이자율은 구성원들의 시간선호 함수다. 구성원들의 시간선호가 대체로 높다면, 즉 미래에 대비하기보다는 현재의 삶을 누리고자 한다면 이자율은 높다. 이자율과 채권의 가격은 반대로 움직이는데, 구성원들이 미래의 삶에 관심이 없고 오늘만 즐기려 할수록 채권의 수요가 줄어 채권가격은 낮아질 수밖에 없다. 채권은 지금

돈을 맡기고 미래에 일정한 금액을 받기로 한 약속인데, 이 약속이 이행된다고 하더라도 그 가치를 높이 평가하지 않기 때문에 채권은 싸게 팔리고 반대로 이자율은 높다. 만약 구성원들의 시간선호가 낮고 오늘 아껴서 미래에 쓰고자 한다면 채권은 비싸게 팔리고 시장 이자율은 낮다. 시간선호가 높으면 이자율이 높고 시간선호가 낮으면 이자율이 낮다. 즉, 시간선호가 이자율의 본체다.

인간의 인식과 현실은 서로 재귀적인 관계다. 이자율이 사람들의 시간선호를 조정하기도 한다. 이자율이 높아지면 돈을 꾸어 주려는 이들이 늘어난다. 왜냐하면 당장 돈을 쓰지 않고 빌려주면 미래에 받을 돈이 늘어나기 때문이다. 이는 빚의 공급을 늘려 이자율의 상승을 억제한다. 즉, 처음에는 사람들의 시간선호가 높아서 이자율이 높아졌지만 계속 끊임없이 높아지지는 않는다. 이자율이 높아지면 돈을 꾸어주는 데 따르는 수익도 높아지므로 그 때문에 시간지평이 확장되는 사람들이 생긴다. 그들 덕에 이자율의 상승은 멈추고 채권의 가격은 올라간다. 즉, 시작 시점에서는 사람들의 시간선호가 획일적이었더라도 이자율의 상승과 하락에 따라 시간선호는 분산되고 이자율과 채권의 가격도 균형점에서 안정된다.

금융의 전제는 사람들의 시간선호가 다르고, 그에 따라 시간지평이 다르다는 것이다. 생산물에 대한 청구권은 미래로 고르게 분산되므로 한꺼번에 청구되는 일 없이 생산과 분배가 지속될 수 있다. 금융은 논리적으로는 항구적이다. 오늘 생산물은 과거에 저축(투자)한 이들의 몫이고 미래의 산물은 오늘 저축(투자)한 이들의 몫이다. 그러나 여기에는 인간 본성상 치명적인 오류가 도사리고 있다.

인간 개개인은 매우 허약한 존재다. 몸이 아니라 생각이 허약하다. 자기 자신이 진정으로 원하는 바를 정확히 알지 못하며 자신의 미래를 판단할 정보도 부족하다. 명확한 정보에 대한 해석조차 개개인의 상황과 지적 역량에 따라 모두 다르다. 그래서 경제학에서 전제하는 합리적인 개인은 실제로는 드물다. 이기적이라는 측면에서 경제학자들의 인간관은 타당하다. 그러나 제대로 계산할 줄 아는 합리적 인간은 경험적으로 타당하지 않다. 즉, 인간은 자신을 위해 선택하지만 그 판단이 대체로 올바르다고, 자신에게 이롭다고 전제할 경험적 근거는 희박하다.

인지적으로 허약한 사람들은 남의 생각을 모방하는 편을 선택하므로 인간 무리는 서로가 서로의 생각을 모방하는 상호참조reciprocal reference의 형태를 띤다. 이런 상호참조는 결국 자기참조self-reference로 귀결된다. 어떤 사람이 진실과 무관한 사안(진실일 수도 있고 아닐 수 있는 무작위적 명제)을 말했을 때 이 말이 그럴듯해서 들은 사람이 이를 반복하고, 건너 건너서 처음 발언한 사람이 타인으로부터 이 말을 듣게 되면 자기가 지어낸 말이라는 사실을 망각하고 자기주장의 근거를 발견했다고 착각해 자기주장이 사실이라는 확신을 굳히는 일, 즉 가짜 뉴스가 현실의 한 축을 구성하는 일은 의외로 자주 일어난다. 논문의 저자들이 서로가 서로를 인용하는 경우, 추적해 보면 원천 근거가 실종되는 일도 종종 발견된다. 자기참조는 인간 무리가 만들어 내는 인지적 오류이지만, 인간 무리는 현실을 조작하는 힘을 가지고 있으므로 근거가 빈약한 논리라 해도 현실을 창안할 수 있다. 즉, 서로가 서로에게 기대어 만든 논리적 구성물들이 현실의 한 요소를 이룬다.

자기실현적 예언self-reinforced prophecy도 자기참조의 무한순환이 창조하는 현실이다. 어느 회사의 주식가격이 오를 것이라는 아무런 근거도 없는 생각이 한번 형성되면 투자자들은 그 회사의 주식을 매입하려 하고, 그 때문에 그 회사의 주식이 실제로 올라 그 덕분에 목표한 사업이 왕성하게 이루어져서 결국 그 주식 가격을 입증한다. 출발은 허상이었지만 그 허상이 재귀적 과정을 거쳐서 실재를 이룬다.

자기참조 형태의 인지오류야말로 금융의 대전제를 뿌리부터 흔드는 인간의 습성이다. 구성원들의 시간에 대한 가치가 서로 달라야 하지만 서로의 생각을 복제하는 습성 때문에 기대나 공포가 구성원 대다수를 전염시킬 수 있다. 금융시장의 '붐boom과 버스트bust'는 정보를 자신의 여건에 맞추어 각자 해석해야 할 독립적인 인간이 아니라, 페로몬에 맹목적으로 반응하여 집단행동을 일삼는 개미 무리처럼 행동하는 집단 의존적인 인간들이 만든다. 결국 금융은 국가권력을 끌어들일 수밖에 없다. 즉, 의존적인 인간들의 공포심을 해소해 줄 공포심의 최종적 해결자the last resort of panic가 필요하다는 말이다.

대표적인 공포전염 현상이 바로 뱅크런이다. 은행들은 고객의 돈을 모두 가지고 있지 않다. 고객들이 일시에 돈을 찾지 않기 때문이다. 이런 점을 이용해 은행들은 일부만 남겨두고 나머지 돈으로 대출을 한다. 은행은 대출을 해서 이자를 받아야 하는데 고객들은 은행에 이자 없이도 돈을 맡겨 놓곤 한다. 예전에는 당좌수표를 발행하기 위해서였지만 최근에는 주로 온라인 뱅킹을 사용하기 위해서다. 은행에 둔 전자화된 코드가 종이돈보다 남에게 보내기 훨씬 쉽지 않겠는가? 은행은 이런 '눈먼' 예금을 가지고 비싸게 꾸어주면서 이자 장사를 한다.

은행면허란 고객들이 언제든지 찾을 수 있는 돈을 남에게 장기적으로 빌려주고 이자들의 차액을 수익모델로 삼을 수 있는 권리라고 할 수 있다. 그런데 간혹 은행이 부도날 것 같다는 소문이 돌거나 경제상황이 급격하게 나빠지면 사람들은 모두 은행으로 달려가 인출을 시도한다. 멀쩡하던 은행도 고객들이 모두 돈을 인출해 버리면 부도 위기에 몰린다. 이때 정부 혹은 중앙은행이 은행들을 보증한다고 하면 사람들의 공포심은 진정된다. 중앙은행은 돈을 언제든지 창출할 수 있으므로 중앙은행이 돈을 찍어내 은행의 부도를 막으려는 의지를 보이면 시장은 안정된다. 중앙은행이 바로 최종적 대부자the lender of last resort다.

엘리자베스 트러스가 불러온 영국 국채 폭락사태

엘리자베스 트러스Mary Elizabeth Truss 영국 총리가 몇 달 만에 1호 관저에서 나가야 했던 사례도 재귀적 무한순환이라는 형태로 드러나곤 하는 금융의 허점을 잘 보여준다. 그녀는 감세정책을 주장했다. 그런데 국채가격이 폭락하고 금리가 치솟고 파운드화 가치까지 폭락했다. 시장은 감세정책을 영국이 국채를 추가로 발행할 거라는 신호로 읽었다. 영국의 국채는 미국 연준의 이자율 상승 때문에(이자율과 채권은 반대로 움직인다) 가격이 떨어지고 있었는데 총리의 정책이 이를 악화시켰다. 영국 국채의 가격은 총리 취임을 전후해 두 달 동안 39%나 떨어졌다. 국채 가격이 폭락하자 연기금들은 보유한 채권을 매각했다. 연기금들은 평범한 사람들의 노후자금을 관리하는 금융이다. 이런 금융은 안전자산이라고 여겨지는 국채를 일정 비율 이상 보유한다. 그런 안전자산이 신뢰를 잃었으니 서둘러 매각에 나선 것이다. 이 때문에 국채 가격은 더 떨어졌다. 연기금들은 가입자들에게 연금을 주기 위해 채권을 금융회사에 맡기고 현금을 빌려와 가입자들에게 연금을 주고 있었다. 이런 상품은 담보가치가 떨어질 경우 현금을 채워 넣어야 한다는 조건을 달고 있는데, 국채 가격이 급락하자 문서상으로만 존재하는 것으로 여겨졌던 이 조건이 문제를 일으켰다. 연기금들은 현금을 채워 넣기 위해 국채를 팔아야 했다. 국채 가격이 떨어지면 이자율이 치솟는데 시장에 파운드화에 대한 믿음이 없으니, 이자율이 치솟아도 아무도 파운드화를 사지 않았다. 파운드화는 1990년 이후 최하로 추락했고 외국인들이 파운드화를 사서 영국 국채를 매입하지 않으니 금리는 더욱 올랐다. 견디다 못한 영국 정부는 감세안을 철회하고 영란은행이 국채를 매입했다. 트러스 총리는 취임 후 두 달도 채우지 못한 채 사임해야 했다.[24]

24 출처: 김정호, 《킹달러의 미래》, p.33.

09

국가가 금융을 망가뜨리는 법

중앙 엘리트들의 자의적 부의 분배

국가권력을 끌어들이면서부터 금융은 본래의 역할, 즉 부의 공간적 재배치를 통해 미래로 자원을 분산하는 본래의 기능을 상실하기 시작한다. 왜 그럴까? 정부가 위기 시에 딱 한 번만 개입하는 것이 불가능하기 때문이다. 정부는 수시로 소환되다가 결국 정부의 개입이 일상이 된다. 결국 정부는 자신이 원하는 바를 위해 수시로 금융을 활용하게 된다. 정부는 금융의 심판자도, 구원투수도 아니고 금융의 조작자가 되므로 중요한 사실들을 가리고 오히려 사실과 정반대로 말해야 할 때도 있다. 경제가 안 좋을 때 정부가 경제가 안 좋다고 떠벌리면 위기는 더욱 가속화되기 마련이다. 결과적으로 금융과 관련해 정부 엘리트에게 거

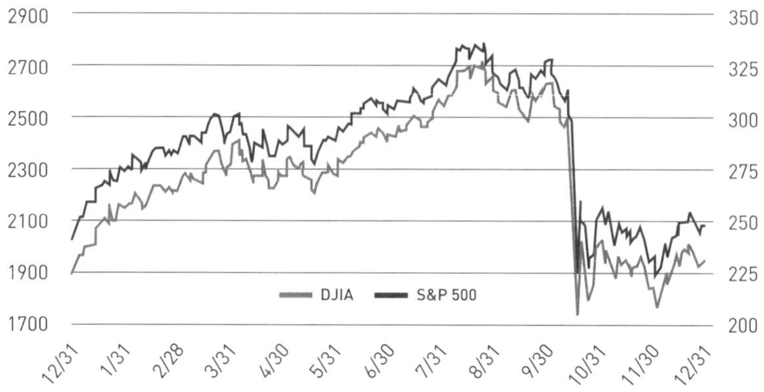

1987년 S&P 500과 다우 지수(출처: 블룸버그)

짓말은 일상적인 업무의 하나가 된다. 중앙 엘리트의 거짓말은 금융 시스템의 핵심요소인 신뢰를 갉아먹고, 사람들은 어리석지만은 않으므로 결국 여러 번 반복해서 속지는 않는다. 이런 악순환이 가속화되면 결국 금융제도는 붕괴된다.

앨런 그린스펀Alan Greenspan 전 미국 중앙은행Fed 의장은 1987년 취임 직후 '블랙먼데이'를 맞았다. S&P 500 지수가 하루 새 20.5% 급락했다.

곳곳에서 비명이 터졌다. 그는 즉각 금리를 낮추고 긴급 유동성 공급으로 증시 폭락을 막았다. 이후 아시아 금융위기, 롱텀캐피털 사태, 닷컴 버블 등 위기 때마다 예상을 뛰어넘는 금리 인하로 자산 시장을 떠받쳤다. 이때 '그린스펀 풋put' 혹은 '연준 풋'이라는 말이 만들어졌다. 연준 의장인 그린스펀이 증시가 내려가면 투자자를 보호할 것이라는 신뢰가 형성되었다. '풋옵션put option(주가가 떨어지면 수익이 나는 파생금융상품)'이라는 신조어는 경기가 침체하면 연준이 구원투수 역할을 할 것이라는 기대가 담긴 말이다.[25] 문제는 연준이 경기침체를 방임하지 않을 것이라는 기대가 은행을 비롯한 경제행위자들의 행동에 영향을 미친다는 것이다. 경제행위자들은 오랫동안 저금리와 활황에 익숙해져 위험을 충분히 고려하지 않았다. 그러다가 연준이 2004년부터 고금리로 전환하자 부동산을 기초자산으로 했던 금융상품들이 대거 부실해졌다. 이런 상품들을 잔뜩 가지고 있던 은행들도 부실화되었다. 현역에 있을 때는 추앙받았던 그린스펀이 2008년도 리먼브러더스 파산으로 촉발된 금융위기 이후에는 문제의 원인으로 주목받았던 이유다.

금융은 제도이므로 일종의 게임이기도 하다. 금융 게임의 핵심은 현재와 미래 사이에 부의 분산을 저울질하는 것이다. 연준은 장기채권을 사들여 시중에 유동성을 공급하고 이자율을 낮춘다. 이럴 경우에는 미래보다는 현재의 경기부양에 초점을 맞추는 셈이다. 반대로 연준이 채권을 판다면 채권 가격이 하락하고 반대로 시장 이자율은 올라간다(채권과 이자율은 반대로 움직인다). 그리고 시중에는 유동성이 부족해져 돈을 구하기가 어려워진다. 이 경우에는 현재의 소비를 억제하고 미래 경제에 초점을 맞추는 셈이다. 금융은 연준의 정책을 오판한 이들에게 뼈아픈 손실이라는 벌을 준다. 대신에 정책의 방향을 내다보고 행동한 이들에게는 달콤한 이익이라는 상을 준다. 이런 벌과 상을 개별 참가자들에게 내주면서 현재의 부와 미래의 부 사이에서 금융은 가교역할을 해낸

25 출처: "'그린스펀 풋'과 '파월 풋'", 한국경제, 2020.9.6.

다. 그러나 연준의 이런 저울질은 기본적으로 자의적이다. 즉, 예측 가능하지 않다. 누군가는 손해를 보고 누구는 이익을 얻는데 그 이유가 단지 운이다. 노력의 결실이 아니라 단지 우연적인 환경의 변화로 생기는 부의 분배를 '자의적 분배'라고 하는데 사회 구성원들이 공평성과 가장 거리가 멀다고 느끼는 행위다. 즉, 부의 자의적 분배는 사회정의에 대한 보편적인 감정에 반하므로 사회의 구심력을 훼손한다.

위험추구자들이 많은 손실을 떠안는 것이 금융제도의 본질이기도 하다. 위험추구 자체는 금융의 하자가 아니라 꼭 필요한 요소다. 농민들에게 안정된 생산 환경을 제공하려는 목적으로 설립된 농산물 선물시장을 생각해 보자. 미래의 쌀과 미래의 밀과 미래의 돼지, 미래의 커피콩을 거래하는 게임은 투견판보다 더 거칠다. 일확천금의 도파민에 중독된 꾼들을 끌어들여야 하므로 수많은 가정이 이 때문에 파탄나기도 한다. 금융에 대해 진지하게 고민해 본 적이 없는 선량한 사람들 눈에는 정부가 합법적인 도박판을 만들어 준 것처럼 보인다. 그러나 이런 절박하고 거친 이들(월스트리트)의 투쟁이 거시적으로는 생산시장(메인스트리트)에 안정감을 준다. 즉, 금융 자체는 사회 전체에 큰 유익을 주는 구조물일 수 있지만 이 구조물은 미시적 개인들 간의 제로섬게임, 그것도 잔혹할 정도로 냉정한 게임을 재료로 삼아야만 구축할 수 있다. 금융이 게임이라면 잔혹할 정도로 냉정한 게임이다. 따라서 금융이라는 게임에는 피도 눈물도 없는 중립적인 심판이 필요하다.

위험에 대한 보상이나 징벌 그 자체로는 문제가 없지만 자의적인 방식에 의해 승패가 결정되는 것이야말로 게임을 문란하게 만드는 것이고 이는 결과적으로 제도를 무력화한다. 즉, 국가권력은 냉정한 심판자가 될 수 없으므로 국가권력의 금융개입은 금융이라는 제도를 서서히, 때로는 급격하게 파괴한다. 국가권력은 정책을 바꿔가면서 승자와 패자를 마음대로 결정해 버리기 일쑤다. 왜냐하면 국가권력 자체가 금융게임에 참가하는 선수이기 때문이다. 즉, 국가권력은 자신이 지지 않는 선에서 게임을 운용하기 때문에 중립적 심판이 아니며 오히려 필요하다고 판단하면 자신의 뜻대로 규칙과 판정을 조작하므로 금융게임의 예측성을 훼손한다. 결국 처절한 게임의 결과로 쌓아 올려야만 가능한 현재와 미래를 잇는 튼실한 구조물을 국가가 망쳐버린다. 고양이에게 생선을 맡긴다는 말이 딱 맞는 경우인데, 정부가 제대로 해내지 못하는 것들 중 가장 못하는 일이 바로 미래로 부를 이전하는 금융제도를 보호하는 것이라 해도 과언이 아니다.

이렇게 되면 구성원들의 엇갈린 시간선호 함수여야 할 이자율이 정부가 단기적 목표를 달성하기 위해 조작하는 레버가 되어버린다. 정부는 현재 소비와 미래 소비의 관계를 결정하는 권한을 독점할 수 있게 된다. 정부는 사람들의 다양한 시간선호를 무시하고 경우에 따라서는 모든 구성원들의 시간선호를 높이려고 한다. 소비를 진작하려고 할 때가 그렇다. 경우에 따라서는 인플레이션을 잡기 위해 이자율을 높여 국민의 시간선호를 낮추려고 한다. 하지만 정권이 바뀌거나 담당자가 바뀌면 언제 그랬느냐는 듯이 시간선호가 낮았던 사람들에게 벌칙을 주기도 한다.

반복되는 거짓말

2022년 빠르게 이자율을 높이기 전까지, 미국 연준의장 제롬 파월Jarome Powell과 재무장관 재닛 옐런Janet Yellen은 인플레이션이 일시적이라며 시장을 안심시켰다. 2020년 코로나 팬데믹으로 세계경제가 얼어붙자, 미국 정부는 수년에 걸쳐서 5조 달러나 시중에 풀며 경기를 부양했다. 본원 통화량의 척도인 연준의 대차대조표는 3조 달러에서 8조 달러까지 치솟았다.

그러나 바이든 대통령까지 나서서 인플레이션이 일시적이라고 말했

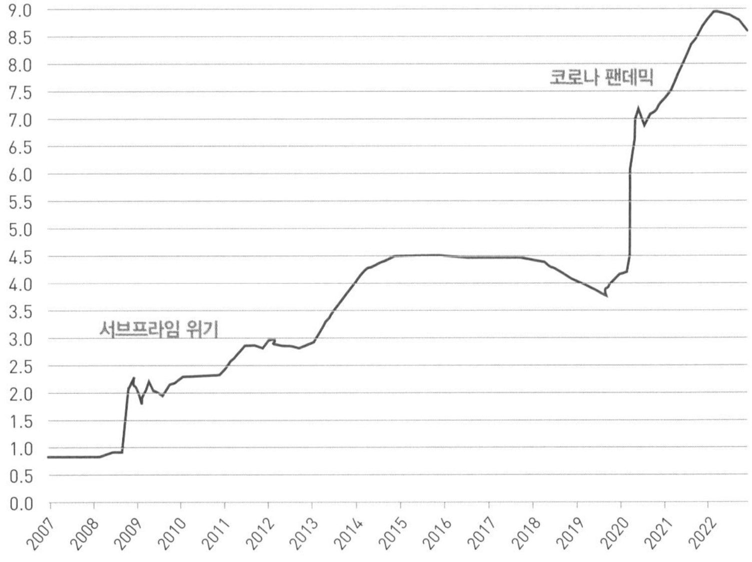

위기 시마다 치솟는 연준의 대차대조표(출처: wolf street)

다.[26] 인플레이션 우려가 가시지 않았지만 미국 정부의 저금리유지 기조를 신뢰하는 투자자들은 주식을 비롯한 자산시장에 계속 머물렀다. 그러다가 연준의장이 갑자기 말을 바꾸더니 금리를 계속 올렸고, 미국의 고금리 정책에 의해 전 세계에서 자산이 1년 동안 20% 이상 증발해 버렸다.

정부의 시간지평은 대체로 '지금'이다

사람들의 사정에 따라 시간이 어긋나기에 가능한 것이 금융이지만, 사람들이 간혹 같이 두려워하고 같이 흥분하기 때문에 필요한 것이 정부다. 그런데 금융에 개입하기 시작한 정부는 사람들을 모두 동일하게 움직이도록 조작한다. 같이 소비하도록 하든지 아니면 같이 저축하도록 한다. 게다가 한쪽으로 편향된다. 정부는 낮은 이자율과 인플레이션을 높은 이자율과 디플레이션보다 선호하는 경향이 있다. 정부는 국민들이 미래를 위해 저축하기보다는 소비하는 편을 더 선호하는데, 당장의 호황이 정권을 연장하는 데 이롭기 때문이다. 민주주의 정부일수록 임기가 제한되어 있다는 점과 1인 1표라는 다수결 원칙 때문에 정부는 다수의 요구에 부합하려 한다. 경제라는 게임에서 다수는 대체로 승자보다는 실패자에 속하는 편이므로 정부는 결정적일 때마다 규칙을 바

26 출처: 오건영, 《위기의 역사》, p.401.

꾸어 가면서 게임에서 실패한 이들에게 보상을 주려는 경향을 띤다.

독재정부라 해도 선거가 없다뿐이지 민주주의보다 오히려 더 인기영합적일 수 있다. 아니, 독재자의 탄생이 대체로 기층 민중의 광적인 지지에 기반하므로 기존 제도에서 실패한 이들에게 보상하려는 욕구는 오히려 더 강할 수 있다.

민주주의 정부든 독재정부든 당장의 경기景氣 호전을 위해 과거의 약속을 저버리는 유혹에 노출된다. 현금으로 고정된 연금을 받는 과거의 기여자들을 희생해 현재 경제에 종사하는 사람들의 의욕을 고취하는 방법인데, 이는 결국 사람들의 시간선호를 높인다. 이런 처방은 장기적인 체질개선을 희생하는 대가로 당장의 활력을 얻는 스테로이드 처방과 같다.

정부에 재갈을 물릴 수 있을까? 과거 은행들은 정부와 줄다리기를 하곤 했다. 정부는 전쟁을 수행하거나 불황을 극복하기 위해 채권을 발행해야 했고 이 채권을 은행들이 팔아주었다. 은행들이 정부의 채권을 무조건 받아주지는 않았고 정부의 신인도를 평가했다. 무엇보다 정부는 결국 금화로 빚을 청산해야 했으므로 금을 보유하고 있는 은행들을 구슬려야만 했고 그 덕에 은행들은 정부에 대항력을 가지고 있었다. 정부가 대놓고 은행들을 무시하면, 은행들이 협조하지 않았기 때문에 정부는 국채를 헐값에 할인해 팔아야 했다. 금이나 은이 국제적인 결제수단일 때는 정부가 돈을 찍어내 빚을 청산하는 방식이 통하지 않았다.

그러나 현대에 들어와서는 은행들이 정부에 완전히 종속되었다. 정부와 은행 사이의 긴장이 사라져버렸다. 이런 종속은 은행 자산의 근거가 금이 아니라 정부가 찍어내는 종이돈이 된 것과 무관하지 않다.

정부에 종속됨으로써 은행도 얻는 게 있었다. 정부에 기대어 은행면허라는 배타적 권리를 인정받아 경쟁의 제한을 보장받았다. 아무나 은행처럼 고객들의 돈을 가지고 돈놀이를 할 수 없다. 그러다가 은행들이 위기에 빠지면 정부가 나서서 보증해 주었고 은행들은 부실한 경영, 오판에 대해 책임감을 덜 느꼈다. 이론상 빚을 갚지 않아도 되므로(정부가 갚는 건 빚의 이자다) 정부는 돈을 찍어내 살리고 싶은 은행들을 살려줄 수 있다. 대체로 경제에 파급효과가 큰 대형 은행들을 살려줘야 했으므로 부실한 대출이 많더라도 은행은 몸집을 키울수록 생존확률도 올라갔다.

10
열쇠 없는 창고, 비트코인

백도어도 열쇠도 열쇠지기도 엘리트도 없다

인간이 가치를 저장하기 위해 만든 창고에는 공통점이 있다. 너무 당연해서 황당하게 들리겠지만 창고에는 열쇠가 있고 그 열쇠를 관리하는 사람이 있으며 그 사람의 지위는 특별하다. 귀중한 보물이 있는 창고를 자물쇠로 잠그지 않으면 약탈당하기 쉽다. 그렇다고 약탈을 막으려 잠가 놓기만 하면 나중에 필요할 때 꺼내 쓸 수가 없다. 잠가야 하지만 열쇠가 필요하고 그 열쇠는 특별한 사람의 손에 있다. 금융도 창고이므로 금융에도 열쇠가 있다. 그리고 금융위기 때문에 그 열쇠는 은행장이 아니라 국가 엘리트 손에 넘어갔다.

어나니머스Anonymous로 불리는 글로벌 해킹그룹은 뚫지 못하는 서버는 이론적으로 존재하지 않는다고 말한다. 서버도 일종의 창고이므로 열쇠가 있다. 이를 백도어backdoor라고 한다. 특별한 자격을 가진 관리자가 출입하는 곳이다. 어나니머스는 바로 이런 백도어를 노린다. 시스템이 아니라 사람을 해킹하는 것이라는 말이 그래서 나온다. 열쇠를 가진 사람의 생년월일은 물론 교류관계와 사소한 습관 그리고 생활패턴을 파악하기 위해 디지털 트랩을 파 놓고 오랫동안 기다린다. 그리고 몇 가지 구멍은 추론을 통해 경우의 수를 좁혀 메운다. 이렇게 기다리면서 테스트를 해본다. 결정적일 때 잠입하는 것이다. 예를 들면 바이어로부터 거대한 자금이 들어올 때를 노려 그 직전에 바이어인 것처럼 메일을 보내고 현혹해 정보를 낚아챈다.

열쇠를 관리하는 특별한 지위의 존재가 바로 인간이 만든 제도의 공통점이다. 열쇠의 존재와 열쇠를 관리하는 특별한 지위의 존재에 대한 거의 유일한 예외가 황제들의 무덤이다. 황제의 무덤에도 값비싼 보물들이 묻히므로 일종의 창고라고 할 수 있지만 도굴을 방지하기 위해 애초에 비밀스러운 문이나 열쇠를 만들지 않는다. 그리고 때때로 설계와 공사에 동원된 이들을 모두 무덤 주인의 시체와 함께 봉인해 버림으로써 입구만이 아니라 보물의 위치에 대한 기억조차 봉쇄해 버린다.

비트코인은 무덤은 아니지만 열쇠가 없는 창고라는 점에서 매우 독특한 시스템이다. 비트코인에는 백도어가 없으며 열쇠도 없다. 열쇠지기도 없고 엘리트도 없다. 그런 제도가 무덤이 아니라 수시로 가치물을 꺼내 쓸 수 있는 창고가 될 수 있을까? 납득하기는 어려워도 가능하다는 것을 비트코인이 보여주고 있다. 인간들의 시간선호와 시간지평이 어긋날 때도 그러했지만 비트코인의 역사가 증명하는바, 패닉이 전염되었을 때마저도 비트코인은 공포심의 최종적 해결자의 지원 없이 그럭저럭 버텨냈다. 물론 기대감이나 패닉이 전염될 때마다 비트코인 가격이 크게 요동치므로, 자의적인 요소들이 수많은 승자와 패자를 결정하기도 했다. 그러나 열쇠가 없는 제도의 가능성을 보여준 것만으로도 비트코인은 문명사적인 사건이다.

비트코인은 국가가 망가질 때, 금융신뢰를 회복할 수 있다

2023년 8월 13일, 남미 아르헨티나에서는 정치격변이 시작되었다. 아웃사이더에 불과한 하비에르 밀레이Javier Milei 의원이 각 정당의 후보를 뽑는 1차 라운드에서 모든 후보를 통틀어 최고 득표율을 올렸다. 그의 극단적인 이미지 때문에 마지막 당선까지는 쉽지 않다고 하지만, 가장 근본적인 반인플레이션 정책을 내건 그가 제일 많은 표를 얻었다는 것은 아르헨티나 정치구도에서 인플레이션이 미치는 영향력을 확인시켜주었다. 밀레이는 화폐를 무한정 발행해 노조와 도시빈민의 환심을 사려고 해온 아르헨티나의 페로니즘에 정면으로 반대하는 리버테리안적인(자유주의적인) 경제학자 출신이다. 그는 중앙은행과 아르헨티나의 페소화를 폐지하고 미국 달러를 아르헨티나 통화로 채택해야 한다고

100달러 지폐에 새겨진 하비에르 말레이

주장했다. 심지어 비트코인이 '중앙은행 사기꾼'에 대한 대응이 될 수 있다고 보고 있다.

"나를 위해 울지 마라, 아르헨티나!"

이 대사로 유명한 에비타(에바 두아르테 페론)는 페론의 부인이다. 이 부부는 자본주의 시장경제를 끝장내기 위해 굳이 피비린내 나는 혁명 따위는 필요 없을 수도 있다는 것을 보여주었다. 1950년대와 1970년대까지 세 번에 걸쳐 집권한 페론은 민족주의와 복지정책을 혼합한 이념을 추구하기 위해 정부 주도적인 경제체제로 강하게 밀어붙이는 과정에서 정부 지출을 늘리기 위해 화폐를 찍어냈다. 이후 인플레이션이 고착화하며 아르헨티나 경제를 망가뜨렸다. 아르헨티나 국민들, 특히 노동자들과 농민들은 돈을 찍어 당장 눈앞에 닥친 문제를 해결하는 식의 파퓰리즘에 중독되었는데 이를 가리켜 페로니즘이라고 한다.

8월 선거 이후 아르헨티나 정부는 인플레이션을 잡기 위해 기준금리를 97%에서 118%로 올렸다. 다른 나라 중앙은행들의 기준금리는 0에서 10% 사이에 있지만, 아르헨티나는 기준금리 자체가 100%를 넘었다. 이런 이자율이라면 아무도 차입하지 않으려 하겠지만, 이자가 높아도 화폐는 더 빠르게 가치를 잃어버리므로 저축하려는 사람도 없는 현실을 반영하는 수치다. 정부가 얼마나 화폐제도에 해로운 역할을 하는지 그리고 이를 차단하기 위해서라면 극단적인 경우 정부의 손발을 묶어야만 한다는 것을 아르헨티나의 정치가 보여주고 있다.

단기적인 안목에 매몰되어 국가가 계속 말을 바꾸다가 금융제도 자체가 붕괴하는 상황에 몰리면, 비트코인은 국가권능에 한계를 부여함으로써 금융제도와 더불어 사회 시스템 전체의 신인도를 높일 수 있는 거의 최후의 수단이 될 수 있다. 국가권능과 상극인 비트코인이 신뢰를 잃은 정부에 동아줄이 될 수 있다는 말이다. 직관적으로는 모순이지만 신뢰의 본질이 자기 능력의 한계를 인지시키는 것과 관련 있다는 것을 알면 이해할 수 있다.

인질범의 딜레마를 극복하는 비트코인

원리는 간단하다. 게임이론으로 노벨경제학상을 수상한 토머스 셸

링Thomas Schelling이 제기한 인질범의 딜레마로 들어가 보자.

> 어떤 인질범이 인질 납치 후 뒤늦게 겁을 먹고 범행을 후회한다. 그는 인질에게 신고하지 않겠다고 약속하면 풀어주겠다고 제안한다. 인질은 당연히 그렇게 하겠다고 다짐한다. 그러나 인질범은 인질을 믿을 수 없다. 인질이야 풀어주면 물론 고마워하겠지만, 일단 풀려난 뒤에는 약속을 어기고 경찰서로 달려가지 않을 이유가 없다. 본인은 약속을 지키고 싶어도 가족이나 경찰이 회유하면 마음을 바꿀지도 모른다. 인질범으로서는 인질의 배신을 막을 방법이 없다. 인질은 결코 그런 일이 없을 거라며 장담하지만 그 약속을 어떻게 믿겠는가? 풀려난 뒤에 약속을 어긴다고 해서 인질은 손해날 것이 없다.

이 상황에서 어려움에 처한 것은 이제 인질범보다는 인질이다. 왜냐하면 나중이야 어떻게 되든 간에 인질범이 자신을 믿도록 하지 않으면 살아서 돌아갈 수 없기 때문이다. 인질범이 인질을 믿지 못하면 아무리 범행을 후회한다고 한들 되돌릴 수 없기 때문에 인질범은 인질을 처치하고 완전범죄를 꿈꾸는 편을 선택하려 할 것이다. 이때 인질이 처한 상황, 즉 자신의 말을 믿게 만들기 어려운 상황을 '맹약의 어려움a commitment problem'이라고 한다.

인질범으로부터 벗어나기 위해 인질은 자신의 약점을 인질범에게 내주어야 한다. 회삿돈으로 도박을 했다든가 배우자 몰래 바람을 피우고 있다거나 하는 약점 말이다. 신뢰는 응징에서 나오기 마련이다. 풀려난 인질이 약속을 어길 경우 인질범은 인질의 약점을 폭로해 사회적으로 그를 매장할 수 있으므로, 인질범은 인질이 자기의 이익을 위해 배신하지 않을 것이라고 합리적으로 기대할 수 있다.

금융과 관련해 계속 말을 바꿔온 국가는 어느 순간부터 자신이 뭐라고 맹약해도 국민이 더 이상 믿지 않는다는 사실을 깨닫는다. 국가는 권력의 속성상 힘의 최종적 근원이기 때문에 자기 자신을 응징할 수단이 있다는 것을 국민에게 납득시킬 수 없다. 국가가 약속을 어겨도 응징할 수 없다는 사실을 국민이 깨닫는 순간부터 국가와 국민은 '맹약의 어려움'에 빠져들고 모두에게 해로운 결과를 받아들여야만 한다.

이것이 바로 국가가 어찌할 수 없는 돈, 비트코인이 필요한 이유다. 개인은 물론 국가에조차 비트코인이 절실하게 필요해지는 날이 올 것이다. 바로 아르헨티나처럼 금융과 관련해 정부의 신뢰가 땅에 떨어졌을 때, 믿지 못해 저축하지 않고 믿지 못해 투자하지 않고 결국 믿지 못해 아무도 다른 사람과 장기적으로 협력하지 못하는 악순환의 고리를 끊는 방법은 정부가 어찌할 수 없는 것에 정부 스스로를 묶는 길밖에 없다.

11

비트코인은 유일한 탈중앙 방법이다

정부는 비트코인을 막지 못한다

비트코인은 국가가 막지 못하는 디지털 캐시를 목표로 설계되었다. 국가가 화폐에 대해 독점적인 권한을 가지고 있다고 간주되기 때문에 아무리 타당한 기술이라도 국가는 그 기술을 차단한다. 대표적인 게 바로 이골드e-Gold다. 이골드는 유명한 페이팔보다 2년이나 앞서 1996년에 설립된 핀테크 기업이자 성공적인 사업모델이었다. 이골드는 고객의 금을 디지털 코드로 예치해 줌으로써 인터넷에서 소액결제를 가능하게 하는 서비스를 제공했

이골드

다. 신용카드나 온라인 뱅킹처럼 개인정보를 과하게 노출할 필요가 없었다. 금은 거의 어느 나라에서나 비슷한 가치를 가지고 있기 때문에 환율장벽도 없었다. 실제 금을 갈아서 소액결제에 사용하기는 어렵지만 금과 교환되는 전자적 코드는 거의 무한히 분할되므로 인터넷 소액결제에 편리했다. 더구나 일반인이 금이 진짜인지 가짜인지 순도를 확인할 필요가 없다. 이골드는 한때 페이팔 다음으로 결제 시장을 점유했다. 그러나 회사는 10년 만에 폐쇄되었고 창업자는 기소되었다. 자금세탁이 표면적인 이유였지만 실제로는 민간인이 국가화폐에 도전했기 때문이었다.

비트코인은 2023년 9월 현재, 발명된 지 14년이 넘었지만 미국 정부가 진지하게 불법화하거나 차단하려고 하지 않는다. 왜냐하면 막지 못한다는 걸 알기 때문이다. 비트코인의 장부는 전 세계에 수만 개가 존재한다. 이 장부를 모두 찾아 없애지 않는 한 결국은 살아남은 장부를 복사해서 다시 부활할 수 있다. 이것이 바로 비트코이너들이 말하는 탈중앙화의 힘이다. 그리고 정부 입장에서 난감한 이유가 또 있다. 비트코인의 경우 기소할 대상이 명확하지 않다. 실패의 단일점SPoF: Single Point of Failure이라고 하는데 정부가 겨눌 표적 자체가 없다. 한마디로 소환장을 보낼 주소지가 없다는 말이다. 그래서 블록체인 프로젝트를 증권법으로 차단하면서 업계의 성장을 지연시키고 있는 SEC(미국 증권거래위원회)도 비트코인은 증권이 아니라서 자신들의 관할이 아니라며 유독 비트코인에 대해서만은 뒤로 한 발 물러서는 것이다.

발행사가 명료한 리플이 SEC의 증권 시비에 발목이 잡혀 있는 사태는 널리 알려져 있다. SEC는 성공한 가상화폐공개ICO를 추적해 투자금을 돌려주지 않으면 '콩밥'을 먹이겠다고 겁박해 여러 프로젝트를 끝장내기도 했다. 텔레그램의 톤 프로젝트도 미국에서는 철수해야 했다. 톤은 SEC의 압박으로 텔레그램과 톤 코인의 연동을 포기했다. 이후 두바이를 근거지로 삼아 글로벌 프로젝트에 박차를 가하는 중이다. 심지어 SEC는 과거 대학시절에 비트코인을 대신 사주겠다고 주변에서 약간의 돈을 모은 사람까지 고소한 바 있다.

SEC의 입장은 노골적이고 명료하다. 비트코인을 제외하고는 모두 증권이며, 비트코인을 대신 사준다는 약속을 판매하는 것도 무허가 증권행위라는 것이다. SEC의 대응을 한 번만 더 비틀어서 해석하자면 이렇다. '우리가 잡을 수 없는 것'은 증권이 아니지만 '우리가 잡을 수 있는 것'은 증권에 해당하므로 우리 관할이라는 것이다.

비트코이너들의 주장대로 정말 국가가 비트코인을 막을 수 없다면 비트코인은 정부들이 신뢰를 잃었을 때, 금융제도와 사회 시스템이 붕괴로 내몰렸을 때 사회적 신뢰를 지탱해 줄 버팀목이 될 수 있다. 역설적이지만 정부가 비트코인을 두고 맹세한다면 국민은 그제야 그 맹세를 납득할 것이다.

정부들의 이해를 조율하는 중립적인 화폐bancor의 가능성

정부들 간의 게임을 심판하고 조율하기 위해 정부가 마음대로 좌우하지 못하는 금융제도를 꿈꿨던 사람이 또 있다. 바로 존 메이너드 케인스다. 전후戰後질서를 구상하면서 케인스는 방코르bancor를 제안했다. 당시에는 미국에 의해 거절되었지만 그 아이디어는 달러가 위기에 빠지자 20년 뒤에 특별인출권SDR으로 부활했다. 케인스는 미국이 좌우할 수 있는 달러를 전후 국제금융 시스템의 근간으로 삼는 것을 불안하게 여겼다. 그래서 미국마저도 종속시킬 수 있는 국제적인 규칙이 필요하다고 느꼈다. 금본위제는 금이라는 자연물에 매이는 셈이고 금은 유연성이 없어 위기 시 유동성 위기를 유발한다. 불안하면 사람들은 금을 쟁여 놓으려고만 하지 쓰지는 않는다. 그래서 시장에는 돈이 부족해진다. 결과적으로 멀쩡한 은행과 기업도 도산한다. 이에 케인스는 금처럼 미국도 구속하되 국가들 간의 협약에 의해 유연하게 운용할 수 있는 '장부상 금'을 만들려고 한 것이다. 그러나 이 생각은 힘의 정치인 지정학적 현실을 무시한 이상일 뿐이었다.

달러가 위기에 빠지자 미국은 SDR을 통해 우방국들을 안심시켰으나 진지한 정치학자는 미국이 결정적일 때 SDR에 구속될 것으로 보지 않았다. 전후 국제질서는 오늘날까지 미국의 힘을 근간으로 하므로, 국가들 간의 협약 결과를 미국이 위배하거나 거부할 경우 바로 그 미국의 항공모함으로 미국을 겁박해 협약을 지키도록 강제해야 한다. 이런 일이 가능할까? 케인스의 아이디어는 기본적으로 이런 비현실적인 가정 위에 있다. 평판과 도덕적 명분을 중시하는 일상적인 경우라면 미국도 협약을 준수한다. 그러나 국제질서가 위기에 돌입하면 미국을 비롯한 강대국들은 아무도 협약 따위에 얽매이지 않는다. 협약에 의한 국제질서는 힘에 의한 평화의 산물이지 평화가 국가들 간의 협약에 의해서 지탱되는 것은 아니다.

비트코인, 중국, 미국

각국 정부는 비트코인의 수용을 주저하고 있다. 초창기에는 비트코인이 저절로 몰락하기를 기다렸으나 이제 그런 기대는 접는 분위기다.

미국의 경우 비트코인의 초기 투자자들이 미국 밖, 특히 중국에서 많이 이루어졌다는 점을 의식한다. 실제로 비트코인은 초창기에는 거의 중국에서만 뜨거웠다. 중국인들이 알리페이와 같이 앱으로 결제하는 것에 익숙한 문화도 있었고, 중국의 부자들이 자산의 일부를 감추거나 결정적일 때 해외로 빼돌릴 수단이 될 수 있다고 생각했기 때문이다. 한때 비트코인 거래의 위안화 비중은 90%가 넘었다.

또한, 중국에서는 비트코인 채굴도 활발히 이루어졌다. 중국의 전기가 싼 것도 있지만 전기를 절도해서 비트코인을 채굴하는 경우도 많았다. 공기업이 많은 풍토에서 관료들의 태만과 부패를 활용해 남는 전기를 끌어다 쓰는 경우가 많았을 것으로 추정된다. 그러나 중국 정부는 자본유출을 두려워하기 때문에 비트코인 붐이 일 때마다 거품을 꺼트리는 선봉에 섰다. 2013년 말 붐이 일었을 때는 인민은행장이 나서서 주요 기업과 기관이 비트코인을 취급하지 못하게 엄포를 놓았으며, 2017년에 붐이 일었을 때는 거래소를 폐쇄했다. 2021년에는 또다시 붐이 일자 비트코인 채굴도 불법화했다.

중국이 이렇게 과민하게 반응하는 이유는 비트코인이 중국 정부에 매우 불리하기 때문이다. 중국은 자본이동을 통제하기를 원한다. 외국, 특히 미국에 대해 무역경쟁력을 유지하려고 환율을 의도적으로 낮추기 위해서이기도 하고 독자적인 이자율정책을 펼치기 위해서이기도 하다. 중국은 경제개발 과정에서 한국의 사례를 깊이 연구했다고 알려져 있다. 한국이 성공한 부분도 학습했지만 실패한 부분을 더 많이 연구했다고 한다. 특히 1997년 외환위기는 중국에 큰 교훈을 주었다.

당시 한국은 OECD에 가입하는 조건으로 외국인 투자를 비롯해 자본시장을 개방했는데, 국제적인 핫머니에 노출되었다가 일시에 자금이 빠져나가면서 달러부채를 안고 있던 종금사와 기업들이 줄도산을 했다. 당시 동남아시아도 비슷한 위기를 겪었는데 인도네시아에서는 정부가 무너졌고 이후 오랫동안 정치적으로 요동쳤다. 중국 공산당은 외국인들에게 자본시장을 개방하면 좋은 점도 있지만, 거대한 자본들이 휘젓고 다니는 것을 방임할 경우 한국과 동남아시아처럼 외환위기를 겪고 정권이 바뀌는 현상을 관찰했다. 이를 통해 그들은 자본시장이 붕괴되면 정권의 위기로까지 치닫는다는 교훈을 얻었다. 자본시장만큼은 개방하지 않고 금융과 이자율, 통화량, 환율을 철저하게 정부가 규제하는 방향으로 가겠다는 것이 중국 수뇌부의 강력한 의지다.

비트코인에 대한 미국의 향후 행보를 알 수 있는 실마리가 바로 여기에 있다. 2013년 미국 의회에서 벤 버냉키Ben Bernanke 당시 연준의장에게 비트코인에 대해 어찌할 계획이냐고 물었다. 버냉키 의장은 의회에 보낸 편지에서 비트코인은 유망한 기술이라고 언급했다. 비슷한 시기에 비트코인의 불법적 활용에 대해 답하기 위해 의회에 출석한 법무부 차관보도 비트코인이 국제무역을 건전하게 할 수 있다는 말을 서두에 꺼내 모두를 놀라게 했다.

그 당시 미국에서는 2008년 리먼브러더스 파산과 함께 몰아닥친 금융위기를 수습하는 것이 국가의 최대 현안이었다. 미국은 달러약세를 통해 수출경쟁력을 높이고 무역적자를 통제하기를 바랐다. 그러나 미국에 대해 흑자를 보고 있던 중국도 돈을 풀어 위안화를 절하했다. 각국이 자국의 돈을 절하하면서 실업을 외국으로 수출하려는 근린궁핍화beggar thy neighbour, 혹은 보호주의적 경쟁을 하고 있다는 우려가 커졌다. 리먼브러더스 파산 이전부터 미국의 재무부 장관은 중국에 가서 위안화 절상을 요청했다. 이런 미국의 요구를 중국이 면전에서 거부했다는 말이 나오기도 했다. 중국과의 무역불균형이 정치적 문제로 부각될 즈음에 미국은 금융위기로 돌입했다. 미국의 엘리트들은 중국을 비롯한 흑자국들이 환율을 조작해 자국의 어려움을 미국으로 떠넘기고 있다는 공감대를 형성하게 되었다.

그들은 자본시장 개방을 꺼리는 중국 같은 국가의 개인과 기업에 저항하는 수단으로 비트코인을 인식했을 수 있다. 중국 국민이 비트코인을 많이 보유할수록 중국 정부의 환율조작과 이자율 조정능력은 약화된다. 미국의 엘리트들은 미국이 비교적 자유로운 자본에 적응해 온 반면 중국과 같은 흑자국들은 자본에 대해 공식적이거나 비공식적인 규제가 많은 환경에 적응해 왔다는 사실에 주목했을 수 있다. 자본시장을 야생에 비유하자면, 미국 기업은 냉혹한 야생에 적응한 반면 중국을 비롯한 흑자국들의 기업들은 정부가 만들어준 온실 속에서 성장한 셈이다. 자본통제에 익숙한 국가는 비트코인처럼 자본시장을 자유화하는 기폭제를 견딜 수 없다. 그렇다면 비트코인은 미국보다는 중국의 정책에 훨씬 방해가 된다. 비트코인을 막을 수는 없으므로 결국 비트코인이 존재하는 세상에 익숙해질 필요가 있다는 생각은 시간이 흐를수록 미국 금융 엘리트들의 상식이 될 것이다.

미국 정부 입장에서도 비트코인은 안 좋은 통화지만 없앨 수는 없는 존재다. 그러나 미국은 견딜 만한 대신에 중국은 매우 힘들어한다. 그렇다면 미국으로서는 비트코인을 전략적 수단의 하나로 삼을 만하다고 생각할 수도 있지만 그게 다는 아니다. 비트코인은 메타버스와 금융과 무역을 하나로 통합하는, 인류 역사상 가장 큰 경제세계로 나아가는 돌파구를 열었다. 미국 상층부 엘리트들 중에는 이런 비전을 깨달은 이들도 많다. 이들이 여론에 영향을 미칠 것이므로 현재 1등인 미국이 계속 1등을 유지하기 위해서라도, 비트코인이 몰고 오는 금융 변화를 적극적으로 수용하고 주도해야 한다는 목소리가 앞으로 더 커질 것으로 예측할 수 있다.

중앙이 모든 정보를 빨아들이는 디스토피아?

미국 브라운대에서 물리학과 컴퓨터공학을 전공한 뒤, 과학과 판타지를 결합한 흥미로운 소설을 펴내고 있는 테드 창Ted Chiang의 소설 《소프트웨어 객체의 생애주기The Lifecycle of Software Objects》에는 메타버스 시대로 가기 전에 해결이 필요한 과제에 대한 중요한 통찰이 나온다.

> 사람들은 기업이 제공한 디지털 플랫폼에서 자신만의 펫들을 키운다. 펫은 인공지능이기 때문에 학습을 통해 성장한다. 인간과 비슷한 지능을 갖고 있어서 어떤 펫은 정신병에도 걸리고 욕지거리를 학습하기도 한다. 잘 성장하면 주인을 최고로 잘 이해하는 동

반자가 된다. 그런데 처음 플랫폼을 만든 회사가 다른 회사에 이 플랫폼을 팔았다. 플랫폼의 성격이 바뀌다가 초창기 참여자들만 남는 올드한 게임이 되어 버렸다. 거의 대부분의 펫들은 게임에 흥미를 잃은 주인들로부터 버려져 디지털 낭인이 되었다가 회사에 의해 조용히 수거되고 삭제된다. 그러나 아주 소수의 펫은 계속 살아남는다. 주인은 펫에 자기 인생을 갈아 넣는다. 그런 펫이 있으니 그들은 플랫폼을 떠나지 못한다. 고인물들은 플랫폼 수익에는 별로 도움이 되지 않지만 회사의 모든 정책에 의견을 내려 한다. 회사는 고심 끝에 끝내 서비스 중단을 선언한다. 사람들은 불안한 예감이 적중하자 놀라고 좌절하고 우울해한다. 작가는 디지털 AI 인격체와 결부된 사람들의 흥분과 성취 흥미, 도전, 변태적 욕망, 진실한 사랑, 좌절, 우울감을 그려내고자 했다. 특히 인간들이 육아 과정에서 느끼는 감정을 디지털 AI 객체를 기르면서 반복하게 될 것이라고 말하는 것 같다.

강아지나 고양이는 사람보다 수명이 짧다. 그래서 강아지나 고양이를 좋아하지만 주기적으로 겪어야 하는 사별의 고통 때문에 멀리하는 사람들도 있다. 그런 사람들에게 디지털 플랫폼의 AI 객체들은 좋은 대안이 된다. 그러나 저자는 AI 객체에게도 종말이 있다는 사실을 환기시킨다. 바로 플랫폼의 중단이다. 플랫폼에서 형성된 가치물과 AI 객체들에 대한 소유권 혹은 생존권에 대해 플랫폼 제공 회사들이 미치는 영향은 막강하다.

이 소설에 나오는 펫의 보호자들이 자기가 키운 펫의 영혼(?)을 다른 플랫폼으로 옮길 수 있다면 얘기가 달라진다. 물론 소설에서도 그 가능성을 제시하고 있다. 심지어 소설에서 펫의 보호자들은 펫의 영혼을 현실의 로봇에 이식하기도 한다. 펫은 진짜 현실이 자기가 지금껏 지내온 세계와 얼마나 다른지 실제로 보고 감각하며 느낄 수 있다.

디지털 세계와 오프라인 세계를 오가는 건 아직 쉽지 않지만 여러 회사의 디지털 플랫폼을 오가는 것은 지금도 가능하다. 그러나 이를 해결하려면 회사들의 의사결정이 필요하다. 고등학생들의 학적기록은 데이터베이스에 전자화되어 있지만 자료를 모두 종이로 뽑아 대학에 제출해야 한다. 대학은 이 자료를 데이터베이스에 저장하고 대학생활 시절의 기록들을 덧붙인다. 그런데 취업 응시 전, 기업에 자기 학적자료를 제출하려면 또다시 종이로 뽑거나 USB에 담아야 한다. 기업은 다시 자신들의 데이터베이스에 필요한 정보를 업로드한다. 물론 하나의 회사나 국가기관이 서버를 운영한다면 이렇게 하지 않아도 된다.

이는 중앙이 모든 정보를 빨아들이는 디스토피아를 연상시킨다. 이 디스토피아로 가지 않기 위해 우리는 굳이 전자화되어 있는 학교의 자료를 종이로 다운받아 대학에 제출하고, 대학의 자료를 다운받아 회사에 제출하고, 종이 여권을 들고 공항에 가야 한다. 그런데 코로나 사태가 종이 없는 온라인 행정의 편리함을 보여주었다. 백신을 맞은 사람들은 그 사실을 증명하기 위해 서류를 가지고 다닐 필요가 없었다. 내가 어느 곳을 가든 모든 정보가 추적되며 나의 동의와 무관하게 중요한 기관들 간에 백신 접종 정보가 공유되었다. 이와 같이 개인이 온·오프라인 공간에서 활동하는 모든 정보를 중앙이 가지게 된다면 종이로 출력할 필요가 없고 스마트폰 하나만 들고 다니면 되는 세상이 올 수 있다. 즉, 프라이버시를 양보하는 대가로 편리성을 얻을 수 있다.

개인이 매일 혹은 수시로 접속하는 디지털 세계는 보통 여러 개다. 게임, SNS, 영상 등등이 모두 디지털 세계요, 학생들을 관리하는 데이터베이스도 일종의 디지털 세계다. 그런데 개인들이 다양한 회사의 여러 가지 디지털 플랫폼들 사이를 오가는 게 쉽지는 않다. 사실 디지털 세계는 각각의 독립된 국가이고 그 사이를 오가기 위해서는 오프라인을 거쳐야 한다. 오프라인 세계가 단절되어 있고, 디지털 세계가 하나로 연결된 거대한 하나의 메타버스(디지털 우주)가 있다는 생각은 아직은 상상일 뿐이다. 디지털 세계가 이렇게 단절되어 있는 이유는 디지털 세계를 하나의 회사가 통합하지 못했거나 아니면 접근 권한의 문제를 깔끔하게 해결하지 못했기 때문이다.

여러 디지털 플랫폼들을 자유롭게 오가려면 인증이 필요하다. 애플도 하나의 해결책이다. 애플의 여러 기기는 하나의 디지털 플랫폼과 연결되므로 애플이 승인하면 사용자들은 이 세계 안에서 편의성과 자유를 누릴 수 있다. 사람들이 중앙을 좋아하고 자기 자신보다 더 신뢰한다는 전제에서, 기기와 플랫폼을 모두 가진 애플이 디지털 플랫폼의 단절 문제를 해결할 가능성도 크다. 또 하나의 방식은 중국식이다. 중국처럼 1당 독재체제로서 당이 사실상 국가를 영속적으로 통치하는 경우, 국가가 모든 디지털 플랫폼에 대해 접근권한을 가질 수 있다. 오프라인 현실 세계에서 국가가 개개인에게 신분증과 출입증을 제공하고 길목마다 감시체제를 두는 식으로, 중국에서 운영되는 모든 디지털 플랫폼에서 국가가 허용하는 신원증명을 공통으로 사용하게 할 수 있다. 물론 이 경우 당의 관리들은 수시로 국민 개개인의 행적을 추적할 수 있다.

애플의 경우가 되었든 중국의 경우가 되었든 개인의 디지털 생명digital life은 회사나 당에 의해 제거되거나 배제될 수 있다. 중앙이 제공하는 편리성 뒤에는 언제나 중앙에 의해 배제될 수 있다는 이면계약이 합의된 상태다.

바로 그 유일한 하나의 메타버스the metaverse

이 문제에서 블록체인은 결정적인 돌파구를 제공한다. 중앙에 권한을 주지 않으면서도 개인이 디지털 세계를 오갈 수 있도록 한다. 블록체인은 디지털 자산과 신원인증, 이 두 가지가 디지털 세계의 국경을 넘어갈 수 있도록 해주는 동시에 중앙에 의해 추적되고 결국 배제될 우려를 하지 않아도 되는 기술적 돌파구다. 비트코인을 근간으로 생성될 가치물들의 '디지털 합의구조'의 혁명적 의미는 단지 디지털 세계를 심리스seamless하게 연결해 '바로 그 거대한 디지털 우주the digital universe'를 구축하는 데서 멈추지 않는다.

신원정보나 디지털 자산이 내 것임을 증명할 때 편리성과 프라이버시를 둘 다 가지려면 어느 플랫폼에서든 개인정보를 제시하지 않으면서 내가 나임을 그리고 디지털 자산이 내 것임을 증명할 수 있어야 한다. 신원정보 이상으로 중요한 것이 디지털 자산이다. 따라서 디지털 소유물도 플랫폼을 자유롭게 이동할 수 있어야 한다. 이것을 가능케 하는 비트코인과 블록체인 생태계는 회사들의 막강한 권한을 견제할 수 있다.

NFT도 이 문제를 해결할 수 있는 하나의 방법이다. 대체불가능한 토큰NFT: Non-Fungible Token으로서 블록체인에 특별한 정보를 입혀서 고유성을 확보한다. 비트코인은 대체가능해서 1BTC는 1BTC와 등가로 교환되지만 특별한 정보가 들어간 코인은 더 이상 등가물이 아니다. NFT는 디지털 정보의 고유성을 보장하기 때문에 플랫폼을 옮길 때 소유권이나 신원을 확인해 준다. 이를테면 국경을 넘나들 때 내가 나라는 것을 외국 정부에 인증하면서도 신분증에 담긴 개인정보를 우리나라나 외국 정부에 넘기지 않아도 된다는 뜻이다. 즉, 메타버스의 편리성은 누리면서 프라이버시는 지킬 수 있게 해준다.

게임 플랫폼에 있는 아이템들은 고가에 거래된다. 그러나 플랫폼 밖에서의 아이템 거래는 플랫폼 운영사가 공식적으로 인정한 거래가 아니다. 아이템 구매자는 플랫폼 외부에서 흥정한 뒤, 돈을 보내고 게임 내부에 접속해서 아이템을 인계받아야 한다. 게임 회사는 이런 거래를 알지만 묵인한다. 유저끼리 매매가 이뤄졌어도 실제 소유권이 확실하진 않은데, 법적으로는 아이템들이 게임사에 귀속되기 때문이다. 이때 게임사들이 게임 아이템을 NFT로 만들면 고객이 마음대로 처분하도록 독려하는 셈이다. 얼핏 보기에 이는 게임사가 지배적 권한을 포기하는 것 같다. 그러나 게임사들은 플랫폼 내에서 신과 같은 절대적 권위를 스스로 내려놓으면서까지 NFT를 선언하고 있다. 놀랍게도 자신이 가진 절대권을 내려놓는데도 그 플랫폼에 대한 신뢰가 올라가므로 덩달아 주식가격도 오른다. 신뢰가 땅에 떨어진 정부가 자신이 어찌할 수 없는 비트코인을 활용해 신뢰를 회복하는 것과 같은 이치다. 플랫폼 회사나 정부가 구성원들의 자산을 통제할 수 없다는 사실을 구성원들이 인지하면 생태계의 예측 가능성이 높아지므로 구성원들 간에 더 많은 협력이 이루어질 수 있기 때문이다.

NFT로 만든 ID 덕분에 〈리니지〉나 〈싸이월드〉, 〈로블록스〉를 옮겨 다니며 일일이 나라는 것을 검증할 필요도 없고, 동시에 누군가에게 내 정보를 넘길 필요도 없게 되었다. 신분증과 디지털 자산의 소유권을 확인해 주는 이 놀라운 기술들이 바로 2008년 사토시 나카모토의 비트코인 논문에서 시작되었다.

비트코인과 블록체인은 섬처럼 떨어진 디지털 세계를 연결한다. 이는 자산과 신원의 이동을 통해 가능하다. 자산의 소유와 신원을 인증하는 중앙 없이도 이 일을 해낸다. 비트코인 그리고 블록체인 기반 신원인증과 만나면 메타버스는 디지털 영혼들이 영생하는 공간만이 아니라 디지털, 금융, 무역의 복합망으로서 세계 최대의 경제권을 형성할 수 있다.

12

메타버스, 수천 년 전 이미 인류 문명과 함께 시작되다

동굴 거주 시대로 거슬러 올라가는 메타버스

메타버스는 가상 현실이다. 기본적으로 인간의 상상에 근거한다. 그러나 한 명의 상상이 아니라 여러 사람들의 공통된 상상이기 때문에 현실을 어느 정도 복사한다. 예를 들어 게임의 세계에 중력이 존재할 리 없지만 사람들은 중력이 존재하는 현실에 익숙하기 때문에 게임 속 캐릭터들도 중력이 있는 것처럼 행동한다. 만약 메타버스를 현실과 동떨어져 존재하지만 여러 사람들의 상상을 객관화해야 하므로 현실과 평행하게 흐르며 현실을 어느 정도 반영하는 기호들로 구성된 세계로 정의한다면, 인류는 집단생활을 시작하는 동시에 메타버스를 창안했다고 할 수 있다.

호모 사피엔스는 특이하게도 벽화를 유적으로 남겼다. 호모 사피엔스의 경쟁 종으로 알려진 네안데르탈인들에게는 그런 유적이 없다. 호모 사피엔스의 벽화에는 사냥감이나 신성한 동물들이 사실적 혹은 상상적으로 묘사되어 있다. 사냥 성공확률이 낮았음을 고려하면, 현실의 사냥감과 동굴에 그려진 상상의 동물 사이에는 모종의 연결고리가 있을 거라는 생각을 벽화로 표현했다고 할 수 있다.

벽화의 그림보다 훨씬 지시적인, 그래서 현실과 매칭되는 분명한 상징들이 바로 문자다. 인류 문명의 기원이 된 문명이 만든 문자들은 추상화되는 단계 이전에 상징적인 그림의 과정을 거쳤다. 중국의 한자와 이집트 문자 모두 그림에서 시작했다는 사실은 우연이 아니다.

호모 사피엔스가 문자를 가지고 최초로 한 일이 무엇이었는지는 논란의 대상이다. 신에 대해 기록했을 수도 있고 자연을 노래하는 시를 적었을 수도 있다. 그러나 그보다 좀 더 객관적인 대상에 대해 기록하려는 열망이 강했을 것이다. 공동의 상상에 대해 꼭 적어 놓아야만 했다면 그건 아마도 재산과 소득과 부채였을 것이다. 최초의 문자로 재산과 소득과 빚을 숫자로 기록하려 했을 텐데 바로 이 수치들 덕분에 개인들의 주관적 세계가 서로 연결될 수 있었을 것이다. 즉, 재산과 소득과 빚에 대해 객관적으로 소통하기 위해 인간들은 주관의 세계에 머물지 않고 마치 뇌를 연결하듯이 거대한 하나의 가상세계를 만들어내야 했다. 객관적인 상상의 세계란 쉽게 말해서 장부다.

우리는 주관적인 정신들을 심리스하게 연결해 객관의 사유공간으로 바꾼 초기 메타버스가 재산과 빚을 기록한 장부였다고 단정할 수 있다. 석기시대의 동굴 벽화가 장부는 아니었을지라도 문명 이후에 만들어진 벽화들은 대다수가 일종의 장부들이다. 세금도 세금이지만, 땅의 주인이 누구인지를 알리기 위해 주로 정복의 기록을 담은 벽화들이 많았다. 이 역시도 일종의 장부이며 실제로 세금과 관련이 있었다.

호모 사피엔스의 특이한 점인데, 그들은 공통의 상상에 기반한 장부를 현실보다 신뢰하므로 장부는 현실보다 훨씬 현실적이다. 임진왜란 때 왜군의 북진에 놀란 선조가 도성을 버리고 피난 가기로 하자 도성 안 곳곳이 불탔는데, 이때 광화문에 있는 장예원에도 불이 났다. 장예원은 노비들을 관리하는 관청으로 노비문서가 보관되어 있었다. 나라가 뒤집힌다고 생각하자 도성의 노비들이 혼란을 틈타 자신들을 노예로 삼는 근원이 기록된 장부를 없애 버리려 한 것이다.

농민들 간에 땅의 경계 때문에 생기는 분쟁을 해결해 준 것은 땅의 거래대장이었을 것이다. 세금을 내는 목적도 장부를 변경하기 위해서였고, 장부를 변경해야만 감옥에 끌려가지 않았을 것이다. 공동체가 금지한 것을 행하는 이들은 결국 잡혀와 죄를 실토했을 것이고 그 죄상을 기록한 장부에 따라 형리는 응징했을 것이다. 허위 자백이라고 하더라도 결국 형리가 중시하는 것은 장부에 적힌 죄인의 행적이었다. 거꾸로 그가 실제로 죄를 지었거나 노비로 태어났어도, 세금을 내지 않았어도, 군대에 가지 않았어도 장부에 기록되어 있지 않으면 아무 문제도 없었다. 장부에 무죄, 해방, 변제, 제대除隊라고 기록되기만 한다면 그 기록이 잘못되었을지라도 더 이상 쫓기지 않아도 되었다. 오늘날 자신의 은행

장부에 아무 이유 없이 뒷자리에 '0'이 하나 더 박혔을 때를 상상해 보면 장부의 현실성이 얼마나 막강한지 알 수 있다.

인류가 만든 장부가 특권층을 낳았다

호모 사피엔스는 장부를 만들어 주관적인 사고의 세계를 하나로 연결할 수 있었지만 장부에 대한 접근 권한 때문에 지독하게 흉물스러운 중앙을 만들어내야 했다. 초기 문명권에서는 문자 자체가 진입장벽이었다. 이집트와 중국 두 나라 모두 평범한 뇌력의 소유자라면 거의 평생토록 익혀야만 쓰고 읽을 수 있을 정도로 방대한 문자체계를 창안했다. 장부를 읽고 기록하고 고치는 자들, 즉 문해력을 가진 이들은 평민들과는 다르다는 것을 굳이 따로 입증하지 않아도 되었다. 그들은 문자를 익히는 거의 평생 동안, 생산활동을 하지 않아도 부양받을 수 있는 집안에서 태어났다. 따라서 문해계층은 대를 이어 문자해독을 독점했으므로 장부의 접근경로를 장악할 수 있었고, 이 보이지 않는 장벽으로 외부인들의 진입도 막았다.

좋은 장부는 변경할 수 있으면서도 아무나 아무렇게나 변경해서는 안 되었다. 그러니까 장부는 창고의 가상 버전이라고도 할 수 있다. 많은 경우 현실의 창고는 가상의 장부와 정확하게 대칭되어야 했다. 창고 열쇠가 엘리트의 손에 있듯이 장부도 그러했다. 평생을 수련하도록 누군가의 지원을 받아야 했으므로 귀족 자제만이 문자를 익힐 수 있었고, 그들 중에서도 일탈하지 않고 반복학습을 따라온 젊은이들만 시험을 보고 서기가 될 수 있었다. 장부를 담당하는 서기와 창고 열쇠를 가진 엘리트의 차이점이 있다면, 전자는 문자해독이라는 자기 능력을 증명해야 했던 대신 후자는 창고 열쇠(여기서 창고는 창고를 가지고 있는 성벽도 의미한다)를 가진 가문에서 태어났거나 아니면 힘이 강해 창고 자체를 완력으로 빼앗아 가질 수 있었다는 것 정도다. 동양에서는 특이하게도 장부담당 관리를 실력으로 뽑았다. 유교의 영향이었다. 그리고 장부담당 관리들이 창고도 맡았다. 서양에서는 처음에는 힘으로 창고를 획득한 귀족이 장부담당자를 고용했다. 그러나 두 문명권 모두 정치가 안정될수록 장부관리와 창고관리의 경계가 모호해졌다. 정부가 지식인 엘리트와 무사 엘리트의 공조체제로 구축된 것도 장부와 창고의 떼어낼 수 없는 결합을 반영한다고 할 수 있다.

좋은 장부란 사람들이 지닌 사고의 주관성을 극복하고 여러 뇌들을 연결할 수 있어야 한다. 그러려면 함부로 고칠 수 없어야 한다. 특별한 지위를 가진 사람만이 장부를 고치고 그들이 장부를 유지하는 것이 해법이었다. 결국 장부도 메타버스도, 그 정의상 어마어마한 특권층을 필요로 한다. 비트코인이 구멍 내서 허물기 시작한 것이 바로 이 관념이다.

비트코인은 좋은 장부라서 주관성이 개입할 여지가 없지만 객관성을 입증해 줄 특권층도 필요 없다. 실제로 비트코인을 까보면 장부밖에 없다. 혹자는 내용물이 없는 것의 거래기록일 뿐이라고 폄하하겠지만, 단언컨대 이들은 자신들이 하는 말이 무슨 말인지조차 모르고 있다. 비트코인은 '그 무엇'에 대한 소유권의 이전을 기록하는 장부가 아니라 소유권 그 자체의 이전을 기록하는 장부다. 이는 말장난이 아니라 엄청난 의미를 갖는데, 비트코인은 소유권과 그 변경 자체를 기록한 것이기 때문에 여러 가지 소유권 변경의 기초장부가 될 수 있다. 비트코인은 인류가 기다려온 가장 객관적이면서 가장 중립적인 장부다.

13

스마트 콘트랙트의 탄생

황제도 어쩔 수 없는 스마트 콘트랙트

절대권력자도 하지 못한 것을 비트코인이 해냈다. 바로 절대기록이다. 절대권력을 가진 황제는 "다른 모든 것을 지배하는 그 절대권력으로 신민臣民의 재산을 철통같이 보호해 주겠다"라는 말을 백성으로 하여금 믿게 할 수 없다. 그런 황제를 제어할 또 다른 절대권력이 없기 때문이다. 그러나 황제도 비트코인 장부는 변경할 수 없다. 그래서 황제가 비트코인에 약속을 새긴다면 그 약속은 지울 수 없다. 그리고 그 약속이 자동으로 이행되는 프로그램을 구축한다면 황제는 그 약속을 번복할 수 없다. 이것이 바로 스마트 콘트랙트smart contract다.

스마트 콘트랙트란 자유주의자들이 꿈꿔온 완전한 계약자유의 원칙을 실현하기 위한 상상적 프로젝트였다. 스마트 콘트랙트의 가장 원초적인 형태는 길거리에 있는 자판기다. 자판기 표면에 상품에 대한 오퍼가 있고 그 오퍼를 선택한 소비자가 동전을 넣으면 그 돈으로 살 수 있는 상품에 불이 들어온다. 상품을 고르면 상품이 떨어지고 자동으로 거스름돈을 준다. 이것은 그리 대단해 보이지 않는다. 그러나 제3자의 개입 없이 당사자들 간에 계약이 이런 식으로 이행될 수 있는지 상상해 보자.

자동차를 리스해서 몰고 다니다가 계약이 종료되면 더는 자동차를 몰 수 없고, 다시 돈을 지불하면 시동이 걸리는 비교적 간단한 계약을 생각해 볼 수 있다. 리스업자는 악의적인 소비자를 제어해야 한다. 자동차를 어딘가로 몰고 가서 부품을 뜯어내 지하세계에 팔아 치우는 것을 막을 방법이 필요하다. 경찰에 신고하면 경찰이 악덕 소비자를 수배할 것이고, 그를 리스업자들의 블랙리스트에 올려 정상적인 경제활동을 하지 못하게 만들 수 있다. 그러나 계약의 이행을 위해 경찰이라는 권위자를 끌어들여야 한다. 이것은 스마트 콘트랙트가 아니다. 왜냐하면 경찰 뒤에 있는 정부가 계약의 이행을 도와주는 조건으로 계약에 간섭하기 때문이다. 이 문제를 자체적으로 해결할 수 있어야만 진정한 의미의 스마트 콘트랙트라고 할 수 있다. 정부가 계약에 간섭하면 결국 정부가 금지한 계약은 할 수 없거나 정부가 바람직하다고 제시한 기준에서 일탈한 계약이라면 나중에 없던 것이 되어버릴 수 있다.

사토시 나카모토로 의심받는 닉 사보는 대다수의 사람들이 인터넷을 처음 접했을 1994년에 《스마트 콘트랙트》라는 에세이를 발표했다. 사법부나 금융기관의 개입 없이 자동으로 계약의 완성이 가능하다는 일종의 논리적 상상을 다룬 내용이었다. 그는 자동차의 키를 예로 들며 자동차 할부금을 내지 않으면 전자적 형태인 자동차 키의 제어권이 사라질 수 있다고 설명했다. 즉, 사법부나 금융기관의 도움 없이 계약이 완성되기 위해서는 최종성을 갖는 변제의 수단과 더불어 전자적 형태로 가치물을 통제할 수 있는 담보물이 필요하다.[27]

스마트 콘트랙트는 자유주의자들, 혹은 무정부주의자들의 이상이었다. 그들은 정부의 간섭이 계약자유의 원칙을 훼손하므로 근본적으로 개인의 자유를 위협한다고 믿는다. 왜냐하면 정부는 자신의 힘을 절제하지 못하므로 결국 모든 계약에 개입하려 할 것이기 때문이다. 스마트 콘트랙트는 현실에서 출발한 개념이 아니라 이러한 원리적 수준의 이념에서 출발했기에 이를 제대로 이해하려면 사고를 극단으로 밀어붙일 필요가 있다.

자판기를 훼손해 상품을 꺼내 가는 일을 막으려면 매우 강력한 철제로 자판기를 만들어야 한다. 이것은 스마트 콘트랙트의 조건에 부합하는 방법이지만, 자판기를 부술 수 없다는 걸 깨달은 악덕 소비자가 자판기에 불을 질러 악의적으로 보복하는 경우, 결국은 경찰에 고발해 소비자를 법정에 세우는 것으로 악행을 방지해야 한다면 결국 스마트 콘트랙트가 아니다.

---

27 출처: Nick Szabo, 『Smart Contracts』, 1994.

비트코인이 바로
스마트 콘트랙트의 열쇠다

스마트 콘트랙트가 가능하려면 변제의 최종물로서 디지털 자산이 필요하다. 악덕 소비자가 자동차를 훼손했을 경우에 경찰의 도움을 받기 전에 자구책을 쓸 수 있다. 이 소비자의 자산을 담보로 잡는 것이다. 자동차를 훼손하면 자산을 압류하면 된다. 그러나 자산이 은행에 있는 현금이라면 압류절차를 위해 은행의 도움을 받아야 한다. 은행이나 법원의 도움을 받지 않아야 스마트 콘트랙트라 할 수 있다. 그래서 스마트 콘트랙트가 가능하려면 법원이나 은행의 도움 없이 그 자체로 청산할 수 있는 가치물이 필요하다. 그것도 프로그램만으로 청산이 이루어져야 한다. 전자적이며 그 자체로 가치가 있어 변제의 최종물로 쓰일 수 있는 것. 바로 비트코인이다.

비트코인은 아무것도 보장하지 않는데도 가격을 가지고 있다. 그래서 변제의 최종성을 갖는다. 변제의 최종성finality of settlement이란 원래 금융기관들 간에 한 번 전송이 이루어지면 중간에 낀 한 은행의 도산에도 불구하고 최종 목적지까지 돈을 도착하게 하는 것을 말한다(뒤에 하왈라 시스템에서 자세하게 다룬다). 중요한 것은 비트코인은 은행잔고나 부동산처럼 장부를 관할하는 주체의 승인 없이 그 자체로 전송이 완료된다는 것이다. 마치 점유물인 보석이나 귀금속, 종이돈을 직접 건네주고 변제를 완성하는 것과 마찬가지다.

만약 비트코인이 어떤 가치를 보장한다고 해보자. 그러면 계약에서 손해를 보았다고 주장하는 측에서 비트코인의 가치를 보장하는 주체로 하여금 그 비트코인에 한해 교환해 주지 못하게 법원에 가처분을 신청할 수 있다. 비트코인이 금을 보장한다면 금을 내주는 업자를 대상으로 가처분소송을 할 수 있다. 그러나 비트코인은 아무것도 보장하지 않는다. 그래서 가처분을 걸 만한 대상이 없다. 자동차 리스회사의 고객이 차를 빌리려 계약하기 위해서는 자동차를 훼손했을 때 그 가치를 상쇄할 만큼 자신의 비트코인을 담보로 제시해야 한다. 실제로 사용자의 부주의나 의도적 악행으로 자동차가 해체되거나 파괴되면 그 담보물을 되찾을 수 없다. 왜냐하면 담보물이 리스회사의 지갑으로 자동으로 이동되기 때문이다. 리스회사는 경찰과 법원의 도움 없이 고객의 비행을 차단할 수 있고 비행이 있더라도 비트코인으로 변제받으므로 손실을 피할 수 있다. 이런 식으로 계약이 작동된다는 것을 아는 소비자는 자동차를 훼손하지 않으려고 노력할 것이다.

아무것도 보장하지 않는 디지털 코드가 금융망을 통하지 않고 빛의 속도로 지구 반대편으로 이동하며 그 이동방식도 정해진 프로그램으로 결정할 수 있다. 자동차 리스고객이 계약을 맺는 단계에서 보낸 비트코인을 리스업자가 바로 찾을 수 있는 것은 아니다. 프로그램에 의해 그 지갑에 들어간 비트코인은 고객도 마음대로 되찾을 수 없다. 자동차가 온전히 반납되지 않으면 그제야 비트코인은 리스회사의 지갑으로 자동으로 이전된다. 이런 조건을 프로그램으로 넣고 사전에 합의할 수 있다면 비트코인을 기반으로 해서 사람에게 의지하지 않는 중립적인 규칙들을 만들어 갈 수 있다. 비트코인이 중립적인 장부이므로 이를 기반으로 중립적인 심판자를 구성할 수 있다. 이런 심판자가 존재하기에 한 국가나 한 회사에 과도하게 의탁하지 않으면서도 여러 회사의 디지털 플랫폼들이 상호 연결되는 거대한 메타버스를 구축할 수 있는 것이다.

비트코인 때문에 스마트 콘트랙트가 가능해졌지만 비트코인만으로는 온전한 스마트 콘트랙트 경제 생태계를 만들 수 없다. 비트코인은 최초의 효율적인 전기차로서 배터리 무게와 주행거리 사이의 '죽음의 소용돌이death spiral' 문제를 해결한 기술과 비슷하다고 생각하면 된다. 주행거리를 늘리려면 배터리 용량을 늘려야 하고, 그러려면 배터리가 무거워지고, 배터리가 무거워지면 오히려 자동차의 주행거리가 줄어들고, 다시 주행거리를 늘리려면 배터리 용량을 더 늘려야 한다. 이런 악순환 때문에 얼마 가지도 못하는 데다 차체도 가벼워야 하니, 안전에도 구멍이 있는 장난감 수준밖에는 안 되는 전기차만이 가능했다. 배터리 기술과 가볍고 강한 재료산업이 발달해 이 악순환을 끊어낼 수 있겠지만, 죽음의 소용돌이를 벗어난다고 해서 바로 전기차의 시대가 열리는 것은 아니다. 곳곳에 충전소를 세워야 하며 전기차에 맞는 부품과 정비 서비스 시스템을 갖추어야 한다. 비트코인 발명 이후 블록체인 업계에서 벌어진 15년간의 요란한 시행착오들은 거대한 스마트 콘트랙트 생태계가 구축되어 가는 과정으로 이해해야 한다.

스마트 콘트랙트는 도박산업에서부터

스마트 콘트랙트 생태계가 만들어지면 어떤 변화가 일어날까? 우선 도박 관련 산업들이 꽃을 피울 것이다. 1990년 초반 인터넷이 확산되자 미국의 대통령실은 특별위원회를 만들어 온라인 도박이 무분별하게 퍼져 나가는 것을 어떻게 차단해야 할지를 논의했다. 당시로서는 인터넷의 확산이 포르노와 도박산업에만 좋다는 부정적인 시각이 압도적이었다. 온라인 쇼핑이나 정보를 제공하는 분야의 사업적 성장은 더뎠지만 포르노와 불법도박은 실제로 엄청난 사업기회를 제공했다.

인터넷 도박 특별위원회는 인터넷 도박의 확산이 우려스럽긴 하지만 제어방법이 없지는 않다는 결론을 보고했다. 우선 인터넷 도박 사이트가 케이맨 제도Cayman Islands와 같이 미국의 법적 관할 바깥에 존재하더라도 결제를 하기 위해서는 신용카드나 전통적인 금융망을 이용해야만 한다. 따라서 미국 정부는 미국인들이 불법 도박사이트에서 도박하는 데 필요한 결제수단을 제공하는 카드사와 금융기업을 규제하면 된다. 또한, 허가받지 않은 도박 플랫폼을 운영하면 오프라인에서 불법 도박장(하우스)을 운영하는 것과 같이 수배를 내려 관계자가 미국에 오거나 아니면 외국에 있더라도 그 나라 정부와 공조수사를 통해 체포하고 재판에 회부할 수 있다.

비트코인 변제의 최종성이 가지는 무시무시한 의미를 이해하려면 미국이 인터넷 도박사업을 규제한 방식을 연구하면 된다. 미국은 도박 사이트와 미국인 사용자 사이의 결제망을 통제할 수 있다. 인터넷 도박업자는 결국 돈을 벌기 위해 위험한 사업을 하는 것이기 때문에 미국이 결제망을 차단하면 인터넷 도박업자가 스스로 미국인의 접근을 제한한다. 달러의 온라인 송금이 되었든 신용카드가 되었든 인터넷망에서 결제 시스템은 변제의 최종성이 없다. 변제하더라도 국가가 차단할 수 있다는 말이다. 그러나 비트코인의 전송은 미국 정부가 제어할 수 없다. 비트코인을 걸고 도박할 경우 결제하는 것을 막을 수 없다. 게다가 이더리움처럼 스마트 콘트랙트 플랫폼을 이용해 도박의 게임 구조를 프로그래밍한다면 게임이나 서버를 제공하고 수수료를 받는 도박업자 없이도 게임이 가능하다. 업자는 프로그램 자체이고 프로그램 발명자는 사업을 영위하지 않는다. 즉, 하우스나 딜러가 없어도 플레이어들 간에 내기 주사위 놀이, 내기 포커, 내기 체스가 가능하다.

비트코인과 스마트 콘트랙트 때문에 이론적으로 인터넷 도박을 차단하는 두 개의 기둥, 즉 결제차단과 하우스 운영업자의 기소가 모두 불가능해졌다. 따라서 스마트 콘트랙트는 우려할 정도로 인터넷 도박산업을 확장시킬 것이다. 이더리움의 창시자 비탈릭 부테린은 도박이라는 말 대신에 '예측시장'이라는 표현을 애용하는데, 실제로 스포츠 경기 결과나 환율 예측을 두고 벌이는 도박은 포커나 장기보다는 사회적으로 순기능이 있는 것처럼 보이기도 한다. 그러나 순기능은 예측하는 것에 있는 것이 아니라 도박산업 그 자체에 있는 것이다.

도박이야말로 금융의 본질이다

비트코인 회의론자들은 비트코인의 가격이 하루에도 20% 가까이 요동치곤 하는 것 때문에 절대로 결제수단이 될 수 없을 거라고 주장한다. 그러나 암호화폐의 시대가 돌이킬 수 없는 대세라고 확신하는 이들은 이상하게도 비트코인 가격의 요동에 대해 우려하지 않는다. 왜 그럴까? 비트코인은 프로그램이 가능한 돈이므로 생태계가 발전할수록 가격의 요동을 어느 정도 제어할 수 있기 때문이다. 일단 시가로 거래하고 바로 현금과 바꿀 수 있다면 비트코인을 믿지 않는 사람도 비트코인으로 결제를 받을 수 있다. 시장이 커지면 당연히 가능한 이야기다. 그러나 비트코인은 단순 결제수단이 하지 못하는 것을 한다.

예를 들어 건물주 A가 인테리어 업자 B에게 1억 원에 상당하는 인테리어를 의뢰했다고 하자. 업자 B는 건물주 A가 선금을 주어야 일을 시작하려고 한다. 공사하고 나서 공사대금을 떼일 수 있기 때문이다. 반대로 건물주 A는 업자 B를 믿지 못한다. 준 돈으로 자재와 노무비를 지불하지 않고 앞선 사업에 누적된 회사부채를 갚는 데 사용해 버리거나 개인적으로 사용할 수도 있어서다. 이렇게 방만하게 경영하다가 공사중에 부도가 나면 건물주 A가 자재업자와 노동자들에 대한 보상 책임을 떠안을 수도 있다. 건물주 A는 업자 B를 믿지 못하고 업자 B도 건물주 A를 믿지 못하는 불신으로 인해 교착이 발생하면 건물주 A는 인테리어를 할 수 없고 업자 B는 일감을 얻을 수 없다.

이 문제는 은행 같은 신뢰할 만한 제3자가 있으면 간단하게 해결된다. 제3자에게 돈을 맡기고 업자 B의 일이 진척됨에 따라 제3자를 통해 조금씩 돈을 지불하면 된다. 업자 B는 그 제3자가 건물주 A에게 돈을 돌려주지 않을 것을 믿을 수 있으며 건물주 A는 제3자가 일이 진척되어야만 업자 B에게 돈을 지불한다는 것을 믿을 수 있다. 그런데 스마트 콘트랙트를 이용하면 제3자의 도움 없이 이와 비슷하게 거래할 수 있다.

건물주 A가 1억 원 해당하는 비트코인을 자신과 업자 B 두 사람 모두의 비밀키가 있어야만 움직일 수 있는 계좌에 보낸다. 업자 B의 동의가 없으면 건물주 A는 돈을 되찾을 수 없으므로 B는 A의 진정성을 믿고 공사를 시작할 수 있다. 이 지갑에 스마트 콘트랙트를 프로그래밍해서 공사가 진척됨에 따라 돈이 조금씩 B에게 전달되게 할 수 있다. 이때 문제가 되는 것이 바로 가격의 변화다. 처음 공사를 시작할 때는 1BTC의 가격이 2,500만 원이어서 A는 공동계좌에 4BTC를 보냈다. 그런데 공사가 끝날 시점에 1BTC가 5,000만 원이 된다면, A가 손해를 보지는 않지만 B는 공사비 1억 원의 두 배인 2억 원을 받게 된다. 그러나 반대로 1BTC가 2,000만 원으로 떨어지면 B는 8,000만 원밖에 받지 못한다. B로서는 가격이 오르면 좋지만 떨어지는 위험을 회피하는 것을 더 중요하게 생각한다. 이때 이 조건에 도박이 결합한다.

이 둘의 계약과 전혀 무관한 익명의 사람들이 조건을 보고 이 지갑에 조금씩 비트코인을 보낸다. B가 돈을 받는 시점에 비트코인의 가격이 오르면 B에게는 1억 원어치의 비트코인만 송금된다. 지갑에 있는 나머지 비트코인은 도박 판돈에 비례해 도박에 참여한 이들에게 배당된다. 반대로 비트코인의 가격이 떨어지면 B는 도박꾼들의 비트코인을 포함해 1억 원어치의 비트코인을 수령한다. B에게 보내고 남은 비트코인을 다시 배분하면 게임은 종료되겠지만, B의 손실분을 보정하기 위해 비트코인은 도박꾼들의 판돈보다 줄어들었을 것이므로 도박에 참여한 이들은 손실을 입는다.

이 게임은 비트코인의 가격이 오르면 도박꾼들이 비트코인을 얻고 보유한 비트코인의 가격 상승까지 먹는 레버리지가 높은 게임이다. 반대로 비트코인의 가격이 하락하면 비트코인도 잃고 기간 중 보유한 잔여 비트코인의 가격이 하락한 것에 대한 손실까지 떠안아야 한다. 비트코인 가격이 올라갈 거라고 생각하는 이들은 이런 게임에 참여하려 할 것이고 가격이 내려갈 거라고 생각하는 이들은 업자 B의 입장과 비슷한 포지션으로 게임에 참여하려 할 것이다. 가격이 내려가면 업자 B처럼 배당받는 포지션도 설계가 가능하다.

결론적으로 비트코인 가격의 요동이 비트코인이 지닌 수많은 장점들을 희석시킬 만큼 치명적인 단점은 아니다. 왜냐하면 인간은 독특해서 퀵머니에만 유독 도파민이 샘솟아 도박을 하려는 사람들이 즐비하기 때문이다. 높은 수익률과 함께 높은 위험을 감수하려는 이들을 끌어들이면 안정된 계약을 원하는 이들의 욕구를 충족할 수 있다. 금융은 시간선호만이 아니라 위험에 대한 태도가 사람들마다 다르다는 것을 전제로 굴러간다. 높은 수익률을 추구하는 사람들에게 위험을 몰아줌으로써 위험을 회피하고자 하는 이들을 보호하는 제도라고 할 수 있다. 그리고 도박과 스마트 콘트랙트의 결합은 금융의 영역을 크게 확장한다. 이 모든 것이 이론상으로는 믿을 만한 제3자, 즉 법원이나 경찰, 은행의 도움 없이 가능하기 때문이다. 정부가 제도적으로 금융을 보호하지 못하는 국가의 국민들도 금융의 혜택을 볼 수 있다. 다만, 그러려면 스마트 콘트랙트 생태계가 충분히 성숙해야 하고 글로벌 기업들이 참여해야 한다.

스마트 콘트랙트는 기업들의 플랫폼이다

스마트 콘트랙트는 프로그램된, 조건이 충족되거나 미충족됨에 따라 디지털 자산을 이동시키는 컴퓨터 프로그램이다. 본질은 제3자의 개입을 배제하는 것이지만, 실제 생활에서 사람들이 사용할 스마트 콘트랙트는 회사나 사법제도의 도움을 받는 모양으로 발전될 가능성이 크다. 스마트 콘트랙트의 상용화에 대해서는 그 어떤 가능성도 아직 열려 있다. 스마트 콘트랙트의 본질이 제3자의 개입을 배제하는 것이다 보니 그 주창자들은 근본주의적인 생각에 매몰되곤 한다. 그러나 정부나 회사의 개입을 완전히 배제하는 계약은 사회적으로도 용인할 수 없는 것일 가능성이 크다. 대표적인 게 바로 요인사망보험이다.

요인의 갑작스러운 사망은 역사의 진로를 바꿀 수 있다. 특히 저개발국가 독재자의 경우 국가의 진로가 바뀐다. 이런 나라의 사업파트너와 거래하는 이들은 요인의 사망으로 인한 위험을 헤징하고 싶어 한다. 그러므로 요인이 사망할 경우 보상받을 수 있는 보험계약이 있다면 가입할 의향이 있을 것이다. 요인이 사망하지 않으면 하던 프로젝트를 지속할 수 있다. 요인이 사망하면 사업의 미래는 불확실해지지만 보험을 통해 보상받을 수 있다. 요인사망보험은 수요도 있고 순기능도 있다.

예측시장이 활성화된다는 건 스포츠 경기 결과와 미국 연준의 이자율, 대통령 당선 등을 놓고 스마트 콘트랙트 도박이 펼쳐진다는 뜻이다. 요인사망보험이야말로 예측시장의 꽃이라 할 수 있다. 그러나 가장 필요한 이 보험은 사람들의 도덕관념에 어긋난다. 요인의 범위가 애매하기도 하고 판돈이 커질수록 인위적으로 결과를 만들려는 동기도 커지기 때문이다.

디스토피아는 이렇다. 그냥 표적이 되기 쉽다는 이유로 유명인의 목숨을 걸고 하는 도박 프로그램이 만들어지고 익명의 다수가 여기에 참여한다. 젊은 유명인이 가까운 시일 내에 사망할 확률은 낮으므로 사망에 판돈을 걸면 수익률이 높다. 큰 수익률을 얻게 될 사람들은 아예 킬러를 고용해 그 유명인을 살해할 수 있다. 어떤 보험회사도 이런 상품을 출시할 수는 없지만 스마트 콘트랙트라면 가능하다. 변제의 최종성이 있는 비트코인을 걸고 프로그램만 작동한다면 정부가 막을 수 없기 때문이다. 유명인의 사망소식은 믿을 만한 세계 주류언론들이 보도할 것이기 때문에 조건의 충족 여부도 프로그램상에서 쉽게 정의할 수 있다. 요인사망보험 스마트 콘트랙트는 이론상 막을 수 없는, 이미 다가온 현실이다.

여러 국가가 아동 포르노를 규제하듯이 이런 프로그램을 만들거나 가입만 해도 처벌하겠다고 엄포를 놓을 것이다. 잠입 수사 혹은 유도 수사를 통해 꼬리를 잡을 수 있으므로 요인사망과 관련해 거대한 판을 벌이는 세력들은 처벌될 것이다. 그러나 완전한 색출은 불가능할 것이다. 그런 의미에서 요인사망보험 스마트 콘트랙트야말로 제3자의 개입 없이, 권위 있는 제3자의 방해를 뚫고도 가능한 스마트 콘트랙트의 정수다. 그러나 이 시장은 양성화되기도 어려울 것이고 선량한 시민들이 애용하기는 더더욱 어려울 것이다.

글로벌 대기업들이 오라클 문제를 해결한다

스마트 콘트랙트는 혁신적인 기술이 맞고 인터넷과 모바일처럼 일반인들의 삶에 깊숙이 녹아들어 갈 것이 분명하다. 그러나 이때의 스마트 콘트랙트는 믿을 만한 기업과 민주적이고 자유주의적인 국가들의 묵인이나 지지 속에서 퍼져나갈 것이다. 무엇보다 오라클 문제로 불리는 '신뢰의 도약' 때문에 스마트 콘트랙트는 글로벌 대기업들과 연계될 가능성이 크다. 왜냐하면 스마트 콘트랙트가 사람들의 현실 생활과 관련을 맺어야 하기 때문이다. 그래서 신뢰받는 제3자를 배제하기 어렵다.

비트코인의 블록 넘버, 시간 등은 시스템 내부에서 생성되는 정보다. 특정 시간을 사건으로 스마트 콘트랙트를 만들면 신뢰받는 제3자인 오라클이 필요 없다. 만약에 '앞으로 10만 블록 이후에 이 비트코인을 어떤 주소로 이전한다'는 조건으로 스마트 콘트랙트를 맺을 수 있다. 이때 외부 정보의 도움은 필요 없다. 시간과 같이 외부의 입력을 요구하지 않고 시스템 자체로 조건이 충족되는 경우를 '내부완결'이라고 한다. 외부 입력자에 대한 신뢰가 필요 없으므로 오라클 문제는 발생하지 않는다. 시간이나 수학문제는 '내부완결' 사건이 될 수 있다. 그러나 이런 계약 조건은 별로 쓸모가 없다. 스마트 콘트랙트는 대체로 시스템이 생성하지 못하는 정보를 조건으로 삼는다.

오라클 문제란 시스템 내부에서 생성되지 않는 정보, 예를 들면 원달러 환율의 변화, 날씨, 경기 결과 같은 정보를 계약 조건으로 삼을 때 생기는 문제다. 믿을 만한 데이터를 누가 어떻게 시스템에 입력할 것이냐는 문제로서 스마트 콘트랙트 현실화를 가로막는 난제다.

예를 들어 날씨를 근거로 내기 도박을 하는 스마트 콘트랙트를 디자인하려면 내기 당사자 모두가 신뢰하는 제3자가 날씨 정보를 입력해야 한다. 이때 기상청의 공식 발표는 상당히 신뢰할 만하지만 엄밀한 의미에서 '신뢰 없는 신뢰'라는 뜻을 지닌 트러스트리스 트러스트trustless trust 철학에는 맞지 않는다. 신뢰받는 제3자라는 어휘가 암호화폐 개발자들 사이에서는 피해야 할 전염병과도 같아서인지 이더리움은 신뢰받는 제3자TTP: Trusted Third Party라는 어휘 대신 '오라클oracle'이라는 용어를 사용한다.

오라클 문제는 정보 출처와 정보 입력자 혹은 입력 시스템에 대한 신뢰의 문제로 해석할 수 있다. 기상청 정보를 믿을 수 있다고 해도 해킹의 가능성이 있다. 블록체인을 해킹할 수 없다고 해도 기상청 서버를 해킹하는 위험을 감수할 만한 이익이 있다면 기상청 서버는 해킹에 노출된다. 또, 기상청 서버의 정보가 정확하다고 해도 이를 그대로 블록체인

네트워크에 옮겨 입력하는 것은 또 다른 문제다.

주식가격, 환율과 같은 금융정보나 스포츠 결과, 날씨 등은 공개된 정보들이며 이런 정보는 웹페이지에서 구할 수 있다. 블록체인 네트워크 입장에서는 이런 웹페이지도 외부이지만 인터넷망에 있으므로 기계가 자동으로 수집할 수 있는 정보다. 스마트 콘트랙트를 작성할 때 신뢰할 만한 웹페이지를 선택하거나 정보 출처를 여러 개로 해서 해킹의 위험을 줄일 수 있다. 그러나 자동차 운행이나 사고 관련 정보, 개인의 건강정보, 이혼과 같은 사적인 정보는 웹페이지에 없거나 있더라도 공개되지 않고 특별한 경우에만 접근이 허용된다. 스마트 콘트랙트는 공개된 웹페이지상의 정보보다는 공개되지 않는 특정한 정보들을 활용할 가능성이 높다. 그런데 이런 정보들은 네트워크와 자동으로 연결하기가 쉽지 않고 누군가 입력해야만 한다.

유명인 사망의 경우 오라클 문제가 없거나 최소화할 수 있다. 유명인의 사망소식은 다수의 매체에 기사로 올라올 것이기 때문에 스마트 콘트랙트를 디자인할 때 여러 매체의 보도를 조건으로 삽입하면 된다. 만약 하나의 매체에 의존하는 계약에 큰돈이 걸리면 그 매체를 매수하려 하겠지만 여러 매체를 다 매수하는 건 비용이 너무 많이 들어서 현실성이 없다.

그러나 복수의 매체가 다루지 않는 이벤트(사건)는 그 사건의 발생을 입력할 주체를 믿어야만 한다. 스마트 콘트랙트로 만드는 헤징보험의 핵심 공식은 승자와 패자가 있는 도박게임을 원형으로 하기 때문에 승자와 패자가 모두 인정할 만한 제3의 외부 주체를 선택해 신뢰하는 게 쉽지 않다. 판돈이 커지면 데이터 입력자를 매수할 동기도 커지기 때문이다. 결국 스마트 콘트랙트가 현실의 거대 산업들, 무역과 보험을 비롯한 금융상품들과 연결되어 실제로 벌어지는 사건들을 조건화하려면 아무도 무시하지 못할 만큼 거대한 질량을 가진 제3자를 끌어들여야만 한다.

얼핏 들으면 이는 순환논법의 오류다. 스마트 콘트랙트의 정의상 법원이나 은행의 개입 없이 이루어지는 계약이어야 한다. 그런데 오라클 문제 때문에 신뢰할 만한 제3자를 끌어들여야 한다면 애초에 스마트 콘트랙트는 의미가 없지 않을까? 이런 논리는 외견상 타당하나 우리가 살고 있는 지구적 현실을 폭넓게 이해하지 못하는 데서 출발한 상상력 빈곤의 결과일 뿐이다.

기업형 블록체인의 나아갈 길

2018년, 세계 최대 해운업체인 머스크와 IBM은 공동으로 트레이드렌즈를 출범했다. 출범 당시 트레이드렌즈는 해운업을 전자화하려 했던 다양한 시도들의 종결자로 인식되었다. 왜냐하면 블록체인을 활용하기로 했기 때문이다. 트레이드렌즈는 블록체인에 기반한 무역 정보 디지털 플랫폼이다. 화주와 해운사, 세관 그리고 물건을 받을 사람들 모두를 참여시키기 위해 블록체인 방식이 선택되었다. 블록체인의 발명 이전부터 글로벌 공급망 관리, 즉 선적과 하역, 통관과 관련한 서류작업을 전자화하면 비용을 크게 줄일 수 있을 거라는 기대가 있었다. 그런데 투명한 블록체인을 활용하면 여러 당사자들 간의 신뢰문제가 해결되기 때문에 단지 서류작업을 줄이는 것이 아니라 지구적 신뢰망으로의 확장도 가능할 것이라는 기대를 모았다.

화물이 출발지로부터 최종 목적지에 도착할 때까지의 모든 운송 정보를 블록체인에 기록한다. 공급망 참여 기업은 트레이드렌즈를 통해 컨테이너를 추적하고, 송장 및 선하 증권과 같은 문서에 실시간으로 접근할 수 있다. 이를 바탕으로 엄청난 무역금융 연계 사업의 확장이 가능하다.

트레이드렌즈는 전 세계 120여 개 기업과 조직이 참여한 세계 최대의 기업용 블록체인 프로젝트로서 4년간 7,000만 개의 컨테이너를 추적했고, 약 3,600만 개의 전자 선적문서를 게시했다. 문서 작성 비용을 20% 절감할 수 있었고 수송 시간도 40% 감축하는 성과가 있었다고 한다. 그러나 2023년 4월을 끝으로 서비스를 종료했다. 경쟁업체의 참여도 미흡했지만 무엇보다 수익성을 확보하는 데 어려움이 있었다고 한다.

그동안 기업형 블록체인은 블록체인의 가시성visibility을 활용하는 쪽으로 제안되어 왔다. 공급망에서 발생하는 제품, 금융, 정보의 흐름을 기록하면, 이 정보를 공급망 참여자 모두가 공유할 수 있어 공급망 전체의 투명성이 증대된다. 즉, 공급망의 거래정보와 재고정보를 구성원들이 모두 투명하게 볼 수 있다면, 과잉 재고와 과잉 주문이 감소하고 배송 지연이나 오류도 줄어들어 공급망의 시장 대응 속도와 효율성이 개선된다는 논리다.[28]

---

28 출처: 허대식, "머스크는 실패, 월마트는 성공… 기업용 블록체인 성공 조건은", 매일경제, 2023.4.26.

동일한 장부를 다수의 서버에서 동시에 갱신하고 보관하는 것이 핵심인 블록체인은 비싼 시스템이기 때문에 서버를 운영하기 위해서는 개인들의 참여가 필요하다. 즉, 블록체인이 반드시 토큰을 발행해야 하는 것은 아니지만 매력적인 토큰을 발행해야만 주도하는 기업의 서버 운영 부담이 줄어든다. 비트코인처럼 채굴자들이 달려들어야만 기업이 분산 서버 운영과 관련한 비용을 외부에 떠넘길 수 있기 때문이다. 그러나 기업형 블록체인은 토큰 발행을 꺼릴 뿐 아니라 서버를 불특정 다수의 채굴자들과 공유하는 방안도 선택지에서 제외한다. 정부와 규제기관 그리고 여론의 눈치를 살펴야 하기 때문이며 정보를 경쟁사와 공유한다는 개념을 수용하지 못해서이기도 하다. 그렇지만 이러한 인식은 기업의 수뇌부들이 아직 블록체인 메인넷의 무궁무진한 확장성과 다양한 쓸모를 이해하지 못해서이기도 하다.

블록체인의 기술적 측면보다 스마트 콘트랙트 생태계의 본질에 주목했더라면 머스크 같은 세계적인 해운사가 주도한 글로벌 공급사슬망 스마트 콘트랙트는 약탈적인 정부 아래서 신음하는 대다수 세계인들에게 커다란 희망을 줄 수 있었을지도 모른다. 특히 기업형 블록체인이 도박에 사용할 수 있는 암호화폐를 수용할 때, 금융과 무역에서는 일대 혁신을 촉발할 수 있다.

자국민에 대해 약탈적인 환율을 부과하거나 통화관리를 못 해서 하이퍼 인플레이션을 초래하는 국가들이 적지 않다. 이런 국가의 개인 혹은 기업과 무역하려면 여러 가지 위험요소를 감안해야 한다. 무엇보다 시시때때로 변하는 정책과 환율조작 때문에 금융리스크가 커서 무역거래가 성사되지 않는 경우도 많다. 그러나 스마트 콘트랙트를 이용하면 이런 국가의 개인이나 기업과도 거래가 가능하다. 그 국가의 은행을 끼지 않고 스마트 콘트랙트를 활용하기 때문에 받은 돈을 정부의 약탈적 환율정책에 의해 뜯길 염려는 안 해도 된다. 이때 오라클 문제는 민주적이고 자유주의적인 법원의 관할 안에 있는 글로벌 대기업이 해결해 줄 수 있다. 바로 세계 최대의 해운회사인 머스크가 오라클 문제를 해결하는 결정적인 노드가 될 수 있었다.

금융망을 신뢰하기 어려운 국가의 생산자는 수입업자가 요청한 상품을 확보하여 머스크가 운영하는 배에 선적한다. 머스크는 바로 정보를 업데이트한다. 이때부터는 사람의 개입 없이 결제가 이루어진다. 수출업자는 자기 국가 은행으로부터 약탈적인 환율을 적용받을 필요 없이 지급받은 비트코인으로 다른 물건을 구입하거나 직원들의 지갑으로 바로 보낸다. 수입업자는 이 흐름을 모두 들여다볼 수 있기 때문에 수출업자가 건실하게 운영자금을 사용하는지 확인할 수 있다. 아니면 애초에 스마트 콘트랙트를 디자인할 때, 수입업자가 지불한 비트코인이 수출업자와 그 직원들을 포함한 협력 파트너들에게 분배되도록 할 수도 있다. 수출업자나 수입업자 모두 개별적인 국가보다는 머스크가 확인해 준 선적내용을 더 신뢰할 수 있다. 왜냐하면 머스크는 명성을 중시하기 때문이고 무엇보다 회사의 규모가 크기 때문이다. 게다가 수출업자와 수입업자의 거래액수가 머스크 같은 글로벌 기업의 운명을 좌우할 만한 규모가 되기는 어렵기 때문에 머스크가 매수당할 위험도 크게 걱정할 필요가 없다.

전 세계의 1/4 이상이 믿을 만한 금융서비스와 믿을 만한 사법제도의 도움을 받지 못한다. 오지라서 그런 경우도 많지만 주로 정부 위험이 매우 크기 때문이다. 이런 사회에 속한 이들도 글로벌 대기업이 참여하는 스마트 콘트랙트를 활용하면 전 지구적인 공급사슬망에서 활동할 수 있게 된다. 해운사와 IT 공룡기업이 결합하여 글로벌 디지털 스마트 콘트랙트 플랫폼을 구축한 뒤에 AI와 결합한 많은 센서들을 동원하면 오라클 문제도 어느 정도 완화할 수 있다. 이미 센서 기술은 가전기기와 떼어놀 수 없는 혁신으로 자리잡았다. 일반적인 승용차에도 서너 개의 센서와 카메라가 장착되어 있어서 앞 또는 뒤의 차와 거리나 속도 등을 감지하고 있다. 자율주행을 지향하는 테슬라의 경우 20개의 센서와 카메라가 장착되어 있다고 한다. 센서 기술은 혁신적으로 발전하고 있으므로 해운사의 선적 상황이나 콘테이너 내부의 상태를 사람이 체크하지 않고 센서가 감지해서 기록할 수 있다. 즉 센서 덕분에 사람에 대한 의존도가 떨어지면 그만큼 스마트 콘트랙트를 위한 신뢰의 도약도 줄어들게 된다. 여기에 더해 글로벌 대기업이 가지고 있는 브랜드 가치라는 신뢰와 블록체인의 특성이 결합했을 때를 상상할 수 있는 누군가가 등장하기 마련이므로, 이 모든 가능성은 머지않은 미래에 현실화될 수 있을 것이다.

14

저개발국가를 혁명적으로 바꿀 스마트 콘트랙트

가난한 나라의 국민이 가난한 이유

스마트 콘트랙트를 활용하면 특히 저개발국가의 국민이 폭넓은 금융 혜택을 받을 수 있다. 페루의 경제학자 에르난도 데 소토Hernando De Soto는 저개발국가의 국민들이 가난에서 벗어나지 못하는 주요한 원인이 자산을 자본화하지 못하기 때문이라고 통찰했다. 자산을 근거로 금융의 혜택을 받는다면 공부를 할 수도 있고 자영업을 할 수도 있으며 기계를 들여와 제품을 고도화할 수도 있다. 한마디로 말해서 가난한 나라의 국민들도 자산을 가지고 있긴 하지만, 이를 활용해 노동의 질을 높이거나 제품의 부가가치를 증진하기는 어렵다는 것이다. 왜 그럴까? 그 이유는 자산이 명시화되어 있지 않기 때문이다.

자산의 명시화란 농업혁명에서 촉발된 소유권의 메타버스 진입과 관련이 있다. 즉, 저개발국가의 수많은 자산들이 농업혁명 이전에 머물고 있다는 뜻이다. 실제로 점유하지 않은 소유물에 대해 사회 차원에서 보호해 주는 제도가 미흡하다. 길에 세워 둔 차도 내 것이라고 할 수 없다. 누구라도 차 문을 뜯어 몰고 가 버리면 찾지 못한다. 집들은 무허가가 많고 법외에 존재한다. 신축이든 증축이든 관련 규제들이 너무 까다롭고, 공무원 조직은 게으르며 엘리트는 방만하고 심지어 약탈적이다.

아랍의 민주화 운동, 소위 '재스민 혁명'으로 불리는 사건의 발단은 튀니지의 노점상인 부아지지의 분신자살이었다. 대학에서 컴퓨터 공학을 전공한 모하메드 부아지지Tarek el-Tayyib Mohamed Ben Bouazizi는 일자리를 구하지 못해 노점에서 과일 장사를 했다. 그러나 노점 단속을 하던 경찰에게 팔던 과일은 물론 전 재산이라 할 수 있는 저울과 수레를 빼앗겼다. 저울과 수레를 돌려달라고 민원을 제기했으나 소용없었다. 오히려 부아지지는 구타까지 당했다. 그는 주정부청사 앞에서 휘발유를 몸에 끼얹고 불을 질러 전신화상을 입고 끝내 숨졌다. 이 소식을 듣고 분노한 튀니지 국민들은 거리로 쏟아져 나왔다.[29]

부아지지의 경우는 사람들에게 알려진 단 하나의 사건일 뿐이고 저개발국가의 시민들은 사소한 불법 혹은 비법적 행동 때문에 애써 모은 생산재(부아지지의 경우 저울과 수레)에 대한 소유권을 인정받지 못한다. 관료나 지역의 깡패조직에 빼앗기기 전까지만 자신의 것일 뿐이다.

---

29 출처: "튀니지 혁명", 나무위키.

이런 나라에서는 집, 차, 수레, 기계 모두 담보자산이 될 수 없다. 자산의 획득 과정에서 공무원들의 승인을 기다릴 수 없어 비법적 수단을 사용했기 때문에 정부로부터 보호받지 못한다. 결국 자산은 있지만 이를 근거로 금융서비스를 끌어낼 수 없다 보니, 결국 '하루 벌어서 하루 먹는' 업종만을 근근이 꾸려갈 뿐이다.

《아시아의 힘How Asia Works》의 저자 조 스터드웰Joe Studwell은 한국과 일본, 대만이 인도네시아와 말레이시아, 필리핀보다 산업화에 앞서 나갈 수 있었던 주요원인을 농업혁신에서 찾았다. 농업의 혁신은 토지의 근대적 소유와 분배로부터 비롯되었다. 이 세 나라는 각각 다른 역사적 맥락에서 토지 소유구조를 근대화했다. 경자유전耕者有田의 원칙에 따라 토지를 고르게 분배하는 것은 사회의 통합력을 높여주지만, 대단위 경작 규모로 통합하는 것을 방해해 생산성을 떨어뜨리는 방향으로 작동할 수도 있다. 그런데 이들 동아시아 국가들에서 이루어졌던 토지분배는 대단위 농업화를 가로막고 결과적으로 농업의 근대화를 방해하지는 않았다. 힌트는 토지권리의 명시화에 있다. 전통 농업사회에 토지에 대한 권리가 소유권 하나만 있다고 생각하는 것은 대표적인 오해다. 차지권, 소작권 등 다양하고 복잡한 권리들이 뒤엉킨 생태계라고 상상해야 한다. 그래서 소작농에게 토지를 분배하면 자산의 명시화 효과가 발생한다. 부모로부터 물려받았지만 명시화되어 있지는 않았던 소작권이 토지소유로 전환됨에 따라 농민들의 자식들은 더 이상 땅에 매이지 않고 도시로 이동할 수 있었다. 전근대적인 복잡한 권리들은 명시화되지 않고 직접적인 인간관계 속에 있어 왔기 때문에 전통과 관습과 지역에 국한되어 있다. 이런 권리를 인정받으려면 평생 그곳에 살아야 한다. 그러나 이런 복잡하고 애매한 권리가 토지정비로 단순화되었고, 무엇보다 문자로 명시화되면 소유자가 권리를 다른 가족이나 남에게 넘겨주고 그 지역을 떠날 수 있다. 권리가 명시화되자 농민들의 자녀들은 도시로 이주하기 시작했다. 이로써 도시의 제조업자들은 풍부한 노동력을 공급받게 되었다. 이는 농업에서의 잉여가 산업화를 위한 기초자본을 제공했다는 것을 의미한다.

기계와 비료의 혁신적 발전으로 인해 농업에서 노동력 투입 대비 소출량이 늘어난다. 이는 농촌에서 일손이 남아돈다는 것을 의미한다. 따라서 농촌의 토지정비가 더뎠던 동남아 국가에서는 소작농들의 저임금 구조가 오히려 기계의 도입을 늦추는 요소가 되었다. 일본과 한국, 대만의 농촌이 일손의 이탈로 인해 빠르게 기계화된 것과는 대조적이다.

토지에 얽힌 여러 가지 전통적인 권리를 명시화하는 것은 생각보다 쉽지 않은 작업이다. 전통적인 사회구조를 뿌리부터 해체하면서 새로운 사회윤리를 만들어 내는 작업과 연결된다. 한국인들이 지난 수십 년간 겪어 왔고 또 겪고 있듯이 전통적인 가족관계와 관념, 도덕을 송두리째 뒤엎어야만 한다는 말이다. 그러나 소유가 일단 명시화, 문서화, 등기화되면 사람들은 각자의 사정과 미래에 대한 전망을 투영해 최선을 찾는다. 이 과정에서 소유권이 활발하게 거래되므로 코즈적 합의(거래)를 통해 사회가 파레토 최적상태에 도달한다.

코즈적 합의(거래)란 거래비용이 적고 소유권이 명확하고 당사자들이 자발적으로 거래할 수 있는 환경에서는 사회적 효용(행복)을 최대화하는 쪽으로 거래가 이루어진다는 것이다. 자산소유의 명시화는 소유권을 명확하게 정하고 이를 거래하기 좋게 명시화하기 때문에 코즈의 전제들을 만족시킨다.

파레토 최적은 구성원들의 뇌파를 조사해 일일이 행복도를 측정할 수 없는 현실에서는 사회적 행복의 최적을 구하기가 쉽지 않지만, 만약 구성원들의 자발적 거래가 종료되는 지점이 있다면 그 지점이 행복의 최적점이라고 단순화한 모형이다.

"다른 누군가의 후생을 감소시키지 않고서는 누구의 후생도 증가시킬 수 없을 때 경제는 가장 효율적인 상태다."

이탈리아 경제학자 빌프레도 파레토Vilfredo Pareto가 만든 최적 개념으로서, 사람들의 뇌파를 검사하여 총행복을 추산하는 것이 불가능한 현실에서는 파레토가 만든 이 기준이 최적을 객관적으로 밝히는 거의 유일한 방법이다. 코즈의 합의는 파레토 최적으로 가는 길이다. 즉, 사람들에게 소유권을 주고, 이를 명시화해 거래할 수 있도록 시스템을 정비하면 그 사회는 대다수 구성원들의 효용을 최대화하는 방향으로 나아간다. 한국과 일본, 대만의 농촌에서는 일어났지만 부아지지가 살던 튀니지에서는 일어나기 어려웠던 일이다.

누가 글로벌 신뢰망을 장악할 것인가?

저개발국가의 국민들이 가난한 이유가 자산을 자본화할 수 없는 여건 때문이라는 에르난도 데 소토의 주장은 이론적으로는 족보가 확실한 주장이다. 그리고 지구적으로 보면 대다수 나라의 현실이다. 애써 축적한 자산과 자신의 신원을 명시화하지 못해 평생토록 금융으로부터 배제되고 차원 높은 경제활동을 영위할 수 없는 이들이 수십억 명에 달하는 현실을 감안하면 스마트 콘트랙트는 훌륭한 대안이 된다. 특히 애플, 구글, 삼성 같은 IT 공룡기업들이 판을 까는 스마트 콘트랙트는 부아지지 같은 처지에 몰려 있는 저개발국가의 생산자들에게 어마어마한 의미를 갖는다. 가히 부아지지 같은 청년들로서는 농업혁명과 산업혁명을 동시에 경험하는 것과 맞먹는다.

글로벌 IT 공룡기업들의 플랫폼과 스마트 콘트랙트가 만나면 어떤 일이 생길까? 웬만한 정부보다 신뢰도가 높은 글로벌 신뢰망을 구축할 수 있다. 스마트 콘트랙트의 가장 중요한 사용처가 나온 이상 누가 먼저 역사상 가장 큰 글로벌 신뢰 플랫폼을 구축하느냐의 문제가 남아 있을 뿐이다. 무역과 금융을 위한 신뢰망 구축에서 이더리움보다 글로벌 IT 공룡기업들에 기대를 걸어야 하는 이유다.

이더리움은 관련 기술들의 실험장이 되어 상상의 수준에서만 존재해 온 여러 가지 가능성을 보여주고 있다. 공개된 블록체인답게 진입장벽이 낮고 관련 스타트업과 천재적인 개인들의 열정과 에너지가 투영되기 쉽다. 아래서부터 올라오는 블록체인 생태계 구축이라는 점에서 최고의 성과를 올리고 있다. 덩달아 가격도 많이 올라 시총도 웬만한 글로벌 기업보다 크다. 그러나 거기까지다.

이더리움에는 새로운 학습에 게으른 대중을 새로운 영역으로 몰아

붙이면서도 미국을 안심시킬 수 있는 강력한 엔진과 고삐가 없다. 이더리움 생태계도 비트코인 주창자들과 같이 탈중앙화를 추구하는데, 이런 이념지향이 이더리움의 힘이기도 하지만 역설적으로 꼭 필요한 리더십을 제약한다. 더구나 비탈릭 부테린이 이더리움을 디자인하면서 주창한 스마트 콘트랙트는 현실의 산업과 만나는 데 결정적인 한계를 갖는다. 이는 젊은 창시자가 나이가 좀 든 뒤 스스로 인정한 것이기도 하다. 그는 언젠가 블록체인 기술을 디지털 세계 밖의 오프라인(현실세계)에 접목하는 것은 의미 없는 헛수고pointless라고 말해서 그를 추종하던 이들을 놀라게 한 적도 있다.

구글의 가능성

블록체인은 소유권을 명확하게 할 수 있는 기술이다. 이 기술은 소유권을 토큰화해 극소 단위로 분할하므로 거래를 매우 원활하게 해준다. 쉽게 말해 비트코인과 블록체인은 경제의 포용성을 극대화함으로써 훨씬 더 많은 인구를 지구적 공급사슬망으로 끌어들일 것이다.

구글의 경우 전 세계의 지표면을 아우르는 지도정보를 가지고 있다. 그리고 사람들의 움직임과 시설물들의 변형에 관한 정보를 업데이트할 수 있다. 이 플랫폼과 스마트 콘트랙트가 만난다면 제대로 된 등기소를 제공하지 못하는 여러 국가들의 등기소 역할을 할 수 있다. 단지 등기소가 아니다. 토지를 담보로 한 금융 시스템, 그것도 PtoP 형태의 마이크로 파이낸스가 꽃피울 수 있다.

아프리카는 더 이상 낙후된 상태로 멈춘 대륙이 아니다. 경제는 안정적으로 성장하고 있으며 핸드폰 보급률도 50%를 넘어섰다. 그러나 여전히 정치가 불안정하고 부패가 만연하며 시장에 대한 법적인 뒷받침이 부족한 것도 사실이다. 아프리카 케냐에서 가장 부패한 곳 중 하나가 등기소라고 한다. 소유관계에 대한 기록이 명확하지 않고 자료 보관 시스템이 허술하니까 뇌물을 받고 서류를 고쳐주는 경우가 드물지 않다.

토지의 이중 소유는 케냐가 앓고 있는 사회문제다. 하나의 토지에 여러 소유자가 존재하는 경우가 흔하다. 누군가 땅문서를 들고 찾아와 멀쩡한 땅을 내놓으라고 하는 경우가 드물지 않다고 한다. 이 문제를 해결하려면 뇌물이나 폭력에 의지해야 한다. 가나는 독립 이후 60년이 지나도록 등기 시스템을 제대로 정비하지 않았다. 80%의 토지가 등록되지 않았으며, 소유권은 마을 사람들에 의해 구두로 확인되고 관습적인 방법으로 매매돼 왔다. 당연히 크고 작은 분쟁이 끊이지 않는다.

상황이 이러니 전 세계에서 아프리카의 개인이나 중소상인, 농장에 투자하려 해도 부동산을 담보로 신용을 확보하기가 어려웠다. 하지만 블록체인으로 담보물의 재산 변경상태를 확인할 수 있다면 지구 반대편에서도 소액을 투자할 수 있다. 스마트 콘트랙트를 이용하면 담보로 잡은 토지에 대해 소유자의 권리 행사를 제한할 수도 있다. 이때, 현실의 소유권과 가상세계 토지의 소유권이 일치하지 않을 것을 우려할 수 있다. 그러나 인간은 장부에 익숙하다. 제대로 거래하지 못하는 부패하고 무능한 정부의 등기소에서 발행한 종이 쪼가리보다는 구글 플랫폼에서 확인할 수 있는, 소유 내력이 투명하게 공개된 전자 형태의 장부가 더 신뢰를 얻을 수 있다. 특히 직접 가서 땅을 빼앗을 수 없는 외국 투자자의 경우 토지 주인의 거래 이력만 보고 자금을 제공할 수 있다.

가상세계의 토지소유권은 가상일 뿐이라는 이들의 주장에도 일리는 있다. 메타버스에서의 압류와는 별개로 토지 주인은 빚을 갚지 않고도 담보로 잡힌 그 땅에서 계속 농사를 짓거나 담보로 잡힌 집에 계속 살 수 있다. 그러나 땅을 처분할 경우에 선택권의 제약은 피하기 어렵다. 설사 팔더라도 좋은 가격을 받지 못한다. 메타버스에서 압류된 토지와 건물의 암시장 가격은 차이가 날 수밖에 없다. 구입자의 권리를 메타버스상에서 합법적으로 보호받을 수 없어서, 구입한 토지와 건물을 메타버스상에서 명시화하고 자본화하기 어렵다는 걸 사람들이 알고 구입을 꺼리기 때문이다.

농업혁명 시기에 서기의 장부가 실제 토지를 점유하는 것보다 더 실제적이라고 인식한 것과 같은 과정을 거쳐 메타버스상에서의 토지소유권 거래 이력은 실제 거래 이력으로 자리 잡을 가능성이 크다. 메타버스상에서 아프리카 어느 지역의 특정 토지가 담보화되어 그것을 기반으로 금융상품이 거래되고 토지의 소유권 이전 거래도 활발하게 이루어지는 데다, 그 정보를 투명한 메타버스상에서 누구나 열람할 수 있다면 구글의 토지 소유 장부는 이집트 서기의 장부와 같은 권위를 갖게 된다. 특히 등기소가 권위를 갖지 못하던 아프리카 오지의 국가들에서는 더욱 그러할 것이다. 메타버스상에서는 동결된 문제의 자산을 현실에서 사고팔 때, 권리의 상당부분이 제약된다는 것을 피차 인식하지 않을 수 없다.

모든 토지와 주택의 가격에는 사용가치만이 아니라 처분할 때 보상받을 수 있다는 믿음이 반영되어 있다는 사실만 생각해도, 실제와 믿을 수 있는 가상의 장부가 서로 연관되어 있다는 추론이 어렵지 않다. 즉, 인간에게는 장부를 현실보다 중시하는 감각이 있다는 사실을 우리는 신뢰할 필요가 있다.

15

스마트 콘트랙트와 모바일 기기의 궁합

모바일 기기는 가장 우수한 플랫폼이다

애플과 삼성은 어떨까? 이들의 힘은 이들이 전 세계에 뿌려 놓은 모바일 단말기에서 나온다. 후손들이 우리 시대를 모바일 혁명으로 정의하는 게 가장 타당하게 여겨질 정도로 모바일 기기의 확산은 빠르며 보편적이다. 사람들은 소득이 적어도 통신비는 아끼지 않으려 하고 자기만의 통신 기기를 소유하고 싶어 한다. 선진국에서는 이미 1인 1모바일을 넘어서고 있고 개발도상국에서도 1인 1모바일에 가까워지고 있다. 사하라 남쪽 아프리카sub-Saharan Africa의 모바일 보급률도 2025년까지 50%를 넘을 것으로 예측된다.

많은 국가의 국민들에게 모바일 기기는 중요한 자산이다. 특히 저개발국가의 국민들에게는 더하다. 튀니지의 부아지지가 저울과 수레 때문에 울화를 참지 못해 자살했고 그에 공감한 이들이 거리로 뛰쳐나와 장기집권 정부를 전복했다는 사실을 상기할 필요가 있다. 손안의 컴퓨터라 할 수 있는 오늘날의 모바일 기기는 지구인들이 가장 오랜 시간 가까이 두고 수시로 들여다보는 성인들의 애착인형이다. 거의 신체의 일부가 되었다고 말할 수 있다. 이런 모바일 기기를 제공해 온 회사들이 글로벌 신뢰망을 구축하는 것은 어쩌면 당연하다. 땅은 황량할 정도로 넓지만 거주하는 인구는 적고 가난해 은행망은 고사하고, 허접한 전당포조차 도달할 수 없는 곳에도 모바일은 이미 도달해 있다. 그런 곳에서 모바일 기기를 은행망처럼 사용할 수 있다면 그 자체로도 좋은 일이지만, 이는 20억 명 이상이 지구적 공급, 지구적 소비망에 포함되는 획기적인 도약이기도 하다.

모바일 기기는 개인들이 소장하는 점유물이지만 어딘가에 연결되어야만 가치를 갖는 등기물이기도 하다. 통신회사에 연결되어 있으며 모바일 자체가 고유번호를 가지고 있다. 소유자가 모바일을 통해 얻은 부채를 갚지 않거나 결제를 지연하는 등 신용상태가 나쁘면 금융을 제공한 회사는 핸드폰을 뺏는 대신 기능의 일부를 잠그는 방식으로 응징할 수도 있다. 스마트 콘트랙트가 제3자의 개입 없이 거래 상대의 비행을 차단할 수 있느냐는 질문을 해결하는 것과 관련 있다는 것을 앞에서 설명했다. 모바일 기기는 그 자체가 재산이자 소유자의 신체이기도 하고, 점유물이자 등기물이기도 하기 때문에 스마트 콘트랙트 플랫폼으로는 가장 대중적이면서도 가장 유연성이 높은 플랫폼이다.

모바일 기기의 가장 매력적인 점은 사용자와 밀착되어 있다는 점이다. 이 때문에 모바일 기기는 글로벌 신원인증의 가능성에 가장 근접해 있다. 글로벌 신원인증은 중요한 맥락이다. 왜냐하면 여러 가지 조건을 충족하는 글로벌 신원인증이 아직 없기 때문이다. 메타버스만 그런 게 아니라 현실에서도 그러하다.

글로벌 신원인증이 없는 현실

전 세계에서 10억 명의 인구가 출생신고를 하지 않는다. 자산의 명시화처럼 사람도 명시화되어야 하는데, 이들은 가족이나 친구가 아니면 그 사람의 정체성을 확인할 길이 없는 사람들이다. 가족이나 친구는 지역local에 있으므로 보편global에 나아갈 때 자신의 신원을 인증하기 어렵다. 토지개혁이 있기 전에 토지에 묶여 있던 여러 가지 재산권과 비슷한 상태다.

이는 글로벌 시스템에서 이들이 하나의 플레이어로 활동하려 할 때 가장 큰 장애요인이다. 심지어 사람들이 신원인증이 가능하다고 생각하는 증명서들도 익명사회에서 서로를 확인하기에는 부족하다. 평범한 사람들 사이에서 여권 같은 전통적인 인증서가 기능한다는 생각은 사실 착각이다. 왜냐하면 어느 도시의 암시장에서라도 돈을 조금만 쓰면 얼마든지 허접한 수준의 위조 신분증을 만들 수 있기 때문이다. 허접한 수준이어도 평범한 사람들은 진위 여부를 감별할 수 없다. 아울러 최근에는 AI의 신원도용 때문에 정확한 신원인증이 더욱 필요해졌다. 오픈AI를 설립한 샘 알트만Sam Altman이 투자하고 주도하는 월드코인 프로젝트가 이 문제를 해결하겠다는 야심을 표명했다.

홍채인식이나 지문인식은 생물학적으로 고유성을 입증하므로 신원인증으로서 나름 장점이 있다. 그러나 여러 회사들의 플랫폼이 모여 구축될 바로 그 메타버스에는 중앙정부가 없기 때문에 기관만이 진위를 확인하는 신원인증은 별로 의미가 없다. 홍채인식의 경우 한 번 ID를 만들 수는 있겠지만 어느 하나의 입구만 통과하면 타인이 그 ID로 그 사람 행세를 할 수 있다. 메타버스의 골목마다 ID 소유자의 홍채를 재차 확인하는 게이트를 두는 작업이 여간 번거롭지 않기 때문이다. 지문의 경우도 마찬가지다. 그 사람이 사용한 컵이나 핸드폰에서 지문의 본을 떠서 도용할 수도 있다.

메타버스 신원인증의 조건

익명의 사람들이 만나는 메타버스 공간에서는 신원인증에 요구되는 몇 가지 조건이 있다. 홍채나 지문 같은 신체정보는 하나 이상의 조건에 부합하지 못한다. 메타버스의 신원인증은 출생신고나 국가가 인정한 정체성과는 상당히 다르다. 메타버스에서는 누군가의 활동 행적이 바로 그 사람이다. 그 강의를 신청한 사람, 그해 그 학기 그 과목을 수강하고 B라는 학점을 딴 사람, 어느 게임에서 퀘스트를 완료한 사람, 그 몬

스터를 사냥한 사람이 바로 그다. 그래서 메타버스에서 사용될 신원인증은 행적과 사람을 연결하는 방법이기도 하다.

신원인증이 기계에 밀착된 경우, 즉 핸드폰의 소유자가 그 사람이라고 인정하는 방식은 기계를 훔친 사람이 그 사람 행세를 할 수 있는 문제가 있다. 또, 기계를 잃어버린 사람이 자기 신원을 복구할 수 없거나 복구하더라도 매우 번거롭다. 즉, 평범한 사람들 간에 확인이 가능하고 도용자가 그 사람 행세를 할 수 없으며 본인이 잃어버려도 복구가 가능한 신원인증이 필요하다. 이런 조건을 만족하는 신원인증이 메타버스에 기록된 그 사람의 행적과 정체성을 일치시킬 수 있다면 메타버스에서 누적한 포인트, 학점, 장부기록, 행적 등의 정보가치는 획기적으로 높아진다. 한마디로 메타버스라는 광대한 유니버스에서 신원을 명시화하고 금융자본화할 수 있다.

비탈릭 부테린은 소울바운드토큰SBT: Soul Bound Token의 가능성을 논하면서 사회관계망을 유력한 신원인증 방식으로 제시했다. 사람은 특정한 사람과 주기적인 관계를 맺기 때문에 ID(혹은 암호키)를 잃어버렸더라도 다른 사람들(엄밀하게 따지면 다른 소울들)이 인정해 주면 신원을 증명하고 회복하는 절차에 들어갈 수 있다. 또, 남의 ID를 도용해 얼마 동안은 그 사람인 척할 수 있지만 관계망에서 뭔가 이상한 낌새를 눈치챈 누군가가 의심하기 시작한다. 이런 의심이 수치화되면 신원의 확실성이 줄어드는 식으로 메타버스의 ID 탐지 AI 시스템이 도용자 주변에 경고를 날릴 수 있다. 그러면 더 많은 사람들이 의심하면서 엄격한 확인 절차가

진행된다.[30]

이쯤에서 눈치챘겠지만 메타버스에서의 신원인증은 0과 1이 아니라 점진적인 확률값으로 표현되어야 한다. 마치 전투시뮬레이션 게임의 주인공의 잔여 에너지가 캐릭터의 머리 위에 표시되는 형태와 비슷하다. 메타버스에서의 관계반응이 그 사람과 일치하면 신원의 확실성이 높아지고, 뭔가 어색하고 패턴이 갑자기 바뀌면 암호키가 일치하더라도 신원의 확실성이 낮아져 주변을 긴장시킨다.

모바일과 신원인증

모바일 기기와 연결되면 이런 개념에 부합하면서 더 확실하게 신원인증을 할 수 있다. 스마트폰을 비롯한 모바일 기기가 그 사람과 밀착되어 있기 때문이기도 하지만 기기를 잃어버려도 신원을 회복할 수 있기 때문이다. 이 역설을 이해해야 한다. 그 사람의 스마트폰을 획득했더라도 그 사람의 6개월간 통신과 모바일 사용패턴을 복사하지 못하면 기기가 이상을 눈치챈다. 일주일에 한 번씩 자녀와 통화한다든가 이틀에 한 번씩 배우자와 통화하는 것을 전화를 습득한 타인이 흉내 내기는 어렵다.

의심스러운 패턴을 보이면 AI가 통제를 시작할 수 있다. 스마트폰으로 전화를 걸고 받는 등 통신은 계속 사용하더라도 금융 앱의 접근은 막

---

30 출처: E. Glen Weyl, Puja Ohlhaver, Vitalik Buterin, "Decentralized Society: Finding Web3's Soul", 2022.5.11.

는 식이다. 반대로 스마트폰을 잃어버려 임시로 개통했거나 전화번호가 바뀌었더라도 지난 6개월간의 통화행적과 비슷한 패턴이 보일수록 메타버스 플랫폼은 이 새로운 번호와 새로운 기기의 소유자가 예전 그 행적의 인물과 동일인임을 확인해 줄 수 있다. 가까운 사람들과의 통화 패턴이 가장 확실하지만 스마트폰 앱의 사용방식이나 위치정보 패턴도 부수적으로 신원을 인증해 준다. 아무리 그 사람을 복제하려고 해도 그 사람의 배우자, 가족, 친구와 주기적으로 오랫동안 통화하거나 그 사람이 다니는 직장, 맛집, 지하철역 등 행적을 그대로 따라하기는 어렵다. 잘못하다가 그 사람과 마주쳐서 발각될 수도 있다.

메타버스의 신원인증은 아직은 가능성일 뿐이다. 앞으로도 여러 가지 유형이 시도될 것이고 사람들은 가장 신뢰할 만하면서도 가장 편리한 방식이 무엇인지 가려낼 것이다. 하지만 모바일 기기와 이를 연결하는 디지털 플랫폼을 소유한 기업이 이 경쟁에서 가장 앞서 있는 것은 분명하다.

16

결제의 최종성을 갖는 비트코인 그리고 페이먼트 전쟁

애플이냐, 삼성이냐

이런 면에서 애플은 가장 유력한 후보자다. 이미 애플은 다양한 모바일 기기들과 플랫폼의 동기화가 높은 생태계를 구축하고 소비자들을 길들여왔다. 어느 한 기기에서만 인증하면 애플 생태계 안에서는 번거로운 인증절차가 더 이상 필요 없다. 사진이나 동영상을 비롯해 문서 데이터를 따로 저장할 필요도 없다. 애플 생태계 안에서는 자기 ID로 작성하고 취합한 모든 데이터가 사용자를 따라다닌다. 어쩌면 애플은 처음부터 ID 중심의 생태계를 구축하기 위해 폐쇄적인 전략을 선택했는지도 모를 일이다.

매킨토시를 비롯한 애플의 제품들은 폐쇄성 때문에 초기에는 돈 많은 덕후들의 덕질(제품의 효용 때문이 아니라 그 제품을 팬심으로 응원하거나, 소비를 과시해 커뮤니티에서 인정받으려고 제품을 구입하는 행위) 수준에 머물렀지만, 그 폐쇄적 생태계 자체가 거대해지고 대중화되자 보안성과 편의성을 동시에 제공하면서도 복제품의 접근을 막는, 유일성 있는 생태계를 구축했다. 애플 생태계가 계속 거대해지면 향후 세계시민들이 보편적으로 사용하는 가장 편리한 신원인증 시스템이 될 수도 있다.

애플과 가장 어울리지 않는 개념이 바로 탈중앙화다. 애플의 팀 쿡Tim Cook은 일론 머스크Elon Musk가 트위터를 인수하고 얼마 지나지 않아 애플 스토어에서 트위터를 퇴출할 수 있다고 겁박하기도 했다. 트위터 같은 거대한 기업도 퇴출할 수 있다면 애플이 한두 명의 개인을 애플 생태계에서 퇴출하는 건 별로 어려운 일이 아니다. 애플 생태계는 편리하고 보안성도 높지만 애플에 의해 퇴출될 수 있다는 사실이야말로 프로토콜만 갖추면 인정받는 비트코인의 세계관과 가장 충돌하는 지점이다. 애플은 애매하고 자의적인 기준으로 플랫폼에 개입하고 판단하고 선별하는데, 이는 '판단하지 않는다'는 중립성의 정신에 가장 위배되는 행위다. 탈중앙화 플랫폼에 가장 반대되는 글로벌 기업을 꼽으라고 하면 바로 애플이라고 할 수 있다.

만약 모바일 기기와 메타버스를 오가는 신원인증 프로토콜을 놓고 삼성이 도전장을 내민다면 애플의 이 특징을 역으로 이용하는 전략을 사용해야 한다. 안드로이드는 프로토콜만 맞으면 정식 앱 스토어가 아니어도 앱을 올릴 수 있고 인터넷을 통해 앱을 직접 다운받거나 기기에 삽입해 사용할 수도 있다. 이런 프로토콜에 대한 개방성이 바로 삼성의 전략이다. 이 플랫폼에는 당연히 삼성만이 아니라 여러 기업들이 참여한다. 삼성은 모바일 기기를 확보하고 있기 때문에 개방형이라고 해도 주도권을 쥐고 생태계를 구축할 수 있다. 가히 반애플 전선이라고 불릴 만한 생태계 블록이 탄생할 수 있는 것이다.

편의성과 보안성은 애플 생태계에 못 미치더라도 중앙에 의해 배제될 염려는 훨씬 낮고, 구글을 비롯한 다른 IT 공룡기업들의 참여 가능성은 훨씬 높다. 이것을 이루어 낸다면 삼성은 메타버스와 금융과 무역을 결합하는 세계 최대의 경제생태계에서 핵심적 역할을 하게 될 것이다. 단지 기기를 제공하는 수준이 아니라 기기를 담보로 신원을 확인하고 금융 시스템으로부터 소외된 이들까지 포용하는 금융시장을 리드할 수 있다.

삼성의 한계, 기업 DNA

문제는 기업의 DNA다. 삼성이 스마트폰을 플랫폼이나 금융단말기로 보지 않고, 여러 기능을 가지고 있으며 고장 나지 않는 좋은 기계로 인식한다는 것이 잘 드러난 게 바로 삼성페이다. 삼성페이는 우여곡절 끝에 삼성 스마트폰에 탑재되었다. 신용카드 단말기에 반응하기 위해 관련 특허를 가진 외국 회사를 통째로 구입했기에 삼성페이는 널리 사용되었다. 젊은 소비자들이 애플의 아이폰 대신 삼성의 갤럭시를 선택할 때 가장 많이 고려한 요소가 삼성페이기도 했다. 그런 삼성페이도 여러 번 좌절을 겪어야 했다. 협력회사들의 문제 때문에 오작동하면 삼성폰이 욕을 먹는다는 우려 때문이었다. 또한, 신용카드사들이 삼성에 정보를 빼앗긴다는 우려로 주저하기도 했다. 그래서 삼성페이는 삼성 폰의 가치를 극대화하면서 협력사들의 우려를 원천 차단하는 방식으로 출시되었다.

삼성페이는 여러 신용카드를 모아 놓은 지갑에 불과하다. 삼성은 금융서비스를 하는 것이 아니다. 결제정보도 모으지 않는다. 예치금도 없다. 스타벅스마저도 선불카드로 예치금을 모아서 예탁자산이 웬만한 은행을 앞서고 있는데, 삼성페이는 삼성 스마트폰을 파는 데 도움을 주는 킬러 앱일 뿐이다.

한편, 애플은 금융업에 뛰어들고 있으며 당연히 저축을 받는다. 애플은 스마트폰을 단순한 모바일 기기로 보지 않고, 자신들이 구축하려는 거대한 애플 우주에 접근해 그 우주 내부를 이곳저곳 거닐 때 사용하는 수단의 하나로 보는 DNA를 이미 내재하고 있었다.

삼성은 스마트폰을 기기로만 인식하는 문화가 강하며 심지어 기계마저도 애플을 능가하지 못한다. 기업의 DNA는 결국 기업 엘리트의 체질이기도 하다. 이는 쉽게 바뀔 수 없다. 수십 년 동안 조직정치를 통해 걸러지며 성장한 엘리트들의 기업관이기 때문이다. 그 세대가 동시에 퇴출되고 새로운 세대가 올라오는 혁명은 기업에서는 좀처럼 일어나지 않는다. 그래서 세계적인 대기업이 변화하는 환경에 적응하지 못하고 하루아침에 지리멸렬해지곤 하는 것이다.

금융과 무역이 엔터테인먼트 위에서 결합하는 거대한 메타버스 경제에서 글로벌하게 뿌려진 모바일 단말기라는 우월한 지위를 이미 확보했음에도 기업 DNA에서 애플에 밀리는 삼성의 전망이 어두운 이유다.

아이폰 그리고 갤럭시와 라이트닝네트워크

2022년 4월, 미국 마이애미에서 비트코인 콘퍼런스가 열리기 전부터 잭 맬러스Jack Mallers는 애플과 뭔가 대단한 발표를 하겠다고 암시했다. 비트코인 기반 결제 서비스 스트라이크를 설립한 잭 맬러스는 2021년 비트코인 콘퍼런스에서 엘살바도르가 비트코인을 법정화폐로 채택한다고 깜짝 발표를 해서 세상을 놀라게 하기도 했던 터다. 그래서 2022년 마이애미 콘퍼런스에서는 애플이 암호화폐 산업에 과연 어디까지 발을 들여놓으려 할지가 최대 관심사가 되어버렸다. 그러나 실망스럽게도 콘퍼런스 현장에서 잭 맬러스는 애플에 대해 어떤 말도 하지 않았다.

아이폰의 행보는 한국의 대표기업인 삼성전자와도 직결되기 때문에 만약 애플사가 잭 맬러스에게 설득당했더라면 한국으로서는 비상사태나 다름없었다. 불과 15년 전까지 노키아가 핸드폰을 지배하던 기업이었다는 사실을 기억하는 젊은 세대는 많지 않다. 절대로 망하지 않을 것 같은 시장 지배력을 가졌던 노키아도 스마트폰으로 전환하는 과정에서 도태되고 말았다. 만약 비트코이너들이 주장하는 것처럼 비트코인이 화폐현상이고 이 화폐현상에 애플의 아이폰이 한발 앞서 깃발을 꽂는다면 삼성전자는 새로운 융복합 산업에서 주도권을 상실할 수도 있다.

세계적인 IT 기업들은 10년 전부터 페이먼트 전쟁을 벌이고 있다. 애플페이나 삼성페이, 구글월렛, 카카오페이 등 IT 기업마다 결제와 금융 프로젝트를 시도하고 있다는 사실은 이 전쟁이 얼마나 중요하고 치열한지를 충분히 보여준다. 그런데 왜 이 전쟁에서 하필 비트코인을 주목해야 할까? 사실 IT 기업들의 페이먼트 전쟁은 기술의 각축전이 아니다. 현재 선보이는 기술들은 오래전부터 가능했다. 문제는 기존 산업과 정부가 결탁해서 만들어낸 거미줄과 같은 규제다. 물론 규제 하나하나는 나름대로 타당한 이유가 있어서 창안된 것이 분명하다. 그러나 한 번 만들어진 규제는 기존 산업의 생태계를 보호하는 해자와 같은 역할도 하기 때문에 기술의 발전과 상상력의 확장을 가로막곤 한다.

복잡한 규제보다 더 복잡한 기존 금융기업들의 먹이사슬이야말로 비트코인이 IT 기업들의 돌파구가 될 수밖에 없는 이유다. 삼성페이를 놓고 모바일 금융의 모델로 보기는 어렵다. 삼성페이는 기존에 깔려 있는 카드리더기와 보안망 관리회사 그리고 카드회사를 모두 만족시키기 위해 스마트폰 안에 디지털화된 신용카드를 넣어 놓고 신용카드 리더기가 읽어내게 하는 등 소비자 편의를 고양한 것에 지나지 않는다.[31] 이것만으로도 대단한 혁신이라고 할 수 있지만, 삼성페이만으로는 삼성전자가 금융기업으로 성장하지는 못한다는 뜻이다. 삼성페이보다는 차라리 아마존이나 스타벅스의 예치금 카드가 금융업에 더 가깝다.

31 출처: 김경동, 《삼성페이 이야기》, 2021.

그렇다면 애플이 비트코인으로 하려는 것은 무엇일까? 일단 잭 맬러스가 비트코인 맥시멀리스트이며 수수료가 비싼 비트코인으로 반드시 커피를 사 먹어야만 직성이 풀리는 이들을 위해 만든 라이트닝네트워크 전문가라는 사실에 주목할 필요가 있다. 한때 애플이 비트코인이나 암호화폐의 개인지갑 앱을 차단한 적도 있지만 그것은 옛일이다. 그저 아이폰이 비트코인 지갑을 탑재하고 스마트폰에서 스마트폰으로 비트코인을 보내고 받게 한다는 것으로는 뉴스가 되기 어렵다. 이는 이미 아이폰에서는 물론 안드로이드폰에서도 되고 있다. 아이폰이나 안드로이드폰이나 스마트 계약의 담보물로서 신용카드 회사와 금융회사를 생략하고 글로벌 소비자 금융의 허브가 될 때 유의미하다.

비트코인은 최종성을 갖는 결제수단이다. 또한, 전자적인 형태로 통제가 가능하기 때문에 담보자산으로서도 훌륭하다. 즉, 비트코인은 스마트 콘트랙트의 전제를 모두 만족시킨다. 라이트닝네트워크는 바로 비트코인의 이런 속성을 이용해 거래가 빈번한 이들 간에 비트코인 블록체인과는 별도의 장부를 만들어 수수료를 절감하면서도 서로가 상대의 배신을 염려하지 않을 수 있게 한 결제방식이다.

예를 들어 단골로 이용하는 회사 앞의 카페 주인과 공통 지갑을 만들 수 있다. 이 지갑에 담긴 비트코인을 이동시키기 위해서는 둘 모두의 합의가 필요하다. 여기에 담보로서 비트코인을 넣어두고 매일 커피를 사 먹을 수 있다. 비트코인은 커피값만큼 카페 주인에게 이동하지만 아직 비트코인 블록체인에 올리지 않기 때문에 수수료는 없다. 외지로 전근을 가게 될 경우 더 이상 그 카페를 이용할 이유가 없으므로 그 상태에서 최신 장부를 블록체인에 올려 컨펌을 받는다. 이때 수수료를 한 번만 내면 되기 때문에 라이트닝네트워크는 수수료가 거의 제로라는 말이 나온다.

그러나 라이트닝네트워크는 논문으로 제시된 순간부터 비판에 직면했다. 가장 많은 비판은 빈부의 격차라는 현실적인 이유 때문에 비트코인을 담보로 삼을 수 있는 부의 차이로 야기되는 중앙화 문제였다. 어떤 사람은 100명의 사람과 라이트닝네트워크 채널을 만들 수 있는 반면 어떤 사람은 한 명하고만 채널을 만들 수밖에 없다. 그런데 라이트닝네트워크는 암호를 사용하는 스마트 계약이다. 직접적으로 채널이 없는 사람들도 각자 가지고 있는 라이트닝네트워크의 연결선을 이어 수수료가 거의 없이 거래할 수 있다. 따라서 많은 사람들과 채널을 만든 당사자가 신뢰의 허브가 될 수밖에 없다. 태생적으로 탈중앙화라는 이념을 버릴 수 없는 비트코인이 수수료 문제를 해결하기 위해 신뢰의 허브라는 거대한 중앙들을 만들게 된다는 것은 하나의 역설이다. 물론 라이트닝네트워크가 신뢰의 허브를 중심으로 연결된다는 것이 반드시 비트코인의 탈중앙성을 훼손하는 것이라고 말할 수는 없다.

라이트닝네트워크는 무섭게 성장하고 있다. 2023년 9월 기준으로 4,682BTC, 대략 1억 2,000만 달러어치의 비트코인이 예치되었으며 노드 수도 1만 5,000에 이른다. 결제 처리 속도는 비자의 1,660배에 이른다.[32]

---

32 출처: "라이트닝네트워크 예치 비트코인(BTC) $150M? 초당 처리속도 VISA 1,660배", 블록미디어, 2022.3.19.

라이트닝네트워크의 성장이야말로 단지 투자를 위해 거래소에서 비트코인을 거래하는 이들만이 아니라, 실제로 사용하기 위해 비트코인을 필요로 하는 이들이 전 지구적으로 늘어나고 있다는 것을 의미한다.

이런 현실은 애플의 아이폰이나 삼성의 갤럭시에 특별한 메시지를 던진다. 아프리카나 동남아시아에는 평생토록 은행계좌를 만들지 않는 이들이 절반이 넘는다. 아이폰이나 갤럭시가 소유자들과 바로 1:1로 라이트닝네트워크 채널을 만든다고 상상해 보자. 이 회사들이 가장 큰 허브가 되는 셈이다. 사용자는 소량의 비트코인을 스마트폰에 예치하고 결제에 사용할 수 있다. 또한, 비트코인의 가격이 변동하므로 두 회사는 특별한 서비스를 제공할 수 있다. 현재가로 동결하거나 매번 시가에 맞추는 선택권을 주는 방식으로 말이다. 가격을 동결하면 사용자는 변동성에 신경 쓸 필요가 없다. 가격이 오르면 아이폰이나 갤럭시가 수익을 취하면 되고 가격이 내리면 회사가 손실을 본다. 그러나 사용자가 많으면 이는 통계적으로 관리할 수 있어서 회사로서는 위험을 분산할 수 있는 여러 가지 방법이 있다. 이로써 애플과 삼성은 어떤 은행보다도 많은 예치금을 보유한 금융회사로 거듭날 수 있다. 더구나 스마트폰은 닉 사보가 30년 전에 상상한, 전자적으로 통제 가능한 이상적인 담보자산에 가깝기 때문에 신용카드 사기와 같은 문제로부터도 자유롭다. 한 해에 전 세계적으로 280억 달러가 넘는 신용카드 사기 규모로 볼 때 이는 결코 작은 이점이 아니다.[33]

---

33 출처: 「Nelson Report」, Issue 1209, 2021.12.

무엇보다 스마트폰과 암호화폐의 비밀키 자체가 인증이므로 더 이상의 신원정보는 불필요하다. 즉, 사용자의 정보를 스마트폰에 두느냐, 신용카드 회사의 서버에 두느냐를 놓고 규제당국까지 합세한 씨름에서 자유롭다. 즉, 삼성페이를 만들 때 설득해야 했던 수많은 이해당사자들과의 복잡한 절차가 모두 생략된다.

실행단계에서는 기술적 장애가 적지 않겠지만 기존 금융생태계를 설득하면서 모바일과 결합하는 것보다는 훨씬 간편할 수밖에 없다. 두 회사의 경영진이 비트코인과 스마트 계약 그리고 모바일의 결합이 가져올 의미를 깨닫고 나면 기존 금융회사들은 쓰나미에 직면하게 될 것이며, 금융망으로부터 소외되었던 20억 명 이상의 인구가 스마트폰이라는 간편한 은행을 하나씩 소유하게 될 것이다.

애플과 삼성 중 과연 누가 이 의미를 빨리 깨달아 실행할까?

잭 맬러스의 자신감에도 불구하고 2022년 초, 러시아가 우크라이나를 침공하면서 비트코인 업계는 지정학적 겨울로 진입했다. 다국적 기업들은 미국 정부의 눈치를 볼 수밖에 없었을 것이다. 거대 기업들의 블록체인 프로젝트가 이때를 기점으로 모두 침묵에 잠겼다. 잭 맬러스가 암시한 것이 무엇이었든 당시 분위기에서라면 애플은 계획하던 일을 연기하는 쪽을 선택했어야 했을 것이다. 그러나 이런 침묵이 계속될 것으로 기대하기는 어렵다. 잭 맬러스를 신뢰한다는 전제에서 추론하자면 애플 경영진은 스마트폰과 블록체인의 결합이 가져올 금융의 쓰나미를 일찌감치 파악하고 있다.

문제는 비트코인을 저주하는 지식인들이 여론을 장악하고 있는 한국이다. 이런 풍토에서는 아무리 기업에 지식과 자원이 있다고 해도 새로운 도전을 하기 어렵다. 지금이라도 비트코인에 대해 제대로 공부해보자는 여론의 전환이 필요하다. 비트코인이 단지 비트코인에 머물지 않고 한국의 산업경쟁력에 지대한 영향을 미칠 것이라는 오래된 경고에 이제는 정부가 앞장서서 귀를 기울여야만 한다.

THE
GREAT
BITCOIN

CH3

화폐를 해킹하다

17
'비트코인을 일찍 알았더라면' 이라는 환상

두 청년의 비극

비트코인에 무관심한 사람들도 '수백억 원어치의 피자'에 대해서는 한 번쯤 들어본 적이 있을 것이다. 이른바 비트코인의 첫 거래인데, 피자 두 판을 비트코인 1만 개와 맞바꾼 사례다.

2010년, 당시 라스즐로 핸예츠Laszlo Hanyecz라는 개발자는 비트코인을 채굴하는 몇 안 되는 사람 중 한 명이었다. 그는 비트코인을 어떻게 써먹어야 할지 고민하다가 피자 두 판을 주문하는 대가로 비트코인 1만 개를 주겠다는 제안을 인터넷에 올렸다. 그로부터 3일 뒤, 런던에 사는 19세 제레미 스투디번트Jeremy Sturdivant라는 청년이 그 제안에 응했다. 스투디번트는 미국 플로리다 잭슨빌에 있는 파파존스의 홈페이지에서 25

'피자데이'로 비트코인 역사의 일부가 된 라스즐로 핸예츠(출처: 블록미디어)

1만 BTC를 받고 피자 두 판을 보낸 제레미 스투디번트(출처: the sun)

달러(19파운드)짜리 피자 두 판을 주문하고 신용카드로 결제했다. 핸예츠는 스투디번트의 비트코인 주소로 1만 BTC를 송금했고, 집으로 배달된 피자 두 판의 사진을 찍어 인터넷에 올렸다.

해당 사진은 비트코인의 첫 거래 사례로 유명해졌다. 그럼 1만 BTC를 얻은 스투디번트는 지금 부자가 됐을까? 그는 몇 개월 뒤에 1만 BTC를 고작 400달러어치밖에 안 되는 거래에 사용해 버렸다. 16배나 이익을 봤으니 당시에는 만족했을 것이다. 그나마 그는 2009년부터 비트코인에 대한 확신을 가졌던 청년이라 얼마간이라도 기다려 그 정도 이익을 볼 수 있었지만, 다른 사람이었다면 그냥 남에게 줘버렸거나 아예 잃어버렸을 수도 있다.

이 일로 유명해진 스투디번트는 1만 BTC를 팔아 치운 것에 대해 후회하지 않는다고 말해 왔다. 그러나 비트코인 가격이 잊을 만하면 치솟는지라 마음고생이 이만저만이 아닌 듯하다. 언론에 소개된 그의 얼굴은 30대 초반이라고 하기에는 믿기지 않을 만큼 늙어 버렸다.

비트코인이 가치가 없을 때 장난삼아 채굴했거나 획득했다가 스투디번트처럼 거부가 될 기회를 날려버린 사람들이 즐비하다. 실제로 제임스 하웰스James Howells라는 영국 청년(그는 컴퓨터 엔지니어이기도 하다)은 2009년부터 직접 채굴해 모은 비트코인 7,500개가 들어 있는 컴퓨터를 폐기해 버리는 바람에 유명 인사가 됐다. 몇 년만 기다리면 1%의 확률일지언정 7,500BTC가 수백억 원이 될 수도 있다는 가능성을 생각했다면 그렇게 관리하지는 못했을 것이다. 하웰스는 지금도 해당 도시의 쓰레기 매립지를 뒤지며 자기가 버린 컴퓨터를 찾고 있다. 최근에는 160

억 원가량 투자를 받아 AI와 로봇개를 활용해서 쓰레기 매립장을 본격적으로 뒤지게 허락해 주는 조건으로 컴퓨터를 찾게 되면 회복한 비트코인의 일부를 해당 시市(웨일즈의 뉴포트)에 기부하겠다고 제안했다가 거절당하기도 했다. 시는 매립지를 뒤지는 행위가 환경에 악영향을 끼칠 것을 우려하고 있으나 하웰스의 계획에는 환경전문가를 고용하는 것도 포함되어 있었다.[34]

강연장에서 이 두 청년의 이야기를 하면 청중은 즐거워한다. 이는 사람들이 남이 잘되기보다는 불행한 것을 좋아할 만큼 악하기 때문이라기보다는, 이 두 청년의 이야기가 자신들의 지적 게으름에 다소 위안을 안겨다 주기 때문일 것이다. 두 청년의 이야기는 비트코인을 미리 알았다고 해서 모두 거부가 된 건 아니라는 사실을 상기시켜준다. 차라리 아무것도 몰랐던 게 나을 수 있다는 걸 암시한다. 한때 수백억 원을 손에 쥐었다가 놓아버렸으니, 이 청년들은 과거에 얽매일 수밖에 없지 않겠는가. 그런 과거를 안고도 미래를 기대하며 새롭게 출발하기란 거의 불가능에 가깝다. 그러니 차라리 아무것도 몰랐던 자신들이 더 낫다는 결론에 도달할 수 있다. 그러나 비트코인 현상이 이것을 뒤늦게 알게 된 우리로 하여금 이렇게 자족적인 생각에 머물도록 내버려두는 존재가 아니라는 게 문제다.

34 출처: “Man who threw away £150m in bitcoin hopes AI and robot dogs will get it back”, The Guardian, 2022.8.2.

비트코인은 치통이다

두 청년의 이야기는 남의 이야기가 아니다. 비트코인이 탄생한 순간부터 모든 사람들이 겪는 문제다. 자신이 막대한 손실을 보고 있다는 사실을 인식하느냐, 인식하지 못하느냐의 차이는 있지만 누구나 어느 시점에는 과거를 돌아볼 수밖에 없으며, 다른 누군가가 아닌 자기 스스로 부자가 될 수 있는 기회를 흘려보냈다는 사실을 인식할 수밖에 없다.

치통은 간헐적으로 온다. 견딜 수 없을 만큼 괴롭히다가 어느새 잦아들기도 한다. 치과에 가야 한다는 걸 알지만 안 가도 되는 이유를 스스로 만들어 뒤로 미룬다. 그러나 언젠가는 가서 마취하고 발치를 해야만 한다.

비트코인은 나올 때부터 괴물이었다. 잊을 만하면 뉴스에 나온다. 가격이 크게 올라 '나도 사야 하나' 할 즈음에 폭락했다는 뉴스가 들려온다. 그리고 비트코인은 끝났다는 전문가들의 분석이 이어진다. 또 몇 년이 흐른다. 그리고 다시 뉴스에 비트코인이 나오기 시작한다. 어느새 자기가 기억하던 가격이 아니다. 비트코인이라는 괴물은 모든 사람들을 치통의 딜레마로 몰아넣고 있다. 언젠가는 고통의 원인을 제거하기 위해 살벌한 도구들이 즐비한 치과에 가야 한다. 그렇다면 조금이라도 일찍 가는 편이 현명하다.

비트코인은 세상에 나오자마자 모두의 운을 시험하기 시작했다. 일찍 알수록 유리하지만 두 청년의 사례에서 보듯이 반드시 그렇지도 않다. 남보다 먼저 아는 것도 중요하지만 편견을 가지고 접하면 속도는 그다지 의미가 없다. 될수록 일씩 사서나 채굴을 시작하는 것도 중요하지만 오랫동안 지키는 것은 그보다 훨씬 중요하다. 그래서 비트코인 현상은 운만이 아니라 사람들의 지력을 테스트한다. 그리고 무엇보다 사람들이 속한 개별 사회가 얼마나 새로운 지적 흐름에 열려 있는지를 시험한다. 아무리 뛰어난 개인이라고 해도 갈라파고스처럼 고립되어 있다면 비트코인 현상에 대해 무지하거나 둔감할 수밖에 없다. 이 현상을 깨달았거나 촉이 좋은 사람이 침을 튀기며 전해 주어도 대부분은 외면한다. 하물며 주변에 그런 사람이 없다면 세상이 모두 비트코인을 알기 전까지 비트코인에 대해 진지하게 고민할 기회조차 얻지 못한다. 자신의 실력과 노력 때문이 아닌데 그것이 자신에게 너무나 중요한 무엇일 수 있다. 그래서 비트코인은 괴물이다.

불과 10년 전까지 비트코인을 소유하는 것이 장래 희망이거나 인생 계획의 한 부분을 차지한 경우는 전 세계에서 몇 사람밖에 안 됐다. 그러나 10년 만에 비트코인은 셀 수 없이 많은 사람들의 미래를 좌우하는 자산이자 목표가 되었다. 외면하기로 마음먹은 사람들에게도 잊을 만하면 다시 등장해 손실을 확인시켜주는 골칫거리가 되었다.

잡코인 현상은 추월의지다

잡코인 혹은 알트코인의 붐업과 붕괴를 통해 전해지는, 설명하기 어려운 집단적인 욕망도 비트코인이 던져준 인생의 질문과 관련 있다.

"왜 나에게는 기회가 없었을까?"라는 합리적이지는 않지만 누구나 할 수밖에 없는 질문을 통과하지 못하는, 즉 운도 주어진 현실이라는 인식에 이르지 못하는 철이 덜 든 사람들은 결국 "나라고 계속 이러라는 법은 없다"라는 황당한 논리적 도약에 이른다. 그리고 새로운 비트코인을 찾게 된다. 비트코인의 강건함을 뒤늦게 깨닫고 그때라도 비트코인을 사는 것은 과거의 불운과 판단착오, 무지를 어떤 식으로든 청산하는 정신적 성숙을 요구한다. 그러나 대다수의 사람들이 성숙하기를 바랄 수는 없다.

대부분의 사람들은 손실을 확정하고 싶어 하지 않는다. 손실확정 대신에 자신에게도 기회가 있다는 것을 스스로 증명하고 싶어 한다. 그것이 불확실하고 매우 위험한 선택이라도 손실확정보다는 고통이 덜하다고 느낀다. 새로운 기술, 게다가 주류 지식사회와 언론들이 제대로 보도하지 못하는 신생 업계에서 프로젝트를 분별할 안목을 가진 이들은 극히 소수이기 때문에 결국 사람들이 선택하는 것은 남들이 선택하는 것일수밖에 없고 그런 집단적인 움직임이 '알트코인 현상'을 만들어 낸다. 그래서 불과 몇 달, 몇 주, 며칠 만에 100배 혹은 1,000배가 올랐다가 요란하게 폭락하는 신기루 같은 일들이 반복해서 일어나고 있으며 앞으로도 일어날 것이다.

18

비트코인은 상품이 아니라 화폐현상이다

비트코인, 결국 0원이 된다?

《블랙스완》의 저자 나심 탈레브Nassim Taleb는 비트코인이 결국 0달러로 수렴될 것이라고 주장한다. 그의 주장은 나름 체계적이다. 비트코인은 역사 속에서 검증되어 현재까지 이른 그 어떤 자산과도 비슷하지 않다. 배당이나 이자를 약속하지 않는다. 어떤 재산에 대한 잔여 청구권도 아니다. 게다가 외부로부터 끝없이 에너지를 끌어와야만 시스템이 안전하다. 다만, 계속 가격이 오를 것이라는 기대로 투자를 끌어들여서 여기까지 올 수 있었던 것일 뿐이다. 끊임없는 상승의 기대가 신규가입자를 끌어들였지만 이런 기대가 멈추는 순간 비트코인은 아무런 쓸모가 없다. 그는 자신의 트위터를 통해 비트코인에 해로운 것은 혐오보다는 무관심이라고 말했다.[35] 비트코인 가격이 계속해서 상승하지 못한다는 것을 확인하면 사람들은 서서히 무관심해지고 새로 유입되는 이들이 없어 비트코인은 결국 조용히 사라질 거라는 말이다. 그러나 탈레브의 생각은 비트코인이 가격이 오르지 않아도 되는 화폐현상이라는 데까지는 미치지 못했다. 정말로 비트코인이 화폐현상이 아니라 그저 투기적 수요일 뿐이었다면, 탈레브가 말한 미래는 이미 과거에 여러 번 왔어야 했다.

비트코인은 난해하다. 그 이유는 상식에 어긋나기 때문이다. 얼핏 보면 다단계 스캠scam(신용사기)으로 보인다. 새로운 사람들이 계속 유입되어 사주어야만 가치가 유지된다. 그러나 이런 오해는 주로 화폐와 상품을 혼동하는 데서 나온다. 비트코인은 부가가치가 더해진 상품이 아니다. 회의론자들은 비트코인에 용도가 있느냐고 묻고 성급하게 없다는 결론에 다다르는데 이는 그 자체로는 맞는 말이기도 하다. 비트코인은 사용처가 있어서 가격을 갖는 것은 아니다. 이렇게 말하면 비트코이너가 비트코인이 스캠이라는 사실을 인정하는 발언으로 들리겠지만 사실은 반대다. 화폐와 상품에 대해 사람들이 접근하는 태도가 완전히 다르다는 것을 깨달아야만 비트코인 현상을 이해할 수 있다. 회의론자들의 주장대로 비트코인을 사용함으로써 효용을 얻는 상품적 가치는 당장은 크지 않다. 그렇다고 해서 '비트코인은 사기'라고 성급하게 결론을 내려서는 안 된다. 만약에 비트코인이 정말 화폐현상이라면 '어디에 사용하

35 "What will eventually kill bitcoin won't be a crash but inexorable decay. Fads are more threatened by indifference than by disgust".

는가' 때문에 가치를 유지하는 것이 아니라 '어떻게 획득했는가'에 따라 가치가 형성될 수 있다. 비트코인은 화폐현상이고 더구나 이는 충분히 재현이 가능한 보편적인 현상이다.

비트코인이 의미 있는 가격, 1달러를 가진 것은 신비로운 일이다. 비트코인 가격이 1달러를 완전히 넘어서고 나서 10년 동안 다시 1달러 미만으로 떨어지는 일은 벌어지고 있지 않다. 회의론자들에 의하면 대중의 환상이 어떤 계기로 인해 꺼지는 순간, 비트코인은 소위 '악의 순환'에 접어들어야 하며 십수 년간 걸어온 그 길을 단 몇 달 만에 되돌아가야만 한다. 그러나 그런 일은 벌어지지 않고 있다. 가격은 떨어질지언정 사람들이 동시에 환상에서 깨어나 남보다 먼저 팔아 치워야만 그나마 얼마라도 건질 수 있다는 패닉에 휩싸이지는 않는다.

그런 일은 오히려 종이화폐를 다루는 은행에서 벌어지고 있다. 2023년 3월, 미국 내 자산 기준 16위 규모(총 자산 2,090억 달러, 총 예금 1,754억 달러)로 실리콘밸리 스타트업의 돈줄로 불리던 실리콘밸리은행SVB이 뱅크런(대규모 예금 인출 사태) 발생으로 폐쇄close되었고 뉴욕 시그니처 은행에서도 뱅크런이 발생하여 폐쇄되었다. 미국 연준이 이자율을 올리자 미국 채권 가격이 떨어졌고, 안전자산이라고 생각해 채권을 잔뜩 들고 있던 은행들이 망할 위기라는 소문이 퍼지자 예금을 동시에 찾으려 하는 일이 벌어졌다. 미국에서 연이어 터진 뱅크런이야말로 신뢰를 잃은 은행망이 순식간에 마비될 수 있다는 것을 환기시켜준다.

정부의 비호를 받는 은행도 뱅크런이라는 악순환에 접어드는데, 정부의 공격에 무참할 정도로 노출되었던 비트코인에서 그런 일이 벌어지지 않는 걸 어떻게 설명해야 할까? 비트코인 가격이 폭락하면, 그동안 가격이 떨어지기를 기다리다가 조용히 매집하는 사람들이 적지 않다. 가격이 떨어지면 탈레브의 예견대로 일반인들은 관심을 끊는다. 그러나 그렇다고 0달러가 되지는 않는다. 그렇게 무관심한 몇 년을 보내고 나면 비트코인 가격은 어느새 이전과는 단위가 다른 수준에서 형성되어 있다.

이 모든 일은 상품적 가치가 없는 비트코인이 1달러를 넘어섰기에 가능한 일이다. 일단 가격을 가지면 비트코인의 생태계는 가격을 올리는 방향으로 톱니바퀴처럼 맞물려 돌아간다. 가격을 보고 채굴자들이 들어오고 아울러 인재들이 들어온다. 채굴자가 늘어나면 비트코인 시스템의 보안성이 강화되므로 비트코인 생태계는 더 강건해진다. 비트코인이 강하다는 입소문이 나면서 이 시스템에 호기심을 가진 이들이 진지하게 공부하고 원리를 이해한다. 아예 외면하는 사람도 많지만 머리가 좋은 이들일수록 한번 이해하면 비트코인 생태계에 남아 뭔가를 시도한다. 그러면 한정된 수량 때문에 코인의 가격이 올라간다. 코인의 가격이 올라가면 더 많은 채굴자와 인재와 회사가 모여들고 생태계 전반에 생기가 돈다. 그러나 1달러라는 의미 있는 가격을 갖지 못하면 이러한 선순환은 시작조차 하지 못한다.

1달러의 기적

가치 없는 데이터 쪼가리가 1달러를 넘었고 계속 1달러 이상에서 거래되고 있다. 즉, 우연히 한 번 발생한 사건이 아니라 지속적인 상태가 되었다. 아무리 엄청난 숫자를 곱해도 0은 0이다. 그러나 1달러가 넘으면 확장이 가능하다. 그래서 1달러 이상, 의미 있는 가격을 유지하는 것이야말로 중요한 현상이고 주목해야 할 일이고 이해해야만 할 신비다.

비트코인은 화폐적 용도로 쓰지 못하고, 따라서 가치를 갖지 못하고, 따라서 사람들의 환상이 깨지면 튤립버블처럼 일시에 사라질 거라고 주장하는 경제학자들의 논리는 매우 타당하다. 그러나 그들이 놓치고 있는 것은 비트코인이 1달러를 넘어서 10년 넘게 그 가격을 유지하고 있다는 현실이다. 만약 경제학자들이 비트코인이 1달러 미만으로 다시 내려가는 일이 불가능에 가깝다는 것을 인정한다면, 그들의 논리는 그대로 비트코인의 강건성을 증명하는 쪽으로 활용될 수도 있다.

비트코인은 사용처가 분명치 않다. 그럼에도 불구하고 오랫동안 객관적인 가격을 유지하고 있다. 비트코인의 가격은 요동치므로 일상적인 화폐로서는 기능하기 어렵다. 그리고 금융기관은 물론 국가들도 인정하지 않는다. 그 정도가 아니라 기회가 있을 때마다 엘리트들이 저주를 퍼부어 왔다. 그 사실을 대다수가 인지하고 있음에도 비트코인의 가격은 전반적으로 우상향하고 있다. 비트코인이 이론이라면 10년 이상 혹독한 비판을 견뎌낸 이론인 셈이다. 이는 화폐에 대한 경제학자들의 통념에 중대한 하자가 있다는 걸 암시한다. 비트코인은 그 자체가 화폐에 대한 사람들의 통념을 깨부수고 화폐에 대해 수준 높은 이해에 도달하게 촉진한다.

비트코인처럼 데이터 쪼가리에 불과한 그 무엇이 특정한 조건을 부여받을 때 가격을 갖는다는 사실을 재현할 수 있다면 어떨까? 그러면 비트코인 가격이 1달러를 넘은 것이 기적이 아니라 재현 가능한 과학적인 현상이라고 주장할 수 있게 된다. 놀랍지도 않지만 비트코인 가격이 1달러를 넘어서는 것은 재현이 가능하다. 그리고 나는 여러 사람들과 함께 이를 재현하는 데 성공했다.

그것도 경제학자들이 매몰원가(매몰비용)라고 부르는 오류 혹은 사람들의 착각을 주요 동력으로 삼아서 말이다.

화폐의 비밀은 매몰비용이다

경제학자들은 매몰원가 혹은 매몰비용을 고려하는 것은 합리적이지 않다고 가르친다. 뷔페에 들어가서 본전을 뽑으려고 고통을 감내하면서까지 배에 음식을 채워 넣는 것은 미련한 짓이다. 뷔페를 선택할 때 이미 의사결정은 종결된 것이다. 뷔페에서 얻을 최대치의 행복과 입장료를 비교하면 된다. 일단 입장료를 내고 들어온 이상 음식이 맛이 없거나 선도가 떨어지면 조금만 먹고 나오는 것이 최선이다.

물론 고통을 감내하면서 음식을 입에 털어 넣는 것은 매몰비용을 떠나서 매우 미련한 짓이다. 그러나 사람들은 매몰원가를 고려한다. 그게 합리적이지 않다는 것을 알면서도 본능에 따라 그렇게 선택할 때가 많다. 대표적으로 투자한 자산을 구입한 비용 이하에서 팔아 치워 손실을 최소화하는 '손절'이 어려운 이유이기도 하다. 혹은 피상적으로 매몰비용에 집착하는 것으로 보여도 거기에 어떤 합리성이 있을 수도 있다. 예를 들어, 정보의 확실성을 고려하면 아내나 남편이 마음에 안 들어도 새로운 사람과 가정을 꾸리는 데서 오는 불확실성의 위험이 너무 높아서 참고 사는 것이 낫다고 판단한다. 이 모습을 외부인이 볼 때는 매몰원가에 집착하는 것으로 볼 수도 있다.

비트코인 현상은 매몰원가에 집착하는 무리로서 호모 사피엔스를 전제하지 않으면 논리적으로 설명하기 어렵다. 개개인은 경제학자들의 주장대로 합리성에 따라 행동할지라도 화폐현상을 집단적으로 창출해내는 호모 사피엔스는 매몰원가에 집착한다. 매몰원가야말로 '인간 개미'들이 무리행동을 할 때 이에 영향을 미치는 강력한 페로몬으로 작동하기 때문이다.

조개가 화폐로 쓰인 것은 최근까지의 일이다. 셈법이 어눌한 원시인들의 착오가 아니었다. 대항해 시절 조개는 무역에서 잔돈으로 기능했다. 말할 것도 없이 금화와 은화가 너무 고액권이기 때문이었다.

몰디브에서 생산되는 카우리 조개는 적어도 1,000년 정도 화폐로 기능했고 무려 20세기까지 통용됐다. 주경철 서울대 교수의 저서《대항해시대》에서는 카우리 조개가 국제무역에서 광범위하게 사용됐다고 기술한다. 19세기 인도의 지방을 관할한 한 영국인 관료의 기록에 따르면 쿠타크 지방에서 화폐의 유통량은 금화 1, 은화 24, 동화 4, 카우리 조개

11의 비율이었다고 한다. 카우리 조개에는 내재가치가 없다. 항해 중인 배의 중심을 잡기 위해 배 바닥에 깔아두었는데, 이것이 상품으로서 용도의 전부라면 전부였다. 카우리 조개는 모양이 단일하고 몰디브 지역에서만 생산된다고 여겨졌으며 모조가 거의 불가능했다. 카우리 조개는 금·은·구리 및 다른 어느 금속보다 유통량이 많았지만 19세기 후반 유럽인들이 잔지바르 지역에서 또 다른 종류의 조개 화폐를 대량으로 들여온 후 가치가 낮아졌고 결국 화폐로서 의미를 잃고 퇴장했다고 한다.

카우리 조개(출처: https://magazine.hankyung.com/business/article/201801237197b)

조개껍질은 그 자체로는 쓸모가 없다. 다만 균질한 조개껍질을 모으기 위해 누군가의 노동이라는 비용을 투입했다는 것만이 중요하다. 만약 호모 사피엔스가 매몰비용에 집착하지 않는다면 애초에 조개를 모으는 데 비용을 투입하지 않았을 것이며, 그 비용이 신호가 되어 조개수집과는 관련 없던 사람이 조개를 화폐로 수용하는 일은 발생하지 않았을 것이다. 자연상태에서 균질한 조개껍질을 모아 화폐처럼 사용하려면 막대한 노동이 투입되기 때문에 손쉽게 양이 늘어날 수 없다고 인간 개미들은 생각한다.

인간의 무리행동을 개미들의 무리행동처럼 신호에 따른 작용으로 볼 때 비용에 집착하는 것은 충분히 설득력이 있다. 인간을 개별적 차원에서 행동하는 주체로 억지로 하나하나 떼어 놓고 볼 때만 매몰원가에 미련하게 집착하는 것으로 보일 뿐이다.

알트코인도 매몰원가 현상이다

돈을 받고 암호화폐를 판다면 손쉽게 가격을 형성할 수 있다. 이는 흔히 비트코인을 재현하는 방법이기도 하며, 비트코인 이후 생겨난 무수한 알트코인 프로젝트를 통해 확인할 수 있다. 비트코인 가격이 올라서 그 뒤를 따라 가격이 오르는 알트코인의 계절이 돌아왔을 때, 적당한 기술을 적당한 마케팅으로 포장해 손쉽게 돈을 벌고자 하는 이들을 끌어들이는 것은 그다지 어렵지 않다. 그러나 결과적으로 오래 버티지 못하거나 성과가 기대에 미치지 못한다. 무수한 코인 프로젝트들이 한동안 주목받다가 사라지거나 유명무실해지지만 이들은 각기 비트코인의 화폐현상을 부분적으로 재현했다고 할 수 있다. 회의론자들의 말마따나 코인 프로젝트들 대다수가 내재가치가 있거나 증권처럼 지분에 대한 권리를 보장하지 않는데도 가격을 가지니 말이다.

알트코인 프로젝트들을 통해서도 매몰원가에 집착하는 인간 개미들이 무에서 유를 창출할 수 있다는 것을 알 수 있다. 그러나 이런 프로젝트들은 의도했거나, 의도하지 않았더라도 단기적인 욕망에만 의지하는 설계로 인해 비트코인처럼 항구적인 선순환을 만들어내지는 못했다. 알트코인 프로젝트 초기 진입자들은 손쉽게 큰 부자가 될 수 있을 거라고 확신한다. 일단 비트코인이 몇천 배, 몇만 배 올랐다는 사실을 인지한 상태에서 자기 블록체인의 기술적 진보를 어려운 말로 떠벌리고 셀럽을 마케팅에 투입하면, 자기가 만든 알트코인 프로젝트를 손쉽게 출항시킬 수 있다. 비록 단기적인 욕망이지만 이렇게 하면 비트코인이 성과를 거두는 데 2년 가까이 걸린 시간을 초단기로 압축할 수도 있다. 많은 사람들이 '제2의 비트코인이 될 것'이라는 마케팅을 믿거나 아니면 믿지 않더라도 초기에는 무조건 돈을 벌 수 있다는 기대로 참여하기도 한다.

이렇게 한번 구입한 코인을 자신이 구입한 가격보다 싸게 팔기는 어렵다. 그러나 알트코인은 가격이 떨어지기 시작하면 무섭게 폭락한다. 가치가 95% 이상 순식간에 없어지기도 한다. 돈 주고 샀으니 그야말로 매몰비용을 투입한 프로젝트가 이 정도로 폭락한다는 건 이론상 쉽지 않다. 즉, 단지 신뢰를 잃었기 때문만이 아니다. 조사해 보면 실제로 매도물량이 엄청나게 쏟아진 경우가 허다하다. 알트코인 프로젝트에서는 발행자와 초창기 헐값에 다량의 코인을 불하받은 사람들이 암묵적인 약속을 어기고 시장에 한꺼번에 많은 물량을 쏟아내 버리곤 한다. 그것도 크게 올랐다가 하락하는 시점에 미친 듯이 팔아 치운다.

산에서 돈을 만들다

한편, 발행자가 돈을 받지 않고 코인을 배포하면서도 배포받는 사람들이 비용을 지불하게 하는 설계도 충분히 가능하다. 발행사에게 돈을 주고 사는 대신에 자신들의 시간과 노동을 투입하게 하면 된다. 이때 주의할 것은 발행자가 돈을 받지 않는다고 너무 손쉽게 코인을 얻게 하면 코인이 가격을 갖기가 어렵다는 점이다. 그렇다고 처음부터 높은 비용을 투입하도록 설계하면 참가자들의 수가 적을 수밖에 없으므로 생태계의 확장성이 사라진다. 처음에 다수의 사람들이 참여하지 않는다면 인간을 개미로 간주해 페로몬에 반응하게 하는 무리행동으로서 화폐현상을 재현하기 어려워진다. 따라서 난이도를 적절하게 설계해 배포받는 사람들로 하여금 도전해 볼 만하다고 생각하게 하는 것이 무척 중요하다.

처음에 이 도전을 시도하게 하려면 어떤 유인들 혹은 강력한 매력이 필요하다. 자신들이 역사적으로 중대한 실험에 참여하고 있다고 인식하게 해도 좋고, 이 코인이 나중에는 의미 있는 가격을 가질 것이라는 경제적인 비전을 제시하는 것도 방법이다. 그리고 반드시 발행량을 포함해 생태계의 핵심적인 변수들을 충분히 이해시켜 신뢰할 수 있는 환경을 조성해야만 한다. 무엇보다 발행 주체가 단기적인 탐욕에 끌려 자산을 처분하지 않을 것이라는 사실에 대한 참가자들의 강건한 신뢰가 꼭 필요하다.

화폐현상이 그렇듯이 모두가 동의하거나 모두가 신뢰하는 것이 처음에는 가능하지도 않지만 그다지 중요하지도 않다. 충분한 수의 사람들이 강력하게 신뢰한다면 화폐현상은 재현되며, 신뢰의 구심점만 확고하면 신뢰망의 확산은 시간문제일 뿐이다. 그야말로 화폐는 남이 신뢰한다는 것에 대한 믿음만으로 기능하는 것일 뿐 내가 믿을 수 있는가는 부차적인 요소다. 이는 초기에 비트코인을 놓친 사람들이 주로 간과한 사안이기도 하다. 자신이 동의하거나 이해하는 것과 화폐현상은 무관한데도 초기에 비트코인에 노출된 사람들 중 다수는 강력한 커뮤니티가 이미 존재한다는 사실을 알고서도 관심을 기울이지 않았다. 자기의 직관에 어긋났기 때문이다. 사람들의 인식을 좀 더 노골적으로 표현하자면 "감히 내 허락도 받지 않고 어떻게 새로운 화폐를 만들어? 말도 안 돼!"라고 할 수 있다.

'자신의 자발적인 선택으로 비용을 투입한 산물에 대해 남에게도 그 이상의 가치를 요구하는 데서 비트코인 현상이 출발했다'는 가설이 맞는다면 일단 이 프로젝트에 참여한 사람들은 자신들이 공들여 얻은 코인을 헐값에 내다 버리지 않으려 할 것이다. 이런 분위기가 집단적으로 형성되면 비트코인처럼 초기 가격을 형성하게 되므로 이후로는 경제적 유인에 끌린 이들이 확고한 신뢰 없이도 참가하게 된다. 가격이 일단 1을 넘으면 큰 수를 곱할 수 있다. 가격을 가지면 생태계가 확장될 유인이 생기고 생태계가 확장되면 그 규모가 가격에 비례적으로 반영된다. 그러면 비트코인처럼 점차 활기찬 생태계로 발전하면서 가격을 높이는 톱니바퀴를 움직일 수 있다.

처음에는 돈을 내고 책이나 커피, 음식을 사는 가벼운 미션을 주었다. 추후 증권 시비에 말리지 않기 위해 초창기에 돈으로 특정 상품을 구입할 때 코인을 첨부해서 준 경우에도 나중에 본격적으로 배포했을 때에 비하면 배포량이 많지 않았으며, 그마저도 코인의 양을 미리 알려주지 않았다. 먼저 물건을 산 사람들이 SNS 같은 수단을 이용해 자발적으로 이를 알렸고, 그런 정보를 공유하는 과정에서 커뮤니티가 구성되었다. 코인은 전자 형태지만 상품을 구입할 경우, 상품에 코인이 담긴 종이지갑을 끼워서 주었다. 이후로 이 실험은 종이지갑이라는 감각적인 매개체를 활용했다.

초창기 비트코이너들은 종이지갑을 통해 비트코인의 거래와 보관법을 스스로 익히거나 PtoP 거래에 활용했는데, 거래소가 확산되면서 거래소 계정에 보관하거나 하드월렛에 빼서 혼자 보관하는 문화가 확산되었다. 결과적으로 종이지갑을 체험할 기회가 줄어들었는데 이는 사실 PtoP 거래의 강력한 수단에 대한 기억을 잊어버린 것과 같았다. 실험 주체가 책이나 커피, 음식을 사는 이들에게 강조한 것은 코인보다는 종이지갑이었다. 비트코인의 주소와 암호체계의 원리, PtoP 거래를 일반인들이 손쉽게 체험하도록 하는 도구로서 종이지갑은 탁월한 선택이다. 코인을 담아 주는 것은 비트코인과 원리적으로 동일하지만, 헐값인 코인으로 떨지 않고도 비트코인을 개인지갑에서 옮기는 연습을 할 수 있기 때문이다. 상품을 구입하면 끼워주는 일종의 판촉물인 동시에 문구이며 어른들의 장난감일 뿐이었다.

비트모빅 종이지갑

여기서 중요한 것은 코인을 얻기 위해서는 조금이라도 돈을 지불해야만 한다는 인식을 사람들에게 심어주는 것이었다. 공짜로 코인을 얻을 수 있는 방법은 없다고 믿게 해야 했다. 그리고 얼마 뒤 한 시간 정도 시간을 내야만 오를 수 있는 산 위에서 코인을 나누어 주는 식으로 본격적으로 대량배포를 시작했다. 그렇게 점차 난도를 높였고, 가족들과 함께 호주의 한적한 시골로 여행을 와서 받아 가게 했다. 한국인 중에서는 500여 명이 두어 달 전 호주행 비행기표를 미리 예매했다는 것을 인증하고 참가할 권리를 얻었다. 이미 코인이 부족한 상태였으므로 인원수를 억제해야 했을 정도로 인기가 높았다. 6개월간 프로젝트를 진행하는 과정에서 코인의 가격은 미미한 수준, 그러니까 호기심에서 호가를 부르고 구입해 보고 보내 보는 놀이 수준에서 형성되기 시작했다. 그러다가 프로젝트의 난도와 함께 코인의 가격도 점차 높아지다가 배포가 끝나는 시점에 폭등했다.

프로젝트에 따라온 사람들은 여행도 하고 돈도 번 셈이 되었다. 가격이 높아지는 것을 보고서야 무작정 비행기를 타고 호주로 온 참가자들도 있었다. 이로써 배포 프로젝트가 마무리되는 동시에 의미 있는 가격이 형성될 무렵까지 손해를 본 사람은 아무도 없는 프로젝트가 완성되었다. 마치 '무에서 유를 창출'하듯 1,000여 명의 사람들이 가치물을 만들어내는 데 성공했다. 이 모든 과정은 예정한 대로 이루어졌으며, 심지어 참가자들은 자신들이 인간이 아니라 개미처럼 행동하게 될 것이라는 실험자의 설명을 미리 반복해서 들었다. 하나의 거대한 사회실험이라는 사실과 자신들이 실험대상이라는 사실을 인지했음에도 사람들은 산에 올랐고 제주도와 호주에 오기 위해 가족들을 어렵게 설득했다.

혹자는 이 실험의 설계자가 거대한 기업이 암호화폐 생태계를 반복해 이용할 수 있을 것이라는 '불확실한 비전'을 제시했다는 이유로 이 실험이 순수한 화폐현상의 재현이 아니라고 반론할 수도 있다. 사실이며 일면 타당한 논리다. 그러나 실험자는 대기업이 암호화폐 생태계를 활용한다고 해서 참가자들이 얻은 코인을 대기업이 활용하는 것은 아니라는 점도 주지시켰다. 블록체인의 원리상 코인의 가격은 노드를 운영하는 채굴자들을 유인하는 인센티브다. 대기업은 자신이 직접 여러 개의 서버를 운영하고 동기화하며 비용을 투입하는 대신에 자발적으로 서버를 운영하는 이들의 노고에 무임승차 할 수 있다. 코인의 가격은 해당 코인 생태계의 힘을 반영한다. 그 에너지가 노드를 운용하는 데 쓰이므로 탈중앙화된 여러 대의 서버가 저절로 돌아간다. 기업은 탈중앙화되어 있는 생태계의 에너지를 활용해 자신들이 구축하고자 하는 새로운 블록체인 사업들을 진행할 수 있을 뿐이다. 그렇다 하더라도 대기업이 그간 개인에게 배포되었던 코인을 회수한다거나 대량으로 비싸게 매입하지는 않는다. 이 원리는 실험 참가자들에게 반복해서 주지시켰다. 그들에게 화폐의 재현원리를 활용해 궁극적으로 기업형 블록체인을 구축해 나가도록 설계되어 있다는 사실은 충분히 설명했지만, 그것이 코인의 가격을 끌어올리는 메커니즘에 대해서는 어떠한 확실성도 주지 않았다.

비트코인이 1달러를 넘는 과정에서도 사람들의 생각은 제각각이었다. 어떤 사람들은 '비트코인이 미래에 달러를 대체할 것'이라고 믿기도 했으며 '마약과 같은 불법적인 상품을 구입하는 데 안전하게 사용할 수 있을 것'이라고 착각하기도 했다. 그러나 이런 먼 미래에 대한 비전과 착각이 당장의 현실과 어긋났을 때도 비트코인 가격은 고꾸라지지 않았다. 왜냐하면 주관적인 생각이 비용의 투입이라는 과정을 통해 객관화되었기 때문이다. 설계자가 아무리 설명해도 참여하는 사람들의 생각과 목적은 제각각일 수밖에 없다. 그러한 요소들 때문에 이 실험의 설계가 애초에 잘못되었다고 단정하는 것은 현실을 외면하는 지나치게 이상적인 잣대다. 오히려 비트코인처럼 개별적이고 주관적인 오해들에도 불구하고 가격을 가지게 된 역사를 엇비슷하게 재현하기 위해서라도 사람들이 저마다 착각과 이해의 격차에 노출되도록 놔두는 것이 더 자연스럽고 설득력 있다고 평가할 수도 있다.

'산'이라는 공간을 선택한 이유도 이 때문이다. 사람들은 자신의 생각을 다른 사람을 통해 확인하고 싶어 한다. 다른 사람이 동의하든 아니든 간에 삼각형의 세 내각의 합은 180도라는 지식이 흔들릴 이유는 없다. 그러나 인생사의 유용한 확신 중 그 정도로 명징한 명제는 드물다. 사람들은 자기가 '옳다'고 믿는 것을 남들의 입을 통해 들을 때 확신을 강화한다. 화폐실험이 특정한 날짜와 산이라는 공간에서 이루어진 이유는 비트코인이 걸어온 과정을 압축하기 위해서이기도 했고, 사람들의 무리 행동에 대한 인문학의 이론적 안내표지를 설계자가 확신했기 때문이다.

사람들은 인터넷 공간에 자신과 비슷한 생각을 하는 사람들이 있다는 것을 이미 확인한 터였다. 그러나 그들이 말로만 그런 것인지 아니면 자신의 믿음을 위해 비용을 투입할 용의가 있는지까지는 알기 어려웠다. 얼굴과 이름이 가려지고 사용자의 시간 편의성이 너무 높은 인터넷이라는 가상공간에서 사람들의 헌신도를 측정하는 건 쉽지 않다. 생태계를 구성하는 이들이 서로의 커밋먼트commitment(헌신에 대한 맹약)를 신뢰하는 것이 이 실험의 본질이다.

'매몰원가가 인간 개미들의 페로몬'이라는 선언은 단지 비유가 아니다. 바쁜 도시인들이 같은 날, 같은 장소에 모이기 위해서는 평균적으로 많은 기회비용을 지불해야만 한다. 그것도 한 시간 가까이 산에 올라야 하는 프로젝트에 참여하는 자기 자신을 포함한 다수의 사람들을 직접 눈으로 볼 때, 사람들의 주관적인 생각은 갑자기 객관성을 얻는다. 이렇게 보이는 비용과 보이지 않는 비용을 지불한 사람들은 다음번 프로젝트에도 참여하려고 마음먹게 되고 그렇게 난도를 점차 높여 나가는 과정에서 참가자들의 결기는 더욱 굳건해져 갔다. 1년치 휴가를 당겨서 쓰거나 심지어 휴직이나 퇴직을 결심하고 휴가를 확보하기도 했다. 가족을 설득하기 위해 이 프로젝트를 이해하지 못하는 가족들의 여행 경비를 모두 지불하는 모험을 감수하기도 했는데, 코인 가격이 낮았던 당시의 계산으로는 손해를 보는 구조였다. 그리고 이런 행동, 즉 인간 개미들이 서로의 커밋먼트를 확인할 수 있도록 호주의 시골 마을에 함께 모였을 때 이는 하나의 현상으로서 굳건하게 자리 잡을 수 있었다.

코인을 받기 위해 호주 몽트빌에 모인 한국인들(2023.7.)

19

비트코인 하드포크 프로젝트

비트코인의 문제, 로스트코인

이 프로젝트는 2015년부터 구상되었다. 그러나 발행자가 대중을 대상으로 단 하나의 코인도 갖지 않고 팔지 않겠다고 선언하고 2023년 1월부터 본격적으로 진행할 때까지 빛을 보지 못했다. 이 프로젝트는 원래 기업이 발행자가 되어 코인을 팔지 않는 프로젝트였다. 여러 기업들에 제안했지만 결국 기업들을 설득하지 못한 것이 프로젝트 설계 이후 7년 넘게 시작하지 못했던 이유다.

비트코인 초기에 노트북으로 비트코인을 채굴했다가 버린 하웰스의 사연이 이 프로젝트와 관련이 있다. 나는 비트코인을 공부하기 시작하면서 동시에 로스트코인에 관심을 가졌다. 로스트코인이란 소유자를 영영 찾을 수 없게 된 코인을 일컫는다. 하웰스처럼 초기에 장난삼아 채굴해 두었다가 컴퓨터를 버리는 경우를 비롯해 비트코인 소유자가 죽어 그 가족들이 찾을 수 없게 될 때도 로스트코인이 생긴다. 초창기에는 데드코인, 즉 죽은 코인으로 불렀지만 가격을 상실한 알트코인들이 많아지고 그런 잡코인을 데드코인이라고 불러서인지 얼마 전부터는 잃어버린 비트코인을 로스트코인이라고 부른다.

전문가들은 비트코인에 200만 개 이상의 로스트코인이 있다고 추정한다. 대략 280만에서 380만 개, 총유통량의 13%에서 20%까지가 영원히 복구 불가능한 코인들로 추정된다.[36] 그러나 움직이지 않는 지갑들 중 어느 정도가 주인이 없어 영원히 묻힐 로스트코인이고 얼마만큼이 고래whale들이 쥐고 있어 언젠가 시장에 던져질 코인인지가 딱 떨어지게 구별되는 것은 아니다. 오랫동안 움직이지 않는 지갑들이 가지고 있는 코인들은 500만 개에 이른다.

비트코인의 최대 약점은 이 로스트코인의 개수를 모른다는 데 있다. 창시자 사토시 나카모토가 소각하지 않고 남겨둔 대략 110만 개 이상의 비트코인도 영원히 잃어버린 것인지 아니면 그나 그의 가족이 언젠가 시장에 쏟아낼지 아직은 모른다. 이런 불확실성 자체가 투명성을 강조하는 비트코인의 철학에 어긋나는 초기값들이다.

정부가 마음먹으면 언제든 인쇄할 수 있는 종이돈과 달리 비트코인은 총발행량과 발행속도가 정해져 있다. 누구도 바꿀 수 없다. 그러나

---

36 출처: James Hendy, "How Much Bitcoin Is Lost Forever?", 2023.8.4.

로스트코인의 개수가 불분명한 탓에 비트코인의 총유통량을 정확히 알 수 없다. 따라서 비트코인의 현재 시장 가격은 로스트코인이라는 변수가 정확하게 반영되지 않은 값이다. 만약 로스트코인의 실제 비중이 시장의 추정치보다 적다면 지금의 비트코인 가격은 과대평가되었다. 죽은 줄 알았던 코인이 언젠가 뭉텅이로 시장에 쏟아질 수 있는데 그러면 지금보다 가격이 떨어질 것이다. 반면 로스트코인의 비중을 과소평가하고 있다면 현재의 비트코인 가격은 저평가된 것이다. 반대로 생각하면 비트코인의 총유통량이 시장의 판단보다 적다는 것이고 사람들의 생각보다 더 희귀하다는 뜻이므로 가격은 더 높아야 한다.

실제로 비트코인과 암호화폐의 가격은 과거의 지갑들에 영향을 받는다. 10년 동안 움직이지 않았던 지갑에서 비트코인이 이동하면 매도 물량이라고 판단하기 때문이다. 시장이 요동치는 것도 단지 그만큼의 물량이 거래소로 이동되어서 환전될 것으로 예측해서가 아니다. 비트코인이 시장에 얼마나 쏟아져 나올지 도무지 가늠할 수 없는 공포감 때문이다. 로스트코인의 물량과 초기에 헐값으로 비트코인을 얻었으나 10년 이상 이동하지 않은 물량의 윤곽이 드러난다면 비트코인은 더욱 예측 가능해지고 덩달아 암호화폐, 블록체인 업계의 불확실성도 줄어든다.

2015년에서 2016년 사이에 비트코인 장부를 복사해서 새로운 코인 생태계를 만들 수 있겠다는 아이디어가 떠올랐다. 사업의 핵심은 로스트코인만큼의 공공재를 확보하는 것이었다. 비트코인을 복사하면 비트코인 소유자들도 새로운 코인을 갖게 된다. 그러나 이들에게 새로운 코인을 청구할 청구기간을 둘 경우, 그 기간 내에 청구되지 않은 코인은 로스트코인이 된다. 발행주체들이 그에 비례해 새로운 코인을 갖고, 그것을 생태계 확산에 재투입해 선순환을 일으킬 수 있다는 발상이었다.

기업이 주도하는 비트코인은 어떨까?

2015년부터 2017년까지 비트코인 생태계는 내부분쟁을 겪었다. 거래용량을 늘리는 것을 두고 극한 대립을 이어갔다. 비트코인의 거래 컨펌속도는 초당 7건 정도인데, 용량을 늘려 신용카드에 도전하도록 만들자는 측과 시스템의 보안을 위해 그냥 놔두어야 한다는 측이 심각하게 대립했다.

나는 후자의 입장을 지지했다. 거래용량을 늘리는 방식은 블록체인의 특성상 언젠가 벽에 부딪히기 마련이다. 이 문제는 생태계로 풀어야지 비트코인 블록사이즈를 늘린다고 해결될 문제가 아니라는 비트코인 코어(초창기부터 비트코인 프로그램 업그레이드를 주도하고 있는 그룹) 진영의 주장이 더 타당하기 때문이다. 그러나 나는 비트코인과 비슷하면서도 비트코인보다 거래용량이 큰 체인이 나올 것이라고 생각했다. 그 블록체인은 비트코인을 하드포크hard fork(블록체인이 두 갈래로 나뉘는 것)해서 만들어질 것이 분명했다. 명분이 있는 싸움이었기 때문에 누군가 먼저 비트코인을 하드포크한다면 새로운 블록체인은 생태계 형성을 위해 특별히 애쓰지 않아도 손쉽게 생태계를 구축할 수 있을 것이다. 사람들의 생각은 비슷하게 수렴할 수밖에 없다. 그러니 이런 생각을 하는 사람이 지구 어딘가에 또 있을 것이다. 한 번 하드포크가 일어나고 나면 비트코인에서 블록체인을 분리하는 유사 프로젝트가 우후죽순 이어질 것이고, 앞선 몇 개의 블록체인들만이 의미 있는 가격대를 형성할 수 있을 것이 분명하므로 당시 시간은 얼마 남지 않은 상태였다.

기업이 주도해서 비트코인을 하드포크하는 것은 나름대로 이점이 있었다. 사용처가 분명하지 않은 비트코인과 달리 기업형 코인은 코인의 사용처를 명확하게 디자인할 수 있다. 거기에다가 신뢰받는 글로벌 기업의 브랜드 덕분에 반문화적인 비트코인보다 대중이 받아들이기에 오히려 수월하다. 비트코이너들이야 정부는 물론 대기업도 신뢰하지 않지만, 투자자의 대다수는 일반인들이기 때문에 '기업이 주도하는 비트코인'이라는 개념은 시장에서는 매력적인 상품이 될 것이다.

사업의 골자는 이랬다. 비트코인을 하드포크하고 용량을 늘린다. 비트코인 보유자들에게 청구기간을 주고, 기한이 지나도 새로운 코인지갑으로 이동되지 않은 로스트코인은 재단이 확보한다(여기서 로스트코인은 비트코인이 아니라 비트코인 소유자가 청구해 받을 수 있는 새로운 코인 중에서 청구되지 않고 남은 것을 의미한다). 그렇게 확보한 코인을 온라인 바둑회사에서 게임을 하는 바둑기사들에게 보상으로 지급한다. 자기보다 급수가 낮은 사람과 바둑을 두어줄 때마다 코인으로 보상을 받는 식이다. 그러면 고수들과 바둑을 두면서 배울 수 있는 기회가 늘어나기 때문에 플랫폼의 가치는 올라갈 것이다. 게임을 해서 코인을 보상으로 받는 개념, 즉 플레이투언play to earn은 지금은 블록체인 프로젝트의 한 축이 될 정도로 일반적이지만 당시에는 이조차 생소했다. 어쨌건 바둑의 '돌'과 연관지어 이 프로젝트 이름은 비트스톤Bitstone이 되었다.

나는 당시 한국 최대의 기업에서 블록체인을 전담하는 팀의 책임자를 만나 개념을 설명했고, 대형 유통업체 이사회 구성원들 앞에서도 발표했다. 그러나 설득하지 못했다. 비트스톤 프로젝트를 설득하지 못한 게 아니었다. 기업체 관계자들에게 비트코인 자체를 이해시키지 못했다. 당시 50만 원을 웃돌던 비트코인 가격도 마뜩잖은데, 비트코인을 복사해 만든 짝퉁 코인에 저절로 가격이 생기는 데다 그중 일부를 합법적으로 챙길 수 있고, 그걸 준다는 이유만으로 커뮤니티를 활성화할 수 있다니, 게다가 이렇게 좋은 것을 여태 아무도 하지 않았다고? 그들에게 가능한 결론은 하나였다.

"사기가 분명하다."

한국의 주류언론사 블록체인 담당 기자는 내 아이디어가 봉이 김선달이 대동강 물을 팔아먹는 것과 비슷하다고 평가하기도 했다. 그는 좋게 보자면 보물선 인양 투자와 비슷하다고 했다.

그렇게 허탕을 치고 다닌 지 1년을 훌쩍 넘긴 2017년 6월, 채굴왕으로 불리던 우지한吴忌寒과 비트코인 지저스로 불리던 로저 버Roger Ver가 주축이 된 Bitcoin ABC에서 비트코인을 하드포크하겠다고 기습적으로 발표했다. 비트코인캐시가 갈라져 나오는 날은 그해 8월 1일로 정해졌다. 이 발표가 있을 무렵 나는 강남에 빌딩을 소유한 어느 자산가를 만나고 있었다. 괜찮았다. 비록 최초라는 타이틀은 비트코인캐시에 빼앗기더라도 비슷한 시기에 시작한다면 내 프로젝트도 승산이 있다고 판단했다. 비트코인캐시 진영의 생각은 뻔했기 때문이다. 그들은 거래용량을 늘리는 것에만 관심이 있었다. 반면 비트스톤은 그 이상이었다. 비트스톤 재단은 새로운 로스트코인을 확보하여 생태계를 공고히 하는 데 쓰고, 온라인 바둑과 결합해 암호화폐가 온라인 도박에 얼마나 친화적인지를 보여줄 수 있었다(온라인 도박에 사용되는 돈이 가장 확실한 돈이므로!).

애석하게도 이 자산가에게는 세계적인 IT 기업의 한국 법인에 다니는 똑똑하고 번듯한 자녀들이 있었다. 그의 자제들에게 나는 아버지의 돈을 챙기려는 또 한 명의 사기꾼에 불과했다. 비트코인 현상에 호기심을 가진다는 것 자체가 불쾌하다는 듯한 태도였다. 그들에게 비트코인은 아무리 좋게 봐줘도 절박한 상황에 몰린 이들이 잡는 지푸라기 정도였다.

또, 이런 경우도 있었다. 유통회사의 이사들을 모아 놓고 프로젝트를 설명했는데, 이들은 코인을 팔지 않는다는 아이디어를 의아해했다. 시스템을 구축하고 프로젝트 마케팅을 하려면 10억 원 이상 투자해야 하는데 팔지 않으면 회사는 무엇을 얻느냐는 질문이었다. 코인의 가치가 오르면 물론 좋겠지만 궁극적으로는 팔아야만 이익이 아니냐는 항변이었다. 그때 나는 증강현실로 주목받던 게임 〈포켓몬 Go〉 얘기를 꺼냈다. 당시 한국이 구글에 지도를 오픈하지 않아 구글맵을 사용하는 프로그램의 속성상 한국에서는 일본과 가까운 속초 근방에서만 캐릭터 사냥이 가능했다. 주말마다 속초로 향하는 차들이 이어졌고 그것이 뉴스가 되던 시절이었다. 만약 새로 발행된 코인이 매력적이라면 새로운 점포를 오픈하거나 기존 매장에서 큰 이벤트를 할 때 참가자들에게 코인을 나누어주면 된다. 그러면 사람들은 코인을 받으려고 몰릴 것이다.

사람들을 모아 이벤트를 하는 게 일상인 유통회사 임원들이었지만, 피카츄 같은 IT 프로덕트가 사람들을 모으고 기대한 행동을 하게 하는 데 얼마나 결정적인 인센티브인지에 대해서는 상상력이 빈곤했다.

나의 이 주장은 2023년 9월, 현실로 증명되었다. 이미 배포가 끝난 코인을 뒤늦게 얻기 위해 전국의 서점과 도서관을 순회하는 사연들이 인터넷을 뒤덮었다. 순례자들의 타깃은 《메타버스와 돈의 미래》라는 나의 책이었다. 2022년 9월에 나온 책이 1년이 지나서 사람들의 화두가 된 셈이다. 물론 책의 내용 때문이 아니었다. 당시 책에 넣어준 블록체인 체험키트 때문이었다. 독자들에게 비트코인의 PtoP 속성을 연습해 보라고 비트코인을 하드포크한 코인을 종이지갑에 담아 책에 넣었다. 당시 그 코인에는 값이 없었다고 해도 무방하다. 그러나 호주에서 대량 배포가 완결되고 얼마 후, 코인 가격이 빠르게 올라갔다. 개인 간의 거래에서 집계한 것이라 객관성이 없는 가격이지만 책을 한 권 구하면 200만 원에서 최대 600만 원을 바로 손에 넣는다는 소문이 돌았다. 사람들은 책을 구하기 위해 전국을 순회한 후기를 올렸다. 대체로 허탕이었다. 그래도 이들이 얼마나 열정적이었는지, 심지어 어느 지방 교육청에서는 부속 도서관에 학부모들이 학생들을 시켜 책을 가져가려고 하니 주의하라며 공문을 내려보냈다고 한다. 해당 출판사는 전국의 서점으로부터 전화를 받았다. 아주 조그마한 지방 서점에까지 독자들이 문의를 해 온 탓이다.

발행자가 코인을 팔아 치우지 않아도 코인에 매력만 있으면 사람들은 그것을 구하기 위해 전국을 순례할 것이라고 나는 주장해 왔다. 심

《메타버스와 돈의 미래》를 찾으려고 전국을 순회하는 이들의 대화(출처: 네이버 쩡's 블로그https://blog.naver.com/wjddkfot/223211087536)

지어 이 순례자들은 "이 프로젝트는 사기가 분명하다"라고 주장하고 있다. 그럼에도 불구하고 설계자가 의도한 대로 움직였다. 화폐현상이란 이런 것이다. 나는 사기라고 생각하지만 사기를 당하겠다고 자처하는 사람이 있다는 것을 아는 한, 나 역시 그것을 구하기 위해 시간과 노동과 에너지를 투입한다. 그래서 결국 모두에게 객관적인 가치를 갖게 되고 그게 가격이 되는 것이다.

누구나 쉽게 오해하는 비트모빅 프로젝트

거래소에 상장도 안 된 코인이 최근 일주일 새 가격이 5배가 오르는 일도 벌어졌다. 국내 가상자산 시장 유명인사 A가 발행한 코인 B는 일주일 새 가격이 4만 원에서 20만 원으로 뛰었다. 이 코인은 계획도 목적성도 알 수 없는 코인이다. 업계에선 이런 코인을 만드는 건 기술력도 노력도 필요하지 않다고 평가할 정도다.

A의 동영상 조회수도 덩달아 뛰었다. A는 어느 산 중턱에서 코인 투자자들을 모아 놓고 "B를 지금 팔면 안 된다. 100만 원까지 오른다. 갖고 계시라!"라고 외친다. 투자자들은 열광한다. A가 쓴 책도 인기다. 그 책을 사면 B코인 10개를 준다. 지금 시세로는 200만 원 상당이다. 하지만 상장된 거래소 없이 투자자들 사이에서 카카오톡 방을 통해 거래가 되면서 사기 피해사례도 늘고 있다. 한 투자자는 "B코인을 1,000만 원어치 구매하기로 하고 돈을 보냈는데 코인을 받지 못했다"라고 털어놨다.

(출처: 최근도, "한국 코인시장은 호구…'800% 시세조작 먹튀'에도 손못써", 매일경제, 2023.9.18.)

애매한 사실관계를 더 애매한 문장으로 표현해서 오해를 유발하고 있는 이 기사는 매일경제 1면에 실리기도 했다.

코인이 들어있다고 하는 책은 출판된 지 1년이 넘은 시점에서 유명해졌으나 이미 절판된 지 6개월이 되어가고 있었다. 2만 원도 안 되는 돈으로 산 책에 수백만 원에 해당하는 코인이 들어 있다면 그 책은 불티나게 팔려야 하고 당연히 코인도 그 가격일 수 없다. 기자가 문제 삼는 책은 서점에서는 더 이상 구할 수 없었기 때문에 난리가 났던 것이다. 아무리 절판된 책의 인기가 높다 한들 작가에게는 아무런 이득도 없다. 사이비 교주의 느낌을 주기 위해 기자가 선택한 '어느 산 중턱'이 사실은 호주의 외딴 시골 마을이었다. 호주의 시골까지 500명이 비행기를 타고 왔다는 걸 말하고 싶지는 않았을 것이다. 500명이 호주의 외딴 시골 마을까지 왔다고 하면 할퀴려다가 홍보해 주는 느낌이 들어서 기자가 선택한 절묘한 생략이었다. 더구나 100만 원이 될 때까지 갖고 있으라고 한 건 코인이 아니라 코인이 담긴 종이지갑이다. 기자가 문제 삼는 영상은 모빅코인을 1,000개씩 담아서 주기로 했던, 2023년 7월 호주의 몽트빌 행사다. 9월에 기사가 나올 무렵 모빅코인의 개당 가격은 20만 원 정도였는데 1,000개의 코인이 담겼다면 몽트빌에서 배포한 그 종이지갑의 가치는 장당 2억 원에 달한다. 그 종이지갑에는 비트코인도 담을 수 있다. 만약 종이지갑을 가진 사람이 비밀키의 스크래치를 벗기지 않았다면 그 종이지갑은 고액의 비트코인을 PtoP로 거래하는 데 최적화되어 있다. 예를 들어 이 종이지갑에 10억 원짜리 비트코인을 담아서 상대에게 넘길 때, 상대방은 비트코인뿐만이 아니라 비트모빅의 존재도 확인할 수 있다. 종이지갑에 노출된 공개키는 누구의 것이든 스마트폰 앱으로 간단하게 존재유무 확인이 가능하다. 이 행사에서 배포된 500개의 종이지갑은 특별한 역사가 담긴 것이었고 다시 만들 수 없는, 세상에서 가장 비싼 비트코인용 종이지갑이었다. 이 종이지갑에 담긴 코인은 스크래치를 긁어버리지 않는 한 나누어서 조금씩 팔아 치울 수 없다. 즉, 여기에 담긴 거액의 비트코인을 구입하려는 사람은 비트모빅만으로도 엄청난 가치가 있기 때문에 이 종이지갑의 스크래치가 긁히지 않았다는 것을 통해 더 믿을 수 있다. 발행자가 위에서 한 말은 이 종이지갑이 그만큼 특별하니 가격에 좌우되지 말고 소중하게 간직하라는 말을 극적으로 강조한 것이다. 그러나 이런 원리를 알 턱이 없는 기자는 발행자가 코인의 가격을 구체적으로 언급하며 코인을 팔지 말라고 선동하고 있다고 여긴 것이다. 이 기자는 스스로 비트코인을 한 번도 PtoP로 거래해 본 적이 없다는 것을 들켰는데, 탈중앙화 암호화폐에 대해서 무지하면서도 이와 관련해서 계속 뭔가를 떠들기는 해야 하는 한국 지식근로자들의 지적인 빈곤함과 그 사실을 조금도 부끄러워하지 않는 더 천박한 문화를 자신의 이름이 박힌 기사로 영구적으로 박제해 준 셈이다.

■ **비트모빅 프로젝트 백서**

1. 비트모빅(BTCMobick, 이하 모빅)은 2019년 1월 3일 비트코인의 10년 장부를 복사(하드포크)하는 방식으로 시작했다. 비트코인의 #556,760블록이 모빅의 제너시스 블록인 셈이다. 2023년 10월 3일 현재 비트코인은 #810,500블록인 반면 모빅은 #739,500블록이다. 대략 1년 4개월 정도 늦다. 1년 4개월 정도 시스템을 껐다가 다시 켰기 때문이다.
2. 2019년 비트코인 #556,759보다 이전의 블록들 스냅숏을 가지고 있는 비트코인 보유자는 2029년 1월 3일까지 모빅을 청구할 수 있다. 만약 자신이 2011년도에 50BTC를 채굴하여 비트코인을 수령한 지갑을 이동시키지 않았다면 당연히 2019년 #556,759 이전의 어떤 블록에 남아 있으며, 50개의 모빅을 다른 주소로 이동할 수 있다. 그러나 아무리 초기 블록에 흔적을 가지고 있더라도 2029년 1월 3일 이후에는 모빅을 이동할 수 없게 된다. 모빅은 잠자는 비트코인 고래를 깨우는 프로젝트로서 2029년 1월 3일까지 이전의 장부를 소각한다. 청구하지 않은 비트코인 암호키로는 더 이상 청구할 수 없도록 조치하기 위해서다. 이후에 퍼블릭으로 코드를 공개하고 공개 채굴로 전환한다.

3. 하드포크 이후로만 계산했을 경우 2023년 9월까지 대략 2,000만 개의 모빅을 발행했다. 비트코인과 마찬가지로 10분당 6.25개가 새로 생성되고 있다. 향후 160만 개 정도가 10년 동안 채굴될 예정이다. 유실분 등을 제외한 1,470만 개를 발행자(오태민 개인)가 소유하고 있다. 발행자는 모든 모빅을 사적 매각 없이 공적으로만 사용할 계획이라고 공표했으며, 발행자가 사적으로 매각하는지 여부를 누구나 추적할 수 있도록 발행자 보유의 코인을 15개의 주소로 나누어 보관하고, 이 주소를 모두 공개했다.
4. 2022년 9월~2023년 7월까지 400만 개 정도를 불특정 다수의 대중에게 무상으로 배포했다. 책이나 커피를 산 경우에 종이지갑에 10~20개 정도의 코인이 담겨 지급되었으며 2023년 3월 18일 관악산을 시작으로 산에 오르거나 제주도, LA, 호주 등지에서 진행된 이벤트에 참석한 이들에게 집중적으로 배포했다. 즉, 개인적 비용(경비·시간 등)을 투자한 이에게만 배포했으며 배포에 대략 4,500여 명(연인원)이 참가했다.
5. 오태민의 직접 배포는 종료되었으므로 더 이상 없으나 이벤트를 몰랐던 대부분의 사람들이 배포 이벤트 재개를 희망하기 시작했다. 이후 배포 이벤트는 기업들의 몫이다. 만약 대학이나 기업 등이 불특정 다수의 대중을 상대로 무상 배포할 경우에는 그곳이 어디이건 간에 안전사고가 예상될 정도로 프로젝트 종료 이후에 모빅 에어드롭에 대한 관심이 높아지고 있다.
6. 모빅은 아무것도 보장하지 않았던 비트코인이 1달러(의미 있는 교환가격)를 처음 넘기는 것을 재현하는 사회실험으로 시작했다.

〈실험의 가설〉

① 화폐란 어떻게 사용되는지보다 어떻게 얻는지가 더 중요하다.

② 사람들이 정신적·시간적·물적 비용을 투입해 얻은 것은 일정한 가치를 갖게 되고, 0원으로 추락하지 않는다.

③ 다수에게 적은 수량을 배포하는 것보다 소수에게 많은 수량을 배포하는 것이 생태계의 구심점을 공고히 하는 데 도움이 되므로 가격이 빨리 상승한다.

7. 2023년 9월 말 현재 모빅은 각각 1,000명 이상이 참여한 3개의 단톡방과 텔레그램 그리고 여러 오프라인 장소에서 15만~20만 원에 활발히 거래되고 있으므로 6의 가설들이 입증되었다.

8. 발행자가 공개지갑에 보유하고 있는 1,470만 개 코인 중 625만 개가량은 추후 생태계의 가치를 높여줄 기업에 무상으로 양도할 계획이다. 2023년 9월, 현재 분야별로 두 개의 기업과 한 개의 대학교에 제안하고 협의를 시작했다.

1) 하나의 주요 미디어 기업에 총 120만 개를 증여한다: 미디어 기업은 자신의 프로그램과 관련한 활동에 모빅코인을 배포하거나 광고주들에게 배포한다. 이로써 모빅 생태계는 사회적 신뢰성을 획득한다.

2) 하나의 글로벌 IT 기업에 총 500만 개를 증여한다: 글로벌 IT 기업은 블록체인 사업부에 모빅코인을 투입해 직원 인센티브와 시스템 구축 비용으로 활용한다. IT 기업은 신원인증이나 소액결제 시스템을 모빅 메인넷에 올릴 수 있으며, 모빅 메인넷은 비트코인과 동일한 소스코드를 활용하기 때문에 기업이 구축한 레이어는 비트코인과도 호환된다.

3) 에너지 기업에 최대 100노드(전체의 1/3) 채굴권을 증여한다: 에너지 기업은 태양광이나 풍력 등의 친환경 재생에너지로 모빅을 채굴하여 발전의 채산성을 확보한다. 이 채굴 시스템은 그대로 비트코인 채굴에 활용될 수 있다. 비트코인 채굴이 재생에너지 산업에 도움이 된다는 것을 입증하여 정부와 사회의 여론을 환기한다.

4) 중요 대학교에 최대 1만 개 코인과 대략 2만 개의 채굴권을 증여한다: 학생 1인당 당장 현금화할 수 있는 100만 원가량의 코인을 제공하여 생태계의 성장을 관찰한다. 향후 이 대학을 중심으로 의미 있는 코인 생태계가 구축되면 채굴권을 회수하지 않고 지속적으로 제공한다. 대학은 채굴로 얻은 코인을 활용하여 다양한 연구를 지원할 수 있다.

9. 궁극적으로 모빅은 ▶생태계 기여 기업과 대학 소유 625만 개 ▶등산이나 여행으로 비용을 투입한 일반 대중 소유 400만 개 ▶비트코인 초창기부터(2012년 이전) 보유한 장기 보유자 소유 250만 개 ▶향후 10년간 채굴량 160만 개로 분배된다. 이 배포가 끝나면 발행자 보유 물량은 모두 소각한다. 향후 총유통량은 대략 1,435만 개로, 이후 100년간 이루어질 100만 개 채굴을 합치면 총 2,100만 개에서 로스트 코인 500만 개를 뺀 비트코인과 비슷한 1,550만 개 정도다.

■ 다른 알트코인과의 차별점

1. 무상 배포

– 코인 프로젝트와 관련한 법적 문제는 대부분 코인 발행자가 기관이나 개

인에게 코인을 팔기 때문이다. 하지만 코인을 판매하지 않고 배포만 할 경우 사건이 성립되지 않는다. 보통 증권성 시비에 휘말리면 법원이나 관료들은 발행회사로 하여금 투자받은 돈을 돌려주라고 판결한다. 모빅은 누구에게도 투자받은 프로젝트가 아니므로 돌려줄 투자금이 없다. 판매하지 않았기 때문에 여느 코인들처럼 증권성 시비에 휘말릴 가능성이 없다.

– 일반인에게 무상 배포한 것은 물론 기업과 학교 등에도 일체의 비용 수수 없이 무상 양도할 계획이다.

2. 거래소 비상장

– 상장돼 있을 경우 ▶발행자가 기업 등에 무상 양도 ▶기업 등이 일반인에게 무상 배포한 모빅에 대해 세금 이슈가 발생할 가능성이 크다.

– 탈중앙화 거래소DEX에서 거래되는 것을 막을 수는 없다. 하지만 업비트 등 중앙화 거래소에서 거래될 경우 세금 등의 이슈가 발생할 수 있다.

– 프로젝트 완성 시점(2029년 1월 예상)이거나 기업에 양도가 빠르게 완료된 이후에는 거래소의 자발적 상장을 막을 이유가 없으므로 거래소와 협조하여 상장을 진행할 예정이다.

3. 발행자 개인의 사적 소유 코인은 모두 없앤다.

– 주소가 공개된 발행자의 모빅(소위 공공재 코인)이 예고 없이 움직이거나 거래소로 흘러들어 가는 것이 노출될 경우 생태계는 혼란에 휩싸이고 가격은 붕괴할 가능성이 있다.

– 이런 경우 발행자는 생태계 참여자들로부터 법적인 공격에 노출될 수밖에 없다. 발행자는 수많은 민·형사상 문제에 봉착하게 된다. 즉, 공공재를

사사롭게 사용하지 않는 편이 발행자에게 훨씬 이롭다.

– 발행자가 보유한 코인은 모두 공공재로 사용되며, 이 또한 프로젝트 완성 시점(2029년 1월 예상)이거나 기업 양도 이후엔 소각하여 제로가 된다.

■ 비트모빅과 함께 만들어갈 수 있는 메타버스 생태계

1. 모빅을 무상 양도받은 기업들이 생태계 성장에 이바지할수록 모빅의 가치가 오르고, 이는 결국 기업의 자산가치를 증가시킬 것이다. 당장 모빅이 재무제표상 자산으로 잡힐 수는 없지만 탈중앙화 거래소 또는 업비트와 같은 코인거래소에서 거래되기 시작하면 모빅도 자산으로 잡힌다. 향후 비트코인이 기업의 중요 자산으로 분류되는 것과 같이 모빅도 참여 기업의 중요 자산으로 등재될 것이다.
2. 모빅은 비트코인과 시스템이 거의 동일하기 때문에 모빅의 시장가치를 활용하여 개발에 성공한 뒤 모빅 메인넷에 올린 앱들은 그대로 비트코인 생태계로 이전이 가능하다. 모빅은 비트코인이라는 세계 최대의 신뢰망과 상호호환되는 프로토콜이므로 참여 기업은 외부의 자원을 이용하여 다양한 기술개발을 시도할 수 있으며 자산가치의 향상도 꾀할 수 있다.

손해볼 게 하나도 없으므로 기업은 모빅을 받을 것이다. 이로써 모빅은 좀 더 넓은 세상으로 나오게 될 것이며, 기업은 모빅을 활용해 실생활에 사용할 수 있는 블록체인 프로젝트를 추진할 수 있다. 더불어 아무것도 보장하지 않았으며 발행자가 팔지 않은 코인을 비싼 가격에 거래할 수 있다는 것이 현실화됨으로써, 비트코인의 미스터리는 과학적으로 재현 가능한 현상이었다는 것을 널리 알릴 수 있게 되었다.

■ 비트모빅 에어드롭을 재현하기 어려운 이유

모빅 같은 에어드롭이 앞으로 일어나기 어려운 이유는 팔지 않으면서 정당한(?) 비용을 지불케 하는 불특정 다수에 대한 에어드롭이 매우 어렵기 때문이다.

1. 수고를 할 만큼 매력적으로 보이게 하기 어렵다. 역설적이지만 사람들이 모여서 수고를 투입해야만 그 코인은 매력적으로 보인다. 화폐현상의 특징 중 하나가 남들이 원하는 것을 갈망하는 것이다. 이는 뱅크런이나 인기 매장에 길게 늘어선 줄, 절판현상, 콘서트장의 열광, 베스트셀러 영화나 드라마로의 수렴현상 등등에서 무수히 발견되는 인간 무리행동의 흔한 양태다. 그런데 최초의 에어드롭이 성공하기 전에 무리들로서는 참조할 다른 무리가 없는 상태다. 이때 거짓이나 심한 과장이 아니라 진실만으로 의미 있는 최초의 스노우볼을 만들 수 있는가? 이것은 이와 비슷한 이벤트의 설계자에게는 풀기 어려운 난제다.
2. 룰브레이커, 혹은 해커와 머리싸움을 해야 한다. 일단 일군의 무리에게 매력적으로 보이게 만드는 데 성공한 이후로는 룰을 깨서 손쉽게 에어드롭을 받으려는 해커와 싸움을 치루어야 한다. 해커는 다양하다. 아르바이트를 고용해서 에어드롭 물량을 값싸게 수거하는 것은 나름 프로젝트의 미래가치를 높이 평가한 뒤 비용을 지불하기 때문에 게임의 일부라고 치부할 수도 있다.

문제는 어떻게 룰을 세팅하든지 예외 적용을 요구하는, 그것도 공개적으로 요구하는 이들이 항상 존재한다는 것이다. 제주도에서는 현지인이 비행기 티켓만 예매하고 실제로는 비행기를 타지 않고 현장에 나타나는 사례가 몇 개 있었다. 이는 출발지 공항에서의 사진 촬영을 조건으로 내걸었을 때의 이야기이고, 그런 조건이 없었다면 정당한 비용을 지불하고 얻게 한다는 취지를 비웃는 이들의 몫이 상당한 비중을 차지하게 될 운명에 처한다. 가장 힘들었던 부분은 발행자와 특별한 관계라고 생각하는 이들의 규칙위반 사례들이다. 이는 공과 사를 구별하기 어려워하는 한국적 특성과도 관계되었다고 보지만 인간조직 어디에서나 보편적으로 나타난다. 그간 생태계 성장에 공이 큰 사람들로부터 나오는 규칙위반이 생태계에 미치는 영향은 더 부정적이다. 이는 정치운동을 포함해 거의 모든 매력적인 프로젝트가 끝까지 신뢰를 유지하기 어려운 이유 중 하나다.

3. 안전사고의 위험이 있다. 만약 오지 폐탄광의 깊은 막장 끝이나 사막 한가운데서 에어드롭을 한다면 2의 문제를 최소화할 수 있다. 그러나 그런 경우 안전사고가 발생한다. 안전사고가 발생하면 일단 주최 측이 모든 도덕적 비난을 감수해야 하기 때문에 프로젝트 자체가 좌초된다. 향후 비트모빅으로는 모빅의 에어드롭을 재개할 수 없는 이유이기도 하다. 이미 돈이 된다는 것이 입증되었기 때문에 아무리 간단한 미션을 제시해도 안전사고는 거의 필연적으로 발생할 것으로 예상된다. 프로젝트의 이미지에 손상을 가하려는 일군의 조직적인 자작극도 포함되므로 사실상 안전사고 차단이 불가능하다.
4. 관과의 조율이 어렵다. 코인 프로젝트에 대한 관의 인식은 좋지 않다. 더구

나 많은 사람이 모인다면 일단 긴장부터 한다. 그리고 겉모습으로만 보기에는 다단계 사기나 사이비 종단의 무허가 집회로 보인다. 이는 한국만 그런 것이 아니다. 상품권을 닮은 종이지갑을 다량으로 해외로 옮길 때, 압류는 언제나 일어날 수 있는 일이다.

누군가 모빅의 에어드롭이 완전무결했느냐고 물어본다면 그렇지 않았다고 답해야 한다. 그렇다고 모빅의 에어드롭이 실패작이었느냐면 매우 성공적이었다고 평가해야 옳다. 그 근거는 어느 누군가 향후 1, 2, 3, 4의 문제를 돌파할 각오로 비슷한 프로젝트를 하기가 어려울 것이라는 데 있다. 기성화된 기관은 1의 문제는 없겠지만 3의 문제 때문에 시도하기가 어렵다. 4는 당분간 돌파 자체가 안 될 것이다. 국가기관이 한다면 4는 돌파하겠지만 이런 '이상한 비용'을 승자선별의 기준으로 삼을 수 없을 것이다. 결국 너무 쉽게(너무 민주적으로) 설계하든가 너무나 객관적인 기준을 제시하도록 할 수밖에 없으므로 전혀 비슷하지 않은 이벤트로 변질될 것이다. 그리고 주요한 기업이나 국가기관이 아닌 경우 대부분은 1을 돌파하기 어렵다.

모빅 에어드롭의 성공은 불확실성에 있었다고 해야 한다. 확실하지 않았기 때문에 참여하기 위한 심리적 장벽이 적당히 높았고 성공할지도 모른다는 불확실성 때문에 적당한 수의 사람들이 그 문턱을 넘을 수 있었다. 그럼에도 모빅의 경우도 주로 2와 3이 큰 문제가 되었다. 모빅 에어드롭의 치명적 약점으로 꼽히는 'LA지갑 회수사건'은 시스템의 문제가 아니라 종이지갑이라는 매개의 장단점으로 인식해야 옳다. 대량의 종이지갑을 만들어서 코인을 담아 옮기는 것은 매우 위험하다. 이벤트는 매번 언제고 실패할 가능성이 있었다. 특히 관이 개입해서 지갑을 강제로 회수할 경우에 대비했어야 했다. 그래서 지갑을 먼저 제작하고 코인은 최대한 임박해서 담았다. 그리고 발행자와 조력자의 컴퓨터에는 공개키와 암호키의 시트가 남아 있었다. 압류나 도난(주최 측이 묵은 호텔방 등에서) 사고가 날 경우 에어드롭 자체의 실패를 방지하기 위해서였다. 그리고 결국 불미스러운 이유로 LA에서 배포한 지갑의 1/10 그리고 LA 생태계 구축을 위해 위임한 지갑 200개 이상의 암호키를 회수했다. 이는 이벤트 실패가 아니다. 계획된 바는 물론 아니었지만 부가적으로 생태계 참여자들에게 종이지갑에 대한 경각심을 심어주었다.

사실 이 이벤트에 사용된 종이지갑은 여러 차례 바뀌면서 서서히 진화했다. 최초의 지갑은 개인주소가 전혀 보호되지 않았다. 책과 커피, 관악산, 계룡산에 사용된 지갑들이다. 이런 지갑은 꼭 주최 측에 의해서 회수되지 않더라도 누군가에게 보였는지도 모른 채 빼앗길 수 있다. 이후 암호키에 스크래치를 입혔고 그 때문에 지갑째로 거래가 본격화되었으나 컬러복사에 취약한 상태였다. 즉, 스크래치를 긁으면 암호키는 없고 공개키만 있는 가짜 복사물로 구입자를 기만할 수 있었다. 그리고 LA에서 사용한 종이지갑의 경우 스크래치를 뚫고 암호가 양각되어서 플래시로 비스듬하게 비추면 암호키를 짜깁기해서 조합할 수 있는 불완전한 상태였다. 주최 측이 회수한 종이지갑은 하자가 있었던 LA 지갑의 일부였다.

위의 내용을 참여자들에게 모두 공개하고 주의를 주었다. 참여자들은 에어드롭의 일시적 도구로써 종이지갑을 사용할 수 있었다. 즉, 받는 즉시 자신의 다른 지갑(모바일이나 자기가 만든 종이지갑, 하드월렛)으로 옮김으로써 종이지갑 '제작자 위험'을 간단하게 회피할 수도 있었다. 그러나 사람들은 누군가를 믿고 싶어 하는데 가장 큰 이유는 게으르기 때문이다. 그럼에도 불구하고 하자 있는 종이지갑을 오랫동안 신뢰하는 데 따르는 위험은 게으른 자의 몫이다. 마치 비트코이너들이 자신들의 평소 지론과 달리 중앙화된 거래소에 일부 잔액을 남겨 놓는 것과 크게 다르지 않다. LA 지갑 회수 사건을 포함해서 모빅의 에어드롭 과정은 영상과 글로 남아 있다. 영상에는 발행자가 2와 3의 문제로 거의 매번 이벤트마다 특정인들에게 화를 내는 내용이 고스란히 담겼다. 그래도 희망적인 것은 대부분의 사람들이 프로젝트의 정신과 가치를 숙지했고 위험을 알면서도 성실하게 참여했다는 것이다.

에어드롭 시에 있었던 모든 불미스러운 문제는 결국 설계자의 지혜가 모자랐거나 조직력이 미비했거나 핵심 파트너들의 성향을 파악하지 못했거나 아니면 인격의 미성숙으로 발생했다. 그럼에도 초기값의 치명적인 손상이 없다고 평가하는 것은 대다수의 참여자들이 정해진 룰을 지키며, 생태계 전체의 이익을 훼손하지 않는 범위에서 자신의 이익을 극대화하려는 경주에 진지하게 임했기 때문이다.

모빅 에어드롭의 가장 큰 매력은 결점이 없다는 것이 아니라 결점을 최대한 공개함으로써 무수한 결점들에도 불구하고 초기에 사라질 위기를 극복했다는 것이다.

비트코인캐시의 성공과 실패

비트코인을 복사해서 손쉽게 생태계를 구성하려는 하드포크 경쟁의 첫 번째 승자는 비트코인캐시였다. 나는 비트코인캐시의 하드포크가 일어나기 며칠 전 블록체인에 관심이 많은 어느 대학교수와 관련 주제로 의견을 나눴다. 그는 새로운 체인이 갈라져 나와 독자적인 가격을 갖는다는 나의 주장을 이해하기 어렵다고 말했다.

분리 전 비트코인의 가격은 200만 원대였으나 하드포크 이후 비트코인은 300만 원, 비트코인캐시는 100만 원대에서 출발했다. 네트워크 세계를 이해하지 못한 채 200만 원이 둘로 갈라진 다음에 하나는 300만 원, 다른 하나는 100만 원이 되는 현상을 마주하면 '사기' 또는 '기적'으로만 보인다. 그러나 이는 비트코인 진영 내부의 오랜 내전이 종결됨으로써 불확실성이 제거되었고, 생태계의 핵심 구성원들이 서로 비난을 멈추고 각자 자신이 우월하다고 믿는 프로젝트에 집중할 수 있는 데서 오는 생태계 신뢰도의 전반적인 향상을 고려하면 충분히 가능한 시나리오였다.

로저 버와 우지한은 비트코인 진영의 반대에도 불구하고 비트코인을 하드포크하는 데 성공했다. 비트코인 진영은 비트코인캐시의 하드포크를 최대한 방해할 계획이었다. 그러나 비트코인캐시 진영의 준비는 철저했고, 분기가 일어나고 13시간 정도 뒤에 비트코인캐시의 첫 번째 블록을 채굴하는 데 성공했다.

채굴의 원리는 뒤에서도 설명하겠지만, 이때 비트코인 진영은 비트코인캐시가 단 하나의 블록도 채굴하지 못할 것으로 내다봤다. 왜냐하면 난도 때문이다. 비트코인의 난도는 매우 높다. 당연히 비트코인을 하드포크했기 때문에 새로운 블록체인도 비트코인에 난도가 맞추어져 있다. 이를 충족하려면 상당수의 채굴자들이 비트코인캐시로 이동해야 한다. 그러려면 비트코인캐시가 매력적인 가격을 가져야 한다. 그러나 비트코인캐시가 독립적으로 살아남을 수 있을지도 불분명한 마당에 채굴자들이 이익만 보고 비트코인캐시로 이동하려 하지는 않을 것이다. 채굴자들이 합류하지 않으면 높은 난도 때문에 비트코인캐시에서는 단 한 번의 채굴도 이루어지지 못한다. 채굴을 못 하니 블록을 만들 수 없고 블록을 만들 수 없으니 난도를 낮출 수 없다. 블록이 쌓여야만 난이도를 조절할 수 있도록 프로그램되어 있기 때문이다(비트코인은 2,016블록마다 평균시간을 고려해서 난이도를 조절한다). 그렇게 비트코인캐시는 하나의 블록도 생성하지 못할 운명이었다.

그러나 비트코인캐시 진영도 이런 시나리오를 예상했다. 그들은 장부를 복사하고 임시로 변경한 소스코드로 채굴을 시작했다. 채굴이 일정한 시간 동안 이루어지지 않으면 난도를 낮추도록 미리 설정했다. 시스템이 안정화되고 나서 이 코드는 다시 원복(프로그램을 원래대로 되돌리는 것)되었으나 당시에는 꼭 필요한 설정이었다. 그렇게 비트코인캐시의 첫 블록이 채굴되었고 비트코인캐시는 비트코인과 거래되기 시작했다. 비트코인 진영은 비트코인캐시 진영이 첫 블록을 채굴했더라도 아직 허약하기 때문에 비트코인 채굴자들이 손쉽게 비트코인캐시의 채굴파워를 장악할 거라고 호언장담했다. 그런데 채굴파워를 장악하고 나면 소위 51% 공격을 가해 비트코인캐시를 아직 어린 싹일 때 짓밟아 버리겠다고 다짐했던 채굴자들이 배신했다. 비트코인캐시가 가격을 갖자 비트코인캐시를 정상적으로 채굴하는 게 훨씬 이익이었기 때문이다. 이익을 쫓아 비트코인캐시에 잔류한 채굴자들 덕분에 비트코인캐시의 보안성이 증가했다. 비트코인캐시의 하드포크 프로젝트는 큰 성공을 거두었다.

그러나 거래용량을 늘리는 데만 관심이 있었던 비트코인캐시 프로젝트는 공공재를 확보할 생각은 하지 못했다. 재단이 공공재를 확보하려면 로스트코인을 감안해 추가로 발행해야 한다. 그러려면 비트코인 소유자가 비트코인캐시를 청구하는 데 기한을 두어야 했다. 비트코인캐시는 하드포크만 했지 공공재를 확보하기 위해 아무런 조치도 취하지 않았다. 로스트코인만큼 공공재를 확보하면 이중의 이득이 생긴다. 로스트코인으로 야기되는 비트코인의 불확실성을 줄일 수 있고, 공공재를 투입해서 생태계를 굳건히 하는 데 사용할 수 있다. 비트코인의 불확실성은 초기에 잉태되었다. 따라서 비트코인 생태계가 성장할수록 불확실성의 규모도 커진다. 이런 문제를 비트코인캐시 진영은 인식조차 하지 못한 것으로 보인다. 만약 비트코인캐시가 비트코인의 로스트코인 문제를 해결하는 동시에 새로운 체인에서 확보된 로스트코인을 생태계 확장에 투입했더라면 2023년 현재 비트코인캐시의 가격이 비트코인보다 더 높을 수도 있다고 생각한다.

하드포크 이후 지독한 내전을 거쳐 비트코인캐시에서는 비트코인 SV가 갈라져 나왔고 이후로 이캐시XEC(비트코인캐시를 1대 100만으로 분할)까지 갈라져 나왔다. 2023년 7월 기준으로 세 코인의 가격을 합산하면 40만 원 언저리다. 공공재를 확보하지 못한 비트코인캐시는 비트코인의 아류라는 인식의 틀을 돌파하지 못하고 분열하며 지리멸렬해지는 쇠퇴의 경로를 밟고 있다.

기술이 아니라 커뮤니티다

2022년 3월, 나는 한국 최대 기업 본사에서 수천 명의 사원을 대상으로 온라인 강연을 했다. 2016년도 10월에 내가 비트코인 하드포크를 제안했다가 거절당한 회사 중 하나였다. 6년 전 나와 소통했던 담당 팀장님이 이미 그 회사를 떠난 상태였기 때문에 악의 없이 에피소드를 소개했다. 그때 우리가 기회를 놓친 것은 나와 여러분 회사만의 불운이 아니고 국가적 차원의 손실이라는 것을 강조하기 위해서였다. 더는 때를 놓치지 않기를 바란다고 당부도 했는데, 나중에 강연 영상을 캡처한 사진을 보니 그 대목에서 나도 모르게 두 손을 기도하듯이 모으고 있었다.

그 회사가 비트코인에서 비롯된 금융혁신을 주도하는 것과 내 본업과는 별 상관이 없다. 다만, 세계적인 한국 기업이 그 분야에서 성공한다면 국가 차원에서 또 한 번의 산업이동이 가능하며 특히 한국의 금융산업이 세계시장으로 도약하게 된다는 것을 말해 주고 싶었다. 왜냐하면 앞에서도 설명했지만 모바일 기기가 블록체인과 만나면 탈중앙 신원인증의 플랫폼이 될 수 있고, 탈중앙 신원인증은 금융, 무역, 메타버스 복합망의 근간이 될 것이기 때문이다.

그런데 강연이 끝나고 뜻밖의 얘기를 하나 들었다. 그 회사로부터 거절당한 줄로만 알았던 비트코인 하드포크 프로젝트가 실은 진행됐다(?)는 이야기였다. 당시 비트코인캐시가 하드포크 이후에 가격을 형성하며 중요한 블록체인으로 자리매김하자 내 제안을 가벼이 넘긴 것을 뒤늦게 후회한 블록체인팀에서 하드포크를 시도해 성공했다는 것이었다. 사연을 접하니 안타깝다기보다는 조금 어이가 없었다.

이 글로벌 기업이 비트코인 하드포크에 성공했다는 걸 세상은 전혀 모른다. 의미 있는 가격을 가진 코인으로 발전시키지 못했기 때문이다. 비트코인캐시나 비트코인골드처럼 초창기에 진행된 하드포크는 선례가 없던 일이라 기술적으로 성공했다는 사실만으로도 별다른 마케팅 없이 선점 효과를 누리고 유의미한 가격대를 형성할 수 있었다. 가격대를 형성한다는 건 자생적인 생태계가 존재한다는 것을 뜻한다. 가격대를 갖지 못한 블록체인 생태계는 존속하지 못한다. 처음이 어렵지 하드포크 기술이 특별한 것은 아니어서 기술적으로 비트코인을 하드포크하는 일은 이후로도 계속되고 있다. 하지만 자생할 수 있는 가격대를 형성한 프로젝트는 거의 없다.

기술적으로만 접근해서는 비트코인이 가격을 갖는 이유를 결코 설명할 수 없다. 비트코인은 단지 프로그램만이 아니다. 그 소스코드를 그대로 베낀 하드포크 블록체인들이 살아남지 못하는 현실이야말로 비트코인 현상을 단지 프로그램 차원에서 이해할 수 없음을 웅변해 주고 있다. 애초에 비트코인 하드포크 프로젝트의 성공여부는 기술적인 고민이 아니었다. 비트코인은 화폐현상이고 이 현상을 이해하기 위해서는 인문학적인 상상력이 뒷받침돼야 한다.

JP모건의 진화

2023년 6월, SEC에 비트코인 ETF를 신청한 블랙록의 CEO 래리 핑크Larry Fink는 직전까지 비트코인이 자금세탁에 특화된 범죄수단이라고 비난해 왔다. 그랬던 그가 갑자기 비트코인에는 금융을 혁신하는 잠재력이 있다고 선언했다. 금융 엘리트들은 이처럼 비트코인에 대한 입장을 바꾸곤 한다. 이는 학습에 따른 태도의 변화일 수도 있지만 처음부터 알고 있었음에도 복잡한 사정으로 인해 상황에 맞게 바꾸는 것일 수도 있다. 대표적인 인물이 바로 시가총액 기준 세계 최대 규모의 종합금융기업인 JP모건의 CEO 제이미 다이먼Jamie Dimon이다.

그는 2017년, "비트코인은 사기다"라고 천명했다. 당시 비트코인 가격을 내리눌러야 한다고 생각한 주류언론은 그의 발언을 대서특필했다. 그러나 당시에도 수장의 발언과 별개로 JP모건은 암호화폐 산업에서 발을 뺄 생각이 전혀 없어 보였다. 블록체인 플랫폼 쿼럼Quorum을 야심차게 추진 중이었고, 고객들에게 비트코인 가격과 간접적으로 연동된 금융상품을 판매하고 있었다. 다이먼은 자기 회사 직원들 중 누구라도 암호화폐를 취급하면 회사를 그만두어야 한다고 강경하게 말해 놓고는 얼마 뒤 블록체인 전문가를 간부 사원으로 영입한다는 광고를 게

재해 빈축을 샀다.

다이먼은 자신의 이중적 태도와 신기술에 관한 무지함에 대해 비판이 거세지자, 2018년 1월 비트코인을 '사기'라고 했던 자신의 지난 발언을 "후회한다"라고 밝혔다. 그는 "비트코인을 만든 블록체인 기술은 현실이 됐다"라고 말했다. 다만, "개인적으로는 비트코인에 전혀 흥미가 없다"라고 덧붙였다. 이렇게 오락가락하는 행보의 절정은 이 회사가 2019년 'JPM코인'이라는 자체 코인을 발행하겠다고 선언한 것이었다. 이 코인은 일종의 스테이블코인이었다.

회사의 분위기가 바뀌어갈 무렵인 2019년, JP모건의 애널리스트가 비트코인의 내재가치를 인정하는 분석을 내놓아 주목을 끌었다. 이 애널리스트는 당시 비트코인의 시장가격이 비트코인 채굴에 들어가는 전기료와 장비 유지비에 비해 턱없이 비싸기 때문에 붕괴될 것이라 경고하려 했다. 주장은 부정적이지만 내용만 보면 시장가격과 생산비용을 비교하는 과정에서 결국 비트코인의 '내재가치'를 인정하는 것이었다. 한 회사의 공식적인 입장이 '비트코인은 사기'에서 '비트코인은 가치가 고평가된 자산'으로 바뀌기까지 2년밖에 안 걸렸다.

튤립버블 뒤집어 보기

회의론자들은 비트코인의 가격이 튤립버블과 마찬가지라고 비난하곤 한다. 튤립버블은 튤립 구근 하나가 마차 몇 대 값에 팔렸다는 1630

년대의 네덜란드 자산 거품 사건이다. 네덜란드 사회가 튤립 구근을 얻기 위한 광기로 뒤집어졌다는 이야기는 튤립버블 사건으로부터 200년이 지난 1841년, 스코틀랜드의 문필가 찰스 맥케이Charles MacKay가 집필한 《튤립마니아》에 소개되었다. 이후로 튤립버블을 기정사실로 전하는 문헌들은 이 책을 인용했다. 영국 킹스칼리지의 근대사 교수 앤 골드가Anne Goldgar의 연구에 따르면, '막대한 재산을 잃고 정신을 잃은 사람들이 운하에 빠져 익사했다'는 멕케이의 이야기는 허구에 가깝다.

튤립버블 사건은 사실 확대, 과장 정도가 아니라 거의 날조된 사건이지만 일반인들의 인식에는 이 비유가 뿌리 깊게 박혀 있다. 골드가가 발견한 가장 비싼 튤립 영수증은 5,000길더로 당시 좋은 집 한 채 값에 해당한다. 그러나 그 거래는 예외적이었다. 골드가는 튤립 구근에 300길더 이상 지불한 사람을 37명밖에 찾지 못했다. 튤립 거래는 300명 정도의 능숙한 업자들로 한정되었고 튤립버블로 법원에 파산신청을 한 사례는 단 하나도 없었다. 튤립으로 돈을 잃은 것으로 알려진 유명인들도 사실은 부동산 투기로 돈을 잃었던 것이다.[37]

JP모건 분석가의 통찰처럼 생산비용이 비트코인 거품이 아니라 튤립버블 사건을 푸는 열쇠다. 당시 네덜란드 화훼업자花卉業者들은 튤립의 생산비용이 얼마인지 잘 몰랐다. 투르크 제국에서 들여온 튤립은 유럽의 습하고 추운 기후에서는 재배하기가 쉽지 않았고, 당시 네덜란드에는 튤립이라는 사치품 수요를 생산이 따라갈 수 없다는 인식이 널리 유

37 출처: Dave Roos, "The Real Story Behind the 17th-Century 'Tulip Mania' Financial Crash", 2020.3.16.

포됐다. 한 계절만 볼 수 있는 꽃이고 현지 재배가 어렵고 냉장시설도 없던 시절을 고려할 때 비용요소만 놓고 보면 튤립 가격이 비쌀 수밖에 없는 구조였다. 사실 투기적 거품이 일기 전에도 오랫동안 높은 가격을 형성하고 있었다. 게다가 모든 튤립 구근이 평균적인 집보다 비쌌던 것은 아니고 바이러스에 감염되어 돌연변이가 일어나 무늬가 독특했던 튤립의 구근만 그렇게 비쌌다.

당시 튤립 구근의 가격폭락은 시장원리 때문이었다. 가격이 폭등하자 인재들이 모여들었고 어떻게 해서든 생산을 늘렸다. 돈을 쉽게 벌 수 있다는 기대는 결과적으로 반대의 상황을 연출한다. 생산에서 혁신이 일어나므로 생산비용은 낮아진다. JP모건의 분석대로 생산비용과 간극이 큰 자산가격은 결국 붕괴하기 마련이다. 1980년 이후 튤립버블 사건에 대해 진지한 학자들의 독립적인 분석이 이루어졌는데, 미국 브라운 대학의 경제학자 피터 가버Peter M. Gaber는 튤립의 가격변동이 우리가 흔히 아는 대로 비이성적인 광기였다기보다는 공급이 수요를 따라가지 못했다가 생산의 혁신이 일어나면서 가격이 안정되는 전형적인 시장조절 패턴 안에 있다고 분석했다.[38]

이렇듯 튤립버블은 미시시피회사나 남해회사 파산과 같은 거품과는 근본적으로 다른 현상이었다. 18세기에 일어난 이 주식시장의 거품 사건은 기본적으로 회계부정 사건이다. 이 두 회사는 회사의 미래를 장밋빛으로 소개하거나 적자투성이인 현실을 감추었다. 그리고 그러한 헛

38 출처: Peter M. Gaber, "Tulipmania", 1989.6.

된 기대와 부정직한 경영자들 그리고 투명하지 않은 정보에 의해 만들어지는 거품과 붕괴는 지금도 계속되고 있다. 그러나 튤립버블은 간단하다. 회계부정의 여지가 없다. 그런 튤립버블이 미시시피회사나 남해회사처럼 다수의 희생자를 만드는 사회적 광기를 만들었다는 것은 믿기 어려운 일이다. 튤립버블은 사기에 의한 거품이 아니라 수요와 공급의 불균형이 시장기능에 의해 조절된 사건이었다는 분석이 타당하므로 이제 우리의 기억을 바꿀 때가 되었다.

비트코인은 튤립과 다르다. 일단 튤립처럼 눈에 보이거나 손으로 만질 수 없다. 실체가 없다. 관상용으로서도 가치가 없다. 보여주는 방식으로 남에게 은근히 자랑할 수도 없다. 더 중요한 것은 비트코인은 가격이 올라가고 그 가격을 본 우수한 인재들과 자원이, 즉 최첨단 장비로 무장한 채굴자들이 모여든다고 해서 생산량이 늘어나지 않는다. 가격에 따른 공급의 탄력성이 0이다. 가치를 가진 상품들은 가격에 따라서 공급량이 늘어난다. 심지어 금도 가격이 오르면 채굴량이 늘어난다. 그러나 비트코인은 가격이 올라도 생산이 증가하지 않는다. 이것이 바로 비트코인 현상의 핵심이다.

만약 튤립도 비트코인처럼 썩지 않고 가격이 올라도 생산량이 늘지 않는 그 무엇이었더라면 한번 올라간 가격이 그렇게 쉽게 무너지지 않았을 것이다. 썩지 않는 튤립이라는 전제가 이상하기는 해도 만약 그런 존재가 있고 튤립처럼 아름다워서 초기에 사람들을 사로잡을 수 있었으며 희소한 데다, 희소하다는 사실이 모두에게 알려진 그런 것이었다면 튤립버블의 양태는 달랐을 것이다. 이런 속성을 가진 튤립이 한번 높은 가격을 형성했다면 이미 화폐현상이 시작된 것으로 보면 된다. 화폐현상이라는 집단적인 환상은 구별하기 어려운 복제품이 대거 등장하지 않는 이상 동시에 꺼지기 어렵다. 카우리 조개는 비슷한 조개가 대량으로 발견될 때까지 수백 년 동안이나 화폐로 쓰일 수 있었다. 사람들의 환상이 서로 교차하면서 가치를 지탱하는 것이 바로 화폐현상의 본질이자 비트코인 현상에서 일어나고 있는 일이다. 그렇지만 튤립같이 외형을 가진 것은 이런 속성을 모두 갖추기 어렵다. 왜냐하면 이런 속성은 추상적인 수의 성질이기 때문이다.

20

비트코인으로 하는 화폐 공부 1

화폐는 경제학자들의 블랙홀이다

그간 노벨경제학상을 받은 경제학자들이 비트코인을 공개적으로 비난하는 경우가 많았다. 노벨경제학상 수상자이자 대표적 케인스언인 폴 크루그먼Paul Robin Krugman 뉴욕시립대 교수는 비트코인을 일찌감치 비판했다. 그런데 그는 인터넷 초기에 향후 인터넷이 팩스밀리보다 가치가 없을 거라고 말한 바도 있을 만큼 기술 변화, 특히 IT와 네트워크 현상에서는 족탈불급足脫不及급 오판능력의 소유자이기도 하다. 케인스언과 상극인 시카고학파의 노벨경제학상 수상자인 유진 파마Eugene Fama 시카고대 경영대학원 교수도 비트코인 가격은 결국 0으로 수렴될 것이라고 예언했다. 역시 노벨경제학상을 받은 로버트 실러Robert James Shille 예일대 교수도 비트코인은 인간의 어리석음을 드러내는 거품 현상이라며 줄기차게 경고했다. 노벨상 수상자는 아니지만 2008년 서브프라임 모기지 사태를 예견해서 유명해져 '닥터둠'이라는 애칭으로 불리는 누리엘 루비니Nouriel Roubini 뉴욕대 교수는 비트코인에 대해 지속적으로 발언하면서 미국 정부가 나서서 금지해야 한다고 줄기차게 주장하고 있다.

경제학 전공자들은 "비트코인이 화폐인가?"라고 질문한다. 이때 사용하는 화폐의 기준은 당연히 달러나 원화다. 그런데 비트코인은 개발자도 불확실하고 정부의 관리도 받지 않으니 세금이나 무역의 결제수단이 될 수 없다. 이렇게 마음의 문을 닫은 사람들은 누가 비트코인 얘기를 꺼내면 듣기 싫어하고 비트코인이 건재하다는 뉴스를 접하면 화부터 낸다. 비트코인 가격이 오를 때면 세상이 미쳐 돌아가고 있다고 냉소한다.

경제학자나 전공자들의 유별난 현실부정은 학문적 오만함 때문일 가능성이 크다. 이들은 경제학이 규정한 화폐의 정의가 자연의 법칙이라고 생각한다. 이들은 화폐라는 단어를 경제학만이 규정할 수 있다고 믿는 게 분명하다. 인류의 탄생과 함께 시작된 보편적인 현상을 자신이 공부한 분과 학문만으로 규정할 수 있다고 생각한다. 정부가 발행, 감독, 운용하는 화폐를 대전제로 설정하고 그 기준을 잣대로 삼아 결론으로 치닫는다. 화폐를 집단적으로 만들어낼 수 있는 인간의 본성에 주목하지 못하고 자기 학문의 정의를 절대시하니, 결국 언어의 미로에서 벗어나지 못하고 새로운 현상을 접할 기회를 스스로 날려버리고 만다. 지식이 부족해서가 아니라 오만하기 짝이 없는 자기 전공의 미로에서 빠져나올 의지 부족이 불러온 결과다.

그렇지 않다. 경제학의 역사는 짧지만 화폐는 인류 역사만큼이나 오래된 현상이다. 화폐는 사회적 본능이라 할 만큼 사회성의 핵심 도구로서 공동체의 형성과 떼어 놓을 수 없다. 이렇게 장대한 역사적 스케일에서 보자면, 달러나 원화 같은 '종이돈'이야말로 특이한 현상이라고 할 수 있다. 그 돈은 일단 정부가 인쇄기를 돌려 맘대로 찍어낼 수 있다는 약점을 비롯해 연륜으로도 보잘것없다. 이런 종이돈을 기준으로 인류와 함께해 온 화폐현상 전체를 규정하는 건 무리다. 경제학은 여타의 인문학이 따라잡기 어려운 명석한 수량적 도구를 자랑하지만, 세상엔 그런 것만으로 간명하게 규정하기 어려운 인문학적 질문이 많다는 걸 인정해야 한다. 경제학자들이 익숙하다고 믿는 화폐현상도 사실은 그중 하나로, 계량화하기 어려운 철학적 사유의 영역이다.

물리학자들은 블랙홀을 잘 모르지만, 블랙홀이 주변 공간과 사물에 미치는 동역학은 누구보다 정확하게 예측한다. 그것도 정교한 수학의 언어로 말이다. 그러나 물질이 붕괴되는 블랙홀 내부가 어떤 모습인지는 모른다. 모든 물질이 붕괴된다는 바로 그 사실 때문에 우리에게 익숙한 물질관으로는 블랙홀 내부를 상상하는 것조차 버겁다. 영화 〈인터스텔라〉에는 블랙홀 내부의 모습이 나온다. 그 장면은 비단 영화적 상상력만으로 제작한 게 아니다. 블랙홀 권위자인 유명한 물리학자가 고문으로 참가해 함께 작업했다고 전해지는데, 물리학자들이 진지하게 검토하고 있는 '블랙홀 홀로그램' 가설을 차용했다고 한다. 이 가설에 따르면 블랙홀은 우주의 영사기이고 우주라는 공간은 영사막이라서 실제로 사건이 일어나는 곳은 블랙홀 내부다. 즉, 블랙홀은 물질이 아니라 우주의 정보를 담고 있으며 우주 자체가 물질이 아니라 사건들의 정보로 이루어졌다는, 상식적으로는 납득하기 어려운 가설이다. 그만큼 인간은 물질의 본질에 대해 잘 알지 못한다는 걸 물리학자들은 블랙홀 내부의 미스터리를 통해 인정하고 있다.

경제학자들에게 블랙홀이 바로 화폐다. 그들이 안다고 생각하는 화폐는 사실, 화폐의 동역학이다. 그러나 화폐 자체, 특히 어떤 조건에서 어떤 물질이 선택되어 화폐로 사용되는 것이 우연의 결과였는지 아니면 필연적인 것이었는지와 같은 쟁점에 대해 경제학자들은 아는 게 별로 없다. 왜냐하면 이런 질문은 문화인류학적 탐구나 인문학적 상상력을 요구하기 때문이다. 차라리 인간의 집단적 행동을 가능케 하는 상징과 신화의 체계를 다루는 종교사회학이 화폐현상을 풀어내는 데 경제학보다 더 적합한지도 모른다.

실제로 경제학자들은 물물교환의 번거로움 때문에 화폐가 발명되었다고 가르친다. 그러나 인류학자들의 탐구에 의하면 이 내러티브narrative를 지지하는 증거는 별로 없다. 오히려 화폐는 부채의 변제와 관련 있으며, 사람들이 주기적으로 모이는 신전을 중심으로 한 종교적 활동의 부산물이었을 가능성도 제기되고 있다.

물리학자나 경제학자나 각자 학문의 중심에 위치한 사물에 대해 잘 모르는 것은 마찬가지지만, 물리학자들은 블랙홀 내부가 아직 미스터리한 영역이라는 것을 인정하는 반면 경제학자들은 화폐에 관한 한 미스터리는 남아 있지 않다고 믿고 있는 듯하다.

"'화폐란 무엇인가?'라는 질문에 대해 경제학이나 법학이 모두 동의하며 시대를 관통하는 보편타당한 답을 할 수 있다고 생각해서는 안 된다."

경제학자 루드비히 폰 미제스Ludwig Heinrich Edler von Mises는 이 질문을 둘러싼 논쟁이야말로 경제학이나 법학이 별로 기여한 바가 없는 주제라고 강하게 경고하기도 했다.[39]

화폐현상은 부조리해 보일 정도로 상식에 어긋나는 신비한 현상이다. 통화주의의 거두 밀턴 프리드먼Milton Friedman은 "특정한 물건이 화폐로 채택되도록 결정하는 요인은 무엇인가?"라고 질문한 후 이에 대해 만족할 만한 답을 모른다고 했다. 일단 어느 물건을 화폐로 사용하기 시작하면 이 관행은 스스로 생명력을 가지고 성장하기 마련이다.[40]

화폐의 목표는 서로 상충한다

화폐는 뚜렷한 선으로 테두리를 그을 수 있는 명쾌한 개념이 아니다. 모든 상품은 심지어 주택을 포함해 미약하나마 화폐적 속성을 갖기도 한다. 일단 무엇이든지 사람들이 화폐로 사용하고 나면 그 물건에 화폐로서 가치가 있는지를 따지는 것은 부질없다. 그리고 사실은 그 물건의 상품으로서의 가치와 그 물건의 화폐적 가치와도 거의 관련이 없다. 뒤에서 더 자세히 설명하겠지만 화폐는 장부이기 때문이다. 화폐는 생산

---

39 출처: 미제스, 《화폐와 신용의 이론(上)》, pp.57~78.
40 출처: 밀턴 프리드먼, 《화폐경제학》, p.35.

단계마다 가치가 부가되는 상품이 아니다.

게다가 인류는 아직도 '올바른 화폐'라는 개념에 도달할 만한 화폐를 발견하지도 못했다. 경제학자들은 화폐가 회계의 단위, 거래의 수단, 가치의 저장수단이라고 가르친다. 그러나 정부가 발행하는 지폐에는 '가치의 저장'이라는 중요한 덕목이 부족하다. 그래서 종이돈을 화폐가 아니라고 주장하는 경제학자들도 있다. 금본위론자들은 정부가 인쇄기를 돌려 찍어내는 인쇄물은 돈이 아니며 진짜 돈인 금의 그림자에 불과하다고 주장한다.

경제학자들이 비트코인을 평가할 때 기준으로 삼는, 가격이 안정되고 가치의 저장수단도 되며 누구나 쉽게 진위를 확인할 수 있는 화폐는 현실에 존재하지 않는다. 정부가 인정하는 교환의 매개물인 원화나 달러가 화폐의 기본적인 속성을 완벽하게 충족한다고 믿는 경제학자는 실제로 많지 않다. 비트코인과 비교했을 때 달러처럼 단기적으로 가격이 안정되어 있는 것은 분명히 중요한 덕목이지만, 장기적인 가치의 저장이라는 덕목과 견주었을 때 둘 중 무엇이 우선하는지는 판단하기 어렵다.

둘 다 중요한 화폐의 속성이어야 하지만 이 두 덕목은 종종 충돌한다. 비교적 절제력이 있다고 하는 선진국의 법정화폐도 장기적으로 관찰하면 가치의 저장수단으로는 적합하지 않다. 달러를 주관하는 미국 연준은 매년 2%의 인플레이션을 기준으로 통화량을 관리한다. 이 말은 상품에 대해 매년 달러의 가치가 2%씩 줄어든다는 뜻이다. 복리로 계산해 보면 35년 만에 달러의 가치는 절반으로 추락한다. 이 역시도 인플레이션이 이상적으로 관리될 때의 이야기다. 게다가 지구적인 관점에서 보면 거래수단으로서 안정된 통화를 가진 국가 자체도 소수에 불과하다. 그런 안정된 사회의 시민이라면 요동치는 비트코인을 안정된 통화로 보기 어렵겠지만, 인쇄기로 돈을 찍어내 인플레이션을 제약 없이 유발하는 국가에 살고 있다면 비트코인이 무엇보다 좋은 돈일 수도 있다.

화폐는 상품이 아니다

화폐는 언어나 윤리처럼 인간사회의 본질적 특성을 이룬다. 가히 본능이라고 할 수 있을 정도다. 금속화폐로는 BC 7세기 지중해 동부의 리디언 문명에서 사용하던 코인이 가장 오래된 것이다. 그러나 그 이전의 인류도 금이나 가축의 가죽, 뼈, 조개껍질을 교환의 매개로 활용했다. 화폐가 없는 폐쇄적인 공간에 모인 사람들도 어느 정도 시간이 지나면 화폐현상을 창안해낸다. 난민촌이나 교도소에서는 담배가 가장 쉽게 화폐로 부상한다. 보관과 운반이 쉽고 개비로 나눠 교환할 수 있으며 개비들 간의 가치가 비슷하고 위조가 어렵기 때문이다.

2차 세계대전 직후 사회 시스템이 무너졌던 독일에서는 미군들로부터 유입된 '말보로'가 강력한 지불수단이었던 적이 있다. 일단 어떤 상품이 화폐의 지위를 얻고 나면 본래의 상품 가치는 의미를 잃는다. 담배를 피우지 않는 이들에게도 담배는 화폐로서 의미가 있다. 상품이 아니기 때문에 상품에 적용되는 한계효용 체감의 법칙이 작동하지 않는다.

경제학자들이 흔히 드는 예시로서 피자처럼 하나를 더 먹을 때마다 행복감이 급감하는 형태로 수요곡선이 만들어지지 않는다는 의미다. 즉, 담배를 피우는 사람들마저도 한계효용 체감의 법칙에 따라 담배 개비의 가치를 평가하지 않는다. 너무 많이 피워 질렸다고 해서 남은 개비를 버리거나 누가 주는 걸 거부하는 일은 없다. 심지어 흡연자와 비흡연자가 평가하는 담배의 가치가 동일해지는 신비한 일까지 발생한다.

간단한 사고실험으로 화폐의 추상성을 증명할 수 있다. 담배를 화폐로 사용하는 고립된 섬이 있다고 가정하자. 이 섬에서 마지막 흡연자가 죽었다. 이제 담배를 상품으로 소비하는 이는 한 명도 없다. 그럼에도 불구하고 이 섬에서는 담배를 계속 교환의 매개물로 사용한다. 뒤에서 더 자세히 설명하겠지만 야프섬의 돌화폐의 경우, 바다에 빠져 아무도 가져갈 수 없고 볼 수도 없지만 역사만 확실하다면 화폐가 될 수 있다. 흡연자가 없는 섬에서 담배가 화폐로 계속 쓰일 수 있다는 상상력을 뒷받침하는 내용이다. 이 모든 일은 화폐와 상품의 차이에서 생긴다.

화폐의 교환가치 외에 화폐가 갖는 상품으로서의 내재가치를 중시하는 이론은 경제학자 루드비히 폰 미제스와 관련 있다. 미제스는 국가통화체계를 비판하며 금본위제로의 회귀를 주장하는 오스트리아학파의 정신적 지주다. 미제스는 화폐의 교환가치를 거슬러 올라가다 보면 결국 상품으로서의 가치가 기원이라고 주장한다. 금이나 은과 같은 금속화폐들이 이를 대표한다. 국가가 발행하는 종이돈은 금과 달리 상품으로서의 가치가 없다. 그래서 금본위론자들에게 종이돈이 '나쁜 화폐'라면 비트코인은 '지나친 농담'일 뿐이다.

하지만 미제스는 금속화폐의 내재가치를 따지려는 시도를 단호하게 비판한다. 오히려 그는 비트코인처럼 모든 정보가 공개된 화폐를 지지했을 법한 논리를 구사한다. 금이 화폐로서 좋은 것은 금의 상품적 기억 때문이 아니다. 미제스는 사람들이 정직하게 대가를 지불하고 획득했다는 정보가 담겼기 때문에 금이 좋은 화폐일 수 있다고 생각했다. 그는 국가가 만든 화폐는 사회의 정보를 교란하기 때문에 결국 실패한다고 보았다. 화폐는 추상화된 장부다. 장부란 곧 다수가 믿을 수 있는 객관적 정보를 의미하는데 어떤 물질이든 그 획득과 확산에 대한 정보를 믿을 수 있다면 장부로 선택될 수 있고, 장부로 인정받으면 그 물질의 직접적인 효용과는 무관하다는 걸 미제스는 알고 있었다. 미제스야말로 화폐를 사회적 정보 시스템의 한 축으로 이해한 구루Guru이므로 화폐사상에 국한해서 보자면 사토시 나카모토의 직계 스승이라고도 볼 수 있다.

경제학자들을 괴롭히는 스위스 디나르

정부나 금융기관이 인정하지 않으면 화폐가 될 수 없다는 주장을 반박하는 최근의 사례도 있다. 이라크에서는 1차 이라크 전쟁과 2차 이라크 전쟁 사이에 10년 이상 '스위스 디나르'라는 돈이 쓰였다. 이름과 달리 스위스와는 아무런 상관도 없다. 이라크가 쿠웨이트를 침공했다가 미군에게 패퇴한 뒤, 경제제재 때문에 이라크 내에서 중국의 인쇄기로 찍어낸 화폐를 '사담 디나르'라고 하는데 구화폐인 스위스 디나르와 신화폐인 사담 디나르 모두에 사담 후세인의 얼굴이 그려져 있기는 마찬가지다. 스위스 디나르라고 부르지만 이 돈은 과거 영국에서 찍어 이라크로 들여왔다. 스위스 은행처럼 가치 저장수단으로서 안전하다는 뜻에서 그렇게 불렀을 것이라고 학자들은 추론한다.

경제학자들은 인물상이 그려진 종이 쪼가리일 뿐인 종이돈이 가치 있는 이유는 그 뒤에 중앙은행이 있고, 중앙은행 뒤에 정부가 있기 때문이라고 말한다. 하지만 스위스 디나르는 이라크 정부나 중앙은행이 사

스위스 디나르

이라크 공식 사담 디나르(1995)

용을 금지한 이후에도 10년 동안(1993~2004년)이나 이라크 북부지역에서 화폐로 사용됐고 국경무역에까지도 활용되는 등 요르단을 비롯해 이웃 국가의 국민들도 일부 보유할 정도로 생명력이 강했다. 스위스 디나르는 공식 화폐였던 사담 디나르보다 더 강력한 화폐로 자리매김했다. 걸프전 이후 후세인 정부는 돈을 찍어내 국민들의 저축을 빨아들였기 때문에 사담 디나르는 날이 갈수록 가치를 잃어갔다. 반면 스위스 디나르는 어떤 정부기관도, 어떤 상업은행도 지불수단으로 인정해 주지 않았지만 2차 걸프전 이후 미국이 주도한 이라크 임시정부가 완전히 새로운 디나르를 발행해 교환해 줄 때까지 잘 쓰였다. 공식 화폐인 사담

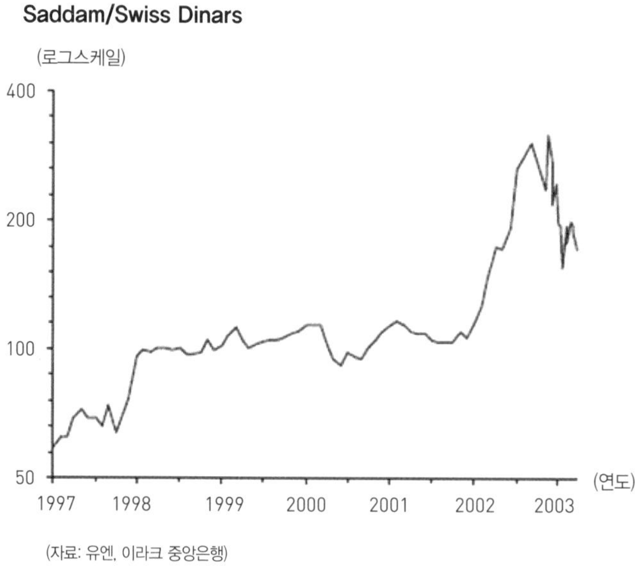

사담 디나르 대비 스위스 디나르 가격 배수 그래프(출처: "Disowned currency: the odd case of Iraqi Swiss Dinars Monday", Moneyness, 2013.5.27.)

디나르보다 무려 300배나 비싼 적도 있었다.

스위스 디나르가 경제학자들에게 충격을 안긴 이유는 정부나 은행 같이 신뢰할 만한 기구가 보증하지 않는데도 한낱 종이에 불과한 사물이 자생적이면서도 안정적으로 사회적 약속을 담아낼 수 있다는 것을 보여줬기 때문이다. 스위스 디나르는 상품 화폐가 아니어도 정부나 은행의 보장이 반드시 필요한 것은 아니라는 사실을 역사적으로 증명한 사례다. 만약 상품가치 없는 종이나 코드 쪼가리가 신용화폐로 기능하기 위해서는 정부나 금융기관의 인정이 필수적이라고 전제한 뒤 비트코인을 평가하는 경제학자들의 비판이 적절하다면 스위스 디나르 현상도 발생하지 않았어야 했다.

독재정치와 전쟁 그리고 인플레이션이 활개 치는 사회에서 화폐란 단지 거래의 수단이 아니라 생존과 직결된 수단이었다. 그런 척박한 환경에서는 정부가 보증하지 않는 돈이 정부가 보증하는 돈보다 더 돈다운 돈으로 인식될 수도 있음을 알려준 사례 중 하나다. 스위스 디나르는 이라크 북부 쿠르드족 사람들이 당시 선택할 수 있었던 가장 최선의 장부였을 뿐이다.

비슷한 일은 반복해서 일어났다. 흔히 차탈리즘chartalism, the chartal theory of money이라 불리는 화폐이론, 즉 정부가 발행하고 세금의 지불수단으로 삼는 것만이 화폐라는 이론에 매몰된 사람들만이 이 사실을 무시할 뿐이다.

1991년 1월, 소말리아가 내전으로 붕괴되었을 때 소말리아 중앙은행의 금고가 폭파되면서 모든 현금과 귀중품이 약탈당했다. 중앙은행의 보장이 사라졌는데도 소말리아 실링 지폐는 소말리아인들 사이에서 계속 유통되었다. 중앙 통화당국이 더 이상 인정하지 않는데도 당시의 실링은 오늘날까지 소규모 거래에 사용되고 있다.[41] 흡연자가 없어도 담배화폐가 계속 쓰인다는 것을 알면 이는 조금도 놀랄 일이 아니다. 중앙은행이 약탈당하기 전까지 소말리아 국민들은 정당한 노동과 거래를 통해 실링을 얻었을 것이기에 이보다 더 좋은 거래수단은 없었던 것이다. '어디에 쓰느냐보다 어떻게 얻었느냐가 더 중요한' 장부로서의 화폐적 개념에서 보면 스위스 디나르나 소말리아 실링이나 모두 예측 가능한 사례였다.

사람들은 좋은 장부를 찾는다. 그 장부가 반드시 이상적일 필요는 없다. 구할 수 있는 장부 중에서 가장 신뢰할 만하면 된다. 스위스 디나르처럼 차탈리즘과는 정반대 현상도 일어날 수 있다. 정부가 장부를 조작하면, 즉 화폐발행을 남발하면 정부가 금지한 정부의 예전 돈이 더 강력한 화폐가 될 수 있다. 더 이상 정부의 손을 타지 않는 종이돈이 정부가 인정하지만 정부 마음껏 인쇄하는 돈보다 더 좋은 장부일 수 있기 때문이다. 사람들은 개인적 차원에서만 생각하지 않는다. 정부가 인정하지 않는 화폐의 위험에 대해 충분히 인지하고 있음에도 불구하고 남들의 선택을 완전히 배제하지도 않는다. 다른 사람들이 선택하는 장부를 관찰해 선택하고 그런 선택이 모여서 하나의 화폐가 탄생하는 것이다.

---

41 출처: "Orphaned currency, the odd case of Somali shillings", Moneyness, 2013.3.1.

21

비트코인으로 하는 화폐 공부 2

화폐 탄생의 조건은 소수의 맹신

화폐에 대한 가장 큰 오해 중 하나는 모두가 인정할 때만 비로소 화폐로 기능할 수 있다는 통념이다. 이 통념으로 비트코인을 평가하는 이들은 민주주의의 다수결처럼 다수가 신뢰해야만 화폐가 될 수 있다고 주장하곤 한다. 꼭 다수결이 아니더라도 공공선을 담당하는 국가의 축복 아래서만 화폐가 탄생할 수 있다고 믿는다.

화폐탄생에 꼭 필요한 최소한의 신뢰에 대해 비트코인은 우리에게 적나라한 통찰을 주고 있다. 화폐탄생은 그다지 많지 않은 소수가 가치를 확신하는 것만으로도 충분하다. 지금도 그렇지만 10년 전 내가 비트코인이 화폐현상이라고 말했을 때 이를 진지하게 받아들이는 사람들은 거의 없었다. 그냥 무시하는 정도가 아니라 대다수가 강렬하게 부정하는 것이 당시 현실이었다. 비트코인은 절대로 화폐가 될 수 없다는 비판이 오히려 상식적이었고 설득력이 있었다.

비트코인은 발행자가 누구인지도 모르는 데다 초기 물량을 헐값에 가진 이들이 언제든지 시장에 던질 수도 있었다. '과연 가격이 생길 것인가'에 대해 판단을 유보하는 불확실한 시기를 오랫동안 거쳐야 했기 때문에 비트코인 생태계 초기 참여자들의 면면과 소유량에 대해서만큼은 이처럼 베일에 싸인 블록체인 프로젝트도 드물다. 게다가 획기적인 기술이라고 하지만, 기술의 역사상 최초의 기술이 상용화하기에 가장 적합한 기술이었던 적은 없었다. 최초의 퍼스널 컴퓨터, 최초의 핸드폰은 오늘날 모두 박물관에 있다.

이런 상식적이고 나름 논리적인 비판들 앞에 서면, 웬만한 내공이 아니고서는 주눅이 들고 벌써 다리가 풀려 싸울 의지를 잃는다. 하물며 마지막 결정타가 아직 남아 있다.

"달러에 도전해? 감히? 미국이 가만둘 거 같아?"

이쯤 되면 모처럼 호기심을 가졌다가도 생각을 고쳐먹게 되고, 크게 마음먹고 비트코인을 샀더라도 주변 사람들에게 알릴 엄두도 내지 못한 채 조용히 혼자 가지고 있다가, 가격이라도 떨어지면 손실을 최소화하기 위해 얼른 팔아 '짝퉁 시계'를 사는 용도로나 사용하면서 자신의 오판을 저주하기 십상이다.

그런데 비트코인의 과거 역사는 이런 상식적인 논리를 비웃는다. 이 평균적인 논리에는 블록체인 기술에 대한 얄팍한 이해나 미국과 달러의 관계에 대해 통념을 벗어나지 못하는 지정학적 오해가 숨어 있다. 무엇보다 화폐현상을 관찰한 바도 없고 생각한 바도 없다는 걸 스스로 입증하고 있기도 한데, 참담할 정도의 인문학적 무지가 누적되어서 행운을 가로막았던 셈이라고나 할까.

만약 다수의 느슨한 신뢰와 소수의 강력한 맹신, 둘 사이에서 새로운 화폐를 만들기 위해 필요한 환경을 골라야 한다면 후자를 골라야 한다. 비트코인은 무슬림 입장에서 볼 때, 도무지 인정할 수 없는 동로마제국의 금화와 같았다. 그 금화에는 로마 황제의 얼굴이 새겨져 있었다. 신실한 무슬림이라면 모든 조각상을 우상숭배이자 신격모독으로 간주해야 마땅하다. 그러나 아랍 상인들은 동로마제국의 금화를 받았을 뿐만 아니라 좋아했고 신뢰했다. 왜냐하면 그 금화는 순도가 높았고 서구 기독교 세계에서 널리 인정되었기 때문이다.

스위스 디나르도 이라크에서 핍박받았던 북부 쿠르드족이 주로 사용했다. 이라크의 후세인 대통령은 북부의 쿠르드 반란 혹은 독립운동을 진압한다는 명분으로 비행기와 헬기로 독가스를 쏟아부었다. 그 결과 수많은 쿠르드족 어린아이와 노인이 무참하게 죽었다. 그렇다고 그들이 스위스 디나르에서 후세인의 얼굴을 지우고 사용했는가 하면 그렇지 않았다.

화폐는 소수가 확고하게 가치를 믿으면 그 속성상 보편성을 띤다. 그것이 여타의 상품과 화폐가 구별되는 점이다. 그런 소수의 확고한 신뢰를 얻을 수 있느냐가 핵심이다. 비트코인은 10년 전 이미 그런 생태계를 구축한 상태였다. 이것이 바로 상식적이고 논리적인 사람들이 실패한 지점이다. 현실에서 분명하게 진행되는 일을 냉정하게 관찰하지는 않고 합리적 사고만으로 판단했기 때문이다. 이런 사람들은 나름대로는 언제나 옳지만 중요할 때, 적절하게 옳았던 적은 별로 없다.

소유할 수 없어도 화폐가 될 수 있다는 걸 보여준 야프섬의 돌화폐

화폐가 비상식적인 현상이라는 것은 경제학의 거두도 알고 있었다. 주류경제학의 본류라고 할 수 있는 통화주의자들의 스승, 밀턴 프리드먼은 화폐야말로 한 발만 떨어져 보면 우스꽝스러운 인간적인 허상이라고 가르친다. 그의 책 《화폐장난Money Mischief》[42]은 남태평양 야프섬의 돌화폐 이야기로 시작된다.

야프섬에는 돌이 없다. 그래서 이 섬 사람들은 멀리까지 배를 타고 가서 큰 바위를 깎고 배에 실어서 섬에 들여온다. 몇 세대 전에 한 부자 가문이 다른 섬에서 깎아 만든 돌화폐를 운반하다가 폭풍을 만나 바다에 빠뜨려버렸다. 그런데도 그 돌은 이 가문의 재산으로서 마을 사람 모두가 인정했다. 사건의 목격자들이 증언한 이후, 바다에 가라앉아 보이지도 않는 돌의 소유권은 섬에 있는 여느 돌화폐와 마찬가지로 인정되었고 거래에 사용되었다. 또, 독일 식민지 관료들이 일하러 나오지 않은

42 한글 번역서 제목은 《화폐경제학》이다.

야프섬의 돌화폐(출처: 태평양 관광기구)

원주민들을 설득하기 위해 집집마다 돌에 검은 십자가 표시를 했더니 원주민들이 슬픈 표정으로 일하러 나왔다고 한다. 일을 시키고 나서 표시를 지우자 원주민들은 기뻐했다고 한다. 표식과 상관없이 돌화폐는 원래 있던 자리에 그대로 있었다. 바뀐 것은 소유권 표식일 뿐이다.

프리드먼은 말한다. 이들의 행위가 원시적이고 우스꽝스럽다면 미국 연준의 뉴욕은행 지하 금고에 보관 중인 금괴에 다른 나라 소유권 표지가 붙었다는 이유로 '금의 유출'을 크게 보도하며 걱정하는 현대인들의 화폐관도 우습기는 마찬가지라고 말이다. 경제학의 큰 스승은 화폐의 본질이 상식을 배반하는 거대한 환상일 뿐이라는 점을 일깨워주고자 했다.

화폐는 장부다

조개화폐, 금과 은 그리고 정부의 종이돈과 비정부적 종이돈(스위스 디나르)까지 설명하는 화폐의 보편적 정의는 하나뿐이다. 화폐는 장부라는 것이다.

고트프리트 라이브란트Gottfried Leibbrandt와 나타샤 드 테란Natasha de Teran이 공저한 《결제파워payment power》[43]에서 저자들은 인류학자들의 연구결과를 인용하여 화폐보다 부채가 더 오래되었다고 주장한다. 즉, 물물교환의 불편함 때문에 화폐가 생겼다는 경제학자들의 사고실험이 실제로 화폐의 기원은 아니라는 것이다. 화폐는 상품화폐에서 기원한 게 아니라 부채를 해소하는 방식에서 기원했다는 인류학자들의 가설을 지지하는 증거가 더 많다고 저자들은 말한다.

책에 나온 예시를 살펴보자.

어느 작은 섬에 있는 호텔을 찾은 관광객이 100달러짜리 지폐로 호텔비를 선불로 결제한다. 호텔 주인은 관광객이 낸 100달러짜리 지폐로 정육점 주인에게 빚을 갚고, 정육점 주인은 다시 그 돈으로 농부에게 진 빚을 갚고, 농부는 정육점 주인에게서 받은 돈을 트랙터를 고쳐준 정비소 주인에게 주고, 정비소 주인은 지난달에 딸의 결혼식 장소를 빌려준 호텔 주인에게 그 돈을 준다. 이 모든 과정이 끝난 후 관광객이 호텔 프런트에 나타나 마음이 바뀌었다며 호텔에 투숙하지 않겠다고 이야기한다. 호텔 주인은 관광

43 한글 번역서 제목은 《결제는 어떻게 세상을 바꾸는가》다.

객에게 100달러를 돌려주고 관광객은 떠난다. 관광객이 등장하기 전과 달라진 것은 없다. 다만 섬에 존재했던 모든 빚이 청산됐다는 차이가 있을 뿐이다.[44]

관광객이 한 일은 아무것도 없는데 섬의 상태는 바뀌었다. 얼핏 보면 마술과 같은 현상이다. 그러나 화폐가 애초에 장부였다는 사실을 음미해 보면 이는 자연스러운 모습이다. 사실 관광객이 주었다 도로 가져간 100달러가 없어도 섬의 이해관계자들이 모여서 서로 장부를 펼쳐 놓고 순차적으로 바꾸면 될 일이기도 하다. 그러니까 섬의 사람들은 100달러짜리 환어음을 발행하고 돌리면서 서로의 변제를 없앨 수도 있었다. 환어음이란 발행인이 받을 돈(매출채권)을 근거로 자신의 채무를 변제하는 것이다. 수출업자는 수입업자를 지급인으로 환어음을 발행해서 은행에 가져다주고 미리 돈으로 받거나, 아니면 수출할 상품의 원료를 제공할 업자에게 물건값 대신 환어음을 주기도 한다. 물론 이 원자재 업자는 나중에 수입업자에게 환어음을 주고 돈을 받을 수 있어야 한다.

호텔 주인은 자신에게 줄 외상값이 있는 정비소 주인을 지불인으로 해서 환어음을 발행하고 이를 농부에게 주면서 농부에게 진 빚을 청산한다. 농부도 그 환어음을 정육점 주인에게 주고 부채를 떨고 정육점 주인은 환어음의 지불인인 정비소 주인에게 어음을 주고 자신의 부채를 털어버린다. 환어음은 정비소 주인이 갖게 되는데 정비소 주인이 환어음을 회수하고 나면 그는 호텔에 부채를 지불하지 않아도 된다. 이렇게

44 고트프리트 라이브란트, 나타샤 드 테란, 《결제는 어떻게 세상을 바꾸는가》, p.35.

아무도 부채가 없는 상태로 모두의 장부가 바뀌었다.

통화론의 거두 프리드먼이나 케인스언의 원조 존 메이너드 케인스 모두 화폐는 추상적이며 굳이 본질을 추적하면 사회적 장부일 뿐이라는 것을 알고 있었다. 케인스는 2차 세계대전 이후, 새로운 국제통화체제를 설계할 때 장부상으로만 존재하는 방코르bancor라는 결제수단을 제안하기도 했는데, 상인들끼리 부채를 청산하기 위해 의도치 않게 환어음이라는 신용화폐를 창출하는 모습에서 방코르 아이디어를 만들었다고 알려졌다.

경제학에서 비주류로 취급받는 오스트리안 학파austrian school들은 실체가 있는 상품화폐가 진짜 돈이라고 주장한다. 그러나 오스트리안들의 대부 미제스는 금이 가치가 있어서라기보다는 정부가 금의 양을 마음대로 늘리지 못하기 때문에 좋은 돈이라고 주장했다. 미제스도 화폐는 추상적 장부일 뿐이라는 사실을 누구보다 잘 알고 있었다.

화폐가 사회적 장부일 뿐이라는 생각을 못 받아들이는 쪽은 경제학을 공부하지 않은 일반인들이다. 매일 사용하는 신용카드나 온라인 뱅킹이 디지털 수치에 불과하다는 것을 알지만, 그래도 그 수치 뒤에는 뭔가 값나가는 물질이 보장되어 있다고 생각한다.

화폐 없이 모든 것이 중앙컴퓨터의 기록에 의해 통제되는 폐쇄된 공동체의 경제흐름을 디자인해 보면 화폐의 본질이 거대한 장부라는 것을 직관적으로 이해할 수 있다. 수요와 공급에 의해 결정되는 가격이 아니라 중앙이 정한 교환비율이 작동하는 배급제 사회라고 해도 상품의 교환은 필요하다. 설계자는 그 사회를 지속시키기 위해 사회에 뭔가 공헌한 사람에게 물건들을 구입할 수 있는 포인트를 주려 할 것이다. 대체로 노동시간에 따라 포인트를 주고 그 포인트를 다른 물건의 구입에 사용할 수 있게 설계할 것이다. 다만, 화폐가 없다는 전제상 설계자는 포인트를 구성원에게 주는 대신에 장부에 기록할 것이다. 구성원들은 포인트를 사용할 때 장부관리자에게 보고하고 포인트의 주인을 바꿔달라고 신청할 것이다. 결국 그 장부에는 구성원들의 생산 기여도와 생산된 물자의 양은 물론 포인트 거래내역의 최신 상태까지 기록될 것이다. 그리고 설계자는 물건의 양을 초과해서까지 포인트를 발행하려 하지는 않을 것이다. 왜냐하면 포인트는 물건에 대한 청구권을 의미하는데, 청구권이 물건보다 많은 불균형은 사회 혼란으로 이어질 것이기 때문이다. 이 장부의 핵심은 구성원들이 내용을 함부로 고치지 못하게 하는 것이다.

물론 아무리 잘 디자인해도 규모가 어느 정도 되는 사회에서 이 장부는 무용지물이다. 모든 물건의 교환비율이 일정하다는 것이 문제를 일으키기 때문이다. 일정한 규모를 넘어가면서부터는 포인트의 총량과 물건의 총량이 같다는 개념도 모호해지고 만다. 포인트를 쓰지 않고 모으는 이들이 생기고 물건의 사용 연한도 제각각이기 때문이다. 인기 있는 물건이 있는가 하면 그렇지 않은 물건도 있다. 이들을 동일한 수치로 기록할 수 없다. 장부를 기록하기 위해 구성원들의 일거수일투족을 다 알아야 한다는 것도 문제다. 개인의 사생활 보호나 선택의 자유가 문제이기도 하지만 더 큰 문제는 이 모든 활동을 계산하는 것에 엄청난 부하가 걸린다는 사실이다.

시장에서 수요와 공급에 의해 가격이 결정되면 중앙의 장부를 유지하는 것보다 구성원들이 포인트를 들고 스스로 각자 장부를 유지하는 편이 자연스럽다. 포인트는 중앙의 장부에서 튀어나와서 구성원들의 호주머니로 들어간다. 그러기 위해서는 실물 형태를 띨 수밖에 없다. 이 때문에 구성원들은 화폐가 원래는 사회적 장부라는 감각을 상실한다. 마치 독립된 가치가 있는 사물처럼 착각한다. 이 논리를 확장하자면 화폐 그 자체로 가치가 있다는 믿음은 화폐가 널리 쓰이도록 의도적으로 조장한 허상일 가능성도 크다.

인류 최초의 문서는 회계장부다

인류학자들의 발견에 의하면 역사상 최초의 문서는 회계장부였다. 유발 하라리Yuval Harari는 《사피엔스》에서 5,000년 전 수메르인들이 '보리 2만 9,086자루, 37개월, 쿠심'이라고 적은 점토판을 남겼다고 소개하며 인류 최초의 문서가 철학도, 시도, 전설도 아니고 빚이나 권리를 기록한 회계장부였다는 사실에 탄식했다. 전혀 다른 문명권인 아메리카 안데스산맥의 잉카제국도 사정은 비슷했다. 이들은 아예 주판처럼 수체계를 기록하는 데만 쓰는 결승문자인 키푸quipu를 남겼다. 키푸는 색색의 실에 매듭을 지어 수를 나타내는데 세금이나 빚, 재산의 소유권을 표시했다.

인류 역사가 웅변하는 바와 같이 화폐의 기원은 회계장부다. 문자가

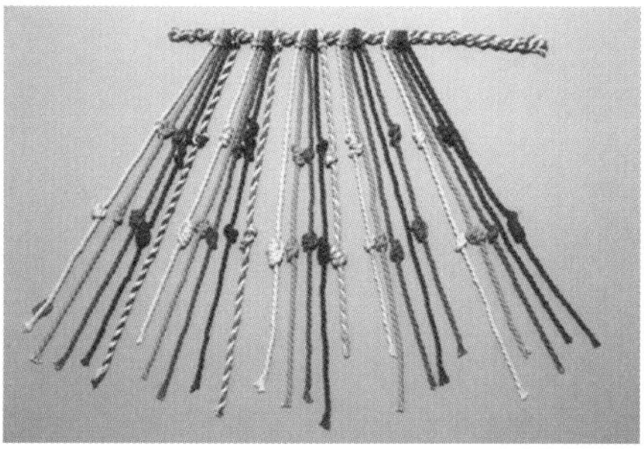

쿠심(출처: La boite verte)과 키푸(출처: 하버드대, 존 체이스)

대중화되고 종이가 발명되어 장부가 흔해지면서 장부의 위변조도 쉬워졌다. 이 때문에 화폐의 기원이 회계장부라는 사실을 망각했을 가능성이 높다. 그러나 원시공동체나 고대사회에서는 재산권을 아무나 기록할 수 없었다. 복잡한 교육을 평생 동안 받을 수 있었던 특권층만이 필경사(서기)가 될 수 있었고, 그들만이 정해진 곳에서 장부를 기입하고 장부가 보관된 곳에 들어갈 수 있었다. 오늘날로 따지면 등기소에 해당한다.

필경사들은 백성들의 재산소유 현황을 기록하고 세금 납부 기록을 관리했다. 재산소유 현황에 대한 기록은 백성들 간의 갈등을 줄이고 해결하는 데도 큰 도움이 되었다. 필경사는 땅에 대한 거래기록이 담긴 점토판을 찾아 분쟁해결에 결정적인 도움을 주었다. 기록이 곧 재산이었다. 오늘날 거대 은행의 서버 숫자들이 단지 추상적인 기호가 아닌 것과 마찬가지다. 고대시대 필경사란 은행 서버에 접근할 권한이 있는 이들이었고, 그들이 장부를 보고 읽어줘야만 일반 백성들은 내용을 확인할 수 있었다. 필경사나 은행의 서버관리 직원이 재량권을 발휘하면 재앙이다.

블록체인을 공개 분산장부라고도 하는데 블록체인은 장부의 유일성을 비인격적으로 보장하는 장치다. 만약 장부가 유일한 원본이 확실하다면 그 장부는 그 자체로 무엇보다 강력한 화폐다. 은행 서버도 결국은 유일성을 지켜야 하는 장부이고, 장부는 자산의 이동을 수치로 증명해서 공증하는 근거다. 결국 '엘리트들만 기록하고 변경할 수 있는 장부를 신뢰하느냐', '다수가 통제하는 프로그램에 의해서만 변경 가능한 장부를 신뢰하느냐'의 문제로 비트코인 현상을 압축할 수 있다는 말이기도 하다.

사회가 고도화될수록 중앙에서 기록하는 장부는 불편했다. 계산능력의 한계 때문이기도 했고 일일이 등기소 장부를 열람하러 지정된 장소에 가야 하는 공간적 한계 때문이기도 했다. 사람들이 가지고 돌아다니면서도 자기 마음대로 변조하지 못하는 장부가 필요했다. 중앙집중식 장부는 토지나 가옥의 소유권을 나타내기에 좋았고, 이동 가능한 장부 혹은 분산형 장부는 움직이는 자산이나 소액거래에 유용했다. 인류 역사상 가장 귀한 자산이기도 했던 노비나 노예의 소유 상태는 국가가 운영하는 중앙에 기록되어 있었지만, 노비나 노예의 중요 부위를 불로 지지는 식으로 표시를 해두면 중앙의 장부를 일일이 확인할 필요가 없는 것과 마찬가지 원리다. 중앙집중식 장부가 오늘날 등기제도로 그 맥을 잇는다면 분산형 장부는 금속화폐 속에 녹아들어 가기 시작했다.

화폐는 숫자다

좋은 화폐의 조건은 다섯 가지다. 그런데 화폐의 조건들은 그 하나하나가 가치 있는 상품의 속성과 충돌한다. 첫째는 내구성이다. 즉, 썩지 않아야 한다. 아무리 가치가 있어도 대다수의 식량이 화폐로써 기능하지 못하는 이유다. 화폐의 내구성이 단지 썩지 않아야 한다는 것만 의미한다면 가치가 있는 상품들도 도전해 볼 만하다. 그러나 화폐의 내구성이란 그 가치의 발현에 따라 화폐가 소모되지 않아야 한다는 의미이기도 하다. 즉, 그림의 가치는 그림을 보는 것이라서 그림이 마모되지는 않는다. 그러나 소모됨으로써 가치가 발현되는 상품들이 화폐로 쓰이면 화폐가 없어지는 폐단이 생기는데, 이는 장부여야 할 화폐가 오히려 정보를 왜곡하는 원인이 된다. 대다수의 가치물들은 소비되면서도 동시에 소모되지 않아야 한다는 조건에 미치지 못한다.

둘째는 운반성이다. 가벼워야 한다. 무게는 상대적인 개념이다. 가치에 비해 가벼워야 하는데 그 자체로 값나가는 물질이 갖기 어려운 속성의 하나다. 특히 액체류의 가치물들이 화폐가 되기 어려운 이유다.

셋째는 분할성이다. 화폐는 계산 단위의 역할을 해야 하는데 무한하게 분할되어야 한다. 소나 아파트보다는 쌀이나 담배, 술이 화폐로 더 유력한 이유다. 소나 아파트는 분할하는 순간 가치를 잃어버리거나 가치가 크게 줄어든다. 어떤 것이 총체적으로 존재할 때만 가치를 갖는다면 화폐로는 적합하지 않다.

넷째는 분할성과도 연결되는 개념인데 대체성이다. 대체성이란 동일하다고 간주되는 무게나 크기라면 등가로 교환되어야 한다는 개념이다. 대체불가능하다는 말은 매우 가치가 있다는 뜻으로 쓰이기도 하지만, 화폐의 경우에 대체불가능한 것은 단점이다. 현실에서 형태를 갖고 공간을 차지하는 물질이 엄밀하게 대체성을 만족하기는 어렵다. 아무리 동일해 보이는 물질이라도 실제로는 각기 다르기 때문이다.

마지막으로 다섯째는 어쩌면 가장 중요한 속성인데 바로 희소성이다. 이는 절대적인 양을 의미하는 것이 아니다. 어떤 상품의 수요가 증가해서 가격이 오르면 공급량이 증가한다. 튤립처럼 대다수의 상품들은 가격에 대해 공급이 탄력적이다. 희소하다는 개념은 가격에 대해 공급이 비탄력적이라는 의미다. 화폐의 가치가 올라가면 당연히 화폐 생산을 늘려 이익을 취하려는 이들이 생기기 마련이다. 만약 담배가 일반적으로 화폐로 쓰이게 되면 담배 생산자들이 증가하고 담배도 증가하므로 장부(혹은 정보)를 왜곡하는 결과를 낳는다.

화폐에 대해 조금이라도 공부한 사람들은 이 다섯 가지 속성을 꿰고 있다. 그러나 이 조건을 완벽하게 구현할 물질이 존재할 수 없다는 생각에는 미치지 못한다. 엄밀히 말해서 물질로는 이상적인 화폐를 구현할 수 없다. 그것도 인간의 생활에 가치가 있는 물질로는 더더욱 불가능하다. 왜냐하면 애초에 장부에 있어야 할 추상적인 수의 체계가 편리성을 위해 형체라는 몸을 얻은 것이기 때문이다. 즉, 화폐는 장부상의 숫자에 불과하다. 내구성, 운반성, 분할성, 대체성, 희소성 모두 물질의 속성이 아니라 추상적인 숫자의 속성이다.

인간은 사고가 유연하고 적응력이 뛰어나다. 완벽하지는 않지만 몇 가지 속성을 포기하면서까지 물질로써 화폐제도를 운영해 왔다. 쌀과 위스키와 담배는 사회가 위기에 빠지거나 폐쇄적이라면 화폐로 훌륭하게 기능한다. 소나 아파트나 생선보다는 다섯 가지 속성을 더 많이 가지고 있기 때문이다. 조개껍질과 희귀한 돌덩이, 구슬도 화폐로 사용되었다. 최근에는 특수한 종이와 특수한 잉크가 결합된 증표인 지폐나 수표가 화폐로 자리 잡았다.

현실의 물질 가운데 추상적인 숫자의 속성을 가장 닮은 건 금이다. 녹슬지 않으며 가치에 비해 가볍고 불에 녹아서 분할이 잘되며 기본적으로 속성이 동일하다. 게다가 물러지는 속성 때문에 금속으로서는 가치가 별로 없어 농기구나 무기 제작에 쓰이지 않는다. 금이 쓸모없는 금속이었기 때문에 화폐가 되었다고 주장하는 인류학자들도 있다. 또, 금은 수요가 늘어난다고 해서 쉽게 공급을 늘릴 수 없다. 금이 화폐로 선택된 건 숫자와 속성이 닮아서이지 반짝이기 때문이 아니다. 반도체의 소재로 쓰일 가능성 때문이 아니란 사실은 거론할 필요조차 없다.

22

정부와 화폐

정부는 어떻게 금을 통제하는가?

금과 은 같은 상품화폐들은 일종의 분산장부다. 중앙장부를 관리하는 엘리트 대신 물질의 희소성을 믿는다는 차이가 있다. 화폐의 조건들을 두루 만족하기 때문에 비교적 정보 왜곡이 덜해 좋은 장부가 될 수 있었다.

화폐의 지위를 위협하는 가장 나쁜 소식은 이 숫자들을 누군가 거저 얻고 있다는 정보다. 이는 일종의 회계장부 위조를 뜻한다. 누군가 쉽게 얻은 수치란 누군가 공동체의 권리와 의무를 총망라한 장부를 제멋대로 변형하고 있다는 뜻이기도 하다. 금과 은이 특별한 건 아무도 쉽게 얻을 수 없다는 점이다. 땅을 파면 금과 은이 나오지만 비용이 든다. 금과 은을 얻기 위해 땅을 파는 대신 가치 있는 뭔가를 생산해 금이나 은과 바꾸는 편이 더 확실했다.

그렇지만 금의 함량과 순도는 또 다른 불신의 원천이다. 인도인들은 정부가 발행하는 화폐보다 금을 더 신뢰하지만 인도 시골의 전당포 주인들은 가짜 도금 기술자들이기도 하다. 금반지를 맡기고 돈을 빌려간 고객이 돈을 갚으러 오기 전까지 가짜 금으로 똑같은 물건을 만들어내는 방식으로 폭리를 취한다. 인도 정부에 의하면 인도에서 유통되는 금붙이 중 90%가 이런 식으로 오염된 금이다. 수없이 많은 누군가에 의해 본래의 순도보다 평균 13.5% 정도 낮아졌다고 한다.[45]

달러나 파운드는 모두 금이나 은의 무게 단위에서 유래한 말이다. 화폐는 민간의 오랜 관습이었고 처음엔 정부가 할 수 있는 일이 많지 않았다. 그러나 금에는 문제가 있었다. 일반인들이 진위여부를 판별하기 어려웠고 무게로 거래할 경우 저울의 정확도가 의심되었다. 누군가 나서서 순도를 보증하고 정확한 무게 대신에 추상적인 위계를 부여할 필요가 있었다. 즉, 정부의 역할이 필요했다. 정부는 통용되는 금이나 은의 무게와 순도를 표준화하고 무게 대신에 단위를 기준으로 거래하도록 했다. 이로써 일반인이 시장에서 금화의 순도와 무게를 정확하게 가늠하느라 정력을 낭비하지 않아도 되었으니, 정부 덕분에 금과 관련한 거래비용은 크게 낮아졌다.

시간이 지남에 따라 정부는 민간의 동전 주조를 금지하고 직접 금화

45 출처: "Why India's (part-illicit) Love Affair with Gold Will Sizzle on", Moneycontrol, 2017.7.17.

나 은화를 발행하기 시작했다. 민간에서 통용되는 금이나 은보다 순도를 낮춰 발행하고 나머지를 정부가 챙겼다. 이것이 바로 세뇨리지Seigniorage, 우리말로는 '화폐발행차액'이다.

정부는 자기들 이외의 그 누구도 세뇨리지를 뽑아내지 못하도록 동전의 둘레를 따라 촘촘한 홈을 만들었다. 사람들이 매끈한 테두리를 몰래 갈아 차익을 남기면서 동전이 날로 작아지자 이를 방지할 목적으로 고안한 톱니 모양의 테두리가 오늘날 동전의 상징이 됐다. 금화 1개를 정부가 강요한 가치 대신 무게 단위로 거래했다면 필요 없었을 장치였다.

민간에서는 정부의 순도 낮은 금화를 통용하고 순도 높은 금화는 숨겨 놓았다. 나쁜 돈이 좋은 돈을 쫓아버린다는 유명한 그레셤의 법칙Gresham's law이다. 금화의 실질가치와 명목가치에 차이가 나면서 악순환이 시작되었다. 정부는 계속해서 순도를 낮춰 동전을 주조했고 순도가 낮은 동전들만 살아남았다. 결국 시중에 유통되는 금화에는 금이 하나도 섞이지 않는 지경까지 이르렀다.

이제 정부가 발행하는 돈은 실체가 없어졌다. 정부는 권력을 가지고 있지만 가치를 창출하지는 못하는 조직이다. 자신들이 발행하는 실체 없는 돈을 위해 정부가 할 수 있는 것은 금의 유통을 막는 것이다. 금화의 유통과 확산을 도우려고 나선 정부가 결국 금의 유통을 막고 금의 화폐적 지위를 박탈한다. 이것은 우연이 아니다. 화폐에 대한 정부의 본성이다. 화폐에 대한 정부의 개입은 개인의 자유를 억압하는 통제로까지 이어진다는 것이 금본위론자들의 주장이지만 이들이 모르는 것이 있다. 금본위제로 다시 돌아가도 정부는 언젠가 다시 판을 뒤엎을 수 있다. 정부의 시장 개입을 반대하는 자유시장주의의 거두인 프리드리히 하이에크Friedrich August von Hayek의 말마따나 정부를 따돌릴 수 있는 뭔가 교활한 수단이 필요하다.

화폐와 국가의 악연

화폐는 정부나 국가의 개입이 없어도 나타나는 제도다. 그러나 국가는 화폐제도에 깊이 개입하려 한다. 화폐가 인간사회의 본능이라면 화폐에 개입하려는 것은 국가의 속성이다. 국가가 화폐에 개입하면서 화폐는 하나의 제도로서 생활 속에 파고든다. 그러나 국가가 개입한 화폐는 국가의 무절제로 인해 붕괴의 길로 치닫고 만다.

정부는 금광이나 은광을 독점하고 금이나 은의 함량을 정하며 단위를 규격화한다. 표준화로 인해 화폐의 통용성은 더욱 증가한다. 정부가 이런 제도를 독점하려는 이유는 세뇨리지를 얻기 위해서이기도 하다. 처음에는 순전히 공익적 목적으로 화폐제도를 독점했다 하더라도 나중에는 결국 화폐발행차액이라는 달콤한 유혹에 깊이 빠져든다.

아테네는 그리스 세계의 패권을 이용해 금화와 은화의 함량을 규격화했다. 아테네는 패권 말기에 금화나 은화에 동을 섞는 방식으로 인플레이션을 일으켰다. 로마는 정부만이 금화나 은화를 제조할 수 있는 독점체제를 굳건히 했으며 광산을 국유화했다. 결국 네로 황제는 금화에 불순물을 섞는 방식으로 세뇨리지를 뽑아내다가 인플레이션을 일으켜

민심을 잃고 몰락했다.

중국은 종이를 발명한 나라답게 오래전부터 인류 역사 최초로 종이화폐를 제조하고 유통했다. 7세기에 이미 종이로 은행권을 발행했다. 이는 단일 정부로 쏠리는 중앙집권적 특성 때문에 가능했다. 그러나 종이화폐제도는 논리적으로 문제가 없었지만 결국 백성들의 부를 착취하는 수단으로 전락해 붕괴에 이르렀고 한동안 종이화폐는 중국에 얼씬도 하지 못했다.

중세 때는 다시 금이 보편적인 화폐의 지위를 회복한다. 작은 정부들로 쪼개져 패권을 지닌 국가가 없었고 국제적인 교류에 쓰일 척도가 필요했기 때문이다. 그러나 근대국가로 바뀌고 왕권이 강력해지면서 국가에 의해 가치가 뒷받침되는 법화의 시대가 열린다. 그 과정은 일직선은 아니었다. 자세히 들여다보면 일정한 패턴이 계속 반복되었다.

정부는 금에 불순물을 섞어 세뇨리지를 얻다가 금과는 완전히 결별한다. 그리고 무절제하게 화폐발행권을 남용하다가 신뢰를 잃고 붕괴한다. 그러면 다시 금에 연동된 화폐를 만들어 신뢰를 회복한다. 다시 불순물을 섞는다. 그리고 다시 타락한다.

근대라는 역사무대에서 금이나 은과 관련 없는 '순수한 법정화폐'라는 개념을 선구적으로 도입한 사람은 존 로John Law:1671~1729로 알려져 있다. 그는 금융실험을 통해 프랑스를 혼란으로 몰아넣었지만 뛰어난 경제학자라는 명성은 유지하고 있다. 혁신적이었으나 무모했던 그의 실험은 프랑스에서 이루어졌다. 그러나 그는 스코틀랜드 사람이었다. 그는 로크 같은 천재들이 믿었던 것처럼 돈의 가치가 그 재료인 귀금속에서 비롯되는 것은 아니라고 말했다. 돈에는 본질적인 가치가 없기에 금이나 다른 귀금속으로 굳이 뒷받침할 필요가 없었다. 돈은 정부가 발행할 수 있는 신용이었기 때문에 그의 계획에 따르면 프랑스 왕실의 부채를 해결하는 동시에 프랑스를 유럽 최고의 국가로 만들 수 있었다. 바로 풍부한 돈으로 말이다.[46]

당시 프랑스는 전제왕정이었다. 국가의 강압적 통치 기반이 금을 대신하여 신용으로 전환될 수 있다는 존 로의 이상에 딱 맞았다. 그의 실험은 한때 성공하는 듯 보였으나, 인플레이션의 유발을 기대하는 왕실과 귀족 그리고 대중의 요구에 부응하려다 비참한 최후를 맞이하고 말았다. 법정화폐와 그 화폐에 기반을 둔 회사의 주식을 유지하기 위해 그는 전제적인 국가의 폭력에 의지했다. 대중이 인플레이션을 피해 금과 은을 보유하려 하자 금과 은의 수출은 물론이거니와 판매와 소지도 금지했고 시민들의 집을 색출했다. 사상가 볼테르Voltaire는 이를 두고 '지금까지 시행된 칙령 중 가장 불합리하고 전제주의의 부조리성을 보여주는 극치'라고 비난했다. 존 로의 실패는 프랑스 혁명을 불러온 간접적인 원인이었으며, 프랑스인들에게 지폐와 주식을 여러 세대 동안 멀리하게 한 깊은 트라우마로 작용했다.[47]

돈이 꼭 귀금속일 필요는 없지만 그렇지 않을 경우 국가라는 괴물의 탐욕을 붙잡아 둘 수 있는 기둥과 채찍이 존재하지 않는다는 게 문제였다. 달러를 금으로부터 떼어낸 1971년 닉슨쇼크Nixon Shock 이후, 화폐는

46 출처: 에드워드 챈슬러, 《금리의 역습》, p.102.
47 출처: 니얼 퍼거슨, 《금융의 지배》, p.157.

국가가 발행한다는 개념과 금은 값나가는 금속일 뿐이라는 인식이 굳어졌다. 이후 국제금융체제는 달러를 본원통화로 하여 각국이 자국의 화폐를 파생시키는 구조였다고도 할 수 있다. 그 과정에서 달러 자체가 남용되었고 달러에 대한 불신이 확산되었다.

정부가 디플레이션 화폐를 싫어하는 이유

FDR로 불리는 프랭클린 D. 루스벨트Franklin Delano Roosevelt: 1882~1945는 미국 역사상 가장 이례적인 대통령이다. 관습화되었던 3선 금지를 깨고 4선에 승리했으며 12년 동안 장기 집권했다. 금융위기와 2차 세계대전이라는 국가적 위기상황이 만든 예외였다. 대통령 취임 후 얼마 되지 않은 1933년 4월 5일, FDR은 지금의 관점으로는 상상을 초월하는 포고령을 발표했다. 민간의 금 보유를 금지한다는 것이었다.

FDR은 정해진 기간 내에 정부가 정한 가격으로 금을 팔라고 명령했다. 이는 금을 보유하다 걸리면 어마어마한 벌금(당시 1만 달러)을 내거나 10년 동안이나 감옥에 가야 한다는 협박을 동반했다. 정부가 금을 수용하는 가격이 금시세에 미치지 못했기 때문에 강탈이나 다름없었다. 시세대로 사더라도 굳이 원하지 않는 사람까지 강제로 팔게 한다는 점에서는 금주령보다 가혹한 자유의 훼손이었다. 그래도 이 정책은 당시 시민들의 지지를 받았다. 조직화된 노골적인 저항에 직면하지 않았다. 오히려 시민들은 보유하던 금을 헐값에 정부에 넘겼고 재무부는 지하에 금이 가득 차 공간을 더 마련해야 했다.[48] 경제를 살린다는 국민적 공감대가 있었기에 정부에 의한 강탈과 자유의 훼손이 인정받을 수 있었다. 미국인들이 다시 합법적으로 금을 사고팔 수 있게 되기까지는 42년을 기다려야 했다.

대공황 이후 금의 인기가 올라가며 시중에 금화가 유통되었다. 정부는 금화에 대한 달러 가격을 더 낮출 필요가 있었다. 국제경쟁력에서 우위를 차지하고 수출을 늘리기 위해서였다. 그러나 금 가격이 올라가면(달러가 싸지면) 디플레이션 화폐의 속성 때문에 유동성이 심각하게 훼손되어 소비와 투자가 얼어붙을 염려가 있었다. 금 가격이 달러에 비해 오른다는 생각이 확산되면 사람들은 금을 사려고 한다. 그럴수록 금은 유통되지 않고 장롱 속에 꽁꽁 틀어박힌다.

이는 디플레이션 기대심리가 심각한 문제를 야기할 수 있다는 오늘날 주류경제학자들의 주장이기도 하다. 디플레이션을 기대하니 경제주체들은 화폐를 보유하려고만 한다. 소비와 투자가 위축되니 물가는 더 떨어져서 디플레이션이 더 강화된다. 재고가 쌓이고 실업이 늘어나니 경제는 더욱 침체된다.

금의 인기가 올라가면 소비와 투자는 더 얼어붙고 금을 가지고 있는 사람들만 승자가 된다고 생각한 FDR은 민간인들로부터 금을 빼앗아야겠다고 결심했다. 그가 빼앗은 건 금만이 아니라 '금만이 화폐다'라는

---

48 출처: James Rickards, 『Currency Wars』, p.71.

고정관념 자체였다. 일반인이 금을 보유하거나 거래하지 못하게 해서 달러만이 돈이라고 믿게 만들어야만 정부가 의도한 대로 경제정책이 먹혀들기 때문이었다.

탈세와 범죄자들의 자금세탁, 지하경제의 통화로 사용된다는 우려를 내세워 정부들은 비트코인 같은 대체화폐에 민감하게 반응한다. 그러나 숨겨진 진짜 이유는 금과 같은 디플레이션 화폐의 유통을 막고자 하는 의도일 가능성이 크다. 이 의도를 숨기는 이유는 국민을 노골적으로 속일 수 없기 때문이다. 즉 "정부의 통화는 인플레이션 화폐다. 재산의 보호라는 가치에서라면 디플레이션 화폐인 금과 정부가 발행하는 돈은 경쟁이 안 된다"라고 말할 수는 없다. 국민들을 인플레이션 화폐라는 울타리에 가둬두겠다는 의지 이면에는 국민들의 예금을 필요할 때마다 갉아먹겠다는 계산이 숨어 있다. 정부가 부동산 투자를 도덕적으로 공격하면서 저축을 권장할 수밖에 없는 이유도 이러한 인플레이션 속셈과 맥락이 같다.

각국 정부가 원하는 이상적인 상태는 이렇다. 국민들은 자국통화가 안정되어 있다는 신념 아래 저축하고 소비한다. 기업이나 정부는 국민의 저축으로 재원을 마련해서 투자에 나선다. 서서히 인플레이션이 진행되어 정부나 기업의 부채는 가벼워진다. 그러나 국민들은 이 사실을 깨닫지 못한다.

각국 정부가 바라는 대로 국민들이 이런 환상 속에 있다면 금에 투자하지 않겠지만 사람들은 현명하다. 국민 개개인은 자국통화의 인플레이션을 피해야 할 필요성을 느낀다. 정부를 믿지 않고 금에 투자하면 나중에 큰 이익을 본다. 미국 정부는 자국민이 달러 대신 금을 신뢰할까 봐 두려워하지만 다른 국가에서는 국민들이 자국통화 대신 달러를 선택할까 봐 걱정한다. 미국 이외의 국가에서는 금 거래도 제한하지만 달러 거래나 보유에 대한 선택의 자유도 제한한다.

정부가 국민을 속인다는 사실만을 강조하면 음모이론이다. 그러나 정부의 선한 의도를 전제해도 이야기의 골격은 비슷하다. 정부는 사회나 국가 전체의 이익을 생각해야 한다. 그런데 전체의 이익이 국민 개개인의 이익과 일치하지 않는 경우는 흔하다. 디플레이션 화폐도 개인에게는 이익이지만 국민 경제 전체의 이익과는 충돌한다. 디플레이션 통화는 신용창출기능이 떨어진다. 신용은 여신을 통해 발생하는데 사람들이 금을 빌려주어야 금을 기반으로 한 신용도 늘어난다. 그런데 대출을 받으려는 기업들은 금과 같은 디플레이션 화폐를 피한다. 나중에 값어치가 올라간 화폐로 빚을 갚아야 하므로 명목이자가 없어도 실질이자가 너무나 높기 때문이다. 명목이자율에서 인플레이션을 뺀 값이 실질이자율인데, 금 같은 디플레이션 화폐는 마이너스(-) 인플레이션이므로 실질이자율이 명목이자율에 디플레이션을 더한 값으로 나온다.

디플레이션 자체보다는 디플레이션 기대심리가 심각한 문제를 만들 수 있다. 디플레이션을 기대하니 사람들이 화폐를 보유하려고만 하고, 소비와 투자가 위축되니 물가는 더 떨어져서 디플레이션이 더 강화된다. 재고가 쌓이고 실업이 늘어나니 경제는 더욱 침체된다. 화폐는 신용이고 신용은 기회를 의미하므로 사회 전체적으로 기회의 문이 닫힌다고 볼 수 있다.

정리하자면 디플레이션은 화폐로 저축하는 개인에게 유리하고 인플레이션은 국민 경제 전체에 이롭다고 거칠게 도식화할 수 있다.

달러라이제이션과 비트코인의 힘

금에 의지해 사회적 신뢰를 회복한 정부가 다시 금과 자국화폐의 연결고리를 끊고자 발버둥 치는 국가의 모습을 짐바브웨 정부가 보여주고 있다.

2023년 5월 30일 로이터 기사에 따르면, 짐바브웨 재무부가 짐바브웨 달러를 활성화하고 소비자 인플레이션 상승을 억제하려는 조치를 발표했다고 한다. 짐바브웨에서는 여전히 거래할 때 80%가 달러를 사용하기 때문에 자국화폐가 힘을 발휘하지 못한다. 짐바브웨 정부는 자국화폐로 세금과 관세를 납부하도록 결정했으며, 90일 동안 사용되지 않은 모든 수출 수익금(외화)은 강제로 청산될 것이라고 발표했다. 짐바브웨 달러는 2023년 이후로 70% 정도로 가치가 축소되었는데 이런 추세라면 수출업자들이 가치가 낮아지는 자국화폐로 수출할 원자재를 조달하기 어렵기 때문에 짐바브웨 경제에 부담을 줄 것으로 보인다. 짐바브웨 달러와 미국 달러 간의 공식 환율과 암시장 환율의 격차가 계속 확대되고 있기 때문에 경제학자들은 새로운 조치가 도움이 될지 의심하고 있다.[49]

짐바브웨는 달러화(달러라이제이션)를 포기한 지 1년도 채 되지 않은 2020년, 국내 거래에서 외화 사용을 다시 합법화해야 했다. 자국화폐가 급격하게 신뢰를 잃으면서 가치를 상실한 덕에 인플레이션의 공포가 다시 엄습했기 때문이다.

미국 달러가 어떤 나라의 고유통화를 대체하는 것을 달러라이제이션dollarization이라고 한다. 달러라이제이션은 한 국가의 화폐만이 아니라 신용 시스템 전체가 불신상태에 빠져 있음을 의미한다. 달러 예금에 이자까지 덧붙여서 달러로 돌려

49 출처: "Zimbabwe announces new measures to aid ailing local currency", Reuters, 2023.5.30.

받을 수 있다는 믿음이 있다면 애초에 달러라이제이션에 빠져들지도 않기 때문이다. 달러라이제이션이란 방석 밑에 달러를 숨겨 놓고 사용할 수밖에 없는 금융 시스템 마비상태와 연결되어 있다. 이렇게 신용상태가 나쁜 사회에 중장기적인 투자가 들어설 자리가 있을 리 없다. 국민 대다수가 하루 벌어 하루 먹고사는 일에만 치중할 수밖에 없는 이유다.

원래 브레턴우즈 체제에서는 민간인들과 민간기업들의 달러거래를 제한한다. 개별 국가의 금융망을 통해서만 제한적으로 달러거래를 하도록 고안되었다.

브레턴우즈 체제 아래서라면 일반인들이 생각하는 것처럼 달러가 세계화폐의 지위를 갖고 있지 않다. 실제로 달러라이제이션은 해당 국가의 통화정책과 화폐발행차액(세뇨리지)을 제한하기 때문에 해당 국가로 하여금 유연한 무역 정책을 펼 수 없게 한다. 또한, 인플레이션을 통해 국가채무 일부를 탕감하는 것을 억제하기 때문에 코로나 팬데믹과 같은 위기가 왔을 때 정부가 마음대로 공공지출을 늘릴 수도 없다. 즉, 개별 정부로서도 달러라이제이션을 자발적으로 선택할 이유가 없다. 그러나 자제력이 없는 정부가 화폐를 남발하는 국가에서라면 어느새 종이달러가 지불수단으로 쓰이기 시작한다. 정부는 민간의 달러 사용을 차단하려 하지만 암시장 환율과 공식 환율의 차이만 더 벌려 놓을 뿐이다. 결국 자국화폐는 달러의 환전수단이나 잔돈으로서만 기능하게 된다. 신용 시스템이 붕괴된 상태이기 때문에 외국 자본을 유치하고 인플레이션을 억제하려는 정부가 마지못해 달러라이제이션을 선언하고, 달러 중심으로 금융 시스템을 재편하면서 달러라이제이션이 공식화된다.

달러라이제이션이 공식화된 이후, 금융 시스템만 회복되어도 달러라이제이션은 극복이 가능하다. 민간이 보유한 달러를 은행이 예금으로 유치할 수 있기 때문이다. 은행에 달러를 맡기고 이자까지 얹어서 달러로 돌려받을 수 있다면 방석 밑에 보관할 필요가 없다. 이렇게 민간이 달러를 예금하면 은행은 수입업자에게 달러를 대출할 수 있고 수입업자는 원재료나 부품을 들여와 부가가치를 높여서 수출함으로써 달러를 벌어올 수 있다. 이런 선순환이 작동한다고 경제주체들이 확신하기 시작하면 달러 대신 달러의 예금증서가 화폐처럼 유통되기 시작한다. 자연스럽게 달러에 고정된 은행권이 등장하는 셈이다.

이 은행권이 민간으로부터 신뢰를 얻게 되면 정부는 은행권을 간접적으로 관리할 수 있다. 이런 상태가 한동안 지속되면 은행권이 본래 달러의 예금증서라는 사실은 더 이상 중요하지 않다. 은행권 자체가 신용수단으로 쓰이게 되고 다음 단계로 중앙은행이 은행권을 통합하는 형태로 대체할 수 있기 때문이다. 이것이 바로 브레턴우즈 체제에서 개별 국가의 화폐가 달러라이제이션으로부터 독립하는 과정이기도 하다. 즉, 브레턴우즈 체제에서 개별 국가의 로컬화폐는 일종의 달러 예금증서로 볼 수 있다.

그러나 한번 달러라이제이션에 빠져든 국가가 이 과정을 되감아 화폐주권을 회복하기는 어렵다고 알려져 있다. 자국화폐를 휴지로 만들었던 사회의 고유한 질환이 단번에 치유되기 어렵기 때문이다. 게다가 미국과 가까운 나라가 달러라이제이션으로 치닫기보다는 여러 가지 의미에서 미국과 먼 나라의 국민들이 어쩔 수 없이 달러를 유통시킨다. 북한의 장마당에서 달러가 사용되는 것이 대표적이다. 언제 화폐개혁을 해서 저축을 무효화할지 모른다는 두려움이 바로 달러를 사용하게 만드는 원인이므로, 이들은 정부가 통제하는 은행을 믿고 달러를 맡기려 하지 않는다.

그러나 비트코인이라면 얘기가 달라진다. 달러라이제이션에 돌입한 사회라 하더라도 국경이 없는 비트코인 은행에 비트코인을 저축할 수 있기 때문이다. 이때 비트코인 은행은 미국에 근거지를 둔 금융회사일 수도 있고 아예 스마트 콘트랙트로 만들어진 시스템적인 계약일 수도 있다.

방석 밑에 달러를 모아놓는 대신 비트코인을 담보물로 삼는 금융망을 활용한다면 정부나 은행을 믿을 수 없는 국가에서도 달러라이제이션에서 벗어나는 선순환을 시작할 수 있다. 비트코인은 자국화폐를 버리고 달러를 사용할 수밖에 없을 정도로 신뢰가 무너진 사회의 국민들에게 최소한의 경제활동을 보장하는 신뢰 시스템이라고 할 수 있으면서, 그와 동시에 정부 실패로 은행망을 비롯해 사회 전체적으로 신뢰가 땅에 떨어진 이후에 이 상태를 개선해 보려는 의지를 가진 정부가 악순환을 되돌릴 수단으로 삼을 수 있다.

비트코인은 인권운동이다

2022년 6월, 일군의 인권활동가들이 미국 의회에 편지를 보냈다. 비트코인을 비롯한 디지털 자산이 열악한 국가의 시민들에게 도움이 되고 있다는 현실을 전달하기 위해서였다. 통화의 남발로 사회가 붕괴하는 곳에서 힘없는 이들에게 비트코인이 도움이 되고 있다는 과감한 내용이었다. 현지 통화가 붕괴되었거나, 외부 세계와 단절된 국가의 국민들에게 디지털 자산이 기초적인 문제를 해결해 줄 수 있는 대안이라는 것이다.

20개국에서 온 21명의 인권활동가들은 편지를 통해 비트코인과 암호자산들이 은행을 통하지 않기 때문에 이런 나라들에서 거래에 사용될 수 있다는 점을 강조했다. 인권단체의 로비는 미국 의회가 디지털 자산을 규제할 법률을 도입하기로 한 예정에 맞추어 이루어졌다. 편지를 보낸 이들은 암호화폐에 대해 강력한 규제를 촉구하는 각계의 의사전달이 미국의 법안을 가혹하게 만드는 데 영향을 미쳐서 비트코인의 인권적 차원의 용도가 무시될까 봐 우려하고 있다. 인권활동가들은 "비트코인은 개방적이고 정부의 허가가 필요 없기 때문에 망가진 국가의 시민들을 경제적으로 포용할 수 있다"라고 주장했다. "우리는 다른 옵션이 실패했을 때 비트코인을 활용해 위험에 처한 사람들을 도운 경험이 있는 인도주의적 활동가들일 뿐이다"라며 자신들이 현장에서 직접 보고 실천한 내용이라는 사실을 강조했다. 나이지리아, 튀르키예, 아르헨티나 등이 정부 발행 통화가 더 이상 제대로 작동하지 않기에 사람들을 보호하기 위해 분산된 디지털 화폐가 필요한 곳이라고 구체적으로 지적했다. 이 편지의 서명자 중 한 명이자 인권재단의 최고 전략 책임자인 알렉스 글래드스타인Alex Gladstein은 암호화폐를 반대하는 편지를 미국 의회에 보낸 25명 중 23명이 미국이나 유럽 출신이라고 지적했다. 그는 실제로 비트코인과 스테이블코인이 레바논과 베네수엘라와 같은 지역의 참혹한 인도주의적 재앙으로부터 사람들을 구하는 데 도움이 되고 있다고 주장했다. 그는 "미국 의회가 미국인의 비트코인 사용 능력을 제한한다면, 이것이 전 세계적으로 비트코인에 의존하는 수백만 명의 사람들에게 부정적인 영향을 미칠 것임을 알아야 한다"라고 말했다.

글래드스타인과 함께하는 활동가들도 통화 식민주의, 여성 혐오적인 금융정책, 동결된 은행계좌, 착취적인 송금회사, 세계경제에 연결할 수 없는 공포를 경험한 적이 없는 서구 선진국 출신들이 비트코인과 디지털 자산의 의미를 이해하지 못하고 있다고 지적했다.[50]

실제로 통화가 붕괴된 국가에서 비트코인에 어떤 의미가 있는지 알 수 있는 글이 2019년 2월에 〈뉴욕타임스〉에 실렸다. 베네수엘라의 경제학자 카를로스 에르난데스(가명)가 "비트코인이 우리 가족을 살리고 있다"라는 제목으로 기고한 글이었다. 에르난데스 가족의 생생한 경험담은 '비트코인은 화폐가 아니고 화폐가 될 수도 없다'는 주류경제학자들의 비판에 대해 그 어떤 반론보다도 설득력이 있었다.[51]

그와 그의 가족은 전 재산을 비트코인으로 보유한다. 1년에 80%나 가치를 잃어버리는 비트코인에 전 재산을 거는 것은 1년에 1만 7,000배나 물가가 오르는 베네수엘라에선 가장 안전한 저축이다. 자국화폐인 볼리바르로 환전하면 그 즉시 모두 사용해야 하기 때문에 그는 매일 조금씩 비트코인을 팔아 우유나 치즈를 구입하고 있다.

가치가 안정적인 달러를 가지고 있으면 좋지만 외국으로부터 달러를 들여올 방법이 없다는 것이 문제다. 정치적 위기를 겪거나 경제가 파탄으로 치닫는 국가일수록 자국민이 달러와 같은 외환을 소유하지 못하게 한다. 달러가 아무리 많아도

50 출처: "Human rights advocates tell Congress bitcoin is essential in countries with 'collapsing' currencies", CNBC, 2022.6.7.

51 출처: Carlos Hernández, "Bitcoin Has Saved My Family", The New York Times, 2019.2.23.

은행권에 한번 들어가면 되찾을 수 없다. 은행을 통한 송금은 모두 막혀 있고 공식 환율과 암시장 환율은 두 배 이상 차이가 난다. 손해를 덜 보기 위해 암시장에서 환전하려면 사기와 범죄 위험을 감수해야 한다. 따라서 현재 베네수엘라에서 외국으로부터 송금받는 가장 저렴하고 안전한 방법은 비트코인인 셈이다. 변호사로 일하다가 생계 때문에 그래픽 디자이너로 전업한 에르난데스의 동생은 외국의 의뢰인으로부터 페이팔로 달러를 송금받을 수 없었다고 한다. 정부가 달러 송금을 막았기 때문이다. 어쩔 수 없이 비트코인으로 결제받았는데 그렇게 모은 비트코인 덕분에 베네수엘라를 떠날 수 있었다.

에르난데스에 따르면 비트코인은 국경도 상관없고 형태도 없기 때문에 유용하다. 베네수엘라의 국경 수비대는 국경을 넘는 이들의 짐을 뒤진다. 국경을 넘는 것을 눈감아주는 대신 가진 것을 내놓으라는 일종의 산적질이다. 에르난데스의 동생은 비트코인 개인키만 머릿속에 넣어두면 되었기에 군인들에게 아무것도 빼앗기지 않고 국경을 넘을 수 있었다.

경제학자들은 시스템이 제기능을 하는 사회만 전제하느라 비트코인의 본질에 다가가지 못할 때가 많다. 하지만 비트코인은 베네수엘라처럼 경제가 무너지는 사회에서 저력을 발휘한다. 사회주의식 가격 통제와 원유가격 하락에 의한 인플레이션이 동시에 진행되고 있기 때문에 베네수엘라의 슈퍼마켓이나 약국에는 물건이 거의 없다. 암시장이나 도둑 채굴을 통해 얻은 비트코인으로 사람들은 아마존 상품권을 구입하고 온라인 주문이나 미국에 살고 있는 친척을 통해 상품을 전달받는다.

미국의 인터넷 언론사인 '리즌닷컴'은 베네수엘라의 교사인 리카르도(가명)의 사례를 소개했다.[52]

현직 교사인 리카르도는 지병을 앓고 있는 어머니를 위해 비트코인을 몰래 채굴하고 있으며 "비트코인만이 유일한 희망"이라고 말했다. 베네수엘라에서는 비트

52 출처: "The Secret, Dangerous World of Venezuelan Bitcoin Mining", Reason.com, 2017.1.

코인 채굴이 활발한데 그 이유는 국가가 전기료를 보조하기 때문이다. 물론 국가가 보조하는 전기로 비트코인을 채취해 사익을 취하는 행위 자체는 불법이다. 당시 베네수엘라 정부는 비트코인 채굴을 불법화했다가 외국자본을 끌어들일 목적으로, 매장된 석유를 근거로 하는 페트로를 발행하면서 비트코인 채굴을 부분적으로 합법화했다. 채굴이 불법이었던 시기에 베네수엘라의 채굴자들은 감옥에 갇히는 위험을 감수하면서까지 채굴에 열심이었다. 설사 적발되더라도 수사관들과 타협하는 것이 그다지 어렵지 않기 때문이기도 했다.

이렇게 다양한 경로를 통해 암호화폐가 베네수엘라 경제에 투입된다면 외견상 베네수엘라의 인플레이션은 더 악화될 수 있다. 화폐 선택권이 늘어나면 볼리바르를 모으려는 유인이 더 줄어들어 볼리바르가 더 빨리 가치를 잃어버리기 때문이다. 하지만 볼리바르가 사실상 휴지조각이 된다고 해도 암호화폐가 통용되는 암시장의 규모가 커지면 사회 붕괴는 피할 수 있다. 궁지에 몰린 주민들이 자신의 재산과 노동의 가치를 지킬 수 있는 수단을 지니게 되어, 민간 차원의 생활 터전을 유지한 상태에서 정치적 격변을 견뎌낼 수 있기 때문이다.

하이에크와 같은 자유주의자들은 국가와 사회를 혼동하는 사고 습관을 경계한다. 정부가 주도하는 '국가'와 개인들의 합리적인 판단이 모여 이루는 '사회'는 많은 부분에서 겹치지만, 결정적일 때 차이가 난다는 뜻이기도 하다. 비트코인은 망가진 국가에서도 어쨌거나 살아가려는 사람들의 생존투쟁을 통해 국가와는 독립적으로 존재하는 사회의 실체를 확인해 주는 수단이다. 국가가 인정하지 않는 화폐가 국가가 인정하지 않는 사회를 유지한다. 그리고 지구촌 대다수 사람들이 처한 현실을 고려했을 때, 국가의 실패에도 불구하고 사회를 존속시키는 비트코인이야말로 최선의 인권운동인 셈이다.

23

이상적인 장부가 이상적인 화폐다

인플레이션과 신호교란

18세기 철학자 데이비드 흄David Hume은 어느 날 천사가 모든 영국인들의 호주머니에 5파운드를 넣어두었을 때 일어날 일을 상상하는 것으로 통화량과 부의 증감이 무관하다는 통찰을 제시했다. 하룻밤 사이에 영국 전체의 통화량이 두 배로 늘어난다고 해서 부가 증가하는 것은 아니다. 사람들이 예상보다 늘어난 소득을 처분하려 할 때 가격 역시 두 배로 늘어난 사실을 발견하기 때문이다.

흄의 통찰을 오늘날 통화론자들이 재활용하고 있다. 이들은 천사 대신에 헬리콥터로 하늘에서 달러를 뿌리는 모습을 상상한다. 경제학자들은 사회에 주는 충격을 줄이면서 목표한 통화량을 달성하는 데 관심이 있다. 2008년, 월가의 금융위기 이후에 양적 완화정책을 주도한 벤 버냉키 전 미국 연준의장의 별명이 '헬리콥터 벤'이기도 했다.

흄과 통화주의자들의 비유에는 신호체계라는 화폐의 본질적 기능에 대한 개념이 들어 있지 않다. 가격은 흄의 상상처럼 천사들이 동일한 비율로 늘려준 화폐가 증가한 만큼 움직인다. 그러나 시간이 걸린다. 늘어난 화폐를 반영하여 새로운 균형점을 찾아서 가격이 안정될 때까지 경제주체들이 각각 처한 상황에 따라 이익과 손실을 볼 수 있고, 이것은 자의적이고 불공평하므로 이를 가벼이 여길 수는 없다.

사람들은 처음에 자신만 돈이 늘어났다고 생각한다. 천사의 행위가 아직 '주지의 사실'이 되지 않았기 때문이다. 경제주체들은 각기 소득 중 일정 비율을 현금으로 보유하는데 유동성이 기대 이상으로 늘어났다고 생각하는 이들은 소비를 통해 원래의 현금비율을 회복하고자 한다. 아직 모든 소비자들의 주머니가 같은 비율로 두둑해졌다는 사실을 모르는 상인들은 메뉴판의 가격을 수정하지 못한 상태다. 이때 교환이 이루어진다면 소비자는 이익을 얻고 상인들은 손실을 본다. 재고상품을 예전 가격으로 처분한 상인들이 동일한 재료를 구하려 할 때 재료값은 이미 오르기 시작한 뒤이므로 상인들은 뭔가 이상한 일이 진행되고 있음을 뒤늦게 알아차린다. 그들은 방금 전 상품을 처분한 가격이 지속될 수 없는 가격이며, 사실은 동일한 제품을 보충하는 데 들어가야 할 원재료의 총합보다 싸게 판 만큼 소비자들에게 은덕을 베푼 셈이란 걸 깨닫지만 이미 때는 늦었다.

흄의 아이디어는 인플레이션보다는 화폐의 명목수치를 조정하는 리디노미네이션redenomination을 설명하는 데 더 어울리는 모형이다. 정부가 모월 모일 모시를 기준으로 1만 원을 10만 원으로 명명하겠다고 공표했다고 가정하자. 이 사실은 국민 모두에게 공지될 것이다. 사람들은 자신만 이 사실을 아는 것이 아니라 다른 사람들도 다 안다는 것을 안다. 따라서 상식적인 수준에서는 이 시점을 계기로 뭔가 이익을 취할 방법이 없고 또 손해도 없다는 것을 인지한다. 즉, 사람들은 자신의 행동을 변경할 이유가 없다. 한 애연가가 선호하는 5,000원짜리 담배가 리디노미네이션 이후에 5만 원이 된다고 해도 그는 리디노미네이션 전날 '담배 사재기'를 하려 하지 않는다. 왜냐하면 자신이 담배를 사는 데 사용하게 될 바로 그 5,000원이 다음 날이면 5만 원으로 불리게 될 것을 잘 알기 때문이다. 현실에서는 5,000원짜리를 은행에 가져가서 리디노미네이션으로 변경된 5만 원짜리 신권으로 바꿔야 하지만 이런 경미한 절차적 비용이 리디노미네이션의 본질을 흐리지는 못한다. 리디노미네이션의 발생 전후로 어떤 선택을 하더라도 그 선택이 특별한 이익이나 손실을 만들지는 못한다.[53]

인플레이션주의자들은 인플레이션이 거시적으로는 화폐의 액면가치를 수정하는 것과 같아지지만 단기적으로는 사람들의 행동을 바꾼다고 예측한다. 만약 인플레이션이 리디노미네이션과 동일하다면 인플레이션 주의자들부터 인플레이션이 필요 없다고 말할 것이다. 정부가 화

---

53 리디노미네이션은 보통 극심한 인플레이션의 결과물이다. 그래서 화폐의 액면가를 낮추는 조치를 가리킨다. 가령 조 단위의 물가를 1,000이나 100으로 바꾸면 계산도 간편해지고 인플레이션의 흔적도 지울 수 있다. 본문에서는 인플레이션과 비교하기 위해 오히려 단위를 늘리는 쪽으로 변형해 설명했으며, 단순히 화폐의 액면가를 바꾼다는 의미로 리디노미네이션을 사용했다.

폐를 찍어내든 은행들이 지불준비율을 낮추어 신용을 확장하든, 정부가 의도한 목표를 달성하기 위해서는 사람들이 그런 정책이 없었을 때는 하지 않았을 선택을 해야 한다. 즉, 사람들이 화폐량의 증가를 자신은 알고 남들은 모른다고 착각해야 한다. 그래야 소비와 고용이 늘어난다.

인플레이션은 중립적인 현상이 결코 아니다. 중립적인 현상은 리디노미네이션이다. 인플레이션은 부를 거칠게 재분배한다. 무엇보다 채권자들의 몫을 줄인다는 점에서 단순 액면가 수정과는 차원이 다르다. 리디노미네이션처럼 화폐의 액면가를 고치는 행위라면 채권자와 채무자가 약속한 금액도 새로운 화폐단위로 바뀐다. 그러나 인플레이션으로 돈의 구매력이 절반이 되었다면 채권자는 자신의 채권이 절반의 가치로 줄어든 현실을 받아들여야 한다. 채무자의 채무도 절반으로 줄어들었다. 만약 정부가 채무자의 부담을 덜어주고자 한다는 사실을 정부보다 채권자들이 먼저 알아챈다면, 그들은 채권을 조기에 회수하거나 높은 이자로만 빌려주려고 할 것이다. 정부가 채무자들을 돕는 것도 한두 번이다. 오히려 이런 탕감이 반복될지도 모른다는 심리 때문에 웬만해서는 돈을 꿔주려 하지 않고 꿔주더라도 터무니없는 이자를 요구할 것이다. 신호는 사회의 미덕인 신뢰의 근거이므로, 신호의 교란은 당장은 꼭 필요한 조치였다고 하더라도 시간이 갈수록 전반적으로 해롭다.

따라서 인플레이션주의자들이 아무리 미화하려 해도 인플레이션은 리디노미네이션이 아니므로 신호를 왜곡한다. 애초에 왜곡이 없다면, 즉 인플레이션이 신호를 교란하지 않는다면 인플레이션주의자들조차 이 정책을 선택하려 하지 않는다. 이 왜곡은 경제주체들이 전체 상황을 모두 파악할 수 없고 아는 정도와 속도도 고르지 않은 현실의 제약조건 때문에 생긴다. 사회 전체에 돈이 증가했는데 이를 자신의 소득 증가로 착각한 소비자나 미래에 정부가 돈을 더 찍어내 화폐가치를 낮출 것임을 미처 생각하지 못한 채권자들로부터 부를 빼앗아, 더 통찰력 있거나 정부요직과 연결되어 정보를 미리 알고 있거나 아니면 행운을 타고난 사람들에게로 이전해 준다. 밀턴 프리드먼은 겉으로 보이는 모습과 실제로 일어나는 일의 괴리로부터 해악이 발생한다고 통찰했다.[54]

흄의 상상에 등장하는 천사의 행위가 중립적이 되려면, 천사는 밤에 나타나 모두가 잠잘 때 돈을 주는 대신 대낮에 하늘에 글씨를 써서 다음 날 모두의 돈이 두 배가 될 것이라고 공표해야 한다. 밤에 몰래 주머니에 돈을 넣어주는 천사는 신호를 교란하지만 대낮에 하늘에 구름으로 글을 써서 공표하는 천사는 주지의 사실을 만든다. 주지의 사실만으로 화폐를 관리하는 시스템이 바로 비트코인이다. 다른 화폐와 달리 비트코인은 발행량과 증가량이 모두 제시된다. 개인으로서는 겉모습과 실제를 구별하며 예측할 필요가 없다. 정부나 누군가가 임의로 늘릴 수 없다는 것을 대다수가 인식하는 데 기나긴 역사가 필요하지도 않다. 이렇듯 비트코인은 주지의 사실들로 이루어진 시스템이기에 신호체계라는 화폐의 본질을 금보다 더 오랫동안 지켜낼 수 있다.

---

54 출처: 밀턴 프리드먼, 《화폐경제학》, p.59.

주지의 사실common knowledge

미제스의 통찰대로 화폐가 한 사회의 정보시스템이라면 좋은 화폐는 주지의 사실을 훼손하지 않는 신호여야 한다. 주지의 사실이란 공지성과 관련 있는데, 많은 구성원이 단지 아는 것을 넘어서서 '안다는 것을 안다'는 것까지 아우르는 개념이다. 게임 이론으로 사회를 연구하는 학자들은 '주지의 사실'이 사람들의 행동을 바꾼다고 설명한다.

SNS 앱들은 이런 미묘한 차이를 활용할 수 있는 기능을 탑재하기도 한다. 내가 보낸 메시지를 상대가 읽지 않았다는 것을 나만 아는 것이 아니라 상대도 알고 있나는 전제에서 다음 소통의 맥락이 결정되는 경우가 있다. 카톡에서 내가 보낸 메시지를 상대가 읽으면 숫자가 사라지는 것으로 표시된다. 내가 보낸 메시지를 상대가 읽었다는 것을 나와 상대 둘 다 알고 있다는 의미다. 메시지를 보낸 사람이 상대가 읽었는지를 아는지 모르는지가 서로에게 공지되지 않은 상태에서 하는 행동과 공지된 상태에서 하는 행동은 의미가 전혀 다르다. 읽지 않은 상태라면 오랫동안 답이 없어도 납득할 수 있는 설명이 많다. 핸드폰을 어딘가에 두고 왔거나 잃어버렸거나 다양한 이유가 성립한다. 그런데 읽었는데도 오랫동안 답이 없다면 그럴 가능성은 줄어든다. 답하기 싫어서 답하지 않은 것이다. 상황이 애매하지 않다. 이를 역으로 이용하는 사람들은 인터넷을 차단하고 메시지를 읽는 방법을 활용하기도 한다. 메시지는 받았지만 답하지 않고도 다양한 변명의 여지를 만들 수 있기 때문이다.

이런 식이기 때문에 주지의 사실은 협상에서 책략의 하나로 쓰인다.

노조 대표가 노조원들에게 협상에서 실패하면 사퇴하겠다는 선언을 하고 협상 테이블에 나오면 경영진은 압박을 받는다. 노조 대표를 너무 밀어붙이면 그는 결국 사퇴할 수밖에 없으므로 경영진은 새로운 노조 대표와 협상을 다시 시작해야 한다. 그러니까 이런 책략은 그동안 겪어온 어려운 과정을 다시 밟아야 한다는 것을 경영진이 인지한다면, 자신을 끝까지 밀어붙이지 못할 것이라는 사실을 노조 대표가 알고서 취하는 것이다. 거꾸로 위협받는 쪽에서 일부러 통신 채널을 파기해 버려 위협받는 상황을 아예 차단한 사실을 주지의 사실로 만들어버릴 수도 있다.

신성휘의 《게임이론 길라잡이》에는 재미있는 이야기가 소개되어 있다.

> 열 쌍의 부부가 사는 섬에서 남편들은 자기 아내의 부정은 알지 못해도 다른 아내의 부정은 알고 있다. 남편들은 매일 모닥불 주변에 모여서 자기 아내들의 지조를 자랑한다. 만약 자기 아내의 부정을 알게 되면 아내를 저주하면서 슬피 운다.
>
> 사실 이 섬의 모든 아내들이 부정을 저지르고 있지만 이 모임은 언제나 화기애애하게 끝난다. 왜냐하면 남편 각자가 다른 남편의 아내는 부정을 저지르고 있다는 걸 알지만 자기 아내의 부정은 알 수 없기 때문이다.
>
> 모든 남편들이 모닥불 앞에 모여서 자기 아내의 지조를 칭찬하던 어느 날, 천사가 나타나서 이 섬의 한 아내가 부정을 저지르고 있다고 말한 뒤 사라지면 어떻게 될까? 다음 날부터 9일이 지나기 전까지는 예전처럼 화기애애한 분위기가 계속되다가 마지막 날에는 모든 남편들이 사태를 깨닫고 울면서 자신의 아내를 저주하게 된다.
>
> 천사로 인해 한 아내가 부정을 저지르는 것이 주지의 사실이 되어버렸기 때문이다. 이때

> 만약 바람피우는 아내가 두 명뿐이라면 첫날 회합에서는 아무 일도 안 일어나다가 둘째 날에는 부정을 저지르는 아내를 둔 두 명의 남편들이 울게 된다. 이 남편들은 부정을 저지르는 아내가 한 명이라는 건 알고 있었지만 첫날 아무도 안 우는 것을 보고 깨닫는다. 부정을 저지르는 아내가 둘 이상이라는 사실을 말이다. 왜냐하면 부정을 저지르는 아내가 한 명뿐이라면 부정을 저지르는 아내를 둔 남편이 이를 첫날 알아채야 하기 때문이다. 바람피우는 아내가 한 명뿐인 경우에 그녀의 남편은 자기 아내를 제외한 모든 아내들의 상황에 대해서는 정확하게 알고 있다는 것이 전제이므로 남는 건 자기 아내뿐이다. 그러므로 다른 남편이 안 우는 것을 보고 부정한 아내를 둔 남편은 울어야 한다. 그런데 첫날 아무도 안 울었으니 바람난 아내는 두 명 이상이고 자기가 아는 한 명의 부정한 아내를 제외하면 자기 아내밖에 없다. 나머지 남편들은 두 명의 부정한 다른 아내들을 이미 알고 있기 때문에 울지 않는다. 두 남편만 부정한 아내가 한 명뿐이라고 생각하다가 둘 이상의 아내가 바람을 피운다면 그중 한 명은 자기 아내여야 하기 때문에 운다.
>
> 마을에 k명의 부정한 아내가 있으며 자기 아내의 부정 여부만 모르고 다른 아내들의 부정 여부는 모두 아는 (부정한 아내의) 남편들은 천사가 한 명의 바람난 아내에 대해 주지하고 나면 k-1일까지는 자기 아내를 칭찬하다가 k째 날에 자기 아내가 부정하다는 걸 알고 대성통곡한다. 이 섬의 경우 부정을 저지르는 9명의 아내를 알고 있는 남편들은 9일째까지 아무도 울지 않는 걸 보고서야 바람피우는 아내가 총 10명임을 깨닫고 10일째가 되어 모두 통곡하게 된다.[55]

천사가 분명히 있다고 한 그 한 명이 9일 동안 나오지 않았으니 모든

---

55 출처: 신성휘, 《게임이론 길라잡이》, p.27.

남편들이 자기 아내의 부정을 알지 못한다는 사실을 인지하게 되었다. 결국 모든 아내가 바람을 피운다는 사실이 명백해진 것이다. 이런 셈법은 천사가 주지의 사실을 만들었기 때문에 가능한 일이다.

만약 한 명의 아내만 부정하다면 어떨까? 다른 아내들의 상태에 대해서는 모든 남편들이 알고 있고 자기 아내의 상태에 대해서만 모르고 있으니, 부정한 아내를 둔 남편은 이 마을에 바람피우는 아내가 한 명도 없다고 생각한다. 그러나 천사가 부정한 아내가 한 명 있다고 했으니 부정한 아내의 남편은 그날 바로 깨닫는다. 다른 모든 아내가 바람피우지 않는다는 걸 알고 있기에 바람피우는 아내가 있다면 그건 자기 아내여야만 한다. 이 섬의 경우 모든 아내가 바람을 피우고 있으나 남편들은 자기 아내의 상태에 대해서만 모르고 있다. 천사가 굳이 말해 주기 전에도 남편들은 이 마을의 아내들이 매우 부정하다는 것을 알고 있었다. 자기 아내만 빼고 모든 아내가 바람을 피우고 있다니. 그러나 매일 밤 남편들은 자신의 아내를 칭찬했다. 머릿속으로는 다른 남편들의 어리석음을 비웃었지만 그것이 주지의 사실이 되지는 못했다. 남편들은 서로 비웃었지만 각자 자기만 남들을 비웃는다고 생각했다. 그런데 천사가 바람피우는 아내가 한 명 있다는 사실을 선언하자 남편들은 아홉 명 모두 울지 않는 9일을 경험한다. 결국 남편들은 자기 아내의 부정을 모르고 있다는 것을 모두 깨닫고 만다. 결국 한 명은 반드시 울어야 하므로 자기가 울어야 할 차례다. 천사 덕분에 한 명의 남편은 반드시 울어야 한다는 것이 주지의 사실이 되었기 때문이다.

밤에 침실로 들어와 호주머니에 돈을 넣어주는 천사는 주지의 사실을 훼손하는 경향이 있으나, 대낮에 나타나 구성원들의 호주머니에 두 배의 돈을 넣었다고 구름으로 하늘에 쓰는 천사는 주지의 사실을 만들었다. 전자의 경우는 인플레이션의 경로를 밟지만 후자의 경우는 리디노미네이션과 경로가 비슷하다.

주지의 사실은 개인들의 행동을 바꾸는데, 보통 같은 이해관계를 가진 공동체의 협력을 북돋우는 방향으로 작동한다. 주지의 사실은 조정문제라고 부르는 협력문제를 해결하는 열쇠다. 어떤 시위에 다른 사람들도 나올 거라는 사실을 알 때 시위에 나갈 유인이 더 커진다. 어떤 영화를 다른 사람들이 볼 거라는 사실을 알 때 그 영화를 볼 가능성이 큰데, 그 이유는 엉뚱한 영화를 보았다가 다른 사람들과의 소통에서 소외될 가능성이 줄어들기 때문이다.

주지의 사실을 전제로 사회적 협력이 이루어진다면 엘리트의 역할은 축소된다. 엘리트의 역할이 주지의 사실을 생산하고 유지하는 것과 관련 있기 때문이다. 극장에서 화재가 발생했을 때를 생각하면 된다. 사람들은 정보의 부족상태에서 혼란을 겪는다. 주변 사람들의 소란, 타는 냄새 등이 정보인데 이렇게 혼란스러운 상황에서는 다른 사람들의 행동을 따라하기 쉽다. 별일 아닌 상황에서도 다수가 계단으로 몰리면 큰 사고로 이어질 수 있다. 혹은 긴급한 위기 상황임에도 다수가 안도하는 모습을 보고 가만히 있다가 중요한 기회를 놓칠 수도 있다. 주변 개체들의 행동에서 정보를 찾아 흉내 내는 건 사회적 동물들의 습성이다. 이는 무리행동이라는 집합적 행동을 유발하는 핵심요인이다. 세월호 사건의 비극처럼 폐쇄된 공간에서 객관적인 정보가 부족하면 사람들은 명백한 증거들을 외면하고 남들과 비슷하게 행동하는 쪽을 선호할 수도 있다. 주지의 사실이 없는 상황에서 사람들의 행동은 극단적으로 기울기 쉽다. 이럴 때는 전체를 관장하는 누군가가 상황을 알려주는 게 결정적이다. 사람들이 그 정보를 신뢰하면 위급한 상황에서도 협동행동이 가능하다. 이렇듯 엘리트의 존재 자체는 주지의 사실과 관련을 맺고 있다.

하이에크와 프리드먼의 꿈과 비트코인

미제스는 금을 주지의 사실로 보았다. 누구도 전체 금의 유통량, 매장량을 정확하게 알지는 못한다. 하지만 금이 수천 년 동안 가치물이었기 때문에 누구도 쉽게 얻을 수 없었다는 것은 주지의 사실이다. 그러나 정부가 찍어내는 돈은 주지의 사실과 가장 멀다. 정부는 주지의 사실을 훼손함으로써 이득을 취한다. 정부가 금을 방해물로 여기는 이유도 바로 이 때문이다.

정부는 돈에 대한 사람들의 관념이 금에 고착돼 있는 동안에는 정부가 발행한 화폐가 금과 연결돼 있다고 믿도록 해야 했다. 하지만 대공황과 1차·2차 세계대전을 겪으면서 화폐에 대한 막강한 권력을 장악하자 실낱같이 남아 있던 금과의 연결고리 자체를 노골적으로 부정하기에 이른다. 금과의 연결고리를 끊어내자 정부를 제어할 고삐가 없어졌다. 화폐 인쇄기와 은행의 신용창출제도를 거머쥔 정부는 인플레이션을 활용해 국민들의 저축에 세금을 징수해 왔다.

이런 조건에서라면 금본위제도를 부활시킨다고 해봐야 정부의 통제로부터 자유롭기 어렵다. 정부는 너무도 막강하다. 정부는 금융제도는 물론 행정력을 동원해 금의 유통을 장악하고 교란할 수 있다. 이를 깨달은 경제적 자유주의자들은 새로운 화폐를 모색하기 시작했다. 그것은 금처럼 정부가 통제하거나 빼앗을 수 없는 신물질이어야만 했다. 금은 순도에 대한 진위 판별과 보관이 어렵다. 이 때문에 신뢰받는 제3자가 개입해 장부상으로만 거래하는 신뢰 기반의 시스템이 필요해졌다. 정부는 금을 보관하는 신뢰기구를 장악함으로써 금본위제를 통제할 수 있었다. 결과적으로 정부는 국민들의 재산권 행사를 제약할 수 있게 됐다.

노벨경제학상 수상자이자 경제적 자유주의의 거목인 프리드리히 하이에크는 폭력으로는 정부를 능가할 수 없기 때문에 뭔가 우회적이면서 지능적인 방법을 찾아야만 국가로부터 자유로운 화폐를 만들 수 있다고 말한 바 있다. 하이에크가 이 말을 한 해는 1984년이었고 그는 1992년에 사망했다. 그는 인터넷의 대중화를 경험하지 못했다. 하지만 『The Bitcoin Standard』의 저자는 하이에크의 통찰력이 비트코인의 존재 의의를 그 누구보다 잘 설명하고 있다고 평가한다.

"나는 우리가 정부 손아귀로부터 권한을 빼앗아오기 전에는 다시 '좋은 돈'을 가질 수 있게 될 것이라고 믿지 않는다. 하지만 우리가 정부에 폭력적으로 대항해서 화폐 권한을 빼앗을 수는 없다. 우리가 할 수 있는 것이라곤 그들이 방해할 수 없는 뭔가 '교활한 것'을 들여오는 방편을 취하는 것이다."[56]

역시 노벨상 수상자이자 자유시장의 옹호자인 밀턴 프리드먼은 말년에 인터넷의 성장을 목격했다. 그는 인터넷에 의해 분산 시스템이 부상할 것이라고 내다보고, 인터넷 때문에 정부가 개입할 수 없는 화폐가 등장할 것을 예상했다. 그는 사실상 비트코인의 작동원리를 묘사하는 발언도 했다. 즉, 서로 전혀 알지 못하는 두 거래 상대가 인터넷을 이용해 자금을 이전하면서 거래할 수 있게 될 것이라고 말했다.[57] 또, 프리드먼은 미국 중앙은행의 화폐 통제권을 회수해 화폐발행 스케줄을 자동화해야 한다고 주장했다. 정해진 비율로 화폐 발행량이 늘어나야 한다는 프리드먼의 아이디어를 알았을 게 분명한 비트코인의 창시자는 외부의 개입 없이 정확한 일정에 따라 비트코인 발행량이 조절되도록 디자인했다.

하이에크와 프리드먼, 자유주의의 이 두 거두들은 무엇이 바람직한가를 넘어서 그것이 어떻게 가능할까를 고민했다는 점에서 무턱대고 비트코인을 무시하는 오늘날 그들의 제자들과 다르다.

---

56 "As Friedrich Hayek put it: I don't believe we shall ever have a good money again before we take the thing out of the hands of government, that is, we can't take it violently out of the hands of government, all we can do is by some sly roundabout way introduce something that they can't stop (Excerpt from a video interview conducted in 1984 with James U. Blanchard at the University of Freiburg)," 출처: Saifedean Ammous, 『The Bitcoin Standard』, p.72.

57 출처: https://www.youtube.com/watch?v=leqjwiQidlk(영상의 3분 30초부터 참조)

비트코인은 이상적인 장부이므로 이상적인 화폐다

비트코인은 발행자issuer가 없다. 사토시 나카모토는 발행자가 아니라 창조자creator다. 백화점 상품권이라는 개념의 창안자와 백화점 상품권 발행자는 완전히 다르다. 이는 정부 당국들이 비트코인 관련 규제를 만들고자 할 때 가장 크게 겪는 어려움이다. 한국의 어느 유명 언론인은 세뇨리지를 민간이 갖기 때문에 정부가 비트코인을 허용할 수 없다고 주장하기도 했는데, 비트코인에는 화폐발행차익 혹은 세뇨리지 자체가 없다는 걸 미처 생각하지 못했던 모양이다. 정부가 통제하기 전까지 금에 세뇨리지가 없었던 것과 마찬가지로 비트코인은 발행자가 없으므로 주조세를 거두는 개인이나 세력이 없다. 비트코인 채굴은 정부처럼 인쇄기만 돌려서 무한대로 찍어내는 작업이 아니다. 비트코인의 시장가격은 채굴 경쟁을 조절하므로 채굴자가 비트코인 1개를 채굴하기 위해 추가로 들이는 비용은 비트코인 1개의 시장가격에 수렴하게 된다. 초과이윤은 경쟁의 증가로 결국 소진된다는 미시경제학의 공리가 거의 완전한 형태로 실현된다.

화폐를 아무나 수정할 수 없는 사회적 회계장부라고 새롭게 규정하고 나면 새로운 기준으로 다양한 화폐를 평가할 수 있다. 생산량이 불확실하고 표준화하는 데 어려움이 있는 금도 완전한 화폐는 아니다. 중앙은행이 발행하는 종이돈은 말할 것도 없다. 위변조가 불가능한 분산장부는 인류에게는 도달할 수 없는 이상이었다. 그러나 사토시 나카모토가 불가능의 경계 하나를 없앴다. 그는 비트코인을 통해 화폐에 대한 인류의 지평을 확장하는 데 성공했다. 정부가 금화에 했던 일을 비트코인에는 할 수 없다. 국가의 통제권에 재갈을 물려야 한다고 믿는 이들부터 비트코인에 반응해 가치를 발견하고 환호하는 이유다.

금융업 종사자들은 비트코인 가격이 자의적이라서 평가가 불가능하다는 점을 들어 비판한다. 채권이나 주식과 같은 유가증권을 분석할 때의 틀을 버리지 못하는 고정관념 탓이다. 가치의 기준점이 없기는 금도 매한가지다.

중앙은행들이 금의 가치에 화폐를 고정했을 때 경제학자들은 원인·결과가 뒤바뀌는 오해를 했다. 그들은 금이 일정한 달러에 고정돼 일정한 가격을 갖는다고 생각했다. 달러의 금태환을 포기하면 금은 화폐적 가치를 잃어버려 가격이 폭락할 것이라는 게 당시 대다수 경제학자들의 예측이었다. 그러나 그들 중 누구도 왜 금 1온스당 35달러여야만 하는지 설명할 수 없었다. 심지어는 이를 정하는 데 기여한 루스벨트FDR 대통령이 35라는 숫자를 좋아했다는 설명이 있을 정도다. 아무튼 금 1온스당 35달러라는 기준선을 지키려고 많은 이들이 노력을 기울였다.

금과 은을 화폐로 유통하려고 경합하던 미국의 근대사도 금의 가치가 화폐로 유통되기 때문에 올라간다는 믿음에 기여했다. 미국에서는 복본위제의 환율비율에 따라 금이나 은 중 하나만 유통되는 경향이 있었고, 화폐적 지위를 잃어버린 금속은 가격이 낮아졌으며 그때마다 정치적 소용돌이가 일었다. 그들은 금과 은이 경합하듯이 금과 달러가 경합하는 것으로 보았다. 어떤 경제학자들은 화폐적 용도를 잃어버린 금의 산업적 수요를 측정하면 10달러 미만으로 폭락할 것이라고 장담했다. 그러나 상황은 정반대였다. 달러로부터 자유를 얻은 금의 가격은 뛰어올랐다. 태환 당시의 가격이던 1온스당 35달러 미만으로 내려간 적이 없다. 태환 포기 직후인 1973년 초에는 대략 1온스당 125달러까지 올랐다.[58] 2023년 8월 기준으로 금 1온스는 1,930달러다. 금을 기준으로 했을 때 달러는 50년 만에 공식적으로 98%가량 가치를 잃어버렸다.

금의 가격은 수요와 공급에 의해 결정되지만 금니나 액세서리 혹은 산업용도의 수요는 결정적 요인이 아니다. 금의 수요는 각국의 중앙은행들로부터 기인하고, 중앙은행들이 금을 통화정책의 도구로 삼는 이유는 대중이 금을 안전자산으로 바라보기 때문이다. 그렇다고 해도 금 가격을 객관적으로 평가할 수 있는 기준점은 없다. 중앙은행의 수요를 비롯해 금의 수요는 인위적인 정책적 결정에 영향을 받는다. 이 논리를 비트코인에 그대로 적용할 수 있다.

대중이 대안적 화폐나 대안적 가치 저장수단으로 삼는 한, 금융기관이나 중앙은행이 비트코인을 반드시 피해야만 할 필연적 이유는 없다. 만약 금처럼 중앙은행이나 국제기구가 비트코인을 금융자산의 하나로 간주하여 은행이나 금융기업으로 하여금 대량으로 보유하도록 한 뒤, 보유량을 조절하는 방식으로 간접통제한다면 비트코인 가격도 어느 정도는 관리할 수 있다. 시장의 수요는 중앙은행이나 금융기관들의 정책적 보유에 달렸고 정책은 대중의 실수요를 고려해 결정된다. 중앙은행

58 출처: 머리 로스버드, 《정부는 우리 화폐에 무슨 일을 해왔는가?》, p.143.

이나 금융기관들이 비트코인을 자산목록으로 삼는다면 그 이유는 대중이 비트코인을 안전자산으로 보기 때문이며, 이런 상호작용을 이용하면 중앙은행의 간접통제방식이 정책적 효과를 낼 수 있다.

비트코인 가격이 요동치는 모습은 금태환 포기 이후 국제 금시세가 요동치는 것과 닮았다. 금융기관이나 금융기관 종사자들은 달러와 연계가 끊어진 금 가격에 대해 의문을 제기했으며 금 가치의 측정이나 예측에 어려움을 겪었다. 그러나 이런 기술적인 장애가 현실에서 금이 금융자산의 일부가 되는 걸 막지는 못했다. 금융기관 종사자들은 금의 내재가치를 분석해 가격을 예측하는 대신 금을 안전자산으로 놓고 다른 수익 자산들의 가치를 평가하는 기준점의 하나로 삼기 시작했다. 금에 대한 현대 금융공학의 접근이 적응의 산물이었듯이 비트코인 가격에 대해서도 금융산업은 곧 적응할 것이다.

THE
GREAT
BITCOIN

CH4

소유권 혁명

24

호모 사피엔스는 중앙바라기다

자유주의의 딜레마

딜레마 1

금화의 순도와 크기를 표준화하기 위해 정부가 개입했다. 정부는 금화에 대한 독점력을 활용해 금화를 훼손하기 시작했고 급기야는 금이 거의 담기지 않은 금화를 발행하기에 이르렀다. 결국은 금화로 쓰이지 않는 금상품의 생산과 유통, 소비까지도 제약하기 시작했다.

딜레마 2

원시경제가 아니라 고도화된 산업경제에서 소유권의 대상이 되는 것들은 약탈이 가능한 생산재들투성인데, 그 생산재(지식재를 포함해서)

재산권을 보호하기 위해서는 법과 이를 집행하는 권위체가 필요하다. 그러나 바로 그 권위체에 부여된 비대칭적이고 독점적인 권능 때문에 정부는 개인의 재산권을 훼손하려는 유혹을 뿌리치기 어렵다.

위의 두 가지는 경제적 자유주의자들의 난제다. 리버테리언으로 불리는 자유주의자들은 정부를 불신한다. 그런데 정부의 권능이 자유주의적 목적을 위해 정당화되는 경우가 있다. 화폐에 대해 정부는 금의 함량과 무게의 표준화를 보증하는 주체로서 가장 유력한 기구다.

또한, 소유권이야말로 자유주의의 근간이 되는 신성한 개념이지만 정부라는 독특한 존재를 부정해 버리면 소유권을 보호하기 어렵다. 정부를 전제하지 않고도 개인이 강자로부터 지킬 수 있는 소유권은 별로 없는데 특히 고도화된 산업사회에서는 더욱 그렇다. 바로 서플라이체인(공급사슬망)이 길기 때문이다. 그러나 정부는 속성상 자신의 권능을 언제나 남용한다는 것이 문제다. 자유주의자들은 정부의 권리침해가 우연이 아니라 필연이라고 생각한다.

비트코인은 화폐와 소유권이라는 두 가지 난제의 해법이 될 수 있다. 소유권 보호에 대해 새로운 접근방식을 제시했으며 정부가 남용할 수 없는 화폐로 발전하고 있다. 어쩌면 소유권에 대한 새로운 가능성을 제시하는 것이 대안적인 화폐로서 비트코인의 의미보다 더 근본적이라고 할 수도 있다.

중앙집중화된 시스템이 제공하는 신뢰는 엘리트에게 하나의 역설로 작용한다. 엘리트는 신뢰를 많이 받을수록 배반할 때 얻는 과실이 크다. 그러나 한 번 배신하면 신뢰를 잃고 신뢰가 적을수록 배반의 과실도 줄어들어 배반할 유인이 적어진다. 이는 곧 중앙집중화된 시스템의 신뢰가 제도로서 타당성을 가지며 나름대로 균형을 이루는 장치로서 작동할 수 있다는 말이기도 하다. 배반하면 신뢰를 잃고 신뢰에 부응하면 더 많은 특권을 위임받는다. 그러나 이런 조정은 대중과 엘리트의 게임이 빈번하게 갱신될 때 작동한다. 엘리트는 힘과 정보를 독점하고 있고 대중은 그렇지 않기 때문에 엘리트는 대중이 자신들을 평가하는 것을 유보하거나 방해할 수도 있다. 엘리트를 교체하는 과정을 복잡하게 만들어 아예 금지할 수도 있다. 이렇듯 나쁜 엘리트를 솎아내는 일의 성공을 보장할 수 없다는 게 문제다.

엘리트를 교체하는 대신 아예 없애겠다는 것이 바로 비트코인을 설계하는 데 기여하는 이들의 목표다.

중앙은 본능이다

기원전 2000년경 선사시대의 유적인 스톤헨지는 미스터리다. 8m가 넘는 거석들이 평원에 서 있다. 지금은 옆으로 누워 있는 돌들도 처음에는 서 있었다고 한다. 정확한 용도를 알 수는 없지만 이 돌기둥이 당시 사람들의 일상과 관련 있는 시설, 즉 왕궁이나 목욕탕 혹은 경기장은 아니었다는 사실에는 전문가들 대다수가 동의하고 있다. 천체의 주기를 암시하는 위치에 돌들이 서 있지만 그렇게 거대한 표시석이 필요할 만

선사시대의 미스터리한 유적 스톤헨지(출처: Kirsten Tambling, "How every age has invented a Stonehenge to suit itself", 2022.3.4)

한 관측이 이루어졌을 것으로 상상하기는 어렵다. 종교적 제의와 관련 있을 것으로 보이는 돌들은 원을 그리고 있고 중앙의 위치가 뚜렷하다.

중앙의 핵을 놓고 방사형으로 뻗어 나가는 구조를 '허브와 스포크(바큇살) 구조'라고 한다. 페덱스를 만든 프레드릭 스미스Frederick W. Smith는 대학생 시절, 미국 중심에 허브 도시를 두고 미국의 각 도시와 허브를 스포크 구조로 오가며 화물비행기를 운항하면 이틀 안에 미국 전역에 우편물을 배달할 수 있다는 아이디어를 에세이로 써서 제출했다. 우편 사업은 막대한 인프라 투자 때문에 민간기업이 하기에는 채산성이 맞지 않는다고 생각한 담당 교수는 이 에세이를 높이 평가하지 않았다고 한다. 그러나 스미스는 결국 페덱스를 설립해 대성공을 이루었다.

재레드 다이아몬드Jared Diamond는 세계적인 베스트셀러 《총균쇠》에서 사람들이 중앙을 만드는 이유를 간단한 수식으로 표현한다. 구성원들이 100명인 사람들이 중앙 없이 모두 관계를 맺으려면 4,950이라는 관계 짝이 나온다. 그러나 중앙을 하나만 두면 모두가 중앙을 통해 연결되는 단순한 구조가 되므로 99개의 관계만으로도 충분하다. 100명의 구성원이라면 그리 크지 않은 사회다. 1,000명, 1만 명으로 구성된 사회라면 중앙을 두지 않고 맺는 관계의 수는 천문학적으로 커진다. 그러나 중앙을 거치면 인구수에 비례한 연결선만으로 모든 구성원이 이어질 수 있다.

호모 사피엔스는 포유류지만 곤충처럼 행동한다. 포유류 중에서 개체수가 1,000이나 1만이 넘어서까지 의미 있는 상호작용을 하며 무리를 이루는 경우는 없다. 인간은 포유류이면서도 놀랍게도 벌이나 개미와 같은 곤충처럼 다수가 모여서 군집을 이룬다. 이런 습성이 가능한 것과 강력한 중앙을 두는 것은 관계가 있다.

스톤헨지와 같은 유물들, 그러니까 먹고사는 것과 관계없는 종교적 제의에 사용되었을 법한 유물들이 선사시대로부터 유래하는 것으로 볼 때, 중앙을 세우고, 중앙을 바라보는 호모 사피엔스의 습성은 거의 집단적 본능이라고 간주할 수 있다. 즉, 여러 가지 편리한 점이 있어서 중앙을 창안했다기보다는 '중앙바라기' 습성 자체가 인간종의 하나의 특질로서 각인되어 있기 때문에 중앙을 중심으로 모여 거대한 무리를 형성했던 건 아닐까?

"중앙을 만들고 신뢰하는 것이 우리 인간종의 본능이다"라는 사실을 인정하고 출발하는 편이 유익하다. 비트코인 현상을 균형 있게 이해하는 데 도움이 되기 때문이다. 비트코인 생태계의 핵심부로 다가갈수록 그 행태가 하나의 신흥 종교집단을 연상시키는데, 만약 비트코인이 하나의 종교라면 '탈중앙화'는 이 종교에서 가장 중시하는 교리라고 할 수 있다. 그러나 인간들은 본능적으로 중앙을 따르므로 탈중앙화는 하나의 지향점일 뿐 완전한 형태로는 구현이 불가능하다. 그렇다면 탈중앙화된 화폐라는 비트코인 측의 주장은 거짓일까?

비트코인의 설계와 기본 구조는 상당히 탈중앙화되어 있다. 그러나 비트코인을 수용하는 사람들은 탈중앙화를 불편해한다. 따라서 비트코인이 대중화될수록 중앙화를 원하는 사람들의 현실적인 요구와 어떤 형태로든 접점을 찾아나가게 되어 있다. 비트코인교의 사제들은 현실과 타협하는 시도들을 대체로 악마화하지만, 이들 역시도 자신들의 외로운 주장을 증명하기 위해 그리고 초기에 매집한 비트코인 가격이 오르게 하기 위해서라도 대중화를 원하기 때문에 비판의 대상에 따라 발언의 수위를 선택적으로 조절한다.

비트코인교가 자기 교리를 배반하면서까지 수용하고자 하는 대표적인 이벤트가 바로 미국 증권거래위원회SEC의 비트코인 ETF를 비롯한 비트코인 파생상품의 허가다. 이념적으로는 금융공룡들이 소비자 대신 비트코인의 비밀키를 보관하는 것은 잘못되었다고 말해야 한다. 대중이 직접 비트코인을 소유하는 게 아니라 금융기업을 통해 소유하도록 하는 제도는 탈중앙화 교리상 악마적인 음모가 분명하다. 그러나 SEC의 비트코인 ETF 승인 반대를 위해 어떤 비트코이너가 자신의 비트코인을 소모해 가면서 로비스트를 고용했다는 뉴스는 아직 없다. 또한, 세계 최다 비트코인 보유 상장자인 마이크로스트래티지 회장 마이클 세일러Michael J. Saylor처럼 미국 정부의 타깃이 될 수도 있고, 세무조사나 법적 조치에 노출되어 있는 유력한 기업과 기업인이 비트코인을 대량으로 매집해 비트코인 세계에서 영향력을 키우는 것을 경계하지 않는다. 그(기업)가 비트코인 세계에서 영향력을 키울수록 미국 금융당국이나 기업규제 당국으로서는 그(기업)를 제압, 혹은 제어하는 것만으로도 혼란을 야기할 수 있다.

탈중앙화와 관련한 일이라면 극단적으로 끌고 가서 엄격하게 따져보는 것이 그들의 성향에 맞지만 유독 마이클 세일러에 대해서는 부정적인 상상력이 발동하지 않고 있다. 그가 비트코인을 강하게 옹호하고 있으며 비트코인에 대한 대중의 인식을 전환하는 데 크게 기여하고 있기 때문일 것이다.

이는 이념가들이 보여주곤 하는 현실적 지혜의 일면이다. 탈중앙화를 교리로 삼는 사제들도 자기 신도들이 탈중앙화라는 교리를 '중심'으로 모여 있는 호모 사피엔스라는 사실을 잊지 않고 있다는 말이기도 하다.

FTX 사태가 알려주는 것

비트코인 투자자들도 중앙화된 거래소를 사용한다. 거래소는 중앙화되어 있으므로 해커들의 타깃이고 초창기부터 잊을 만하면 문제가 터지는 곳이다. 많은 자산이 모여 있는 곳이기 때문에 사고가 발생하면 피해자도 많고 그 피해도 치명적이다. 그래서 비트코인 이념가들은 거래소를 잠시만 이용하고 보관은 개인이 해야 한다고 강조한다. 그러나 탈중앙화 교리를 믿는 이들도 편리함에 익숙해 있고 심지어 자기 자신보다 중앙을 더 신뢰하기도 한다. 아무튼 해킹은 예정되어 있으므로 중앙화된 거래소에 맡길 때는 편의성의 이익과 중앙의 실력과 도덕성을 믿어야만 하는 데 따르는 취약성의 비용까지 고려해 계산한 결과, 어떤 결과가 나오더라도 투자자 각자가 짊어질 몫으로 받아들여야 한다는 비트코이너들의 주장도 타당하다. 그러나 2022년 11월 발생한 FTX 사태는 비트코인 이념가들이 생각하는 이상이 우리가 발 딛고 사는 현실과 얼마나 멀 수 있는지를 보여주었다. FTX는 해킹으로 무너진 것이 아니다. 거래소 자체가 고객들의 예치금을 꺼내 사업을 한다는 명목으로 탕진한 것이다.

거래소에서 거래되는 비트코인과 달러와 원화는 가상의 코드들이다. 비트코인도 가상화폐인데 거래소의 비트코인은 정말로 가상의 가상인 셈이다. 이는 거래소가 비트코인과 달러 혹은 원화를 아주 조금만 가지고도 소비자들이 눈치채지 못하게 할 수 있다는 걸 의미한다. 은행의 뱅크런처럼 거래소에서 뱅크런만 발생하지 않는다면 말이다. FTX의 경영자는 이점을 노렸다. 고객들이 비트코인을 매번 인출하는 것은 아니기 때문에 자산을 모두 보유할 필요가 없고, 돈을 돌리면 이익이 나는데 그것을 놔두는 것이야말로 경영적으로는 미련하다고 판단했을 것이다. 그래서 그들은 자산을 예치하면 불려준다는 명목으로 고객들의 실제 비트코인과 달러의 인출을 저지하기도 했다. FTX의 행각은 사기에 가까우며 좋게 보아도 면허받은 은행만이 할 수 있는 사업이다.

여기서 주목할 점은 사람들이 사기에 노출될 위험이 0이 아닌데도 중앙을 믿었다는 것이다. 결국 FTX를 믿고 예치금을 놔둔 탈중앙 추종자들(비트코인과 암호화폐 투자자들)을 통해 이들이 진짜로 원하는 건 도덕적인 중앙이라는 사실을 확인할 수 있다. 거래소 경영자의 일탈로 선량한 투자자들의 재산이 증발하는 사태와 같은 일은 탈중앙화보다는 더 큰 중앙화의 권위로 예방될 가능성이 높다는 것을 이들도 인정한다. 즉, 국가와 사법당국이 사기꾼에게 벌을 주고 자격 없는 거래소를 퇴출하고 좋은 거래소의 자격 요건을 만들어 공지하기를 원한다. 이는 '중앙 중에서도 가장 악독한 중앙인 국가'에 의지하는 셈이므로 비트코인 탈중앙화 이념가들의 이상과는 정반대로 진행되는 사태의 전개다.

하지만 이념보다는 투자상품으로서 비트코인을 구입하는 사람들은 거래소의 사기 행각을 방치하는 것이 정부의 잘못이라고 생각한다. 그리고 은행과 금융기업들에 대해 정부가 관여하듯이 거래소를 관리 감독해 주기를 기대한다. 이런 사정을 고려하면 거대 금융기업들이 비트코인과 암호화폐 거래소 사업에 참여하는 것은 희소식이다. 중앙화된 거래소를 사용할 수밖에 없다면, 이전에 무엇을 했는지 어디에 사는지조차 모르는 이들이 운영하는 거래소보다는 이름만 들으면 알 수 있는 금융기업들이 운영하는 거래소를 이용하는 편이 낫다는 생각에 대해 자기 명예를 걸고 반대의사를 표할 비트코인 이념가들도 드물다.

비트코인교의 사제들 혹은 이념가들이 주창하는 탈중앙화는 중앙을 지향하는 인간들의 본능과 어우러질 수밖에 없으므로 애초에 기대했던 모습과는 다른 세상을 그려낼 것이 분명하다. 그렇다고 이들이 주창하는 탈중앙화가 허구이거나 이들, 그러니까 탈중앙화의 가능성을 진지하게 믿고 남들에게 설파하는 사람들의 존재 자체가 무익하다는 뜻은 아니다. 오히려 그들의 주장과 그들의 존재는 액면 그대로의 맥락에서보다는 전혀 다른 수준에서 중요한 의미를 갖는다.

어떤 신념도 그것을 진심으로 믿는 이들이 없으면 확산될 수 없다. 비트코인과 탈중앙화 이념은 이를 종교적 수준으로 광신하는 소규모 집단이 없었다면 지금까지 유지되기 어려웠을 것이다. 그들의 주장은 비트코인의 미래는 물론 현실조차 제대로 담아내지 못하지만 그들의 이념적 확신은 비트코인이 강건한 근본적인 이유이기도 하다. 결국 기업들은 외면하고 국가는 반대했을 때도 비트코인 가격이 0으로 수렴하지 않은 것은 이들의 존재 때문이었다. 역설적이지만 바로 그런 사고실험 때문에 국가와 기업은 비트코인을 극단적으로 금지하거나 외면할 수 없게 된다. 그리고 국가와 기업이 비트코인을 수용할수록 이들 광신자들이 생각하는 미래와는 거리가 멀어진다.

이 지독한 역설은 모든 신념체계가 보편화되는 과정에서 반드시 겪는 일이다. 가치의 보편화는 핵심적 가치에 자신의 실존을 매어둔 이들을 배반하는데 이는 전형적인 루트다. 비트코인이 대중화될수록 발전경로의 현실은 이념가들을 배반하게 될 것이다. 이것이야말로 비트코인이 보편화(대중화)되어 가는 사상운동의 하나라는 것을 또 한 번 방증해 준다.

25

비트코인은 '소유권'에 대한 혁명이다

소유의 개념을 확장하라

"제1조, 잡은 고래는 맨 먼저 찌른 자에게 귀속된다. 제2조, 추적 중인 고래는 누구라도 맨 먼저 잡는 자에게 귀속된다. 그러나 이 훌륭한 법전도 찬탄할 만큼 간결한 연유로 인해 발생하는 간극을 보충하는 방대한 주석을 필요로 한다."

허먼 멜빌의 소설 《백경: 모비딕》에 나오는 대목이다. 한 마리의 고래를 놓고 두 척의 포경선이 경합하다가 한 포경선이 작살은 먼저 찔렀지만 잡지 못하고 놓친 것을 다른 포경선이 잡았을 경우에 위 두 가지 조항으로는 정의로운 분배가 불가능하다. 잡은 고래와 추적 중인 고래의 경계가 애매하기 때문이다. 작살을 먼저 꽂은 포경선의 선장은 작살을 꽂은 시점에 이미 고래를 잡은 것이라고 주장할 것이고, 나중에 고래를 포획한 포경선주는 그 고래는 작살을 맞았지만 도망갔다고 주장할 것이다. 현실에서는 이보다 더 창발적으로 사건이 전개될 것이기에 간단한 두 가지 조항으로 현실의 소유관계를 판단하기는 어렵다. 예외적인 사례를 모두 언급하기 위해서는 방대한 주석이 필요하다. 경계가 없는 망망대해에서 주인 없는 고래를 잡을 때마저도 소유의 규정이 간단하지 않은데, 현실에서 소유관계를 매끄럽게 정의하는 게 얼마나 복잡한 작업이겠는가?

비트코인 현상은 소유에 대한, 인간들의 고차원적인 개념의 확장과 관련 있으며, 현대인에게 익숙한 소유권 개념의 시작과도 관련이 있다. 농업혁명도 일종의 소유권 혁명이었다. 이때 생겨난 소유권 개념은 인간만의 특질을 발현할 수 있는 문명의 토대가 되었다.

채집과 사냥이 삶의 기본 형태인 사회에서 인간의 소유권은 동물들의 그것과 별로 차이가 없다. 점유한 자가 소유하는 것이므로 남의 점유물을 힘으로 빼앗아도 자신의 것이 된다. 다른 부족의 것을 뺏는 것이나 동물의 생명을 빼앗아 그 사체를 점유하는 것이나 근본적으로 차이가 없다고 생각한다. 그러나 농사는 시간이 필요하다. 이는 채집이나 사냥과의 차이점이다. 그런데 이 시간 때문에 근본적인 발상의 전환이 필요하다. 만약 점유의 개념만 아는 수렵 채집인들이 건너편 골짜기까지 와서 애써 농사지은 수확물을 발견한 뒤 밭을 엉망으로 만들어 놓는다면 어떻게 될까? 농사지은 수확물이 1년 전 혹은 6개월 전에 씨앗을 뿌리고 잡초를 제거한 사람의 것이라는 개념을 널리 공유하지 않는다면 아무도 농사를 지으려 하지 않을 것이다. 실제로 인류학자들은 이 사고의 도약이 어려웠던 탓에 많은 지역에서 농업혁명이 일어나기 힘들었다고 추론한다.

호모 사피엔스의 높은 지능을 고려했을 때, 채집한 것을 땅에 심으면 동일한 것이 자란다는 것, 즉 농업의 기술적 돌파는 실제로 농업사회로의 전환보다 훨씬 앞섰을 것이다. 농업으로의 이행이 더뎠던 것은 기술의 문제가 아니었다. 사회 시스템이 받쳐줄 수 있느냐의 문제였다. 투입한 노동에 따라서 소유가 귀속되는 개념은 사회적인 소유개념이다. 즉, 사회를 전제하지 않으면 성립하기 어렵다.

농경이 시작될 무렵에는 수렵이 지배적이었다. 여전히 수렵으로 먹고살았지만 오가는 빈터에 씨앗을 뿌려 놓으면 저절로 자라는 것들이 있었다. 그렇지만 '자신이 씨앗을 뿌렸기 때문에 자신의 것이다'라는 인식이 확산된 것은 이보다 훨씬 뒤의 일이다. 농경인들이 본격적으로 등장하려면 우선 이웃 수렵인들이 자신들의 농산물을 마음대로 훼손하지 못하도록 해야만 했다.

농업혁명 이후의 삶보다는 그 이전의 삶이 훨씬 더 길었기 때문에 인간은 원초적으로는 점유를 소유의 본질적 속성으로 간주한다. 평소에는 이런 원초적 논리를 문명이 길들이고 다듬는다. 그렇지만 문명의 힘이 약해지는 혼란기가 오면 힘에 의한 점유가 소유의 본질적인 요인으로 다시 고개를 쳐든다. 힘에 의지한 점유가 곧 소유라는 개념을 수렵채집인들만 가진 게 아니라는 말이다. 현대인들의 마음속에도 점유가 곧 소유라는 개념은 크게 자리하고 있다. 농민들이 땀 흘려 거둔 수확물도, 자본을 투입해 공장에서 만든 물건도, 이를 확인하고 재판해 줄 신뢰할 만한 제3자가 압도적인 무력으로 이 소유관행을 지지해 주어야만 한다. 즉, 인간 문명의 기초를 이루는 소유개념은 근본적으로 힘에 의해 지탱될 뿐이다.

소유권 때문에 중앙이 필요했다

농업사회로의 이행을 위해서는 중앙집권화된 권력과 농민을 약탈로부터 지키는 무사계급의 존재가 전제되어야 한다. 그런데 농업이 동일한 산물을 생산하기 위해 재투입해야 할 양 이상을 생산해야만 중앙화된 권력을 운영하는 관료들과 무사들을 먹여 살릴 수 있다. 지리적으로 농업의 생산성이 높아 잉여물이 생산된다는 확신이 없는 곳에서는 중앙화된 권력과 어려운 문자를 해독하여 장부를 기록하는 서기, 칼싸움을 전업으로 하는 무사계급이 등장하기 어렵다. 즉, 척박한 곳에서는 서기와 무사를 부양할 잉여 농산물이 없으므로 소유의 개념이 점유의 수준을 넘지 못한다. 이런 곳에서는 장기적인 투자를 요구하는 농업혁명이 지속적으로 이루어지기 어렵다.

방만하고 오만한 무사계급을 부양해야 했으므로 농업혁명 이후 평균적인 인류의 삶이 이전보다 후퇴했다는 주장도 있다. 그러나 농업혁명은 오늘날까지 이어져 오는, 인간들이 공유하는 기본적인 소유개념과 함께 윤리와 가족의 개념을 구축하는 토대다. 농업혁명이 이루어져야만 남의 것을 빼앗는 것이 잘못되었다는 것 그리고 노인을 부양해야만 한다는 것을 비롯해 사회의 항상성을 유지하는 데 필요한 윤리개념이 지지를 얻을 수 있기 때문이다.

자본주의 소유개념도 농업혁명의 연장선 위에 있다. 자본주의적 소유개념도 하나의 도약이긴 하지만 채집에서 농업으로 갈 때처럼 소유권과 윤리 관념에 있어 획기적인 변화는 아니다. 농업에 투입되는 땅과 씨앗 그리고 노동이 자본주의 경제의 요소인 토지, 자본, 노동으로 치환되었으며 산물에 대해 생산요소를 투입하는 이들 각자가 자기 몫을 가져간다는 것도 동일하다. 물론 농업시대와는 비교할 수 없을 만큼 공급사슬이 길어졌고 투자에서 산출까지 걸리는 시간의 개념도 늘어났으며 그 계산도 정교해졌다.

26

비트코인은 자본주의 소유 개념을 뒤집는다

자본의 서플라이체인 변화

애덤 스미스Adam Smith가 《국부론》에서 제시한 핀공장 분업 이야기는 경제학에 무관심한 이들에게도 친숙하다. 분업을 하면 생산성이 급격하게 올라간다. 그러나 분업이 효율적이라면 인류가 그토록 오랫동안 분업을 하지 못한 이유는 무엇일까? 사람들이 미개했기 때문일까? 주류 경제학은 '시장이 없어서'라고 답하지만 이 대답은 약간 동어반복이다. 분업이 없어서 시장이 없고 시장이 없어서 분업이 없다고 해도 말이 된다. 이 순환 고리를 '어떻게 끊어내는가'야말로 중요한 질문이다.

역사적인 사실들은 이렇게 말한다. 분업, 더 나아가 직업의 분화는 좀처럼 일어나지 않는 일이라고 말이다. 직업의 분화를 시각화해 보자.

분화라고 하면 수평적인 이미지가 떠오른다. 그러나 직업의 분화는 수직적인 현상이다. 왜냐하면 항상 필요한 재화가 있는가 하면 풍요로운 시절에만 소비되는 재화도 있기 때문이다. 모두가 농업에 종사했던 시절은 있었겠지만 모두가 의료산업이나 자동차산업에 종사하던 시절은 인류 역사상 있어 본 적이 없다. 서플라이체인이 길어지면 직업이 분화된다. 말 그대로 생산의 단위들이 체인처럼 연결된 모습이다. 길어진다는 것은 새로운 생산과정이나 작업과정이 삽입된다는 의미다. 다만, 공간적 길이만이 아니라 시간적 길이도 포함하는 개념이다. 일반적으로 공간적으로 긴 서플라이체인은 시간적으로도 길다.

서플라이체인이라는 개념은 물고기를 잡는 여러 가지 방법으로 설명할 수 있다. 손이나 몽둥이로 물고기를 잡을 수도 있지만 그렇게 해서는 많이 잡을 수 없다. 낚싯바늘을 이용하면 성과는 오르는데, 낚싯바늘의 생산과 공급이 물고기를 잡는 서플라이체인에 포함되어야 하므로 시간이 그만큼 늘어난다. 그물과 보트를 이용하면 좀 더 깊은 물에 들어가 좀 더 큰 물고기를 잡을 수 있지만, 그물과 보트를 제작하는 과정이 서플라이체인에 포함되어야 한다. 경제학자들은 그물과 보트를 자본재 혹은 생산재라고 부른다. 쉽게 말해서 자본이 축적되어야 가능하다는 말이다. 물론 오늘날 어부들은 모터보트인 트롤어선을 끌고 나가는데 이는 금속과 전자산업이 결합된 장대한 서플라이체인을 요구한다. 트롤어선이야말로 고기 한 마리를 잡는 가장 복잡하고 오래 걸리는 방법이다.

서플라이체인을 한 단계 늘리는 것은 결코 쉬운 일이 아니라서 이 과정은 아주 느리게 진행되었다. 자본을 화폐 뭉치로 생각하지 않고 서플라이체인이라는 생산과정의 변화로 인식할 때, 비로소 역사적 관점에서 자본주의의 혁명적 발전을 이해할 수 있다.

자본이 축적되려면 전제조건이 충족되어야 한다. 한 농부 가정에 국한해 설명해 보자. 한 자녀를 의사라는 직업에 종사시키기 위해 부모는 물론 다른 형제들까지 희생하는 경우가 많다. 의사라는 직업은 뭔가를 투입하고 나서 결과물이 나오기까지 시간이 오래 걸린다. 의대에 가기 위해 공부해야 하고 의대에 가서도 오랫동안 수련을 쌓아야 한다. 이 기간에 누군가는 그 자녀의 학비와 식비와 주거를 제공하고 다른 의무로부터 면제해 주어야 한다. 결국 한 농부 가정에서 똑똑한 자녀 한 명을 의사로 성장시키려면 다른 구성원들은 투입하면 바로 산출물이 나오는 일에 오랫동안 매일 수밖에 없다. 우리 사회에는 부모가 목말 태워서 자녀를 높이 밀어 올리는 이야기들이 넘쳐나는데, 한 세대의 희생이야말로 한국 산업화를 가장 잘 설명하는 전형적인 스토리이기 때문이다.

감동적이긴 하지만 이 이야기는 서플라이체인을 늘리는 일이 얼마나 어려운지에 대해 다소 과소평가하고 있다. 한 가정이 이런 희생을 할 때는 이미 존재하는 직업을 목표로 삼는다. 뼈를 깎는 인내가 요구되기는 해도 한 세대 만에 어느 정도 성취가 가능하다. 그러나 한 사회가 서플라이체인을 늘린다는 것은 이전에 없던 직업군을 창출한다는 의미이기에 그 자체가 불확실성에 맞서야 하는 일이다. 농업사회가 경운기나 트럭을 생산하기 위해서는 인내와 희생만으로는 부족하다. 불확실성에 베팅해야 하므로 외부의 도움도 받아야만 한다. 이 과정은 보통 한 세대

만에 이루어지기 어렵기도 하고 급격한 사회변화까지도 유발한다.

직업의 분화가 일어나려면 여러 조건이 우연히 갖추어져야 하는데 보통 첫 단계부터 쉽지 않다. 생존에 밀착된 필수재 생산에서 충분한 잉여가 있어야 한다. 그런데 야박하지만 필수재는 사회 구성원들이 먹고 살기 팍팍한 상태가 균형점이다. 생산이 늘면 인구가 증가하기 때문이다. 이를 '맬서스 함정Malthusian trap'이라고 한다. 인구 증가에 앞서서 폭발적인 생산성 증가가 있어야만 이 비정한 중력으로부터 벗어날 수 있다. 게다가 이렇게 힘들게 얻은 잉여물을 낭비하지 않고 생산성을 향상시키는 연구개발에 재투입해야만 자본축적을 위한 조건이 형성된다.

어느 사회가 농산물의 생산성을 향상시키기 위해 공업적으로 비료를 생산하기로 했다고 하자. 그러나 비료의 공업적 생산은 다른 나라에도 없는 개념이기 때문에 외국에서 기술이나 자본을 들여오지 못한다고 가정하자. 이 사회는 가장 우수한 인력들을 비료개발에 투입하면서 시행착오를 거듭해야 하는데 그동안 이 우수한 인력들을 부양해야만 한다. 게다가 오랫동안 성과가 없을 가능성이 더 크다. 그럼에도 이런 시도가 가능하려면 일단 농산물에서 잉여가 발생해 저렴한 비용으로 비료산업 종사자들을 먹여 살릴 수 있어야 한다. 그런데 농업에서 그런 잉여가 발생하려면 문제의 그 비료가 필요하다. 아직 비료가 없는데도 먹고 남는 잉여가 있어야 한다는 말이다. 따라서 최초로 비료산업을 일으키는 일은 자연스럽게 발생하기 어렵다고 보는 게 합당하다.

물론 농업에서는 처음부터 잉여가 있었다. 그 잉여로 농산물의 소유권을 지켜주는 무사관료계급을 부양할 수 있었다. 그냥 땅에 노출된 채여물어가는 농산물을 약탈로부터 보호하는 시스템이 농업혁명의 전제조건이다. 우리가 농업사회라고 부르는 시대는 사실 무사관료들이 농민을 보호하는 시대이기도 하다. 따라서 농업과 함께 세련된 귀족문화가 꽃피는 일이 일반적으로 발견된다. 하지만 농업의 잉여가 서플라이체인의 길이를 늘이는, 즉 직업의 분화를 폭발적으로 증가시키는 충분조건이 된 적은 거의 없다. 농산물의 잉여는 엘리트들의 허세(예술)나 정치적 재화(통치와 전쟁의 수단)에 투입되어 버렸다.

그럼 지중해 문명권에서 500년 전 직업의 분화가 촉발된 이유는 무엇일까? 과학이 발달했기 때문이라는 또 하나의 역사적 우연을 답으로 제시할 수 있지만 탐구의 스케일에서 보면 이 역시 동어반복이다. 과학자 집단도 종심縱深이 긴 직업군이므로, 과학자들의 집단적 등장은 서플라이체인이 어느 정도 길어지고 나서야 가능했다.

한 가지 단서가 바로 재산권이다. 서플라이체인의 종심이 길어진다는 것은 그 사회에 생산재가 늘어난다는 것이다. 그런데 서플라이체인의 종심이 길수록 재산권을 보호하기 어렵다. 소유권에 대한 사회적 보호장치가 없는 상태에서 불특정 다수의 폭력으로부터 소유물을 지키는 거의 유일한 방법은 소유물을 감추는 것이다. 그런데 한 사회의 소유권 개념이 가장 원초적인 형태인 점유권 수준에 머문다면 서플라이체인이 성장하기 어렵다. 낚싯바늘이나 그물까지는 숨길 수 있다고 치자. 이보다 생산적인 보트 같은 자본들은 남들의 시선에 노출될 수밖에 없다. 따라서 힘이 강한 정부나 다수로부터 축적한 자본재의 소유권을 지킬 수 없는 상태라면 직업의 분화, 즉 자본주의 혁명이 발생하기 어렵다.

자본주의에서 부자는 사회적 개념이다

농업시대의 소유개념도 사회적이라 할 수 있겠지만 자본주의의 소유개념은 거의 모든 대상에 대해 사회적 공증을 받는다. 자본주의에서 부자란 사회와 동떨어져 홀로 존재할 수 없다. 사회를 전제하지 않고는 '부유하다'는 개념조차 성립하지 않는다. 만약 무인도에서 채집과 수렵을 한다면 부유하다는 개념은 썩지 않을 먹거리와 입을 옷과 위험으로부터 숨을 수 있는 피난처를 많이 확보하고 있다는 뜻이어야 한다. 무인도에서는 원시적인 농업도 가능하므로 씨를 뿌려 막대한 소출을 얻고 이를 보관할 수 있다면 부자일 수 있다. 그러나 자본주의 사회에서 부자란 점유물이 많은 것이 아니다. 실제로 부자는 자신이 점유하는 것이 많다고 생각하겠지만 그 자산들은 사회가 인정해 주지 않으면 하루아침에 휴지로 변하거나 쓸모없이 녹슬어버릴 금속이 되거나 아니면 팔지 못하는 재고더미거나 약탈에 노출된 기계거나 무단 침입자들의 침입을 막을 수 없어 아무짝에도 쓸모없는 나대지일 뿐이다.

즉, 자본주의에서 부富란, 정부가 보호하거나 사회가 인정하거나 그 부의 일부를 생산하거나 부를 사용하는 데 관계된 사람들이 서로의 영역을 인지해야만 성립한다. 이 시스템에서 살고 있는 이들이 한 번도 이런 생각을 해본 적이 없을 정도로 사회적 부의 개념은 사고에 깊이 스며 있다. 그러나 사회가 부를 인정하지 않기로 했을 때를 생각해 보면 자신의 부라는 것이 사실은 위태로운 울타리 너머에 누구나 볼 수 있도록 덩그러니 던져진 탐스러운 약탈물에 지나지 않는다는 것을 바로 깨닫게 된다. 굳이 설명할 필요도 없지만 다수의 구성원들이 약탈을 결심하면 세계적 부를 과시하는 재벌들이 순식간에 가장 불쌍한 사람들로 전락하는 상상은 어렵지 않다.

마이크로소프트가 만든 윈도우 OS는 그야말로 점유라는 것이 별 의미를 갖지 못하는 고도화된 자산이다. 지식재산권이라고 하는데 사실 다른 산물과 어우러져서 가치를 갖는 성질까지 더해지므로 정교한 법과 가격정책 그리고 사회적 관습이 뒷받침되지 않으면 소유권자에게만큼은 더 이상 부를 안겨주지 못한다. 지식재산권이라는 소유물이야말로 사회적 약속이 없는 곳이라면 한번 '입 밖으로 나와버린 비밀' 이상의 가치가 없다.

삼성전자의 반도체공장은 세계에서 가장 비싼 설비로 가득 채워져 있다. 외부의 침입을 막는 보안시설이 어느 정도는 갖추어져 있으나 가장 약한 나라의 가장 약한 군대가 와도 감당하기 어렵다. 일단 그런 무질서한 상황이라면 어찌해서 시설을 지킨다고 해도 근로자들의 출퇴근 안전까지는 책임질 수 없으므로 공장의 시설들은 녹슬어 가기 시작할 것이다.

루이비통과 헤네시를 거느린 LVMH의 베르나르 아르노Bernard Arnault가 세계 최고의 부자로 등극했다. 그러나 그가 고용한 공장과 매장에서 일하는 명품 장인들과 근로자들이 자신들의 아이디어와 노동이 투입된 제품에서 베르나르 아르노의 몫을 따로 구별해서 계산하기 어렵다는 이유로 자기가 관여한 제품을 모두 자기 소유라고 주장한다면 어떻게 될까? 아르노는 회사를 매각해야겠지만 다른 경영자도 그런 부도덕한 근로자들을 떠안을 생각은 하지 않을 것이다. 물론 모든 공정을 기계화할 수도 있겠지만, 명품이 명품인 이유는 공정 곳곳에 기계는 따라할 수 없는 명인들의 손길이 들어갔기 때문이라는 마케팅을 하기는 어려울 것이다.

자본주의에서 부의 최상층부를 이루는 것은 역시 주식과 채권, 즉 투자행위로부터 부를 창출하는 권리다. 혹자들은 익명의 다수가 공동의 회사를 만들어 운영하는 유한책임회사 혹은 주식회사를 만들어내지 못했다면 산업혁명은 불가능했을 것이라고 주장한다. 주식과 채권이 바로 '공동의 사업'을 가능하게 하는 소유관계를 규정하는 권리들이다.

주식이나 채권과 같은 유가증권은 금융의 기초가 되는 자산들이기도 한데, 금융이란 기본적으로 부를 공간적으로 재배치해서 시간적으로 조작하려는 기술이다. 즉, 금융도 공간을 점유한 실물자산을 전제로 한다. 정부 채권을 제외하면 순전히 약속만으로 이루어진 유가증권은 드물다. 생산설비, 연구, 자원개발의 일부를 담당했다는 과거의 헌신을 기반으로 그로부터 야기된 미래 산출물의 권리를 갖는다. 따라서 앞에서 논의한 대로 추상적이라고 여겨지는 주식과 채권도 근본적인 수준에서는 추상적이지 않다. 실물과 연계되어 있는데 그것도 단순한 점유권이 아니다. 주식과 채권이야말로 등기물로서 사회적 보호에 의해서만 보장되는 소유권이다. 정부나 대중이 근거자산을 약탈하거나 폐쇄하면 추상적인 권리는 바로 사라진다.

결론적으로 자본주의에서 의미 있는 부는 사회적 약탈의 대상이 될 수 있다. 좁게 말하면 사회를 대표하는 정부가 마음껏 약탈할 수 있다.

정부 채권은 정부가 약속을 취소하거나 인플레이션을 유발해 실질이자율을 조작하는 간단한 방식으로 서서히 휴지로 만들 수 있다. 기업의 주식도 정부가 공장을 폐쇄하거나 연구결과를 인정하지 않고 특허기술을 공개해 버리면 그만이다. 자본주의 부 자체가 고도화된 사회적 약속이기 때문에 그 약속을 최종적으로 심판하는 정부가 간섭할 수 있다. 이는 단지 가능성이 아니라 주기적으로 벌어지는 일이며 지구 어디에선가는 지금도 일어나고 있는 일이다.

비트코인 주창자들은 비트코인이 인플레이션에 대항해 개인의 부를 지키는 방어능력을 강조한다. 사실이다. 인플레이션이야말로 평상시에 정부가 국민들의 부를 징발하는 방식 중 가장 저항이 적은 방식이기도 하다. 그러나 비트코인의 진정한 능력은 그 수준에서 머물지 않는다. 비트코인은 자본주의 시스템에 채집시절의 소유권 개념을 접목하고 있다. 자본주의에서 부를 축적한 부자들이 '실제로 자신의 부를 사회로부터 독립해 오롯이 스스로 점유'할 수 있게 해준다. 이를 확장해 비트코인이 가르쳐주는 소유권을 활용하면 자본주의에서 의미 있는 규모의 부를 축적할 수도 있고, 정부가 징발하거나 말소하기 쉽지 않게 금융자산으로 만들어서 자본주의의 소유관계를 근본적인 수준에서 변경할 수도 있다. 즉, 비트코인을 중심으로 성장하는 생태계는 자본주의 부의 최상위 소유방식인 주식과 채권의 거래방식을 완전히 바꾸어 버릴 수 있는 잠재력을 가지고 있다.

자본주의의 금융과 국가 시스템이라는 기반 위에서 소유권의 개념까지 나아가지 않은 사람들이 만약에 "비트코인은 혁명이다"라고 주창한다면 그들은 사실 혁명이라는 단어의 의미를 이해하지 못한 채, 대단하다는 표현 중 자신이 상상할 수 있는 가장 강한 단어를 고른 것에 불과할 가능성이 높다. 비트코인은 소유권 혁명의 씨앗이므로 자본주의를 심화하거나 다음 단계로 나아가게 하는 돌파구인 셈이다.

비트코인의 소유 혹은 비소유 방식

2017년 6월, 미국의 몇몇 의원들이 1만 달러 이상의 비트코인을 소지하고 미국에 입국하는 외국인들은 소유총액과 체류기간 중의 변동사항을 보고해야 하며, 신고의무를 어기면 외국인일지라도 구속까지 할 수 있는 강력한 조항을 규제안에 포함하려 한다는 보도가 있었다. 그러나 회의론자들의 말마따나 비트코인은 물리적 실체가 없으니 몸에 지닐 수도 없으며 주인을 따라서 국경을 넘지도 못한다. '어디에도 없기 때문에 어디에나 있다'는 말이 비트코인에는 딱 맞는 진실이다.

화폐는 국가가 통제해야 한다고 믿는 이들은 비트코인에 접근하는 과정에서 단계적으로 변화하는 모습을 보인다. 무시, 혐오, 짜증, 두려움, 좌절의 단계다. 비트코인을 금지해 버리면 그만이라고 쉽게 생각하는 관료들은 아직 두려움까지는 나아가지 못한 단계이며, 그 이유는 단지 공부가 부족하기 때문이다. 비트코인을 제대로 공부한다면 정부관료로서는 두려움을 가질 수밖에 없다. 일단 다급함을 느낀 관료들이 생각해 내는 것은 비트코인 거래소의 폐쇄다.

실제로 중국은 입법조치 없이도 비트코인 거래소를 모두 차단할 수 있었다. 미국 같은 법치국가라고 해도 온라인 비트코인 거래소는 은행계좌와 연동되어야만 하기 때문에 은행에 대한 정부의 통제력을 이용해 막을 수 있다. 즉, 전 세계 모든 거래소가 내일이라도 각국 정부에 의해 차단당할 수 있다. 비트코인 거래소는 비트코인 생태계에서 가장 약한 고리다. 그러나 개인이 비트코인을 얻는 방법은 다양하다. 중국에서도 비트코인 직거래 시장이 빠르게 성장하고 있어서 채굴업자에게 직접 구입하거나 본인이 채굴할 수도 있다. 외국에 거주하는 친척에게 부탁할 수도 있다.

거래소는 온라인과 오프라인을 오가는 대문 역할을 하므로 거래소야말로 규제 당국의 유일한 희망이다. 거래소의 기록을 토대로 정부는 개개인의 비트코인 소유현황을 추정할 수 있다. 거래소를 폐쇄하면 정부는 국민들의 비트코인 소유실태에 대한 실마리를 잃어버린다. 비트코인과의 타협을 끝까지 거부하려면 언젠가 중국 정부는 국민들의 비트코인 소지 자체를 금지해야만 한다.

대공황 이후 거의 50년 동안 미국 국민들은 금화나 금괴를 합법적으로 소유할 수 없었다. 화폐주권에 도전하는 비트코인에 대한 규제의 종착지는 소유의 금지다. 따라서 거래소 폐지 정도가 아니라 비트코인 소유를 국가가 금지할 경우도 고려해야 한다. 정부가 이렇게까지 하는데도 비트코인이 과연 생존할 수 있을까? 이 질문이 핵심이다. 우선 정부는 개인의 비트코인 소유나 무소유를 명쾌하게 입증할 수도 없으며, 전 세계 인터넷망을 차단하지 않는 한 비트코인의 전송과 소유를 막을 수 없다.

비트코인 가격이 1달러를 넘는 순간 이를 주목한 이들은 소수였다. 그러나 비트코인이 의미 있는 가격을 갖고 난 이후로는 많은 것이 결정되어 버렸다. 그 뒤로는 정해진 일들이 상황에 따라 벌어지고 있을 뿐이다. 비트코인 가격이 10만 달러를 넘은 것보다 1달러를 넘은 것이 사실은 더 역사적인 사건이다. 특히 힘에 의하지 않은 소유권의 가능성을 비트코인이 열어젖혔다.

비트코인의 소유권은 힘으로 보호될 필요 없이 지켜질 수 있다. 그것만으로도 비트코인의 발명은 문명사적인 사건이다. 소유권에 관한 한 비트코인이 몰고 올 변화는 농업혁명에 견줄 수 있을 정도다. 비트코인은 중앙기구의 도움 없이 네트워크상에서 소유관계와 거래를 입증하기 위해 만들어졌다. 제3기관의 보호나 증명 없이도 소유의 경계를 명쾌하게 그을 수 있다. 소유를 둘러싼 복잡한 계약 또한 프로그래밍할 수 있다. 비트코인으로 저당권이나 질권을 설정하는 데도 어려움이 없다. 스마트 콘트랙트를 이용하면 소유권자라도 일정한 조건을 충족해야 사용할 수 있게 일종의 조건부 계약 이행이 가능하다. 이 모든 일을 법원의 도움 없이 완료할 수 있다.

부동산이나 자동차, 통장의 잔고를 내 것이라고 주장할 수 있는 것은 정부를 비롯해 권위 있는 제3자들이 장부를 뒤져보니 그렇게 쓰여 있다고 인정해 주기 때문이다. 그러나 비트코인은 등기소가 따로 없다. 전자코드에 불과한 비트코인을 지배하려면 개인키라는 암호를 알아야 한다. 그런데 암호는 머릿속에 있다. 실제로 망각할 수도 있고 망각했다고 주장할 수도 있다. 이 둘의 차이는 매우 크지만 정부는 이를 구별할 수 없다. 정부가 개인의 비트코인 소유를 확인할 방법이 마땅치 않다는 말이다. 은행통장과 연결되어 있어야 하는 거래소에 정부는 비트코인 구입 기록을 영구히 보존하도록 지시할 수 있다. 내가 언제 얼마만큼 비트코인을 구입했는지를 정부가 알 수는 있지만 내가 암호키를 잃어버렸거나 해킹당했다고 항변하면 정부로서는 이 주장을 반박하지 못한다.

예를 들어 비트코인 소유를 제한하기 위해 정부가 보유에 대해 중과세를 하면 개인키를 망각하거나 해킹당하는 사건들이 갑자기 증가할 것이다. 여기에는 진짜 망실과 세금을 회피하기 위한 허위신고가 섞여 있겠지만, 정부로서는 개인의 뇌를 감찰할 수 있어야 이 둘을 구별할 수 있다. 다급해진 정부는 망각이나 '개인키를 남에게 엿보여 도난당함'을 금지하는 법을 만들려고 하겠지만 이성적인 정부가 끝까지 밀어붙일 수 있는 법률은 아니다.

27

자본의 추상화 - 채권, 증권

자본을 지키기 위해 이를 추상화해야 했던 유대인 이야기

자본은 추상화된 형태로 기억되기 때문에 사람들은 자본을 쉽게 화폐와 결부 짓는다. 추상화된 자본은 육중한 기계와 달리 모빌리티가 뛰어나다. 하지만 추상화된 자본이 자본에 대한 사람들의 감각을 훼손한 것도 사실이다. 자본이라는 개념은 구체적인 실체가 있는데, 바로 서플라이체인(공급사슬망)의 구성물을 의미한다. 더구나 자본의 축적에는 불확실성에 대한 도전이라는 시간 개념이 자리 잡고 있다. 자본재는 어느 사회에선가는 불확실성에 도전하며 한땀 한땀 늘려온 것이다.

자본의 축적은 몇 세대를 통해 이루어진다. 지금 인류가 보유한 공급사슬망은 아주 오랜 시간에 걸쳐 확장되고 유지되어 왔다. 그런데 이런 생산재는 약탈에 노출된다. 아주 오랫동안 축적해 왔다고 해도 한순간에 빼앗길 수 있다. 이때 거대한 생산재를 약탈하는 주체는 주로 왕권이었다.

근대 금융의 발달을 이야기할 때 유대인들의 역할을 빼놓을 수 없다. 무기명 채권이나 주식, 중앙은행이 유대인들의 발명품이 아니라고 해도 이 시스템들이 성장하는 데 유대인들이 크게 기여했다는 사실을 부인하는 학자는 드물다. 각지에 흩어져 살면서도 소수민족의 정체성을 2,000년 이상 유지해 온 이들은 핍박받아 온 다른 소수민족과는 구별되는 하나의 패턴을 보여준다.

소수민족임에도 불구하고 유대인들은 자신들이 터를 잡고 사는 곳의 주류사회 핵심에 접근했다가 추방당하는 과정을 반복해 왔다. 이는 마치 무대와 배우만 바꾼 채 동일한 각본으로 재연되는 연극과도 비슷하다. 기독교 국가든 이슬람 국가든 가리지 않고 어느 곳에서나 유대인들은 몇 세대에 걸쳐 부를 축적하는 데 성공하지만 바로 그 때문에 주류사회의 하층민으로부터 질시를 받는다. 모든 비극의 뿌리를 파고들어가 보니 거기에는 탐욕스러운 유대인들의 음모세력이 도사리고 있더라는 식의 소문이 정설로 굳어지면, 이를 정치적으로 이용하고자 하는 군왕이 등장해 결국 유대인들의 학살과 추방으로 귀결된다. 광기가 잦아들고 나면 이 모든 일의 숨겨진 목적이 유대인들의 재산을 빼앗는 것이었다는 사실이 드러나곤 했다. 유대인들의 성공이 오히려 고난을 초래한 셈이다.

소수민족으로서 권력을 가진 왕실에 돈을 빌려주는 일은 일종의 보험이기도 했지만 매우 위험한 일이기도 했다. 빚을 갚지 않으려는 왕은 구실을 만들어 채권자를 죽이려고 했다. 왕실에 빚을 떼이고 비참한 몰락을 경험한 유대계 금융인들은 무기명 채권을 선호하기 시작했다. 채권은 비인격적인 채무이기 때문에 유대인 금융 자산가를 추방한다고 해서 간단하게 털어버릴 수 없다. 채권자 쪽에서도 왕실의 재정이 위기에 처했다고 판단되면 채권을 시장에 처분하는 방식으로 비교적 손쉽게 대처할 수 있었다.

하지만 자산의 추상화는 인간의 직관에 어긋나는 개념이었다. 중세인들은 집과 토지 대신 채권과 같은 종이 쪼가리를 수집하는 유대인들이 제정신이 아니라고 생각했다. 몇 세대에 걸쳐 축적한 자산을 하루아침에 빼앗겨본 아픔을 겪지 않은 이들로서는 유가증권과 같이 추상화된 자산에 대한 유대인들의 애착을 직관적으로 이해하기란 결코 쉬운 일이 아니었다. 《유대인의 역사》를 쓴 폴 존슨Paul Bede Johnson은 "재정을 비인격화해서 경제 과정을 합리화하는 것은 유대인들의 집단적 본능"이라고 말했다.[59]

59 출처: 폴 존슨, 《유대인의 역사 2》, p.260.

왕의 채권자를 죽이면 얻는 이득, 두 가지

십자군 전쟁에서 활약했던 성전기사단Knights of Templar도 근대적 금융 시스템을 구축하는 데 일조했다. 성전기사단은 전쟁터에서 대활약을 펼쳤던 소수정예 전사집단이지만 당시 서유럽과 중동을 연결하는 금융업을 독점한 은행 역할도 했다. 뒤에 하왈라 시스템을 통해 자세히 설명하겠지만 근대 금융의 시원始原은 여행이 위험한 지역 간에 이루어진 원거리 송금업이다. 성전기사단은 당시 최고로 신뢰받던 원거리 송금업자였다.

귀족의 자제들인 이들은 입단할 때 자신의 전 재산을 기탁한 데다 성금도 많았기 때문에 자기자본이 풍부했다. 또, 당시는 무장세력만이 금융업을 영위할 만큼 험악한 시기였다. 유럽 대륙과 지중해는 수백의 독립된 무장집단에 의해 나뉘어 있었다. 외지인들에게는 봉건제후의 횡포나 해적 또는 산적 떼의 강탈을 본질상 구별하는 게 의미가 없던 시절이기도 했다. 봉건제후마저도 함부로 할 수 없을 만큼 강력해서 금화 더미를 믿고 맡길 수 있었던 국제적인 무장조직으로서 성전기사단의 지위는 독특했다. 하지만 200년 동안 지속돼 온 성전기사단의 신화는 같은 십자군 진영인 프랑스 국왕에 의해 철저히 파괴됐다.

재정난에 허덕이던 프랑스 왕실은 성전기사단에 막대한 빚을 지고 있었다. 프랑스 왕 필리프 4세는 성전기사단이 악마숭배 의식을 한다는 소문을 활용하기로 했고 고문 끝에 자백을 받아냈다. 핵심 요인들은 화형에 처했고 성전기사단의 남은 재산은 대부분 프랑스 왕의 몫이 됐다. 프랑스 왕과 로마 교황은 민중의 기억에서 성전기사단을 지우는 작업을 조직적으로 펼쳤다.[60]

1308년에 금융 재벌의 자산을 몰수하기 위해 국가권력이 조직적으로 날조한 재판에 대한 잔인한 희화인지도 모르지만 오늘날 음모이론에도 악마숭배 의식에 관한 이야기가 등장한다. 아무튼 당시 성전기사단과 쌍벽을 이뤘던 병원기사단은 금융업에 손대지 않았고 그래서인지 현재까지 명맥을 이어오고 있다. 만약 성전기사단이 프랑스 왕실의 빚을 채권 형태로 바꿔 일찌감치 시장에 팔아버렸더라면 어땠을까? 프랑스 왕은 성전기사단을 없애도 자신의 채무가 없어지는 것은 아니기에 차라리 이들을 어르고 달래 장기 채무로 바꿔 자신이 권좌에 있는 동안엔 안 갚아도 되도록 했을 것이다. 그랬다면 성전기사단도 봉토를 차지하고 주권국가로 남아 오늘날까지 로마 바티칸 한쪽에 휘장이 남아 있을지도 모를 일이다.

만약 IT 기술과 AI의 발전에 힘입어 정부의 힘이 매우 강력해졌을 때, 이런 정부가 함부로 빼앗을 수 없는 추상화된 자산을 만들려면 어떻게 해야 할까? 정부의 강력한 팔이 닿을 수 없을 정도로 어떤 자산을 극단적으로 추상화할 필요가 있다면 그 자산은 근거자산에 매이지 말아야 한다. 근거자산에 매인다면 정부가 근거자산을 압류하거나 동결하는 방식으로 이 자산의 소유나 이전을 방해할 수 있기 때문이다. 뒤에서 자

60 출처: 시오노 나나미, 《십자군 이야기 3》, p.540.

세하게 소개할 이골드의 사례처럼 정부는 자산의 근거가 되는 금을 압류하려 할 것이다. 만약에 이골드의 금들을 달의 뒷면에 보관한다면 어떨까? 정부가 동결하러 갈 수 없다는 확신을 가질 수는 있다. 그러나 이골드의 사용자들 역시 자기가 가치물로 여겨 사용하고 있는 추상화된 계좌의 근거자산인 금이 달의 뒷면에 안전하게 보관되었다는 것은 믿더라도 자신 역시 가져올 수는 없다는 것을 안다. 우리는 야프섬의 돌화폐에서 이미 그 사례를 보았다. 부자가 큰 돌을 파서 배로 옮기다가 섬 앞바다에 빠뜨렸던 이야기다. 바다 깊은 곳에 가라앉았으니 앞으로 그 누구도 그 돌을 가져와 점유할 수는 없다. 그러나 그 장면을 목격한 사람들의 증언만으로도 그 돌은 여느 돌화폐처럼 소유되고 거래되었다. 자신도 돌을 점유할 수 없지만 다른 누구도 점유할 수 없다는 것이 오히려 돌화폐를 추상화된 장부로 승화시켰다. 마치 정부가 더 이상 찍어내지 않고 오히려 금지한 스위스 디나르나 소말리아 실링이 더 좋은 화폐로 인식되는 것과 같은 이치다.

호모 사피엔스의 추상화 능력은 한계를 뛰어넘곤 한다. 이골드의 금괴 금고가 달의 뒷면에 있어서 FBI가 동결하러 갈 수 없었더라면 정부는 간단하게 이골드를 폐쇄하지 못했을 것이다. 비트코인은 한 발 더 나아가서 아예 근거자산이 없다. 마치 달의 뒷면에 둔 금고처럼, 바다 밑바닥에 가라앉은 돌화폐처럼 비트코인의 근거자산은 누구도 점유할 수 없다. 왕이나 정부가 압류할 수 없는 추상화된 자산의 정의에 부합한다. 몸에 지닐 수도 없고 국경도 넘지 않으니 누구도 빼앗을 수 없다. 비록 비트코인 현상이 상식에는 어긋나지만, 전통적으로 내려온 자산들의 추상화 과정도 상식을 배반하면서 시작했다. 가치 없는 종이 쪼가리들, 주식과 채권과 종이돈이 갔던 길을 비트코인도 따라가고 있을 뿐이다.

빚이 채권의 형태로 미분화되고 비인격화된 덕분에 오늘날 각국 정부는 채무를 없앨 때도 추상적인 방식을 선택하게 되었다. 거대한 채권자들을 잡아다가 족치는 방식이 아니므로 그 피해는 훨씬 광범위하다. 바로 인플레이션이다. 이때 정부는 악마재판처럼 근사한 논리를 제시한다. 대표적인 게 바로 근대화폐이론이다. 이 논리에 따르면 정부는 부채를 갚지 않아도 되고 돈을 찍어내서 인플레이션을 유발할 특권을 갖고 있으며 인플레이션이 경기를 활성화하고 불황에 빠진 경제를 구해낸다.

이런 정부를 둔 주민들은 정부의 영향력이 미치지 않는 곳으로부터 도움을 받거나 자산을 이동해야 한다. 하지만 정부가 은행을 통제하기 때문에 달러나 신용카드로는 그 일을 할 수 없다. 국경이나 실물에 매이지 않는 권리물이 필요하다. 화폐는 국가가 인정하는 지불수단이라는 정의에서 한 발짝도 움직이려 하지 않는 경제학자들로서는 도무지 인정할 수 없는 주장이지만, 국경을 초월하는 비트코인의 무정부성이야말로 약탈자와 다름없는 국가의 주민들에게는 일종의 복음인 셈이다.

28

세계질서를 초월하는 자산

블랙록, 래리 핑크 CEO의 변심

"비트코인은 국가 화폐의 영향으로부터 독립된 국제적인 자산이다."[61]

세계 최대 자산운용사인 블랙록의 CEO 래리 핑크가 2023년 7월에 한 말이다. 불과 몇 년 전까지 "비트코인은 자금세탁의 지표이고 불법적인 활동에 최적화되어 있다"라고 주장해 오던 사람의 갑작스러운 변

61 "Instead of investing in gold as a hedge against inflation, a hedge against the onerous problems of any one country, or the devaluation of your currency whatever country you're in – let's be clear, bitcoin is an international asset, it's not based on any one currency and so it can represent an asset that people can play as an alternative." 출처: "BlackRock CEO Larry Fink Says Bitcoin Could 'Revolutionize Finance'", 출처: Coindesk, 2023.7.6.

심이었다.

산업계와 정계에도 두루 영향력을 행사하는 블랙록 CEO의 변심은 말로만 그치지 않았다. 블랙록은 2023년 6월, SEC에 비트코인 현물 ETF를 신청했다. 이 뉴스는 비트코인 가격을 끌어올렸고 당시 침체에 빠졌던 암호화폐 업계에 온기를 불어넣었다. 블랙록의 비트코인 ETF 신청은 1년 넘게 지속되었던 미국 바이든 정부의 거대기업 비트코인 금족령을 깨고 나온 첫 번째 뉴스로서 의미가 새롭다.

2022년 봄, 러시아가 우크라이나를 침공하면서 비트코인과 암호화폐에 대한 금융기업과 IT 공룡기업들의 관심이 뚝 끊겼다. 서방의 금융제재를 피하기 위해 러시아의 푸틴 대통령이 비트코인을 활용하겠다고 말한 바도 있고, 때마침 북한과 관련한 암호화폐 사건들이 벌어졌었다. 이런 지정학적 이슈 때문인지 바이든 정부는 비트코인이 발명된 이후의 정부들인 오바마 행정부, 트럼프 행정부와는 달리 비트코인과 암호화폐에 대해 뚜렷하게 부정적인 입장을 표명했다. 2023년 1월, 백악관 홈페이지에 올라온 문서에서는 미국의 금융기관들이 비트코인과 암호화폐에 노출되는 것은 중대한 실수a grave mistake라고 지적했다. 그 이유로 든 것이 바로 북한이 경제제재를 뚫고 미사일을 발사하는 자원을 조달하는 데 그동안 해킹한 암호화폐를 사용하고 있다는 것이었다. 따라서 블랙록의 적극적인 행보는 미국 대선을 1년 조금 넘게 남긴 시점에서 미국 정부의 태도 변화를 암시하기도 했다.

래리 핑크가 암호화폐가 금융을 혁신할 것이라고 주장하면서 그 이유로 거론한 내용이 탈국경이다. 국경을 초월하는 인터내셔널 자산이라는 속성이야말로 바로 미국 정부가 비트코인을 규제한 이유이기도 하기에 국경과 비트코인의 관계에 대해 깊이 고민해 볼 필요가 있다.

아무튼 래리 핑크가 비트코인의 혁명적 속성에 대해 이미 알고 있었지만 자신들이 준비될 때까지 엉뚱한 소리를 하다가 이제야 깨달은 바를 바로 말하기로 한 것인지, 아니면 정말 부정적으로만 보았다가 어느 순간 깨닫고 입장을 바꾼 것인지는 몰라도 분명한 건 세계 최고 부자회사를 이끄는 사람답게 비트코인의 의미를 제대로 짚고 있다는 것이다.

국경 없는 자산international asset의 의미

'인터내셔널 자산'이라는 말의 의미는 무엇일까? 말 그대로 국경이 없다는 뜻이다. 국경에 구애받지 않는다는 말의 의미는 비트코인이 국민국가로 이루어진 오늘날 세계질서를 초월할 수 있다는 의미다. 그러니까 래리 핑크가 '비트코인은 자금세탁의 지표'라고 말했던 과거나 '비트코인은 국제적인 자산'이라고 말하는 오늘이나 다 같은 본질을 다른 관점에서 바라보는 셈이다.

2차 세계대전 이후의 세계질서를 디자인하면서 국제금융과 무역질서의 밑그림을 짤 때, 미국 대표 덱스터 화이트와 영국의 대표 존 메이너드 케인스는 국경에 의한 자본통제를 항구적인 속성으로 만들어야 한다고 생각했다. 이들은 대공황 이후, 보호주의의 창궐과 국제무역의 퇴조가 나치즘과 일본의 군국주의를 낳았다고 전제했으므로 국제무역을 확대하는 것이 곧 국제평화를 가져오는 첩경이라고 확신했다. 그렇다고 개별 국가의 주권을 무시하면서 자본이 활개 쳐서도 안 된다고 생각했다. 케인스언 경제학의 핵심원리이기도 한데, 시장이 실패할 때를 대비해 정부가 이자율을 낮추거나 대규모 정부지출을 통해 공포감을 억누르고 경기를 진작시켜야 한다고 믿었다. 그러려면 정부가 경제 시스템의 뇌관, 즉 화폐를 운용할 수 있어야 했다. 결국 이들의 목표는 국민국가의 주권과 시장에 대한 정부의 우위를 확보하고 이를 전제로 자유로운 국제무역을 확대하려는 것이었다고 정리할 수 있다. 그러나 국민국가들의 주권과 이들로 이루어진 세계에서 번영하는 국제무역이라는 두 개의 목표는 구조적으로 충돌할 수밖에 없으므로 전후 금융 시스템은 주기적으로 위기를 겪었다.

국제무역의 거래비용을 낮추고 개별 국가가 환율조작을 통해 보호주의를 확대하지 못하게 하기 위해서는 고정환율제도가 중요했다. 달러를 중심으로 개별 국가의 화폐를 정량 비율로 교환하는 시스템이 1945년 이후 구축된 첫 번째 국제금융통화체제였다. 그런데 국제질서를 미국이 혼자 떠받치는 구조다 보니 미국은 결국 통화를 남발하게 되었다. 국제적으로는 베트남전쟁 등 세계질서 유지비용이라고 할 수 있는 막대한 군사비를 지출해야 했고, 국내적으로는 '위대한 사회'를 향한 복지정책의 확대 때문이었다. 1960년대 미국 재정의 방만함을 야기한 국내외적 요인을 가리켜 '총과 버터'라고도 한다. 미국의 방만한 재정과 무역불균형으로 인해 달러의 지위는 한동안 흔들렸다. 결국 미국 정부는 1971년 금 창구를 영구적으로 폐쇄하면서 달러를 지탱하는 금의 지위를 박탈했다. 이런 상황에서 달러의 공급은 고삐 풀린 듯이 늘어났고 국제무역의 성상과 오일쇼크로 야기된 오일머니라는 거대한 달러 뭉치가 미국의 통제 밖에서 움직였다. 자본의 국경통제는 점점 쉽지 않은 일이 되어갔다. 개별 국가의 통화주권과 국제무역의 확장이라는 목표가 상충하기도 했고 모든 나라가 일사불란하게 협력하기도 어려웠다. 통신의 발달과 다국적기업이 성장함에 따라 국제적인 분업이 심화되었고, 그런 환경에서 조금이라도 높은 이자율을 찾아 움직이는 글로벌 핫머니를 완전히 제어할 수 없었다. 한마디로 전쟁의 피 값으로 구축한 국제질서는 달러부터 룰을 어기기 시작하면서 전체적으로 점차 문란해져갔다.

국경에 의한 자본통제는 구멍이 많은 제도였고 세계무역이 증가함에 따라 그 구멍은 더욱 커졌다. 결국 무역적자를 쌓으면서도 여기저기서 전쟁을 치러야 했던 미국은 금과 달러의 교환비율을 지키기 어려웠고, 개별 국가는 달러에 대해 고정환율제도를 유지할 수 없었다. '유연한 고정환율'이라는 모순되는 표현으로밖에는 설명할 수 없는 제도로 변형된 것이다. 그럼에도 불구하고 자본이 완전히 자유로워진 것은 아니었다.

정부들은 은행과 금융기업들의 자금흐름을 모니터링하는 방식으로 자국기업과 개인들의 외환보유와 이전을 규제해 왔다. 이런 규제는 개별 국가의 국민들과 기업들이 개별 국가의 화폐를 사용해야 한다는 점 때문에 가능했다고 할 수 있다. 개별 국가 내에서 자국통화를 사용하도록 강제함으로써 달러는 세계화폐가 아니라 기축통화의 지위에 머물렀다. 즉, 수출하는 기업이 달러를 벌어도 세금과 근로자들의 임금을 주기 위해서는 자국통화가 필요했으므로, 각국의 통화당국은 수출기업들로부터 달러를 회수할 수 있었고 환율에 대해 정책적으로 개입할 수 있는 여지가 생겼다.

한 나라가 다른 나라에 대해 끝없이 무역흑자를 쌓거나 무역적자를 내는 구조가 고착화된 것도 환율에 대한 정책적 개입이 가능하기 때문이다. 거시경제학 이론대로라면 어느 국가가 무역흑자를 쌓으면 그 국가 화폐 가치가 외국환에 대해 절상되어 수출업자는 불리해지고 수입업자는 유리해진다. 이런 역학이 작동하므로 무역불균형은 시정된다. 그러나 정부가 환율을 조절해 자국 수출상품의 가격 경쟁력을 유지하는 방식으로 무역흑자를 지속할 수 있다. 즉, 세계통화가 없기 때문에 국경을 초월하는 속성을 가진 글로벌 자본에 대해 개별 정부들이 저항력을 가질 수 있었다.

전후 시스템에서 '달러는 세계통화가 아니다'라는 사실만 이해해도 비트코인의 의미는 물론, 비트코인에 대한 중국 정부의 대응에 대해서도 통찰을 얻을 수 있다. 중국은 경제규모가 큰 나라이지만 여전히 자본을 엄격하게 통제한다. 따라서 중국은 무역흑자를 지속적으로 유지할 수 있었다. 그러나 중국인들과 중국에서 활동하는 기업들이 비트코인을 보유하면 할수록 중국 통화당국은 환율조작에 어려움을 겪는다. 이는 중국이 미국에 대해 무역불균형을 지속하기 어렵다는 뜻이기도 하다. 역설적으로 미국은 비트코인의 이런 속성 때문에 중국과의 무역마찰을 해소하는 데 하나의 전략적 도구를 가질 수 있게 되었다.

물론 비트코인은 미국이 주도하는 글로벌 금융시스템 바깥에서 움직이기 때문에 테러단체와 협력국가들이 이들에 대한 미국 주도의 금융봉쇄를 우회하는 수단일 수 있다. 그러나 비트코인이 글로벌 차원에서 유의미한 거래에 사용되기 위해서는 자신을 노출할 수밖에 없다. 이런 속성을 이용해 부작용을 최소화한다면 '국제적인(인터내셔널한) 자산'이라는 비트코인의 속성이 미국 정부에는 비교적 덜 부담스러울 수 있다. 그 이유는 미국은 자본의 활동이 가장 자유로운 국가 중 하나이고, 달러에 대한 다른 국가들의 환율조작에 가장 큰 피해를 입고 있으며, 미국의 금융기업들이 비트코인을 주도함으로써 세계 금융질서에서 미국이 계속 주도적 위치를 점할 수도 있기 때문이다.

우크라이나가 증명한 비트코인

그동안에는 초인플레이션이 진행되는 국가의 평범한 시민들이 인플레이션에 대항해 땀 흘려 얻은 수익을 지킬 수 있는 마땅한 수단이 없었다. 달러나 금, 부동산을 매입하는 것이 전부였다. 하지만 경제가 붕괴로 치달으면 정부는 대체로 개인의 소유권을 무시한다. 금융망을 이용한 해외 입출금도 막힌다. 달러를 구하기도 힘들지만 애써 몸에 지니고 있다가 출국이라도 하려고 하면, 국경을 넘다가 빼앗길 위험도 크다. 그러나 비트코인은 금융망의 도움 없이 입금과 송금이 가능하다. 장기적으로는 가격이 오르는 추세이므로 단순히 가치 저장수단으로도 정부가 마구 찍어 대는 종이돈보다 낫다.

이런 용도에 대해 비트코인 회의론자들은 '특수한 경우'일 뿐이라고 평가절하한다. 하지만 지난 10년 동안 비트코인은 특수한 상황에서 항상 그 쓸모를 인정받으며 성장했다. 키프로스 은행 지급 불능, 그리스 국가 부도 위기, 브렉시트, 짐바브웨의 통화 위기, 베네수엘라 위기, 인도의 화폐개혁에 따른 혼란이 비트코인 수요를 자극했다. 2022년 봄부터 비트코인에 대한 지식사회의 기류가 조금씩 바뀌었다. 비트코인의 화폐 여부나 투자 적부를 따지는 것을 넘어 전혀 다른 차원의 논의가 이루어지기 시작했다. 러시아의 우크라이나 침공을 전후로 비트코인이 국제정치 키워드가 되어버렸다. 래리 핑크 회장의 생각이 2023년이 되어 정말로 갑자기 바뀌었다면, 아마도 2022년 우크라이나에서 비트코인이 사용되는 것을 보고 나서였을 가능성이 크다.

2022년 초, 러시아 중앙은행은 비트코인을 당장 금지해야 한다는 보고서를 냈다. 놀랍지도 않은 일인 게, 러시아는 한때 비트코인을 교육하고 홍보하는 것조차 불법으로 간주한 적도 있다. 중국에 이어 러시아 역시 비트코인에 호의적인 국가는 아니었다. 그런데 중앙은행 보고서가 나온 지 일주일 뒤에 푸틴 대통령은 각료회의에서 러시아가 비트코인 채굴에 최적화되어 있다는 취지로 발언했다. 이후 러시아 재무장관은 앞으로 비트코인과 암호화폐를 규제의 틀 안에서 양성화하겠다는 계획을 발표했다. 단 2주 만에 이렇게 변화한 이유는 바로 러시아의 푸틴 대통령이 우크라이나 침공을 준비하고 있었기 때문이었다. 러시아의 우크라이나 침공이 임박하자 미국은 러시아가 레드라인을 넘을 경우 러시아 금융기관이 SWIFT 코드에 접근할 수 없게 하겠다고 엄포를 놓았다. SWIFT 코드는 금융기관들 사이의 통신 프로토콜이다.

화폐는 장부다. 은행들 간에도 서로 주고받을 돈을 매번 청산하지 않고 SWIFT 코드를 이용해 장부를 바꾸는 방식을 사용한다. 그러니까 러시아의 우크라이나 침공을 막기 위해 서방은 러시아가 전쟁을 일으키면 러시아 은행들이 다른 나라의 은행들과 통신을 통해 장부를 바꿀 수 없게 만들겠다고 위협한 것이다. 그렇게 되면 러시아 국민들이나 기업들이 외국에 송금하거나 송금을 받을 수 없게 된다.

미국의 〈포브스〉는 2023년 3월 1일 자 기사에서 비트코인이 자신의 내재가치를 세상에 보여주었다는 자극적인 제목을 뽑았다.[62] 기사는 당시 네 가지 사건을 들어 비트코인이 자신을 증명하고 있다고 주장했다. 첫째, 캐나다 정부가 백신반대 시위대에 대한 후원계좌를 동결한 사건이다. 둘째, 우크라이나에서 폴란드로 국경을 넘는 피난민들이 비트코인을 소지했고, 실제로 우크라이나를 돕는 후원금이 비트코인과 암호화폐로 쇄도한 것이다. 셋째, 놀랍지도 않지만 서방의 금융제재를 받게 될 푸틴체제의 러시아에서도 비트코인이 금융통제를 우회하는 수단으로 여겨지는 점이다. 넷째로는 값어치가 종이보다 빨리 떨어지고 있는 튀르키예의 리라화를 들 수 있다.

튀르키예의 리라화 폭락은 비트코인의 인플레이션 헤지 능력을 증명한 것이지만 이는 비교적 익숙한 현상이었다. 나머지 세 개는 비트

62 출처: "Bitcoin Demonstrates Its Intrinsic Value To The World", Forbes, 2022.3.1.

코인이 기존의 금융망을 타고 가지 않기 때문에 가능하다. 즉, 이 특성은 비트코인이 지정학에 새로운 질서를 부여하고 있음을 의미한다. 정부들이 언제 비트코인을 금지할 것인가에만 관심을 가진 일반인들로서는 비트코인이 세계질서를 바꿀 수 있다는 사실을 받아들이기 어려울 것이다. 이런 사람들은 언젠가 미국이 비트코인을 완전히 금지할 것이라는 주장만 되풀이하고 있다. 만약 푸틴체제의 러시아가 SWIFT 코드에 대한 접근 금지를 우회해 비트코인을 사용하면, 미국 정부로서는 오랫동안 사용해 온 전략적 제재수단 하나가 무용지물이 되는 셈이다. 실제로 러시아의 우크라이나 침공 이후 비트코인을 제재해야 한다고 목소리를 높이는 미국의 정치가들이 늘어났다. 그리고 얼마 뒤 바이든 대통령은 비트코인과 암호화폐에 대해 포괄적 규제를 담은 행정명령서에 사인했는데, 국가 안보와 관련한 부서들에 비트코인과 암호화폐가 미국의 안보에 미치는 영향에 관해 기한 내에 보고서를 제출하라는 명령을 포함하고 있다. 이때부터 미국 정부가 비트코인을 국가 안보 전략 차원에서 바라보기 시작했다고 할 수 있다.

그렇다면 비트코인은 미국의 전략적 선택을 제한해 미국에 일방적으로 불리하게만 작용할까? 만약 그렇다면 미국의 관료들은 비트코인을 반대하는 쪽으로 모든 수단을 강구할 것이다. 그러나 역대 미국 정부의 고위 관료들은 비트코인에 대해 신중하거나 호의적이었다. 약간 우호적인 편이라고 보는 게 타당하다. 이는 비트코인의 속성이 반드시 미국에 불리하지만은 않다고 판단해 왔기 때문일 것이다.

미국은 무역적자국이다. 이는 기축통화국으로서 어쩔 수 없이 져야 하는 부담이다. 미국은 중국이나 일본 그리고 한국처럼 자기 나라를 상대로 무역흑자를 내는 국가들을 바라볼 때 이들 흑자국들이 환율을 조작한다고 의심한다. 흑자국이 달러에 대해 자국통화의 가치를 내리면 미국의 수입업자는 유리하고 수출업자는 불리하다. 그런데 그 나라 국민들이 비트코인을 많이 가지게 되면 환율조절이 여의치 않게 된다. 금본위제에서 무역흑자나 적자가 금의 유입과 유출에 의해 자연스럽게 균형을 찾아가는 것과 같은 원리다. 국민들이 자국통화가 아니라 비트코인을 많이 가지고 있고, 비트코인을 외국에 자유롭게 보내고 외국에서 자유롭게 받으면, 정부가 수출경쟁력을 높이기 위해 자국통화의 가치를 일부러 떨어뜨리는 정책을 펼치는 데 상당한 어려움을 겪게 된다. 중국이 비트코인을 기를 쓰고 막으려고 하는 것도 이와 관련이 있다. 이 사실을 미국의 고위 관료들은 일찌감치 깨달은 것으로 보인다.

2013년 말 실크로드 사건 때문에 상원에서 비트코인 청문회가 열렸다. 그때 증언대에 선 미국 법무부 차관보는 비트코인이 범죄에 사용될 것을 우려하는 의원들에게 엉뚱하게도 비트코인이 국제무역을 건전하게 할 수 있다고 운을 떼었다. 당시 이 발언으로 비트코인 가격이 폭등했다. 사람들은 마약이나 총기를 불법으로 매매하는 실크로드의 결제수단으로 비트코인이 사용되었으니 미국 정부가 칼을 뽑아 들 것이라고 예측했는데, 고위 관료가 비트코인에 대해 우호적으로 발언했다는 사실에 크게 놀랐다. 이 폭등을 잠재운 것이 중국이라는 것도 흥미롭다. 그로부터 한 달이 안 되어 중국의 인민은행은 기업들이 비트코인을 비롯한 암호화폐를 취급하는 것을 용납하지 않겠다고 선언해 비트코인

붐을 꺼뜨렸다.

비트코인이 각국의 이해관계에 미치는 영향과 그로 인한 국제질서의 변화에 대해서는 훨씬 폭넓은 연구가 필요하다. 분명한 것은 단순하게 이익과 손실을 나눌 수 없다는 점이다.

비트코인은 동아줄이다

비트코인은 금융망을 통하지 않고 국경을 넘을 수 있다. 공항 검색대나 국경수비대의 몸수색도 피할 수 있다. 지구 반대편에도 빛보다 살짝만 늦을 정도로 빠른 속도로 도달한다. 이런 특성 때문에 지정학적 위기가 발생한 지역의 일반 시민들에게 비트코인은 생명줄이 될 수 있다. 비트코인이 세상에 처음 나왔을 때부터 비트코인이 지정학적 자산이 될 수 있다는 걸 알아챈 사람들이 많았다. 아니, 애초에 그런 화폐를 꿈꾸는 사람들이 30년 동안 만들고자 했고 실패를 거듭하다 얻은 결실이 비트코인이라고 보아야 한다.

사람들은 비트코인이 지정학적 위기에 빠진 국가의 국민들에게 동아줄이 되어줄 것이라는 주장을 비웃곤 했다. 그 이유는 그들이 너무나 비현실적인 세상에서 오랫동안 살면서 평화로운 세상에 길들었기 때문일 수 있다. 1945년, 전쟁의 종료와 함께 만들어진 세상은 외견상으로는 처참한 상태였으나 질서라는 측면에서는 역사상 보기 드물게 단순한 상태로 리셋될 수 있었다. 영국을 비롯한 제국들은 거의 몰락했으며 전쟁에 이긴 소련도 너무나 많은 피해를 입은 상태였다. 오직 미국만이 건재했다. 이를 바탕으로 미국은 자신들이 생각해 온 이상에 맞추어 새로운 세계질서를 설계할 수 있었다. 이후로도 비록 공산주의의 도전이 지속되었지만 시장경제를 수용하는 국가들 사이에는 평화로운 질서와 함께 법치의 개념이 자리 잡았다.

글로벌 금융은 세상이 마치 원래부터 법대로 움직여온 것마냥 착시를 일으키는 원천이기도 하다. 그런 관점에선 은행을 끼고 하는 원거리 무역에서 고려할 문제는 운송비용이나 태풍 같은 자연재해가 전부였다. 통계적으로 계산 가능한 자연재해는 보험으로 해결할 수 있기 때문에 원거리 무역의 모든 위험을 비용으로 치환할 수 있었다. 말하자면 경제학자들이 수식으로 파악할 수 있는 세상이 창조된 셈이었다. 현대 인문학에서 경제학이 제왕적 자리를 차지한 것도 포스트 1945 시스템이 만든, 인류 역사상 보기 드물게 평화로운 질서의 시대였기 때문일 수 있다.

그런데 이런 비현실적인 세상이 막을 내리고 있다. 미국을 좋아하든 싫어하든, 또 제국이라 부르든 패권국가라 부르든 우리가 알던 기존의 질서는 무너지고 있다고 보는 것이 타당하다. 애초에 한 나라의 국내 통화를 세계무역의 결제수단으로 삼는다는 것 자체에 논리적으로 무리가 있었다. 예일대 경제학자 로버트 트리핀Robert Triffin 교수는 기축통화국이 유동성을 공급하는 과정에서 무역적자를 떠안게 되는데, 무역적자가 쌓이면 기축통화국이 신뢰를 잃어버릴 수밖에 없어 기축통화에 대한 믿음이 흔들리게 된다고 일찌감치 예견했다. 그의 예견대로 미국은 유라시아 대륙의 크고 작은 분쟁에 개입하기 위해 엄청난 규모의 해군력을 유지하느라 달러를 찍어낼 수밖에 없었다. 비현실적으로 좋았던 시절은 사실 이렇게 보이지 않는 막대한 세금으로 유지된 셈이다.

유라시아 대륙에는 오래된 국가들과 민족들이 즐비하다. 민족적 갈등은 역사적 뿌리가 너무나 깊어 실타래를 도저히 풀 수 없을 만큼 뒤엉켜 있다. 그런데 석유나 물자를 실은 많은 배들이 그런 갈등 지역을 오가면서도 통행세를 내거나, 민족적 갈등에 휘말려 가라앉거나 압류되지 않을 수 있었다. 이는 현대 경제 시스템의 토대가 물자의 긴 운송로를 지켜주는 미국의 해군력과 유라시아 분쟁에 대한 미국의 개입의지에 기반한 덕분이었다고 볼 수 있다. 세계 경제질서의 근간을 이루는 이 사실이 그 어떤 경제학 교과서에도 나오지 않는다는 건 경제학이 철학적으로는 홀로 설 수 없는 절름발이라고 경고하는 듯하다.

물론 공짜는 아니었다. 미국은 자국의 돈을 찍어내 외국에 빚을 갚을 수 있는 유일한 나라다. 무역적자가 지속적으로 쌓이는데도 흑자국들이 미국의 채권을 구입해 주는 식으로 기축통화로서 달러의 가치를 지지해 준다. 즉, 빚이 계속 갱신되는 셈이다. 이렇게 어딘가 말이 안 되는 행태가 글로벌 경제 시스템을 뒷받침하는 지정학적 보호에 대한 보이지 않는 세금이었다. 이야말로 어느 국가의 정치가도 노골적으로 입 밖에 내고 싶어 하지 않는 진실이다.

러시아가 우크라이나를 침공한 것을 보면서 "21세기에 어떻게 저런 일이 일어나느냐"라며 놀라는 사람들이 많았는데 어떤 의미에선 세상이 원래 모습으로 돌아가고 있는 것이다. 바이든 대통령이 당선되자마자 미얀마 군부는 쿠데타를 일으켰지만 미국은 그들을 제압하지 않았다. 노벨평화상까지 주면서 서구가 영웅으로 떠받들던 아웅산 수치 정부를 전복했는데도 말이다. 2021년, 아프가니스탄에서 미군이 떠날 때는 누가 보더라도 세계 최대의 군사력을 가진 나라가 도망가는 모습을 연출하고 말았다. 카자흐스탄 국민들이 정부를 규탄하는 모습을 서방 언론이 아름답게 보도했음에도 불구하고, 러시아 특공대가 상황을 정리하는 동안 미국 정부의 대변인은 코미디와 다를 바 없는 하나 마나 한 말만 늘어놓았다. 이 같은 일련의 행보는 예전처럼 유라시아 대륙의 지정학에 깊이 관여할 의지가 없다는 미국의 시그널이며, 우크라이나 침공은 이 시그널을 읽은 푸틴 대통령의 지정학적 모험이었다.

유라시아 대륙은 지금 2차 세계대전 이후 최초로 미국 없는 시대를 맞이하고 있는 것인지도 모른다. 역사의 챕터는 책이나 연극과는 다르다. 대나무처럼 마디가 분명하게 끊어지지 않는다. 중첩되기도 하고 역행하기도 한다. 그래서 섣부른 단정은 금물이지만 그럼에도 우크라이나 사태는 한 시대가 마감됨을 알리고 있다. 미국의 패권 아래서 오랫동안 비현실에 길들어 있던 독일과 서유럽도 우크라이나 사태를 계기로 미국 없는 유라시아를 인식하기 시작했다.

문제는 우크라이나 국민들처럼 지정학적 비극을 맞이한 개인들이다. 유럽과 동아시아에 새로운 패권이 자리 잡을 때까지 사람들은 익숙한 과거로부터 모든 것이 낯설기만 한 세상을 경험하게 될 가능성이 크다. 그리고 그 경험은 결코 유쾌하지 않을 것인데, 무엇보다 은행에서 돈을 찾을 수 없거나 돈을 보낼 수 없게 될 가능성이 커졌다. 국경을 넘을 때 몸수색을 당할 것이고 값나가는 모든 것들이 모래알처럼 손에서 빠져나갈지도 모른다. 부동산, 자동차, 귀금속을 적들에게 고스란히 바치고 싶지 않다면서 스스로 불을 지르고 그 사진을 인스타그램에 올려 적들을 조롱할 목적으로 사용하는 게 전부가 될 수도 있다. 〈포브스〉가 증명되었다고 말한 비트코인의 내재가치는 이토록 불쾌한 세상을 가정하고 있다. 불쾌하지만 이것이 더 현실에 가깝다면 어쩔 텐가? 아니다. 불쾌한 현실이 일어날 가능성이 불과 1%밖에 안 된다고 해도 비트코인은 위기가 발생했을 때 내 가족의 생명줄이 되어줄 수 있다. 모든 질서가 무너질 때 오직 비트코인만이 해낼 수 있는 일이 있기 때문이다.

세상 어딘가에서는 지금도 러시아의 우크라이나 침공, 튀르키예의 리라화 폭락, 캐나다의 백신반대 후원계좌 동결 등과 유사한 일들이 벌어지고 있다는 현실을 인식하는 게 중요하다. 글로벌 시민들은 비트코인이 언젠가 없어질 튤립버블에 불과한 수준을 넘어 무엇인가가 되고 있다는 사실을 러시아의 우크라이나 침공이라는 지정학적 위기를 통해 알아가고 있다. 즉, 세계인들은 비트코인이 개인과 기업 그리고 국가 차원에서 생존방식에 변화를 가져오고 있다는 것을 깨닫고 있다.

지구 어디에선가는 정정 불안, 경제 위기, 전쟁 등으로 한 국가나 지역의 경제 시스템이 붕괴 직전으로 몰리기 마련이다. 이런 국가의 국민들일수록 정부의 방해를 뚫고 외부 세계와 연결해야만 살아갈 수 있다. 기존의 금융 시스템만으로는 궁지에 몰린 국민들을 도울 수 없다. 평온한 국가의 국민에게는 비트코인이 한낱 투기수단이거나 흥미로운 발명품에 지나지 않을지라도, 위기에 처한 국가의 국민에게는 삶과 직결되기에 대체품이 따로 없는 희망이다.

THE GREAT BITCOIN

CH5

하왈라 모멘트, 0에서 1로의 도약

29

송금과 택배의 차이

장부의 이동인가, 물건의 이동인가

호모 사피엔스가 장부를 만들어 화폐를 운용했다는 것은 엄청난 도약이다. 호모 사피엔스의 탁월한 능력이 바로 추상화인데 이들은 장부를 통해 가치물을 추상화할 수 있었다. 가치물은 모두 동일하지 않고 개별적이지만 이를 숫자로 만들어 양적으로 합산하고 분배할 수 있게 되었다. 특별히 가치물을 추상화함으로써 기술적 한계 때문에 불가능했던 일이 개념적으로 가능해졌는데, 그것은 바로 원거리 송금이다. 교통과 통신이 발달하기도 전에, 심지어 치안이 불안해 무장하지 않은 일반인들은 마을 너머로 나들이조차 할 수 없었을 때도 호모 사피엔스는 원거리 송금을 할 수 있었다.

송금과 택배의 차이점은 무엇일까? 택배는 '그 물건'을 이동해야 하지만 송금은 '그 돈'을 이동하지 않는다. 미국의 딸네 집에 보내려고 맡긴 직접 담근 김치를 택배회사가 슈퍼에서 파는 김치로 바꿔 보내면 심각한 계약 위반이다. 하지만 송금은 장부만 변경하는 것으로도 충분하다. 실제로 돈이 가는 것이 아니라 장부가 변경되는 것이지만 아무도 문제 삼지 않는다.

오늘날 금융 전산망이 존재하기 훨씬 이전부터 사람들은 물건을 보낼 때처럼 송금할 때 실제로 그 돈을 전송할 필요가 없다는 것을 잘 알고 있었다. 대표적인 것이 바로 중동지역에서 발달한 하왈라hawala다. 하왈라는 중동처럼 종교적·사회적 이유로 은행업을 할 수 없거나 금융업이 자리 잡지 못한 지역에 뿌리내린 사금융 송금망이다. 인도 대륙의 훈디hundi, 중국 화교 네트워크에서 이뤄지는 치트chit · 촙숍chop shop을 통칭하는 표현이기도 하다. 하왈라나 훈디, 중국의 화교 네트워크는 조직적이고 방대하며 역사도 깊고 나름대로 문화적 토대도 갖추고 있지만 기본 원리는 '환치기'와 같다.

환치기의 원리

한국에 있는 철수가 미국에 있는 갑수에게 돈을 보내려고 한다. 철수는 한국의 '조직'에게 돈을 주고 갑수는 미국의 '갱'에게서 돈을 받는다. '조직'은 '갱'에게 돈을 전달하지 않는데도 철수가 '조직'에 맡긴 돈을 갑수가 '갱'에게서 찾을 수 있어야 하왈라라고 할 수 있다. 미국의 '갱'이 한국의 '조직'에게 돈을 보내야 하는 역방향의 송금 의뢰도 있기 때문에 조직과 갱은 매번 정산할 필요가 없다. '갱'과 '조직'은 주기적으로 서로의 장부를 털어내고 잔금만 한 번에 보내든지 아니면 아예 공동으로 계좌를 사용하는 '패밀리'다.

'갱'에게 돈을 받기 위해서 갑수는 자기가 갑수임을 증명해야 한다. 철수의 돈을 받고 '조직'이 철수에게 준 전표를 갑수가 '갱'에게 제시하면 증명은 끝난다. 원리는 단순하지만 실제로는 만만치 않은 문제가 남는다. 보통은 철수가 갑수에게 물리적으로 뭔가를 전달하기 어려운 상황이라서 하왈라를 이용한다. 전표조차 전달하는 것이 여의치 않을 때는 어떻게 해야 할까? 이때 암호가 필요하다. 철수가 갑수와 자기만 아는 암호를 '조직'에 알려주고 갑수가 '갱'에게 암호를 대고 돈을 받는다면 철수가 멀리 있는 갑수에게 전표를 전달하는 수고를 덜 수 있다.

환치기 비즈니스는 나름 문화적 전통이 뒷받침되어야 한다. 비법非法적인 영역에서 남의 돈을 맡는 일이라 기만하기 쉽기 때문에 역설적으로 고객들로부터 신뢰를 받기 어렵다. 하왈라가 암흑가의 비즈니스를 넘어 소수집단의 문화적 특성을 구성하기도 하는 이유는 이 조직들이 '명예'를 생명으로 여기기 때문이다. 명예는 고객에 대한 책임감을 의미한다. 예를 들어 '조직'이 '갱'에게 돈을 주지 않고 파산하거나 도망가도 '갱'은 갑수에게 돈을 지급해야 한다는 원칙을 지킨다. 또, 미국의 '갱'이 갑수에게 돈을 주지 못하게 되어도 한국의 '조직'은 철수에게 돈을 환불해 준다. 한 업자의 배신은 업자들이 이룬 생태계 내부 문제여야 하고 고객에게는 피해가 가지 않아야 한다. 물론 이 경우 하왈라 네트워크 내부에서 신의를 저버린 업자는 가차없이 응징된다. 그래서 이런 사고는 많지 않다. 왜냐하면 이들이 직접적으로 '정의'를 실현하는 수단을 갖고 있기 때문이다. 환치기가 조직폭력배들의 비즈니스인 이유도 물리적인 방법으로 서로를 직접 응징할 수 있기 때문이고, 그래야만 국가나 사법 시스템의 지원 없이도 고객들의 신뢰를 유지할 수 있다.

하왈라 업자들의 명예는 규칙에 대한 맹목적이고 비정한 충성이다. 하왈라 업자는 정해진 시간에 전표를 가져오는 자에게만 돈을 지급한다. 비록 악당이 전표를 가로챘다는 것을 뻔히 안다고 해도 전표를 가져온 악당에게 돈을 지급한다. 작은 잘못을 바로잡으려다가 금융망 자체가 붕괴될 수도 있다는 경험에서 터득한 중립의 법칙이다. 이때 하왈라 업자에게 돈을 건네고 받은 전표는 곧 돈이다. 업자들은 고객들이 전표가 법이고 곧 정의라는 것을 믿게 만들어야만 한다. 하왈라의 모형이 근대 금융으로 발전했으므로 '규칙에 의한 지배'라는 문화를 가장 앞서 실천한 분야가 바로 금융 네트워크라고 할 수 있다.

비트코인은 가격이 없어도 하왈라 전표로 사용할 수 있다

하왈라 시스템을 이해하는 것이 바로 비트코인을 이해하는 첩경이다. 비트코인은 신뢰망으로서 의미를 갖는다. 비트코인이 코드 쪼가리이기 때문에 가치가 없다고 주장하는 사람들은 하왈라 시스템에서 법이요 정의인 전표가 암호를 적은 낙서에 불과하므로 쓰레기라고 말하는 것과 다를 바 없다. 비트코인이 하왈라 시스템의 전표라는 것을 증명하는 것은 어렵지 않다. 게다가 하왈라의 전표는 배달 사고가 나기도 하고 위조될 위험도 있다. 하지만 비트코인은 복제가 불가능하고 전송 도중 가로채기를 당할 염려도 없다.

비트코인의 시장가격이 아예 없다고 생각해 보자. 비트코인이 발명되고 얼마 지나지 않았을 때라고 간주하자. 아주 초기라서 비트코인 자체는 시장에서 거래되고 있지 않지만 하왈라 업자는 비트코인이 업계의 고민거리를 해결해 주는 기술이라는 것을 이해했다. 그리고 특정한 암호키에 대해 특정한 코인을 지정할 수 있는 속성이 비트코인에 있다고 가정하자. 즉, 하왈라 업자들에게 모든 1BTC가 동일하지는 않다. 이들이 자기가 사용하기로 한 1BTC를 손쉽게 따로 구별할 수 있다고 전제하자.

철수가 '조직'에 130만 원을 주자 '조직'의 업자는 철수에게 비트코인 암호키를 주었다. 이 암호키는 1BTC를 움직일 수 있는데, 아무 1BTC나 움직이는 게 아니고 구별된 1BTC다. 철수는 이 암호를 미국에 있는 갑수에게 전달한다. 갑수는 '갱'에게 비트코인 암호키를 제출할 것이고 '갱'은 이 암호키가 한국 '조직'의 업자가 따로 구별해 고객에게 전달한 1BTC를 움직일 수 있는 키라는 것을 확인했다. '갱'은 1,000달러를 갑수에게 내준다. 비트코인의 암호는 해킹이 불가능하다고 생각하는 '갱'은 갑수가 1,000달러를 수령할 진짜 주인임을 믿을 수 있다. 여기서 중요

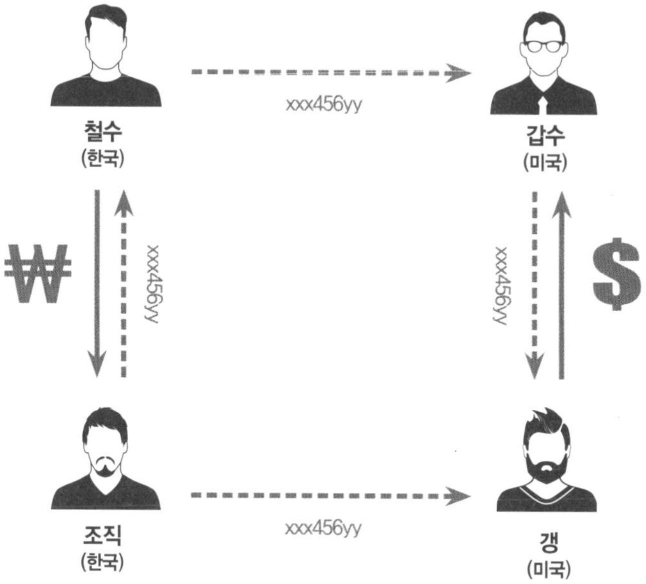

하왈라 환치기 구조

한 것은 1BTC의 가격이 '0'임에도 불구하고 한국의 '조직'과 미국의 '갱'이 합의한 특별한 그 1BTC가 마치 1,000달러인 것처럼 간주된다는 사실이다. 하왈라 업자들이 사용한 지저분한 쪽지 전표와 근본적으로 다를 바 없으나 스마트폰의 앱으로 간단하게 전송할 수 있으므로 한국의 '조직'과 미국의 '갱'은 이 신기술을 기특하게 여기며 하왈라 전표의 전자적 형태로 간주한다.

이렇듯 비트코인에 시장가격이 없더라도 비트코인은 하왈라를 기술적으로 업그레이드한 솔루션이 될 수 있다. 이것만으로도 의미가 있지만 하왈라의 전표와 달리 비트코인은 암호들 간에 산술도 가능하다.

비트코인은 암호체계이면서도 균등하게 분할될 수도 있고 균등하게 합산될 수도 있다. 즉, 앞에서 나온 갑수가 암호표를 절반으로 나누어 0.5BTC만 제시해 500달러만 받고 나중을 위해 0.5BTC는 남겨 놓을 수도 있다. 게다가 유럽에서 활동하는 다른 하왈라 조직에서도 비트코인 암호를 사용하게 된다면, 갑수는 남은 0.5BTC를 유럽에 여행 가서 유럽 하왈라 업자에게 제시하고 유로로 받을 수도 있다. 당연하지만 유럽 하왈라 업자는 미국의 '갱'에게 0.5BTC를 전송하고 돈으로 환급받을 수 있다고 확신한다.

여기서 조금만 생각을 확장하면 놀라운 일이 벌어진다. 갑수는 철수가 지정한 '갱'만이 아니라 '마피아'나 '브러더스'에게도 비트코인을 제시하고 1,000달러를 받을 수 있다고 믿게 된다. 이 특별한 비트코인 한 조각은 업자들 사이에서는 전표와 동일하고 이동도 간편하므로, 업자들은 약간의 수수료를 받고 환전해 주려 할 것이다. 이 믿음이 널리 확산되면 갑수는 비트코인을 업자에게 가져가 1,000달러로 바꾸지 않는다. 아예 한국에 방문할 예정인 친구에게 주고 친구에게 1,000달러를 받을 수도 있다. 친구는 한국에 와서 다른 환전상에게 1BTC를 주고 130만 원을 받을 수 있다. 금 보관증으로 시작했다는 달러가 그러하듯이 금융망에서 널리 인정받는 전표가 보편적으로 통용되는 화폐의 속성을 띠는 것은 자연스럽다. 이러한 전개를 압축해서 지금의 비트코인이 되었다고 가정하면 비트코인의 가격을 납득할 수 있는 단서를 얻게 된다.

비트코인 시장 가격이 바로 송금을 위한 예치금이다

비트코인 가격의 근원은 바로 송금을 위해 맡겨 놓은 하왈라 입금액이다. 사용자들은 비트코인의 암호가 위조되지 않으므로 비트코인을 전송하는 것은 송금 전표를 전송하는 것과 같다고 간주한다. 바로 비트코인은 디지털 세상에 최적화된 환치기, 혹은 하왈라 시스템이다.

비판론자들은 십수 년 전 비트코인을 받은 대가로 피자나 배달했다는 식으로 비트코인이 싸구려 취급받던 시절을 들먹이며, 정당한 송금액을 맡기고 비트코인을 받은 이가 애초에 존재하지 않았다고 착각한다. 하지만 현실의 비트코인 생태계에는 철수가 '조직'에 맡긴 130만 원이 존재한다. 이것이 바로 비트코인의 시장가격이며, 이는 채굴업자가 비트코인을 얻기 위해 지불하는 전기료와 설비 감가상각의 한계비용이기도 하다.

이론상 비트코인은 전 지구적으로 가격이 단일하다. 국경을 넘는 데 비용이 들지 않아 차액 거래를 완전히 차단할 수는 없기 때문이다. 즉, 가격이 요동치더라도 철수가 130만 원을 주고 산 1BTC를 갑수에게 보내고 갑수가 바로 환전하기만 하면 1,000달러에 팔 수 있다는 말이다. 이는 현실에서도 어느 정도 구현되고 있다. 비트코인을 개별적인 돈으로 인식하는 대신 비트코인을 전 지구적인 환전망, 즉 하왈라로 인식한다면 비트코인의 파괴적 의미를 더 잘 이해할 수 있다.

비트코인 가격이 불과 몇 개월 전에 0원이었다가 지금은 수천만 원을 넘나든다면 이 주장은 황당한 게 맞다. 그러나 비트코인 가격이 몇 개월 혹은 몇 년 동안 일정한 범위 내에서 움직인다면 이 주장은 타당하다. 비트코인을 도무지 투자자산으로 여길 수 없는 사람도 국경 너머 송금하는 수단으로는 비트코인을 얼마든지 활용할 수 있다. 원화를 주고 비트코인을 구입한 뒤 바로 그 비트코인을 외국의 파트너에게 보내면서 즉시 달러로 환전하라고 말한다. 바로 환전하면 외국의 파트너 역시 투자가치보다는 송금수단으로 이해한 것이고, 환전을 뒤로 미룬다면 본인의 판단으로 비트코인의 투자가치에 베팅한 셈이다. 어느 경우에도 송금자의 책임은 거기서 종료된다.

비판자들은 여전히 비트코인의 가격이 요동치는 것을 지적하면서 송금에 적합하지 않다고 주장할 것이다. 앉은 자리에서 송금수수료에 해당하는 5%를 잃을 수도 있다는 것이 그 이유다. 그러나 그들은 말끔하게 정돈된 세상만이 존재한다고 착각하고 있다. 하왈라를 이용하는 이들은 애초에 그런 말끔하게 정돈된 세상에 접근이 제한된 이들이다. 각자 사정은 모두 다르다. 사는 국가가 약탈자들의 소굴일 수도 있고, 이미 너무 많은 돈을 보내 기존 금융망의 이용한도를 넘어섰을 수도 있다. 혹은 밀항이나 밀입국과 관련된 일로 송금하는 것일 수도 있다. 어쨌든 하왈라를 이용하는 이들에게 송금수수료 5%는 거의 문제가 되지 않는다.

비트코인은 사람이나 조직에 수수료로 지불할 돈을 가격의 변화로 감내하는 하왈라 시스템이다. 이 측면에서 좋은 점도 있다. 가격이 5%나 바로 떨어지는 경우도 있지만 5%나 바로 올라가는 경우도 있다는 것이다. 운이 좋으면 수령자가 수수료를 내기는커녕 되레 우수리를 얻을 수도 있다는 점이 비트코인이 하왈라보다 나은 또 하나의 장점이다.

하왈라를 발전시킨 은행 시스템

하왈라의 모형을 제도화한 것이 바로 은행이다. 은행들이 연결된 금융망을 통해 실제로 돈을 보내지 않으면서도 송금업무를 할 수 있는 것은 송금에 관계된 은행들이 서로의 장부를 연결해서 계산하고, 그 계산 결과에 따라 채무가 이행될 것이라는 확고한 믿음을 가지고 있기 때문이다. 그런데 은행들이 서로 정산을 미루다가 한 은행이 도산해 버릴 수 있다. 이때 이 은행이 갚지 못하는 금액은 금융망이 책임져야 한다. 송금망에서의 실패 책임을 고객에게 떠넘기지 않는 원칙이 변제(결제)의 최종성이다.

중앙은행이나 국제결제기구가 인정한 금융회사를 이용해 송금했다면 그 금융회사가 정산하기 전에 도산한다고 해도 고객의 송금은 취소되지 않는다. 실제로 돈이 이동하지는 않았지만 금융기구를 통한 송금은 그 자체로서 최종적인 행위로 간주돼야 하기 때문이다. 피싱(전화사기)같이 옳지 못하거나 착오에 의한 송금이었다 하더라도 송금 자체를 돌이키지 않고 문제 해결은 금융 시스템 바깥에서 법절차에 따르도록 한다. 피싱에 의한 송금의 경우, 금융망이 송금을 유보하거나 되돌려주기도 한다. 그러나 사실 이는 변제의 최종성 원칙에 어긋난다. 이런 일이 빈번하게 발생하면 금융망은 사안을 일일이 판단하는 위치에 서게 된다. 법원이 할 일을 금융망이 하게 되면 송금이나 반환이 한없이 늘어지게 되므로 결국 아무도 금융망이 변제의 최종성을 보장한다고 여기지 않게 되어버린다.

아무튼 돈을 직접 보내지 않고도 중개기관끼리 장부 변경을 송금과 동일시하도록 해야 하기 때문에 변제의 최종성이 자연스럽게 지켜지는 것은 아니다. 어떤 은행은 돈을 받지 못한 채로 최종 수령자에게 돈을 내주어야 하기 때문이다. 결국 금융망 전체가 연대책임을 져야 한다. 변제의 최종성 보장을 개별 은행에만 맡기면 결국 은행망 전체의 신뢰가 무너진다. 변제의 최종성은 꼭 필요하기 때문에 개별 은행이 어길 수 없도록 이를 강제하는 법과 규칙이라는 인위적인 제도가 반드시 필요하다.

그럼에도 은행들은 변제의 최종성을 완벽하게 구현하지 못한다. 그 이유는 은행의 중립성에 한계가 있기 때문이다. 중립성이란 심판이 객관적인 위치에서 경기를 운용한다는 의미와 비슷하다. 즉, 어느 팀이 이기는 것이 대회 흥행에 도움이 될지 등에 대해 심판은 판단하지 않는다. 좋은 심판이 되기 위해서는 게임에 참여하는 플레이어들뿐만이 아니라 리그나 대회 전체의 이익이라는 이해관계에도 엮이지 않아야만 한다. 오직 사전에 약속된 규칙에 따라서만 판단해야 한다. 그 판단이 결과적으로 대회를 망친다 하더라도 말이다. 이 정도로 중립성을 유지하는 제도는 찾기 어렵다.

은행은 국가의 판단으로부터 중립적이지 않으며 더구나 오늘날 금융망은 미국의 정치적 판단에 대해 중립적이지 못하다. 미국은 전 세계를 대상으로 정부나 기업 혹은 개인들의 금융접근을 제한한다. 테러나 마약, 자금세탁에 개입한 외국의 정부, 조직, 기업이나 개인과 금융거래를 하면 그 금융기관은 미국의 은행들과 거래할 수 없다. 즉, 달러를 만질 수 없다. 금융기업이 달러를 만질 수 없으면 사실상 글로벌 금융망에서 퇴출된다.

미국 대통령에게는 언제라도 외국 정부에 대해 금융제재sanction를 가할 수 있는 권한이 있다. 때로는 의회가 직접 금융제재를 가하기도 한다. 2019년을 기준으로 평균 10개 국가 중 한 국가가 미국이 주도하는 금융제재 아래 있다. 전 세계 20억 명이 직간접적인 금융제재 아래 놓여 있는 것이다. 러시아, 베네수엘라, 벨라루스, 부룬디, 중앙아프리카공화국, 쿠바, 레바논, 시리아, 리비아, 소말리아, 예멘, 이라크, 수단, 남수단, 짐바브웨, 미얀마, 콩고민주공화국, 북한이 여기에 포함된다.[63]

크게 보면 미국을 중심으로 한 글로벌 거버넌스의 지배 아래 금융망이 놓여 있으며, 작게는 고객을 위해, 예를 들어 피싱 같은 사기 피해자를 구제하기 위해 오늘날 금융망의 변제의 최종성은 변칙적으로 운영된다. 금융망이 중립적인 심판이 될 수 없는 근본적인 이유는 그들이 하늘에서 내려온 천사가 아니기 때문이다. 그리고 은행들과 은행가들도 현실에서 게임에 참가하는 플레이어에 불과하기 때문이다.

비트코인은 인격체나 조직이 아니다. 그저 프로토콜일 뿐이다. 그러

63 출처: Gal Luft, Anne Korin, 『De-Dollarization』, p.4.

므로 비트코인은 하왈라나 금융망과 달리 명예나 법이라는 인위적인 노력을 투입해 결제 완결성을 보장하지 않아도 된다. 즉, 비트코인이 정말로 폭력(환치기조직)이나 법(글로벌 금융망)에 의지하지 않고도 변제의 최종성을 갖는다면 하늘에서 내려온 천사가 직접 은행업을 하지 않는 한, 비트코인이야말로 인류가 꿈꿔온 가장 중립적인 신뢰망일 수 있다.

30

가치를 증명한 비트코인 - 스위스 은행, 이골드, 페이스북

끝장나고 있는 스위스 은행의 중립성

은행의 중립성을 가장 잘 지켜온 곳은 스위스다. 스위스의 은행비밀주의는 유명한 정도가 아니다. 스위스야말로 비밀주의의 대명사다. 그러나 2022년 2월, 러시아가 우크라이나를 침공한 이후 스위스의 은행비밀주의는 또다시 공격을 받았다. 유럽의 한복판에서 멀지 않은 곳이 전쟁터가 되자 서방의 전통이기도 했던 중립국 지위에 대한 관용은 설 자리를 잃었다. 비밀 유지로 유명했던 스위스 은행들의 전통에 종지부를 찍으려는 국제적 공조가 여론을 등에 업고 진행되었다. 심지어 스위스가 동결한 러시아 부호들의 자산을 우크라이나 재건을 위해 써야 한다는 목소리도 터져나오고 있다. 국제질서가 격변으로 치달으면서 스위스에 어느 편인지 확실히 할 것을 요구하는 분위기다. 이렇게 첨예한 시기에는 검은색이든 흰색이든 그가 고객인 한 따지지 않는다는 중립성이 설 자리는 없어 보인다.

유엔을 비롯한 국제사회의 압력에 의해 2023년 3월, 스위스 의회는 악명 높은 '제47조'에 대해 결국 면밀한 수사를 승인했다. 문제의 법조항인 제47조는 기자까지 포함해 은행 고객 정보의 외부 누설에 대해 형사 책임을 묻는다는 내용이다. 최대 3년 징역형이지만 정보의 대가를 받았을 경우에는 최대 5년까지 선고할 수 있다. 스위스 의회가 이 조항의 재검토를 승인했다. 즉, 스위스 은행비밀주의가 국제 여론에 항복한 셈이다.

최근까지 스위스 은행들이 아동 성매매를 포함해 부정부패한 정치인들의 비밀금고 역할을 해왔다는 사실이 속속 드러났지만 스위스 기자들은 제47조 때문에 관련 기사를 쓸 수 없었다. 심지어 이 조항 때문에 스위스 정보국조차 자국 내 은행 고객의 금융 거래를 조사할 능력이 거의 없었다. 그러던 것이 러시아의 우크라이나 침공 직후 이 조항이 유엔인권위원회로부터 공격받기 시작하면서, 스위스의 은행비밀주의에 더 이상 순기능이 없다는 쪽으로 국제여론이 기울었다.

스위스 은행이 도덕성에 결정적인 타격을 입은 것은 1990년부터다. 제2차 세계대전 당시 중립국이었던 스위스가 아돌프 히틀러의 나치에 협력했다는 것은 그간 소설이나 음모론으로만 존재했다. 하지만 스위스 은행이 홀로코스트에서 사망한 유대인들의 유족들에게 가족관계를 입증할 수 없다는 이유로 계속해서 출금을 거절하자 유대인 단체는 미국의 정가를 움직여 압박을 가했다. 스위스에 본사를 둔 글로벌 투자 은행 UBS 은행이 뉴욕과 미국에서 영업하지 못하게 하겠다고 엄포를 놓자 결국 협상이 이뤄졌다.

당시 미국의 정가가 움직였던 이유는 스위스가 나치에 협력해 유대인들에게서 빼앗은 금괴를 싸게 사들이는 방식으로 막대한 이익을 취했고, 결과적으로 나치 독일이 전쟁을 오래 끌 수 있도록 자금을 지원했다는 증거들이 나왔기 때문이었다. 심지어 스위스가 나치에게서 입수한 금괴로 발행한 금화에서 치과용 금니에나 있을 법한 높은 농도의 수은이 검출됐다는 이야기가 나도는 등 스위스 은행의 이미지는 신뢰의 상징에서 더러운 돈의 파수꾼으로 몰락하기 시작했다.

스위스 은행이 유대인 유족들에게 천문학적 액수를 보상하고 10년쯤 지난 2008년, 월가는 전 세계 금융위기의 산실이 됐다. 금융기업들의 회생을 위해 미국 정부는 막대한 세금을 투입했어야 했는데, 금융 엘리트들에 대한 여론이 극도로 좋지 않을 때 마침 스위스 은행에서 내부고발이 흘러나왔다. 미국 부자들이 세금 회피의 목적으로 스위스 은행에 계좌를 가지고 있다는 내용이었다.

오바마 정부는 국제사회를 끌어들여 스위스 정부를 압박했고 2014년 결국 스위스는 자국 은행들이 50여 개의 국가 수사기관에 의심되는 계좌 정보를 제공할 것을 약속하는 협약에 사인했다. 이후 몇 년 동안 충격적인 데이터들이 드러났다. 2022년 2월, 독일 언론사는 스위스 은행의 내부자에게서 입수한 정보를 전 세계 언론사에 공개하기까지 했다. 여기에는 악명 높은 독재자들과 인권을 유린한 범죄자들의 비밀계좌가 다수 포함돼 있었다.

여론이 악화될 때마다 스위스 은행 관계자들은 내부 정화를 위해 문제가 되는 계좌를 지속적으로 퇴출하고 있다고 했지만, 이번 내부자 폭로로 스위스 은행의 자구적 노력에 진정성이 있는지 의심스러워졌다. 서구 언론은 스위스 언론계와 협력해 스위스 은행에서 일하는 내부자들에게서 더 많은 정보를 얻고 싶어 했지만, 스위스 은행들은 제47조처럼 비밀 보호 위반의 대상자를 넓히고 형량을 강화하는 식으로 대응하면서 국제 여론에 맞서기까지 했다.

스위스의 은행비밀보호법은 1934년 제정됐지만 스위스의 은행비밀제도와 그에 따른 명성은 1700년대로 거슬러 올라간다. 당시 신교(개신교)의 아성이었던 제네바는 스위스로 이주한 프랑스인들을 프랑스의 구교 정부가 추적하지 못하게 하려고 은행 정보를 외국 정부에 제공하지 못하게 했다. 물론 스위스의 은행들이 수백 년 동안 은행비밀제도를 지켜낼 수 있었던 것은 그것이 꼭 도덕적이거나 올바른 제도여서는 아니다. 지정학적 환경의 변화가 이를 가능하게 한 점이 컸다. 이런 역사적 우연에 더해 스위스 은행가들의 독특하면서도 투철한 직업 정신 그리고 중립성 유지라는 명성에 힘입어 스위스 은행들이 전 세계 부자들의 돈을 빨아들인 덕분에, 척박한 지리적 환경에도 불구하고 상대적으로 풍요를 누리는 금융산업의 원리를 스위스 국민이 일찌감치 터득했기 때문이었다.

그러나 냉전이 종식되고 미국이 더 이상 지정학적 패권에 도전할 상대의 눈치를 볼 필요가 없어지자 스위스의 중립국 지위가 지닌 의미도 퇴색되었다. 이런 분위기 속에서 유대인들이 미국 정가를 움직였고, 미국의 정치권과 전 세계 여론이 "스위스만 특별한 대우를 받아야 할 이유가 있는가?"라는 질문을 던지기 시작했다. 그래도 전통은 나름 생명력이 길어서인지 스위스는 중립국과 은행비밀주의의 명성을 유지하려고 안간힘을 써왔다. 그러나 결국 러시아의 지정학적 야심이 노골화된 시점을 계기로 스위스는 국제사회의 따가운 눈총을 더 이상 견딜 수 없게 된 것이다. 소련과의 냉전 종식으로 지정학적 차원에서 중립국 존립 기반이 허물어졌고 그때부터 스위스의 은행비밀주의가 고난의 길을 걷기 시작했는데, 그 종착지가 결국 러시아의 지정학적 야심이라는 사실은 하나의 극적인 서사를 이루고 있다.

그렇다면 스위스의 은행이 비밀을 유지했기 때문에 거대한 악성 자금이 형성됐을까? 아니면 금융 비밀을 유지하려는 수요가 한 나라를 거대하고도 튼튼하며 중립적인 하나의 금고로 탈바꿈시켰던 것일까? 전자라면 스위스 은행의 비밀 유지 관행을 교살絞殺(목 졸라 죽임)함으로써 이상주의자들의 목표를 달성할 수 있을 것이다. 하지만 진실의 축이 후자에 더 기울어져 있다면 비밀을 원하는 부자들의 자금은 다른 해결책을 찾아낼 것이다. 결국 이상주의자들의 노력은 생각만큼 성공적인 결실을 얻지 못할지도 모른다.

비트코인은 스위스 은행과 다를까?

변화하는 격랑의 시대를 살아내야 할 미력한 개인에게 이는 중요한 고민거리가 아니다. 정말 중요한 질문은 따로 있다. 미국과 유엔 그리고 국제사회가 스위스 은행들의 비밀주의의 간판을 떼어버리는 방식, 즉 국제적인 여론의 압박과 법제화의 힘으로 비트코인의 중립성에도 종지부를 찍을 수 있을까? 비트코인은 히틀러를 도운 적도 없고 유대인 유족들에게 갚을 빚도 없다. 하지만 만약 이미 발행이 완료돼 개인지갑에 담겨 있는 수백만 개의 코인들이 금융권과 거래소를 거치지 않고 탈세, 범죄 수익 은닉, 독재자와 그 측근들의 해외 도피 재산 등을 보호하는 용도로 활용된다는 증거가 나오면 어떻게 될까?

언론들의 대대적인 공세가 이어지고 정치가들이 자극적인 말로 여론을 자극한다고 했을 때, 스위스 은행의 수백 년 전통을 잠식하듯이 법정에 세우거나 사인을 강요하거나 유엔에 불러낼 증인이나 피고가 존재할까? 물론 문제의 주소에 입금된 비트코인을 현금화해 준 거래소나 뭉텅이 비트코인을 상대의 신분도 확인하지 않고 종이지갑에 담아 넘긴 채굴자를 찾아내 법정에 세울 수는 있다. 하지만 그들을 처벌한다고 해서 바꿀 수 있는 현실은 무엇일까? 비트코인의 발행은 90% 이상 끝났다. 즉, 채굴업자나 거래소와 상관없이 널리 퍼져 있다. 게다가 비트코인은 금괴처럼 금고가 필요하거나 옮길 때 수송 트럭과 무장한 호송차도 필요하지 않다.

이골드가 해내지 못했던 것

비트코인의 시작을 알리는 논문A Peer to Peer Electronic Cash System이 나온 2008년 10월은 리먼브러더스의 파산에 따라 전 세계의 이목이 월가에 집중되었을 때였다. 그러나 비슷한 시기에 비트코인과 무관해 보이지 않는 중요한 판결이 미국에서 나왔다.

2008년 11월, 더글러스 잭슨Douglas Jackson 이골드 창업자가 유죄판결을 받았다. 죄명은 자금세탁 음모에 동조했다는 것과 정부 허가 없이 현금 송수금업을 했다는 것이었다. 2001년 9·11테러의 산물인 테러방지법(일명 애국법 'The Patriotic Acts')은 정부의 허가 없이 현금을 전송하는 서비스를 잠재적인 테러행위로 보고 금지한다. 잭슨은 이 법을 위반한 혐의로 기소되었고 유죄 판결을 받았다. 36개월의 보호감찰과 6개월 동안의 자택감금 및 감시electronic monitoring와 300시간의 봉사 처분이었다. 1,200만 달러의 자산 압수에 더해 그의 두 회사 골드 앤 실버 리저브Gold and Silver Reserve와 이골드 리미티드E-Gold Limited는 30만 달러의 벌금형을 선고받았다.

1995년 인터넷 붐과 함께 디지털 화폐의 개념이 등장할 무렵 잭슨은 잘나가는 내과의사였다. 잭슨은 경제학에 관심을 갖는 경제학도이기도 했다. 그는 대공황 시절의 경제학자 베라 스미스Vera Smith: 1912~1976의 주장에 깊은 감명을 받았다. 베라 스미스는 중앙은행 시스템에 대해 문제를 제기하며 대공황의 원인은 국가의 통화간섭이라고 주장했다. 자유주의에 기초한 시각이었다. 잭슨은 1971년, 달러가 금과의 연계를 끊어버린 시점으로부터 많은 문제들이 발생했다고 생각했다. 그렇다면 다시 화폐를 금에 고정할 수는 없을까? 해결책은 의외로 간단한 듯 보였다.

잭슨은 중앙은행이나 금융기관이 아니라 일반인들이 금을 보유하고 이에 근거해 지불수단을 갖는 것이 가능하다고 믿었다. 인터넷이라는 새로운 소통방식이 이전에는 생각할 수 없었던 자유와 건강함을 금융제도에 선사할 수 있다는 기대였다. 금에 기초하면 각국의 통화관문을 지날 때마다 통행세(환율에 따른 거래비용과 금융기관의 수수료)를 생략할 수도 있고, 중앙은행의 인플레이션 유발로부터도 안전해서 가치 저장에도 유리했다. 그뿐만이 아니었다. 금을 직접 주고받을 필요가 없었다. 고객이 구입한 금은 금고에 맡긴 상태에서 금 예치금을 인증받은 후 계좌를 통해 거래했다. 이 계좌가 있으면 금의 진위여부나 순도를 따지지 않고도 소유권의 이전을 통한 전송이 가능했다. 금 1온스에 대해 계좌를 설정하고 그 계좌를 잘게 나누어 송금할 수 있기 때문에 금을 이용해서도 인터넷 소액결제를 할 수 있었다.

잭슨은 프로그래머를 고용해 이골드E-Gold 사업을 시작했다. 의사를 그만두고 퇴직연금까지 포함해 벌어둔 재산을 거의 회사에 투입했다. 인터넷의 확산으로 인터넷쇼핑이라는 거대한 산업이 열릴 무렵이었다. 게다가 각국의 통화절하 경쟁으로 인해 금을 비롯한 원자재 가격이 오르던 시기와 겹쳤다. 이골드는 페이팔에 이어 전자결제로는 전 세계 시장규모 2위까지 올랐다. 해커들의 공격과 사기계좌 등 많은 우여곡절을 뚫고 사업은 번창했다. 고객들이 구입한 금은 런던과 두바이에 분산해서 보관했는데 시가 8,500만 달러에 달하는 3.5metric ton의 금을 보유했다. 전 세계 165개국에서 계좌가 오픈되었고 고객은 3,500만 명에 달했다. 1,000개의 새로운 계좌가 매일 개설되었다. 이골드는 거래의 1%를 수수료로 가졌다. 이불리온e-Bullion, 골드 머니Gold Money, 오에스골드OS-Gold 등 유사한 서비스와 회사가 뒤따랐다. 파이낸셜 타임스는 이골드야말로 인터넷 시대에 걸맞은 결제 시스템이라고 칭찬하기도 했다.

미 연방정부는 뒤늦게 이골드를 주시했던 것으로 보인다. 이들은 동유럽과 러시아의 갱들이 이골드에 계좌를 개설해 자금세탁과 불법거래 지불에 사용한다는 정보를 입수했다. 잭슨은 자신의 회사가 해커들 때문이 아니라 정부에 의해 중단될 수 있다고는 생각하지 않았다. 다만, 언론에 자신의 회사가 거론될 때마다 긴장하긴 했다. 주로 국제범죄조직들과 연결된 뉴스였다. 이때부터 잭슨은 서버에서 이상한 계좌를 골라내기 시작했다. 이골드에 계좌를 개설할 때는 이메일 ID처럼 본인과는 무관한 ID를 만들면 된다. 그리고 계좌를 통해 송금할 때는 형식적이나마 거래 품목이나 이유를 적게 되어 있었다. 동유럽과 러시아에서 접속한 몇몇 ID들이 남미나 일본에 거액을 보내면서 '꽃값'이라거나 '컴퓨터 구입'이라고 적은 의심 가는 계좌들이 있었다. 잭슨은 비밀을 유지한다는 고객과의 약속을 어기면서까지 이런 자료들을 수사기관에 넘겼다.

잭슨이 이렇게까지 파격적으로 협력했던 이유는 자신의 사업이 불법적 거래에 쓰이기 위해 만든 도구가 아니라는 점을 당국에 어필하기 위해서이기도 했겠지만, 사실상 범죄에 연루된 고객들에 보내는 메시지였다. '불법적 의도를 가진 이들은 정보가 보호될 거라는 기대는 접고 그만 떠나시라'는 메시지다. 잭슨의 도움으로 FBI나 관계당국은 추적하던 조직들의 자금창구를 들추어내서 체포에 성공하기도 했다. 그러나 잭슨의 노력과 호의에도 불구하고 연방정부는 잭슨과 그의 사업을 끝장내려는 계획에 착수한 지 오래되었던 것으로 보인다. 2007년 4월, 미 법무부는 4년 동안 수사한 후 잭슨을 기소했다. 잭슨으로부터 넘겨받은 자료는 오히려 이골드가 불법조직의 거래수단이라는 혐의를 입증하는 물증으로 활용되었다. FBI는 이골드에 대해 압수수색을 실시했고 모든 자료와 데이터, 서버를 봉인해 버리고 잭슨을 자금세탁 공모와 불법금융사업 혐의로 기소했다. 10년 이상 유지하던 잭슨의 사업은 정부에 의해 강제로 청산되었다.[64]

비트코인을 만든 사토시 나카모토는 이골드에 대해 몇 차례 언급할 만큼 잘 알고 있었다. 비트코인은 이골드의 실패를 반영한 발명품이라고 할 수도 있다. 이골드와 비트코인은 어떤 맥락에서 동일한데 딱 두가지에서 차이가 난다. 이골드에는 있는 것이 비트코인에는 없다. 첫째, 금이 없다. 이골드는 고객 대신 금을 보관하고 코드를 준다. 그러나 비트코인은 아무것도 보관하지 않는다. 둘째, 서버와 회사가 없다. FBI는 재판결과가 나오기 전에 이골드의 서버부터 차단했다. 고객들의 자산도 동결했다. 그러나 비트코인은 기소하려고 해도 경찰을 보내 차단할 서버나 회사가 존재하지 않는다. 아무것도 없기 때문에 모든 것을 담을 수 있다는 노자의 도덕경이 가르치는 그대로다. 비트코인이 상식과 직관에 어긋나는 이유는 허탈할 정도로 아무것도 없기 때문이다. 그런 비

---

64 출처: Kim Zetter, "Bullion and Bandit, The Improble rise and fall of E-Gold", 2009.6.9.

트코인이 가격을 갖고 있다는 게 충격적이다. 아무것도 없는 비트코인의 가격이 0으로 수렴하지 않고 우상향한다면 그건 무엇을 의미할까?

일단 정부가 이골드를 차단하고 기소하고 유죄를 때리는 방법으로 간단하게 처리했듯이 비트코인을 상대로는 그렇게 할 수 없다는 의미다.

정부의 타깃이 된 페이스북

2019년, 페이스북은 독자적으로 암호화폐를 만들려고 시도했다가 좌절하고 말았다. 페이스북이 계획한 리브라 프로젝트는 블록체인 기술을 사용하지만 공개된 블록체인은 아니었다. 차라리 IMF와도 같은 독립적인 운영기관을 둔 민간 통화 연맹에 가까운 디자인이었다. 페이스북같이 거대한 글로벌 기업이 한다고 하니 미국 정부와 뭔가 교감이 있었을 거라고 추론하는 이들이 많았다. 그러나 발표가 있고 나서 벌어진 일을 놓고 볼 때 교감 같은 것은 별로 없었던 것 같다. 있었더라도 핵심 관료가 검토해 볼 수 있다는 언질을 준 정도였을 것이다. 직업관료의 영역이 아닌 정치적 합의과정을 블랙박스로 남겨 놓은 채 말이다.

페이스북이 블록체인을 활용해 스테이블코인을 발행한다고 했을 때 미국 상원 은행위원회는 냉소적인 반응을 보였다. 한마디로 "너나 잘하세요"였다. 당시 미국 의회의 리브라 청문회는 차라리 훈계에 가까웠다. 의원들은 페이스북이 개인정보도 관리하지 못하면서 무슨 새로운 화폐를 만들겠다는 계획을 발표하느냐며 질타했다. 당시 페이스북이 방대한 고객정보를 사적 이익을 위해 남용했다는 혐의가 계속 드러나는 마당에 우선 자기 관리부터 하라는 뜻이었다. 안 그래도 당시 페이스북은 개인정보의 남용과 보안 때문에 정치적 공격을 받고 있었다. 마크 저커버그Mark Zuckerberg의 기숙사 동기이자 페이스북 공동 창업자이기도 한 크리스 휴즈Chris Hughes가 "지금은 페이스북을 해체할 때"라고 주장해 파문이 일기도 했다. 페이스북이 자신의 지배적 지위를 상업적 목적으로 활용하기 때문에 회사의 존재가 사회 전체에 부담이 되기 시작했다는 것이다. 이에 미국의 정치권이 가세했다. 당시 민주당의 대선 주자들이 개인정보 침해와 취약한 보안, 가짜 뉴스 유통, 저임금 노동을 이유로 페이스북 해체론에 힘을 보탰다. 개인정보 남용 논란에 빠진 페이스북이 화폐까지 발행하려 하니 절대로 두고 볼 수 없다는 결기로 충만했었다. 2020년까지 리브라를 출범하겠다던 당찬 포부를 밝혔음에도 제도권의 강한 반발에 부딪혀 결국 2022년, 관련 사업부를 매각하면서 해체하고 말았다.

SNS 화폐발행은 저커버그가 이루지 못한 야심 중 하나다. 그가 온라인에 근거지를 둔 독립화폐를 시도한 게 리브라 프로젝트가 처음은 아니었다. 그는 오래전에 페이스북 크레딧facebook credits을 야심차게 추진했었다. 페이스북의 벤더vendor들에게 비자나 마스터 카드가 아니고 페이스북 크레딧을 쓰라고 강제하다가 항의도 받았지만 밀어붙였다. 그러나 페이스북 크레딧은 어느 날 조용히 깃발을 내렸다. 공식적으로는 기술적인 문제라고 했지만 미국 정부 관계자들의 방문이 있었다는 소문이 공공연하게 돌았다. 페이스북 크레딧은 비트코인처럼 발행주체가 없는 것도 아니고 가격이 요동치는 것도 아니다. 또, 페이스북이라는 국경을 초월한 거대한 인터넷 플랫폼에서는 막강한 역량을 발휘할 것이 분명했다. 그러나 아무리 완벽해 보여도 치명적인 약점이 존재한다. 바로 CEO인 마크 저커버그다. 규제 당국이 저커버그를 압박하면 페이스북 크레딧은 사라질 운명에 처한다. 법리적 공방은 부차적이다. 정부가 발행자를 잡아 가두거나 재산을 압류하겠다는 엄포만으로도 민간기업의 화폐 프로젝트는 부서지고 만다.

정부와 게임하는 법

비트코인의 창시자 사토시 나카모토는 2009년 메일에 이렇게 썼다.

"나는 변호사가 아니다. 금융법은 내 분야가 아니다."

오늘날 비트코인만큼 금융 관련 법체계를 뒤흔드는 현상도 없다. 그런데 막상 비트코인을 발명한 사람이 자기는 금융법에 대해 아는 게 없다고 말했다. 이게 말이 안 된다고 생각하는 이들은 그가 자신의 신분을 가리기 위해 거짓말을 했을 거라고 추정한다. 금융 관련 법체계를 송두리째 뒤흔들어버린 사람이 법에 대해 잘 모른다면 어딘가 앞뒤가 맞지 않아 보이긴 한다. 그러나 여기에 비트코인 현상을 이해할 중요한 실마리가 있다.

사토시 나카모토가 진짜로 법을 잘 아는지 그렇지 않은지는 모르는 일이다. 그러나 그가 법을 잘 알아서 법의 허점을 파고들었다고 생각할 필요는 없다. 비트코인 맥시멀리스트로 불리는 '비트코인 옹호론자'들은 정부를 불신하는 경향이 있다. 그들은 사토시 나카모토 역시 자신들과 비슷한 정부관을 가지고 있다고 믿는다. 다시 말해 비트코이너들은 정부가 믿고 의지할 만한 존재가 아니라는 전제를 공유한다.

비트코인이 현행법에 얼마나 부합하는지 혹은 현행법의 틈새를 얼마나 잘 공략할 수 있는지는 비트코인의 생존에 조금도 도움이 되지 않는다. 정부와 게임을 할 때는 정부라는 존재가 심판과 선수를 겸한다는 사실을 염두에 두어야 한다. 정부는 코너에 몰리면 규칙을 바꿔 버리는 게임의 진정한 지배자다. 비트코인이 법률에 부합하거나 법률의 허점을 제대로 찾아냈다고 하더라도, 정부가 위험하다고 생각한다면 어느 날 한순간에 비트코인을 불법화해 버릴 수 있다.

비트코인 회의론에 가까운 이 개념이 왜 중요할까? 비트코인이 14년 이상 살아남을 수 있었던 것은 창시자가 현행법에 안 걸리도록 디자인했기 때문이 아니다. 정부의 관용 때문은 더더욱 아니다. 미국 정부를 비롯한 세계의 주요 정부기관들은 비트코인의 성장을 지연하기 위해 여러 가지 시도를 거듭해 왔다. 특히 비트코인의 가격에 영향을 미칠 만한 숱한 정책을 만들거나 만들겠다고 엄포를 놓았다. 실크로드같이 범죄 수사과정에서 얻은 비트코인을 절묘한 시기를 골라 시장에 쏟아내기도 했다. 그러나 효과는 일시적이었다. 시간이 지나면 정부의 위협을 까먹기라도 한 듯 비트코인 가격은 다시 올랐다.

정부는 비트코인을 막을 수 없기 때문에 막지 못한 것이다. 이 논리에 동의해야만 비트코인 현상을 이해하는 여정의 첫발을 뗄 수 있다. 좋은 머리와 충분한 정보력을 가진 많은 이들이 이 첫발을 떼지 못해서 비트코인 현상으로부터 소외되었다. 투자기회를 상실한 것만이 그들이 잃어버린 전부는 아니다. 이 시대의 가장 중요한 지적 현상으로부터 소외되었다는 것. 이는 지식을 다루는 일에 종사했던 이들로서는 후손들에게 수치스럽게 기억되는 계기가 될 것이다.

페이스북의 저커버그 같은 존재를 비트코이너들은 SPoF라고 부른다. 실패의 단일점Single Point of Failure이라는 어려운 말의 약자인데 쉽게 말하자면 타깃이다. 책임의 주체가 없어서 하찮아 보이지만 비트코인은 SPoF가 없는 시스템이다. 만약 비트코인의 생태계 초기에 정부가 나섰더라면 비트코인 생태계는 초토화되었을 수도 있다. 컴퓨팅 파워를 총동원해 시스템을 교란하거나 소수의 채굴자들을 기소하겠다는 위협만으로도 생태계의 성장은 억제되었을 것이다. 그러나 정부가 비트코인을 인식했을 때 이미 비트코인은 투명인간이 돼 있었다. 책임의 주체가 없다는 비트코인의 최대 약점이 바로 비트코인이 가진 힘의 근원이다. 저커버그가 두 손 들고 포기한 지점이 바로 비트코인의 출발선이었던 셈이다. 비트코인을 비웃었던 많은 지식인들은 정부가 비트코인을 금지할 날만을 기다리고 있다. 그러나 그런 날은 오지 않을 것이다. 비트코인에는 공격지점이 없기 때문이다.

31

비트코인의 가치는 그 자체다

비트코인은 금보다 뛰어나다

비트코인의 논리적 타당성은 사토시 나카모토와 일군의 암호학자들이 2008년에 증명했다. 사토시 나카모토의 주장에 의문을 제기했던 암호학자들은 논리적 설득과 사고실험을 통해 자신들의 오류를 깨달았다. 첫 번째 비트코인이 발행된 것은 2009년 1월 3일이므로 아직 최초의 비트코인이 발행되기도 전에 이들 사이에서는 핵심쟁점들이 정리된 셈이다. 그리고 그 핵심은 바로 비트코인이 온라인 세계의 지불수단이 될 수 있다는 것이다.

비트코인이 1달러라는 의미 있는 가격을 갖기 시작한 건 2010년과 2011년 무렵이다. 이때 이미 비트코인에 대한 기존의 국가통제가 회복

불능의 타격을 받았다고 보아야 한다. 비트코인을 이용해 국경에 구애받지 않고 송금할 수 있게 된 기점이기 때문이다. 외화를 몸에 지니거나 금융망을 통해 계좌로 이체하지 않아도 되기에 국가가 금융네트워크와 국경을 틀어쥐고 개입하는 방식, 즉 전통적인 외환관리방식이 무력화되었다. 그러나 논리가 아닌 현실만을 보는 이들은 이 주장이 몽상일 뿐이라고 비웃을 수도 있다. 비트코인과 암호화폐의 총가치를 합해 봐야 세계를 움직이는 달러의 총가치에 비해 너무도 보잘것없기 때문이다.

2017년 12월, 미국 증권거래위원회SEC 제이 클레이턴Jay Clayton 의장은 월가 투자자들에게 암호화폐와 ICO 투자 전에 주의를 기울일 것을 당부하는 글을 게재했다. 클레이턴 의장은 암호화폐 옹호론자들의 주장을 빌려 비트코인의 핵심적인 특성으로 ① 중재자나 지역적 한계에 구애받지 않고 가치를 이전하고, ② 결제나 변제 도구로써 최종적이며, ③ 다른 결제수단에 비해 수수료가 저렴하고, ④ 거래를 공증하는 능력을 갖췄다고 표현했다.[65]

미국 금융당국의 책임자가 비트코인이 변제의 최종성을 가지고 있다는 사실을 간접적으로 인정했다는 사실은 매우 의미가 있다. 디지털 자산이 변제의 최종성을 가지려면 그 자체로 가치가 있어야 한다. 즉, 비트코인이 단지 튤립버블처럼 일군의 미친 사람들에 의해 일시적으로만 존재하는 무가치한 허구가 아니라는 것을 미국 금융당국이 일부 수

65 출처: SEC Chairman Jay Clayton, "Statement on Cryptocurrencies and Initial Coin Offerings", 2017.12.11.

용하기 시작했다는 의미이기도 하다. 비트코인처럼 제도권 밖에 있는 가치물이 변제의 최종성을 갖는다는 말은 어느 기관이 인정해 주지 않아도 그 속성을 가진다는 뜻이다. 비트코인은 복사본을 남기지 않으며 어떤 기관의 승인도 필요 없는 인류 최초의 디지털 자산이다.

클레이턴 의장이 콕 짚어낸 것처럼 비트코인의 핵심은 결제수단으로서 지니는 최종성이다. 중재자의 도움 없이 네트워크 안에서 가치물이 이전되고 확증된다는 메커니즘이 뜻하는 바를 이해하고자 하는 것이 비트코인 현상을 대하는 출발점이어야 한다. 그래야 비트코인과 스마트 콘트랙트가 몰고 올 파괴적 혁신을 조금이라도 앞당겨 내다볼 수 있다.

비트코인 개념이 어렵게 느껴졌던 이유 중 하나는 전송수단과 화폐 자체를 구분하는 오래된 사고체계 때문이다. 신용카드는 결제수단이지 달러나 원화와 같은 화폐가 아니다. 삼성페이나 애플페이도 마찬가지다. 그러나 비트코인은 전송수단의 성격도 있고 화폐의 성격도 있다. 그래서 한국 중앙은행의 한 관계자는 비트코인이 보내긴 보내는데 텅 빈 숫자를 보낸다며 자신의 무지를 자랑스럽게 떠벌리기도 했던 것이다. 양자역학의 미스터리를 편의적으로 잠시 빌려 쓰자면, 비트코인은 입자이자 파동이다. 콘텐츠이자 전송도구다. 전송의 대상이자 전송물 그 자체다. 딱 부러지는 논리만을 좋아하는 이들에게는 이 '양자역학'이 최대의 난관이자 미스터리다.

왜 비트코인은 전송수단과 전송의 목적물을 분리하지 않았을까? 금과 비교해야만 이 특성을 부여한 설계자의 의도를 제대로 알 수 있다.

금은 소유권을 이전해도 물리적 실체를 이동하는 건 따로 해야 한다. 또한, 청산을 요구할 때도 실물 금을 전달해야 한다. 이런 이유로 네트워크에서 금화를 결제수단으로 이용하려면 소유권자 대신 금을 보관하고 청구하면 내줄 기업이 필요하다. 아무리 금을 맡기고 받은 디지털코드가 금과 같은 가격에 팔리고 결제에 이용된다고 해도 이는 금에 대한 권리의 이전이지 금 자체의 이전은 아니다. 평상시에는 이 차이가 문제가 되지 않는다. 그러나 정부가 이를 차단하려고 할 때, 이 두 개념은 전혀 다른 것이 되고 만다. 이골드의 실례가 증명하듯이 정부가 금을 모아둔 금고를 압류하면 전자적 코드는 가치를 잃어버린다.

또 하나의 가능성은 이 약속을 믿을 수 없을 때다. 고객이 금의 디지털 권리를 구입하면 실제 금이 그만큼 금고에 있어야 한다. 물론 모든 고객이 동시에 금을 청구하지 않는 한 보증인은 유통되는 권리만큼 금을 보유할 필요가 없다. 따라서 회사가 보관 중인 금을 빼돌려 다른 데 사용할 수도 있으므로 금의 전자적 청구권이 금과 1대1로 교환될 거라고 확신할 수는 없다. 은행도 이와 비슷한 조작을 한다. FTX도 오랫동안 고객의 예치금을 탕진했다.

명실상부한 디지털 금이 되려면 금을 원자로 분해해서 전자적인 방법으로 보내야 한다. 그러려면 물리학자들이 꿈꾸는 순간(공간)이동 장치teleporter가 필요하다. 그러나 비트코인은 무엇에 대한 권리가 아니라 바로 그 '무엇'이다. 비트코인을 전자적으로 지구 반대편으로 보낸다는 건 금을 물리적으로 부치는 것처럼 '무엇' 그 자체를 보낸다는 의미다. 보내고 나면 이쪽 컴퓨터에 복사본이 남지 않으므로 전자 코드임에도 물질의 성격을 가지고 있다.

실제로 가치물이 전산망을 통해 이동하는 비트코인의 속성은 국제금융을 근본적으로 변화시킬 가능성이 크다. 이자율은 연준이사회가 정할까? 물론 연준은 국제금리에 어마어마한 영향을 미친다. 그러나 그것이 다는 아니다. 국제금리도 정글과 같은 생태계에 의해 형성된다. 특히 초단기 금리는 기업이나 개인이 실제로 대출받을 때 기준이 된다.

국제금융은 1일물一日物이라는 초단기 고신뢰 금융에 의해 움직인다고 해도 과언이 아니다. 페더럴펀드federal fund는 중앙은행이 상업은행에 요구하는 준비금과 이자율(준비금을 채우지 못했을 경우의 페널티)을 고려해 은행들 간에 서로 대출하고 차입하는 돈이다. 고객에게 대출을 많이 해주어 중앙은행에 맡겨야 할 돈이 부족한 은행이 자금이 남는 은행으로부터 돈을 빌린다. 신용이 좋은 은행들 간에 준비금을 채우기 위해 서로 빌려주는 돈이므로 이자율이 낮다. 이런 성격의 금융에는 여러 종류가 있다. Repo(환매조건부채권)도 그중 하나다. 우량회사가 발행한 채권 또는 국공채같이 안정성이 보장되는 장기채권을 담보로 자금을 끌어왔다가 약간의 이자를 붙여서 되사는 계약이다. 한국에서는 콜금리라고 한다. 유로달러는 유로와 상관없는 역외금융인데 정부들, 중앙은행들, 상업은행들을 고객으로 해서 운용되는 단기 자금이 주를 이룬다. 보통 리보금리LIBOR: London Interbank Offered Rate(런던 은행 간 금리)가 기준인데 영국 런던의 몇 개 은행이 매일 이자율을 발표한다.

국제금융시장의 초단기 금리인 OBFROvernight Bank Funding Rate(익일 은행 자금 조달 금리)는 페더럴펀드와 유로달러 거래 등 주로 무담보로 이루어지는 단기 자금 금리의 평균으로 계산한다. 금융 최상층의 폐쇄된 엘리트들 간의 여신이라 당연히 금리가 저렴해야 하지만 금융위기 시에는 치솟기도 한다. 왜냐하면 기본적으로 무담보라서 부도가 전염될 가능성이 없지 않기 때문이다. 그런데 비트코인은 정말 단 하루[66] 동안에도 넘겨주었다가 되받을 수 있다. 이 말은 달러를 꾸어 간 은행이 밤새 부도가 나더라도 여신의 담보로 실물 비트코인을 전달받아 놓은 상태라면 부도가 전염되는 것을 차단할 수 있다는 의미다. 이로써 모든 이자율 계산의 기초가 되는 국제금융 최고위 클럽 내부의 금리는 더욱 안정적이고 저렴해질 수 있다. 이것이 바로 비트코인 본위제가 꼭 농담만은 아닌 이유다. 비트코인의 가격과 변동이 초단기 금융의 담보가격을 결정하고, 이것이 초단기 금융의 이자율에 영향을 미치고, 단기 금융을 반복해서 굴릴 수 있는 기초 금융의 이자율을 결정하기 때문이다.

내가 가진 비트코인은 최종적인 가치물이다. 정부가 빼앗을 수도 없고 복제도 불가능하다. 개인키를 지배하는 사람만이 이 가치물을 보관하고 이전할 수 있다. 만약 비트코인의 가격이 1달러를 넘지 못했다면 비트코인은 그냥 코드에 불과했을 것이다. 다른 상품과 교환을 보장하지 못하는 쓸모없는 발명품에 그쳤을 것이다. 그러나 당신이 주목하고 합의해 주기도 전에 비트코인은 1달러를 넘어 의미 있는 가격을 갖고 말았다. 이게 어떻게 가능했느냐는 질문은 더 이상 의미가 없다. 중요한 건 가격을 갖는 무언가가 네트워크상에서 자유롭게, 그것도 빛의 속

66 초단기 금융에서 하룻밤(overnight)이라고 하는데 단 하루만 빌려주는 것은 아니다.

도로 이동한다는 사실과 그 의미를 이해하는 것이다.

감히 인류 역사상 최초라고 말할 수 있게 되었다. 비용을 들여 철갑을 두른 트럭과 안전요원들의 보호를 받으며 운반해야 하거나 제3자의 보증을 전제하지 않고도 가치물을 지구 반대편까지 빛의 속도로 보낼 수 있게 된 사건이 말이다.

개인지갑을 억제하라

비트코인은 변제의 최종성을 갖는다. 그리고 폭력이나 법에 의존하지도 않는다. 이는 금융 엘리트들이 인정하고 싶어 하지 않는 비트코인의 장점이다. 그러나 결국 주류들도 비트코인의 따라하기 어려운 장점을 인정하기 시작했다. 왜냐하면 규제를 해야 했기 때문이다.

세계 엘리트들의 모임으로 알려진 세계경제포럼WEF은 2021년 9월에 비트코인이 변제의 최종성을 가지고 있다는 사실을 강조했다. 보고서 제목도 「암호화폐 규제에 대한 탐색」[67]이었다. 이후 미국 재무부산하 금융단속기구가 비트코인 규제의 핵심으로 자기관리지갑self-hosted wallet을 거론했다. 설명할 필요도 없이 개인지갑, 즉 자기관리지갑이 바로 변제 최종성의 수단이기 때문이다.

규제당국 입장에서 보자면 비트코인 변제의 최종성은 세 가지 문제

67 「Navigating Cryptocurrency Regulation: An Industry Perspective on the Insights and Tools Needed to Shape Balanced Crypto Regulation」.

점을 유발한다. 일단 소비자 보호가 안 된다. 현찰과 동일하기 때문에 잃어버리거나 송금하고 나면 찾거나 돌려받기가 어렵다. 신용카드나 수표는 변제의 최종성이 없는 대신 사용자를 보호할 수 있다. 비트코인은 정말로 인터넷에서 현찰처럼 움직인다. 또, 국경에 구애받지 않는다. 정부가 국경 검문소에서 비트코인의 입출입을 관리할 수 없다. 만약 관리할 수 있다면 비트코인 변제의 최종성은 정부가 통제하는 국경에서 멈춘다. 또한, 기존의 금융망을 통하지 않기 때문에 금융거래의 흔적이 남지 않는다. 비트코인이 국경에 구애받지 않는 데다가 기존 금융망을 통하지 않고 전송되기 때문에 자금세탁 방지제도에 커다란 구멍이 생겼다는 것을 규제당국은 뒤늦게 알아채고 있다.

자금세탁방지국제기구FATF는 2019년 6월에 가상자산에 대해서도 자금세탁 방지 의무를 준수할 것을 회원국에 권고했다. 이 권고에 따라 우리나라는 세계 최초로 '트래블 룰'을 암호화폐 거래에 도입했다. 특금법(특정 금융거래정보의 보고 및 이용 등에 관한 법률) 시행령에 규정된 트래블 룰은 2022년 3월부터 시행됐다.

트래블 룰은 FATF 권고사항 제16조의 규정이다. 가상자산을 보내는 사람의 이름, 주민번호, 가상자산 주소 등 개인정보가 마치 여행하듯 금융사를 따라 이동한다고 해서 붙은 이름이다. 불법자금 이동 경로를 추적하기 위한 장치로 '코인 실명제'라고도 한다. 가상자산 거래소, 지갑(월렛) 제공업자 등 가상자산 사업자VASP들은 이 룰을 지켜야 한다. 이로써 한국의 거래소에서 개인지갑으로 비트코인을 비롯한 암호자산을 인출하거나 개인지갑에서 암호자산을 거래소로 바로 보내는 것이 사실상 불가능해졌다.

비트코인이 거래소나 가상사업자를 통해서만 거래될 수 있다는 전제는 잘못되었다. 비트코인은 애초에 개인 간 거래를 위해 디자인되었다. 생태계가 충분히 확장되지 않은 상태라서 원화나 달러 거래소가 중시되는 것은 사실이다. 비트코인을 원화나 달러로 사는 방법 말고는 쉽게 얻을 방법이 없기 때문이다. 그러나 비트코인이나 암호자산이 충분히 확산되고 나면 거래소를 통하지도 않고도 거래할 방법이 많아진다. 탈중앙화 거래소 DEX는 주로 암호자산 간 거래를 제공하는데, 은행망에 연결될 필요가 없으므로 서버 자체를 역외offshore에 두기도 한다. DEX에는 은행계좌의 접근을 허락받을 의도조차 없다.

개인 간 거래에서 대표적인 방식은 종이지갑이다. 비트코인 지갑(월렛)이 다 마찬가지지만 종이'지갑'이라고 해서 실제로 코인이 들어가지는 않는다. 비트코인을 이동할 수 있는 암호키를 종이에 적어 이를 개인 간 거래에 활용할 수 있다. 컴퓨터가 온라인 상태라면 얼마든지 해커의 타깃이 될 수 있기 때문에 초창기 비트코이너들은 공개주소와 암호키를 기록한 종이에 비트코인을 담아둘 것을 권장하기도 했다. 복제되지 않은 종이에 담긴 코인은 일반적인 방식으로는 해킹이 안 된다.

다만, 일반인들이 보안성 높은 종이지갑을 생성하기란 쉽지 않으므로 그다지 권장하는 보관 방법은 아니다. 그러나 트래블 룰과 같이 암호화폐 거래를 어렵게 하는 규제가 도입될수록 종이지갑이 주목받을 가능성이 커졌다.

무수히 많은 종이지갑을 생산해 저렴하게 판매하는 믿을 수 있는 인쇄업자만 있으면 된다. 종이지갑의 비밀키는 스크래치로 가려져 있으며 컬러복사 방지를 위해 양각이나 음각을 넣는다. 개인들은 종이지갑을 구입해 여기에 소량의 비트코인을 담아서 개인 간 거래에 활용할 수 있다. 구입자가 공개주소를 읽으면 종이지갑에 담긴 비트코인의 액수를 알 수 있다. 스크래치로 가렸기 때문에 판매자도 공개주소와 암호키의 짝을 알 수는 없다는 사실이 피차간에 주지의 사실이다. 마치 타짜(프로 도박꾼)들이 서로를 믿을 수 없을 때 편의점에 달려가서 화투장을 구입해 1회용으로 사용하는 것과 비슷하다. 언제 어디에 모여서 게임을 하게 될지 모르는 채, 불특정 다수를 대상으로 만들어서 저렴하게 판매하는 화투장이 특정 이해당사자들 간에는 중립적인 도구일 수 있듯이, 무수히 많은 종이지갑을 생산해서 판매한다면 그 회사는 개별 거래를 한시적으로 중재하는 데 있어서는 중립적인 심판에 가깝다.

물론 스마트폰 앱을 이용해도 얼마든지 거래할 수 있지만 종이지갑은 지폐를 닮아 직관적이며 신뢰할 수 있는 사람들의 손을 거치면서 역사성을 가진다. 신뢰할 만한 상인들 간에 배서背書(어음 뒷면에 서명을 남기는 것)를 통해 유통했던 약속 어음처럼 신뢰성을 확보할 수 있다. 이런 원시적인 방법은 인터넷환경이 여의치 않은 곳에서도 거래에 사용될 수 있다는 장점이 있다.

중요한 것은 비트코인이 적대적 환경에서 지금까지 온전하게 살아남았다는 사실을 주류들이 인식하는 것이다. 비트코인은 무너뜨릴 수도 없지만 개인 간에 일어나는 거래를 막기도 쉽지 않다. 거래소의 문턱을 높일수록 이런 비자료 거래는 더욱 활성화될 것이고 그런 쪽으로 생태계가 성장하는 것이야말로 WEF(세계경제포럼)와 FInCEN(미국 금융범죄 단속네트워크) 그리고 FATF(자금세탁방지국제기구)가 가장 원하지 않는 방향일 것이다.

THE
GREAT
BITCOIN

CH6

비트코인 채굴의 미학

32

세상을 구하는 비트코인 채굴

비트코인은 전기를 금융화한다

2021년 9월 〈뉴욕타임스〉 기사에서는 그해 비트코인 채굴에 쓰일 전기가 대략 91TWh를 넘을 것으로 내다봤다. 이는 1,900만 명의 칠레 인구가 사용하는 사용량을 넘어선 수치였다.[68] 쓸모도 없는 코드 쪼가리를 생산하기 위해 한 나라의 사용량과 맞먹는 전력을 소모하다니, 말이 되지 않는다. 게다가 비트코인 가격이 올라갈수록 전기 소모량은 더욱 더 많아질 거라고 한다. 언론이 비트코인 채굴에 대해 가지고 있는 전형적인 시각이다.

68 출처: "Bitcoin Uses More Electricity Than Many Countries. How Is That Possible?", The New York Times, 2021.9.3.

비트코인에서 가장 난해하면서도 아름다운 것이 바로 채굴이다. 그런 한편으로 채굴은 이상주의자들이 가장 혐오스러워하는 부분이며, 대중에게 반감을 일으키는 쟁점이기도 하다.

비트코인 채굴은 전기를 금융화할 수 있다. 전기를 금융화한다는 말은 남는 전기를 활용해 전기가 부족할 때를 대비할 수 있다는 뜻이다. 이는 전기에너지의 특징에서 나오는데, 발전소들은 생산한 전기를 판매하지 못하면 버리거나 아예 설비의 가동을 멈춘다. 만약에 전기를 많이 사용하는 소비자가 전기가 남을 때는 전기를 대량으로 구입하고 전기가 부족할 때는 전기를 소비하지 않을 경우, 발전소 입장에서는 이 탄력적인 소비자를 이용해서 남는 전기를 저축하는 것과 같다. 남는 전기를 돈으로 바꾸었다가 설비를 개량하거나 확충하는 데 사용할 수 있으므로, 발전산업 전체적으로 보면 이런 유연한 소비자는 전기를 저장하는 거대한 배터리와 같다. 문제는 이런 유연한 소비가 현실에서 존재하기 어려웠다는 것이다. 그러나 비트코인의 채굴은 그 속성상 유연성이 높다. 즉, 비트코인과 그 비슷한 암호화폐들이 시장에서 거래되는 한 전기 발전소 입장에서는 거대한 축전기를 확보한 셈이다.

세계적인 회계컨설팅 업체 KPMG는 비트코인이 환경문제와 사회정의에 이바지할 수 있다는 요지의 보고서를 발표했다.[69] 특히 이 보고서에서는 비트코인 채굴이 전기를 과도하게 사용하면서 이산화탄소를 배출한다는 우려는 잘못된 오해라고 일축했다. 비트코인 채굴이 사용하

---

69 출처: 「Bitcoin's role in the ESG imperative」, KPMG, 2023.7.3.

는 전기의 양은 과장되었는데 전체 전기소모량의 0.55%에 불과하고, 이는 헤어드라이어기가 사용하는 전기량에 불과할 뿐이다. 그러나 비트코인 채굴의 유연성은 재생에너지의 경영적 효율을 높인다. 특히 석유를 시추하거나 쓰레기 매립지에서 나오는 메탄을 발전에 활용할 수 있으므로, 이산화탄소보다 80배나 강력한 온실가스의 대기 배출을 최소화하면서 이를 자원화할 수 있다. 또한, 이 보고서에서는 채산성이 맞지 않아 전기를 사용할 수 없는 전 세계 7억 7,000만 인구에게 소규모 발전장비를 보급해 전기를 공급할 수 있다고 주장했다.

우리나라 환경부도 2023년 7월, 보고서를 통해 비트코인을 비롯한 암호화폐 채굴을 신재생에너지의 효율화에 사용할 수 있다는 논거를 펼치며 미국 텍사스주를 예시로 들었다.[70] 적자에 시달리면서도 신재생에너지로 전환을 시도 중인 한전과 관계 회사들이 당연히 주목해야 할 정부자료라 할 수 있다.

채굴업자들로서는 경쟁적인 환경에서 최대한 효율적으로 기계를 돌려야 한다. 그래서 버려지는 전기가 많은 재생에너지가 채굴자들을 끌어들이는 것이다. 그런 흐름은 비트코인 채굴이 악명을 떨치기 전부터 시작되었다. 디지털 자산운용사 코인셰어CoinShares는 2019년 6월, 전 세계 비트코인 채굴 현황 보고서를 통해 비트코인 채굴 중 74%가 신재생에너지를 사용하며 이 비율은 신재생에너지가 차지하는 전력생산 비율에 비해 4배나 높다고 밝혔다. 특히 당시 비트코인 채굴의 50%를 차지

---

70 출처: 『제1차 녹색융합클러스터 기본계획(2023~2027)』, 환경부, 2023.6.30.

하는 중국의 쓰촨성에서는 재생에너지 비율이 90%에 달했다. 당시에도 비트코인 채굴이 활발한 곳들은 캐나다 동부와 미국의 북동부, 노르웨이였는데 이들 지역의 재생에너지 비율은 100%에 육박한다. 연구자들은 중국의 채굴자들이 계절에 따라 이동하는 현상도 발견했다. 중국 남서부 지역에 우기가 찾아오면 수량이 풍부해져 전기요금이 저렴해지므로, 건기에 화석연료를 사용하던 신장이나 내몽골 지역으로부터 채굴자들이 유입된다는 것이다. 여기서 비트코인 채굴과 무관하지만 더 눈여겨봐야 할 것은 수량이 풍부할 때는 중국의 남서부 지역에서만 1년에 100TWh의 전력이 버려지고 있었다는 사실이다.[71]

상식과 직관으로 납득하기 어려운 이 개념은 전 세계 여기저기서 현실화되고 있다. 사람들의 무지와 무관심 그리고 오해 때문에 여전히 땅에 돈이 떨어져 있다고 볼 수 있다. 사업가들은 그렇게 열려 있는 기회를 잡으려 한다. 그래서 결국 이루어질 일들은 이루어진다.

먼저 비트코인 채굴과 관련한 기업들의 인상적인 활동을 대략적으로 살펴본 후에, 비트코인 채굴이 왜 비트코인이라는 지구적 신뢰망의 핵심이고 KPMG의 예견대로 지구를 구할 수 있는 선물인지를 논증하려 한다.

---

71 출처: 「The Bitcoin Mining Network–Trends, Composition, Average Creation Cost, Electricity Consumption & Sources」, CoinShares Research, 2019.6.

텍사스, 비트코인 채굴업자들의 헌신

미국의 텍사스는 더운 지역이다. 그렇지만 겨울에는 한파가 몰아친다. 우리나라로서는 대단치 않은 추위겠지만 더운 지역의 한파에는 사람이 죽어나간다. 전기요금이 한 달에 1,000만 원이 넘게 나오기도 한다. 다들 난방을 틀어 대니 전기가 부족할 수밖에 없어 이웃 도시에서 비싼 전기를 사와야 한다.

덴턴시는 텍사스주에 속한다. 2021년 몰아닥친 한파에 이 도시에서는 가스 파이프가 얼어붙어 발전소를 돌릴 수 없었다. 그래서 이웃 타운으로부터 2억 달러어치의 에너지를 사와야 했는데 그 덕분에 1억 4,000만 달러어치의 부채를 얻었다고 한다. 그런데 이 도시에 비트코인 채굴회사가 찾아와 흥미로운 제안을 했다. 원래 텍사스는 천연가스가 풍부한 지역이다. 발전소를 더 지어서 평소에 다른 곳보다 싸게 전기를 공급해 주면 전기가 필요한 혹한기에는 전기를 사용하지 않겠다는 것이 협상의 근간이었다. 게다가 전기료로 매년 수백만 달러씩 시에 지급하게 될 것인데 이는 재정이 파탄 직전에 몰린 덴턴시 입장에서는 거절하기 어려운 제안이었다.

처음에 이 도시의 공무원들은 실체가 없는 비트코인을 채굴하기 위해 귀중한 에너지를 소비하는 것이 말이 안 되는 데다가 환경에도 나쁘기 때문에 반대했다. 그러나 반복되는 겨울철 한파에 부족한 전기와 폭등하는 전기료, 도시의 부채를 한 방에 해결할 수 있는 방법은 채굴회사의 제안을 받아들이는 것밖에 없다는 결론에 도달했다. 그래서 결국

2021년 채굴회사의 제안은 시의회에서 거의 만장일치에 가깝게 통과되었다.

도시를 구제하는 제안을 한 회사는 코어 사이언티픽Core Scientific이다. 한때 페이스북과 경쟁하던 마이스페이스 제작자 중 한 명인 아버 휘트콤Aber Whitcomb이 2017년에 설립했다. 오스틴에 본사를 두고 있는 이 회사는 2022년 1월에 약 43억 달러 규모의 SPAC 합병을 통해 상장까지 했다.[72]

덴턴시 사례는 텍사스 전기 상황의 축소판이다. 텍사스주 전체가 비슷한 문제를 안고 있다. 텍사스는 천연가스는 물론 풍력과 태양광 에너지도 풍부한 곳이다. 텍사스의 전력 문제는 유연성 부족 때문이다. 평소에 발전설비를 쓰지 않기 때문에 발전소 운영이 어렵고 결과적으로 전기요금이 올라갈 수밖에 없다. 텍사스가 선택한 해결책은 놀랍게도 비트코인 채굴업자들과 손을 잡는 것이었다.

텍사스주 전력망을 운영하는 비영리 법인 전기신뢰성위원회ERCOT는 계절적인 전력 수요와 가격의 변동에 대응하기 위해 에너지 사용을 탄력적으로 조절할 수 있는 업체들에 보조금을 지급해, 전력 공급이 많을 때는 이를 흡수하게 하고 전력이 부족할 때는 사용을 줄이도록 유도하고 있다. 평상시에는 채굴업자들에게 싸게 전기를 공급해 주는 대신에, 한파가 몰아치거나 전기를 꼭 사용해야 할 상황이 오면 채굴업자들이 전기를 사용하지 않는 내용으로 계약하기를 권장한다. 그야말로 비트

72 출처: "This Texas Town Was Deep In Debt From A Devastating Winter Storm. Then A Crypto Miner Came Knocking", BuzzFeedNews, 2022.3.8.

코인 채굴을 거대한 축전기로 활용해 전기의 금융화를 유도하고 있다.

실제로 2022년 2월 텍사스에 한파가 몰아치자 채굴업자들이 99%의 채굴기를 꺼서 전기 부족 문제에 협력했다는 기사가 나왔다.[73] 2022년 12월에 한파가 몰아쳤을 때도 채굴업자들은 1,500MW를 시에 돌려주어 1,500만 가구가 전기를 공급받도록 했다.[74]

폭염일 때도 마찬가지다. 채굴업체 라이엇 블록체인Riot blockchain은 2023년 9월 6일 "텍사스에서 전력 수요가 급증하는 기간에 전력 사용량을 95% 이상 줄여 비트코인 채굴 수익을 포기했다"라고 밝혔다. 이런 전략으로 "지난 8월 총 3,170만 달러(약 423억 원)에 달하는 전력·수요 대응 크레딧(보조금)을 얻었다"라고 밝혔다. 라이엇은 지난 8월 자사가 비트코인 채굴시설 가동을 줄임으로써 얻은 보조금 수익이 지난해 연간 받은 보조금 총액을 초과한다고 밝혔다.[75] 물론 이런 뉴스를 전하는 기사의 어조는 여전히 매섭다. 쓸모없는 암호화폐 채굴에 사용하는 전력을 공급하고, 그 쓸데없는 짓을 멈추었다고 그것을 보상해 주는 데 세금을 사용한다며 비판한다. 그러나 이렇게 보조금을 줄 수 있을 정도로 시市로서는 채굴회사로부터 얻는 게 많았다고 추론해야 옳다.

텍사스 출신 미국 상원의원 테드 크루즈Ted Cruz는 비트코인 채굴이 텍사스가 직면한 에너지 문제를 해결할 수 있다고 발언했다. 책임 있는 정치가가 비트코인이 해롭지는 않다는 수준의 수세적 발언이 아니라 환

---

73 출처: "Bitcoin miners are helping the Texas grid brace for winter storm impact", CNBC, 2022.2.3.

74 출처: "1.5M houses could be powered by the energy Texas miners returned", Cointelegrph, 2023.1.6.

75 출처: "전기 덜 쓰니 400억 보조금? 비트코인 채굴 성지 텍사스서 '논란'", 아시아경제, 2023.9.9.

경문제의 해결책이 될 수도 있다는 공세적인 발언을 한 것이라 의미가 적지 않다.

에너지원의 지리적 편중과 저장기술의 한계 그리고 수요의 불안정성이 전기산업의 현실이다. 성수기의 피크타임과 비수기의 일상적인 수요는 두 배나 차이가 난다. 게다가 블랙아웃을 일으키지 않아야 하므로 정부는 성수기의 피크타임을 기준으로 발전설비를 최대화할 것을 요구한다. 당연히 남는 전기를 소비해 줄 유연한 수요처가 필요하다. 비트코인 채굴은 위치와 시간에 구애받지 않는다. 또, 전기를 돌린 만큼 비트코인을 배당받는다. 꼭 완제품을 만들 때까지 시간을 투입하지 않아도 된다는 뜻이다.

텍사스의 에너지 문제란 천연가스와 풍력 에너지가 풍부한데도 겨울철 한때의 추위에 대비하지 못한다는 사실이다. 전기 수요의 특성상 한편으로는 남은 전기를 버리면서도 한편으로 전기를 공급하지 못하는 일은 흔하게 발생한다. 비트코인 채굴은 텍사스의 풍부한 잉여 전기를 활용하므로 발전소 입장에서는 발전설비를 최대치에 맞추어도 흑자 경영이 가능하다. 텍사스의 사례는 전기 발전에는 특수한 경영전략이 요구되며 비트코인 채굴이 유연한 소비처로서 발전산업의 비책이라는 것을 증명하고 있다.

지역경제의 희망

2021년 초, 그렉 애벗Greg Abbott 텍사스 주지사는 비트코인과 암호화폐를 금융거래수단으로 인정하는 법안 HB4474에 서명했다. 이 법안은 개인이나 기업이 암호화폐를 사용하여 특정 거래 및 투자를 수행할 수 있는 길을 열어줄 것으로 평가받고 있다. 이는 텍사스가 풍부한 자원과 불안정한 전력공급이라는 기묘한 조합에 힘입어 암호화폐 산업의 북미 허브로서 빠르게 부상하고 있음을 의미한다.

미국 텍사스주 오스틴 동부의 밀람 카운티Milam County에는 알루미늄 제련기업인 알코아Alcoa의 공장이 있었다. 이 공장이 2008년에 문을 닫으면서 지역 경제는 침체되었다. 알코아 공장이 문을 닫자 1,700개의 일자리가 사라졌고 밀람 카운티 세수의 약 30%가 손실되었다.[76] 지역 경제가 침체하자 2017년에는 결국 록데일Rockdale의 석탄 화력발전소 루미넌트Luminant도 폐쇄되었다. 공공재정이 부족해지자 밀람 카운티는 2018년, 록데일과 카메론Cameron에 있는 병원을 폐쇄해야 했다. 그러나 원래 풍부한 천연가스로 인해 전력자원은 넘쳐나는 곳이었기에 비트코인 채굴이 산업화되어 감에 따라 밀람 카운티는 새로운 가능성을 발견하고 있으며 지역사회 전체가 활기를 되찾고 있다.

록데일에 라이엇 블록체인이 건립한 100에이커 규모의 채굴단지 윈스톤Whinstone은 루미넌트 화력발전소 부지를 활용했다. 라이엇의 윈스

76 출처: "Rockdale boom: Bitcoin mining companies move to rural Texas town", FOX7, 2021.11.4.

톤 데이터센터는 북미 최대 규모인데 윈스톤의 CEO, 차드 해리스Chad Harris는 록데일이 회사 성장을 위한 완벽한 장소이기 때문에 성장에 뒤따르는 과실을 지역사회에 다시 환원할 방법을 찾고 있다고 강조하며 다음과 같이 말했다.

"지금 우리는 채굴시설을 300MW에서 700MW로 확장하고 있다. 우리는 알코아가 실제로 문을 닫았을 때 사라진 일부 일자리를 재생산하는 데 도움이 될 만큼 빠른 속도로 성장하고 있다. 우리의 사업이 성장함에 따라 지역사회에서 사람들을 더 많이 고용하고 더 많은 세금을 납부함으로써 지역사회 전체를 지원하게 될 것이다."

특히 윈스톤은 중부 텍사스 지역의 에너지 인프라에서 중요한 역할을 할 것으로 보인다. 약 15만 가구에 전력을 충분히 공급할 수 있기 때문이다. 해리스 대표는 채굴단지가 전력수요의 범퍼로서 기능하기 때문에 결과적으로 텍사스주 전력문제를 해결하는 데 공헌한다고 주장한다.

"우리는 채굴을 위한 종합적인 인프라를 구축하는 업체다. 이는 채굴기계를 지원하기 위해 대규모 전력시설을 구축할 수 있다는 것을 의미한다. 우리는 가상 발전소 역할을 한다. 전력망이 스트레스를 받을 때 우리는 실제로 5초 이내에 전체 시설을 끌 수 있다."

밀람 카운티의 판사 스티브 영Steve Young에 의하면 밀람 카운티는 넘쳐나는 일자리를 채우기 위한 직업훈련 시설을 유치하려고 보조금을 신청한 상태다.

"우리는 이 카운티에 지역 훈련센터를 건설하는 데 필요한 보조금을 받기 위해 노력하고 있다. 트럭 운전부터 암호화폐 채굴을 위한 엔지니어링은 물론 삼성 칩 제조공장이 요구하는 기술을 훈련시켜 넘쳐나는 일자리를 채울 계획이다."[77]

채굴장 소음에도 불구하고 비트코인이 필요한 캐나다의 셔브룩

캐나다 퀘벡주 남부의 셔브룩Sherbrooke은 인근 도시들의 반채굴정책을 피해 이주해 오는 채굴회사들을 환영했다. 셔브룩도 수력발전이 풍부한 곳이다. 캐나다의 대표적인 채굴회사 비트팜Bitfarms은 2021년 9월에 셔브룩시와 매년 96MW의 전력을 공급받기로 합의했다. 환경운동가들의 반대와 채굴장 소음에 시달리는 주민들의 여론으로 미국 동부에서는 채굴기업에 대한 반감이 높아지던 때에 이루어진 합의라는 데 의미가 있다.[78]

2018년 이 회사는 셔브룩에 2억 5,000만 달러를 투자하기로 했다. 당시 이 투자로 이 지역에서만 250개의 일자리가 만들어질 것으로 예상되었다. 비트팜은 전력회사 하이드로셔브룩과 전력 비수기에 잉여 전기만 사용한다는 계약을 체결했다. 스티브 루시어Steve Lussier 시장은 채굴업자들에게 전력을 더 싸게 공급할 계획은 없다고 말했다. 언뜻 보면 강

---

77 출처: "Milam County banking on bitcoin facility to spark economic growth in the region, KBTX.com, 2021.9.17.

78 출처: "Bitfarms announces agreement with the City of Sherbrooke on plan to fully develop 96 MW of green Bitcoin mining infrastructure", GlobeNewswire, 2021.9.7.

경해 보이지만 바꿔 생각하면 이 말의 진짜 의미는 채굴업자에게 할증 요금을 부과하지 않겠다는 뜻이기도 하다.[79]

2019년 9월까지 비트팜은 8,000만 달러를 투자했다. 2022년 3월, 이 회사는 18MW 소비가 예상되는 비트코인 채굴시설을 세우기 위해 셔브룩에 토지와 건물을 추가로 매입했다고 밝혔다. 비트코인 채굴장의 수를 3개에서 4개로 늘리는 것이다. 하이드로셔브룩과 계약한 전력 96MW를 모두 활용한다. 채굴기를 식히는 데 필요한 팬fan이 밤낮없이 돌아가 주변 주민들의 민원이 많다는 보도도 있었다. 그러나 이 회사가 1년에 300만 달러를 전기료로 셔브룩에 지급하고 있기 때문에 시市로서는 반드시 필요한 파트너가 되었다.

버리지 마, 가스플레어gas flare

석유를 시추하기 전에 가스층에서 가스를 뽑아 올린다. 이 가스를 액화해서 나중에 에너지원으로 사용할 수도 있지만 고가의 설비가 필요하다. 그래서 일반적으로 유정에서는 가스를 태워버린다. 유정의 가스분출구에서 나오는 불꽃을 가스플레어라고 하며 가스플레어는 유정의 상징이다. 가스플레어의 목적은 불완전 연소를 하면서 기름 위에 있는 가스층을 뽑아내는 것이다. 가스는 주로 메탄인데 메탄은 온실효과

79 출처: "Bitfarms Establishes Several Computing Centres in Sherbrooke, Outlining a $250M Investment and 250 New Jobs", GlobeNewswire, 2018.3.8.

를 유발하는 기체다. 배출 직후에는 메탄의 온실효과 강도가 이산화탄소보다 80배나 높다. 다만 이산화탄소의 온실효과가 더 지속적이다. 과학자들은 온실가스에 의한 온실화의 25%를 메탄이 차지한다고 추론한다. 채굴업자들이 이를 수거해 발전에 사용하면 메탄 대신 이산화탄소를 배출하게 된다. 온실효과만을 따지면 환경에 도움이 된다.

미국의 두 청년이 가스플레어를 에너지원으로 사용하려 고민하다가 전기소비에서 지리에 구애받지 않는 비트코인 채굴을 생각해냈다. 텍사스에서 대학을 갓 졸업한 청년들이 채굴기를 들고 유정을 돌아다니면서, 가스를 태우는 에너지로 전기를 생산해 비트코인과 암호화폐를 채굴했다. 그래서 번 돈이 400만 달러나 된다.[80]

청년들에게 힌트를 얻었는지 몰라도 유력한 유정업체들이 가스플레어로 태워버릴 가스를 이용해 채굴기를 돌릴 계획을 발표하고 있다. 세계 4대 정유회사의 하나인 엑손모빌Exxon Mobil은 2021년 1월부터 암호화폐 채굴을 시작했다. 2022년 3월 기준으로 알래스카 외에 나이지리아와 아르헨티나, 기아나, 독일에서도 사업 확장을 검토 중이라고 발표했다.[81]

잉여 천연가스를 운송 보관하기 위해서는 별도의 파이프라인과 저장고 등 상당한 규모의 설비가 필요하므로, 다수 에너지 업자들은 잉여 천연가스를 그냥 태우거나 공기 중으로 배출하는 방법으로 소모하고

80 출처: "These 23-year-old Texans made $4 million last year mining bitcoin off flare gas from oil drilling", CNBC, 2022.2.12.

81 출처: "Exxon Weighs Taking Gas-to-Bitcoin Pilot to Four Countries", Bloomberg, 2022.3.25.

있다. 엑손모빌은 이러한 잉여 천연가스를 활용할 수 있는 여러 방안을 검토한 끝에 암호화폐 채굴지원사업을 시도했으며, 에너지 효율과 비용 면에서 상당한 성과를 얻고 있다. 세계은행World Bank도 가스플레어 절감의 해결책으로서 이러한 시험 프로젝트에 환영의 뜻을 표했다.

2021년 9월 기준으로 미국에는 4개 주에서 60여 곳의 암호화폐 채굴 사업장이 운영되고 있다. 이들 채굴 사업장이 모두 잉여 천연가스 전력을 이용할 경우 이산화탄소 배출량이 최대 63% 감소한다는 보고서도 공개됐다.[82]

소수력발전의 희망

2002년 10월 트위터에 올라온 영상 하나가 비트코이너들을 사로잡았다. 케냐 시골의 개울에 설치된 수력발전소가 열심히 발전하는 모습이었다. 소수력발전小水力發電, small hydro power이라고 하는데 이 발전소는 그리드리스Gridless라는 회사가 설치한 것이다. 이 영상이 각광받은 이유는 전기를 만들어 비트코인을 채굴하기 때문이었다. 이 수력발전소는 이동식 터빈일 뿐이다. 거대한 댐이 아니라서 주변 경관을 해치지 않으면서도 인근 마을에 저렴한 가격으로 전기를 공급할 수 있다. 사실 이 수력발전기는 비트코인을 채굴하는 덕에 운영된다. 즉, 비트코인 채굴이

82 출처: "Exxon is mining bitcoin in North Dakota as part of its plan to slash emissions", CNBC, 2022.3.26.

케냐 시골 개울가의 소수력발전소

아프리카 오지 마을에 전기를 공급하는 셈이다.

마을에서 사용하지 않는 전기는 모두 비트코인 채굴에 사용되기 때문에 마을에 전기를 공급하는 데 따른 손실을 상쇄하고도 남는다. 비트코인 채굴이 전기를 많이 쓰면서 환경에도 안 좋다는 오명을 한 번에 날려버리는 인상적인 영상이었다. 비트코인 채굴이 전 세계에서 전기로부터 소외된 7억 명 이상의 사람들에게 희망을 줄 수 있다는 주장의 근거가 되기 때문이다.

그리드리스의 목표는 비트코인 채굴이 아니다. 이 회사의 주요 목표는 작은 발전설비인 마이크로그리드microgrid를 통해 전기문명으로부터 소외된 아프리카 시골에 저렴한 에너지를 제공하는 것이다. 비트코인 채굴이 그 목표를 가능케 할 뿐이다.

피크타임에 맞추어 전기를 생산해야 하기에 평소에는 전기가 버려진다. 비트코인 채굴은 시간적인 유연성을 지녀 이 간극을 메울 수 있다. 그러나 전기는 시간적으로만 유연성이 떨어지는 것이 아니다. 전기는 공간적으로도 멀리 보낼 수 없다. 낭비가 심하고 비용이 많이 들어간다. 아프리카에서 이 문제는 치명적이다. 예를 들어 에티오피아의 르네상스 댐은 많은 잉여전력을 생산하기 때문에 지부티 같은 이웃나라에 전기를 수출해야만 한다. 그러나 에티오피아 인구의 48%만 전기문명을 누리고 있다. 전기를 수출하는 국가의 국민 중 52%가 전기로부터 소외되어 있다니, 참 이상한 현실이다.

국제에너지기구IEA에 따르면 현재 아프리카에서는 5억 명 이상의 사람들이 전기 공급을 안정적으로 받지 못하고 있다. 아프리카에서 시골 마을에 전기를 공급하는 가장 효과적인 방법은 재생가능한 에너지원으로 구동되는 마이크로그리드를 보급하는 것이다. 이는 마이크로그리드가 비트코인 채굴과 결합해야만 가능한 일이며,[83] 바로 그리드리스가 하는 일이다.

그리드리스의 창업자 에릭 허스만Erik Hersman은 케냐와 남수단에서 자랐다. 그의 부모는 허스만이 태어나기 전에 아프리카로 이주한 선교사이자 언어학자였다. 자연스럽게 허스만은 아프리카의 개발과 원조가

83 출처: "Africans Are Pioneering The Bright, Yet Complicated, Green Future Of Bitcoin Mining", Forbes, 2023.5.24.

희망과 실망의 쳇바퀴를 무한 반복하는 모습을 보면서 자랐다.

아프리카 시골에는 전력이 공급되지 않는다. 수요가 적어서 발전설비를 둘 만한 규모가 나오지 않기 때문이다. 그 해결책이 바로 마이크로그리드다. 몇백에서 몇천 가구에 전기를 공급하는 작은 발전설비인데 이를 곳곳에 설치하고 유지하는 것도 채산성이 맞지 않는다. 워낙 가난한 동네라서 전기료를 거의 받을 수 없기 때문이다. 강의 수력발전 댐과 같은 것을 통해 전기를 제공하려면 초기에 엄청난 자본 투자가 필요하고, 재정적으로 실행 가능한 상태를 유지하려면 지역사회에 공장이 들어서야만 한다. 전기를 구입해 줄 기본적인 수요가 있어야 하기 때문이다.

허스만은 비트코인 채굴을 결합하면 마이크로그리드를 아프리카 곳곳에 설치할 수 있겠다고 판단했다. 왜냐하면 비트코인 채굴은 장소에 구애받지 않고 전력과 인터넷만 되면 가능하기 때문이다. 그리드리스는 에너지 생산업체와 협력하여 농촌 지역에 마이크로그리드와 비트코인 채굴 작업장을 공동 배치한다. 지역사회에서 구매하지 않은 전기는 모두 비트코인 채굴에 사용된다.

그리드리스는 두 가지 목표를 가지고 있다. 아프리카 시골 지역까지 전기를 공급하고, 비트코인 네트워크에 더 많은 분산화를 제공하는 것이다. 회사는 아프리카 시골의 소규모 재생가능에너지 생산자와 함께 비트코인 채굴장을 설계, 구축 및 운영하려 한다. 그리드리스는 케냐와 말라위에 시설을 건설하는 데 중점을 두고 있었는데, 앞서 소개한 동영상이 공개될 무렵 새로운 자본을 확보하게 되었다. 바로 트위터 설립자로 유명한 잭 도시Jack Dorsey가 설립한 핀테크 기업 블록Block과 비트코인

벤처캐피털 회사인 스틸마크Stillmark로부터 300만 달러의 자금을 받아 채굴기를 더 많이 구입할 수 있었다고 한다.[84]

그리드리스는 케냐의 수쿠마 벤처Sukuma Ventures, 나이지리아의 트로잔 마이닝Trojan Mining, 에티오피아의 QRB 랩QRB Labs과 함께 녹색아프리카채굴연합Green Africa Mining Alliance을 결성하기도 했다. 지속 가능한 비트코인 채굴에 대한 기술과 개념을 표준화하고 업계 관계자 간의 협력을 장려하기 위해서였다. 그들은 2023년 5월, 소규모 맞춤형 그리드와 비트코인 데이터 센터를 사용하여「소외 지역의 전기 접근 격차를 줄이기 위한 아프리카의 비트코인 채굴 및 에너지를 위한 청사진」이라는 보고서를 발표했다. 보고서에는 단지 그럴듯한 구상만이 많은 것이 아니라, 이들 회사들이 아프리카 시골에서 실행하고 성공한바 있는 구체적인 사례가 담겼다.[85]

84 출처: "Gridless Is Extending Power to Rural Africa", Coindesk, 2023.4.17.
85 출처: "Africans Are Pioneering The Bright, Yet Complicated, Green Future Of Bitcoin Mining", Forbes, 2023.5.24.

33

채굴은 시스템의 강건성을 의미한다

채굴은 비트코인의 핵심이다

비트코인 채굴은 전기를 소모하는 지구적 게임이다. 게다가 비트코인 가격이 올라감에 따라 그 양은 더욱 늘어날 것이다. 이쯤 되면 비트코인은 그냥 튤립버블 정도가 아니라 반사회적인 일탈행위로 보인다. 쓸모없는 코드 쪼가리를 생산하면서 소중한 에너지를 소모하고 온실가스 배출을 극대화하기 때문이다. 그러나 비트코인의 강건성은 시스템의 강건성이라고 바꿔 말할 수 있는데 그 중심이 바로 채굴이다. 채굴이라는 디자인은 강건할 뿐 아니라 아름답기까지 하다.

암호화폐에서 채굴mining은 기록권을 둘러싼 경쟁이다. 비트코인은 은행같이 신뢰받는 중재자에게 의지하지 않는다. 그 대신 비트코인 거래는 블록이라는 기록 저장소에 포함되고 이 블록들을 연결하면서 단일한 역사를 구성한다. 한 번 역사에 기록되면 그 기록은 바뀌지 않는다. 역사 전체를 파괴하지 않고서는 개별 기록을 바꿀 수 없다. 누구나 역사를 기록할 수 있지만 정사正史로 채택되는 것은 딱 하나뿐이다. 비트코인이 14년간 쌓아온 장부는 80만여 개 블록들의 조합인데 각 블록들은 10분 내외의 거래기록들을 포함한다. 10분마다 역사를 기록하는 경쟁에서 이긴 승자에게 보상으로 새로운 코인을 부여하는데 채굴이라는 말은 채굴자 입장에서 성공보수를 얻기 위해 하는 작업이라는 데 무게를 둔 명칭이다. 시스템 전체로 보면 채굴은 여러 기록 중 하나를 선별하는 작업이다. 중앙의 권위가 없는 상태에서 수평적인 노드들 간에 우열을 가리는 일이다. 그러면서도 이 경쟁에서 이긴 노드가 시스템 전체의 이익에 반해 사익을 추구하거나 시스템 전체를 파괴하려는 의도가 없다는 것을 보장한다.

채굴은 비용이다

신뢰를 위해 비트코인의 창시자 사토시 나카모토가 제시한 기준은 비용이다. 비용을 가장 많이 투입한 컴퓨터에 역사 기록 권한을 부여한다. 비용을 많이 투입한 채굴자는 시스템이 성공했을 때 보상받을 수 있다. 비용을 많이 투입한 채굴자일수록 시스템을 파괴하려는 동기도 작아진다. 시스템이 파괴되면 자신이 투입한 비용이 연기처럼 사라지기 때문이다.

사토시 나카모토가 '비잔틴 장군 문제'를 풀어낸 열쇠가 바로 비용이다. 컴퓨터들 간의 협업을 위한 네트워크 컴퓨팅 분야에서는 오랫동안 해결되지 않는 조정문제가 하나 있었다. 이를 비잔틴 장군들의 문제Byzantine General Problem, 혹은 두 장군 문제Two Generals' Problem라고 한다.

알렉산더 대왕이 죽은 다음, 비잔틴 장군들이 각각 자기 권역을 지배하고 다른 장군들을 공격하면서 제국은 성장했던 속도만큼 빠르게 분열되었다. 비잔틴 장군들의 문제라고 하지 않고 당나라 군대 문제라고 하면 왜 그런 이름이 붙었는지 쉽게 알 수 있다.

한 성을 점령하려고 성 주변에 각자 부대를 거느린 비잔틴 장군들이 모여들었다. 비잔틴 장군들은 독자적인 성격이 강한 개개의 컴퓨터나 프로세스를 상징한다. 이들이 공격시간을 정해 함께 공격한다면 성을 쉽게 점령할 수 있다. 그러나 분열되면 성공할 수 없다. 각 부대는 전령을 통해 의사소통을 하는데 문제는 가짜 정보가 섞여 있다는 것이다. 장군 중에 한 명 이상은 공격을 무산시키기 위해 성에서 파견된 스파이인데 성을 포위한 장군 중 하나로 위장했다. 이 스파이가 공격시간을 전달받은 후 옆의 장군에게 시간을 바꿔 전달할 경우 충성스러운 장군들은 스파이로부터 받은 가짜 정보와 다른 쪽에서 전달된 진짜 정보를 모두 받고 고민에 빠진다(비잔틴 장군들은 성에 가려서 서로를 보지는 못하지만 강강술래처럼 원을 구성하고 있다). 이 경우 장군들에게 정확한 정보와 가짜 정보를 가려줄 사령관(중앙)이 없다는 게 문제다.

장군들 중에 명령권을 가진 사령관이 스파이거나 1/3 이상의 장군들이 스파이라면 공동의 목표를 달성하기 어렵다고 알려져 있다. 권위체가 없는 분산 네트워크는 조정문제를 해결하지 못한다는 의미다. 비잔틴 장군 문제는 30년 이상 해결이 어려운 난제로 남아 있었다. 그러나 사토시 나카모토가 발명한 비트코인은 비잔틴 장군들의 문제를 극복했다. 분산된 노드들이 중앙 없이도 지금까지 조화롭게 협력하는 것이 그 증거다.

사토시 나카모토가 비잔틴 장군들의 문제를 해결하기 위해 사용한 전제는 크게 두 가지다. 비용과 다수의 선의다. 채굴 경쟁에 참여한 컴퓨터들은 전기를 소모해야 한다. 시스템에 참여하는 컴퓨터들 간에 주고받는 중요한 신호는 비용을 들여 만들었다는 사실 때문에 검증해 주는 제3의 기관 없이도 그 진정성을 인정받는다.

다수의 선의majority good will란 시스템에 참여하는 다수, 즉 51%로 표현되는 과반 이상은 시스템의 붕괴를 원하지 않으며 자신의 이익을 합리적으로 추구한다는 의미다. '다수의 선의'라는 개념은 비트코인 협치의 핵심이다. 선의good will란 대단한 공익정신이 아니다. 단지 참여자들이 자신의 이익에 반하는 행동을 하지 않음을 의미한다. 비트코인을 무력화하고자 하는 몇몇 주체들은 악의적으로 행동할 수 있다. 그러나 비트코인을 지킨 결과로 얻는 총이익이 누군가 비트코인을 붕괴시켜서 얻을 수 있는 총이익을 압도하는 한 비트코인을 지키고자 하는 구성원들의 힘이 더 크다. 이 개념은 코즈의 정리와도 맥이 닿는다. 즉, 이익의 총합이 큰 쪽으로 움직이도록 작용하는 압력이 그렇지 않은 쪽으로 움직이게 하는 힘보다 훨씬 강하다.

자신의 이익을 선택하는 합리적 주체들이 다수를 이루는 사회에서는 그 이기심 때문에 타협과 이에 기초한 협치가 가능하다. '자기파괴'야말로 비트코인 시스템과 상극인 개념이고 '자기파괴는 드물다'는 믿음이 비트코인 세계를 떠받치는 가장 중요한 규칙이다. 이기심을 자극하는 것이 바로 채굴에 들어가는 전기 비용이며 그 비용은 비트코인의 시장 가격에 수렴한다.

게다가 게임은 10분마다 갱신되기 때문에 게임이론에서 말하는 반복 게임의 원리가 작동한다. 반복 게임에서는 특별한 보호 장치가 없어도 참여자들이 호혜적으로 행동할 가능성이 높다. 게임이 한 번에 끝나는 것이 아니기 때문에 다음번을 기약하고, 이번 판에서 성공하지 못했더라도 다음 판을 위해 불명예스러운 일탈을 자제한다. 비트코인 채굴은 게임의 반복이라는 조건에서 투입하는 비용에 비례해 거래의 기록권을 부여한다. 하지만 이것만으로는 비트코인 시스템의 무결성을 보증하지 못한다.

기록권을 부여받음으로써 얻게 되는 이익이 권한을 위해 투입한 비용보다 크게 높아서는 안 된다. 즉, 이익과 비용이 수렴해야 한다. 만약 투입한 비용과 이익의 차이가 크다면 그만큼의 차액을 누군가 제시하고 권한을 매수해 손쉽게 시스템을 파괴할 수 있게 된다. 만일 10분마다 채굴권을 확보해 얻는 6.25BTC를 시장에 처분해 얻는 돈이 투입한 비용보다 현격하게 높으면 거대한 자본을 가진 누군가가 비용보다 조금 더 돈을 주고 채굴권을 그러모을 수 있다. 그러면 그는 채굴 시스템을 지배하고 권한을 남용할 수 있게 된다. 거꾸로 보면 채굴자의 이익이 그가 투입한 비용에 근사하기 때문에 채굴자들은 비트코인의 투매를 자제한다. 채굴에 든 비용 이상으로 보상받으려고 하기 때문에 장기적으로 비트코인은 가격의 지지선을 얻게 된다.

그래도 비트코인 가격은 요동치는데, 정책적 불확실성의 영향이 가장 크다. 몇 년 뒤에는 비트코인에 대한 이러한 불확실성이 많이 줄어들 것으로 예측할 수 있다. 그 이후로 만약 비트코인 가격이 멋대로 바뀌지 않게 된다면 그 이유는 채굴자들이 많은 비용을 투입하기 때문이라고 추정할 수 있다.

34

비트코인 채굴에 대한 7가지 질문과 해제

1.
채굴은 신규코인을 얻기 위한 작업이다?

이 말은 반은 맞고 반은 틀린다. 채굴이라는 단어는 금광에서 금을 캐는 행위를 연상시키지만 사실 비트코인 채굴과 금 채굴은 닮은 점이 별로 없다. 비트코인 채굴은 공증행위notary다. 채굴자들은 공증과정에 참여하는 것이고 채굴에 성공하지 못했다 하더라도 집단적으로 공증에 참여하여 진위를 판명하는 투표를 함으로써 시스템의 강건성에 보탬이 되고 있다. 설계자는 채굴자들을 유인하는 보상체계도 만들어 넣었다. 비싼 전기와 컴퓨터 자원을 투입해서 시스템을 보호하는 일에 참여토록 하기 위해서다. 10분마다 새로 만들어진 코인을 기록에 성공한 컴퓨터에 보상한다. 비트코인의 채굴 보상은 금과 다르다. 금 산출량은 채굴작업이 늘어나면 따라서 늘어나지만 비트코인은 산출량이 정해져 있다.

채굴자들이 신규 코인을 얻으려는 이기적인 동기로 참여하는 것은 맞지만, 그런 참여자들이 많을수록 비트코인 시스템은 강건해지기 때문에 이들은 시스템의 공적인 업무를 수행하는 셈이다. 채굴자의 컴퓨터는 무작위 숫자를 넣는 방식으로 게임이 요구하는 값을 우연히 찾는다. 초당 넣는 무작위 수의 개수를 '해시레이트'라고 한다. 이 게임이 무한 반복되기 때문에 해시레이트에 비례해 코인을 획득할 수 있다. 해시레이트는 컴퓨터의 성능과 전기 파워에 의해 결정된다. 즉, 비트코인 채굴은 전기를 투입하는 '산업'이다.

채굴은 컴퓨터에 일을 시켜 새로운 비트코인을 얻기 위한 작업이면서 시스템적으로는 금고의 외벽을 두껍게 만들어 금고를 깨고 내용물을 탈취하지 못하도록 하는 방어장치다. 전기 소모에 의한 작업증명PoW 방식의 독특한 점은 금고 내용물의 가치에 비례해 금고의 외벽이 두꺼워지거나 얇아진다는 점이다. 만약 내용물의 가치가 작다면 별로 힘들이지 않고 금고를 파괴할 수 있다. 하지만 만약 내용물의 가치가 비트코인처럼 올라간다면 지구상에 존재하는 압착기로는 금고를 파괴할 수 없다.

이 게임의 요지는 내용물의 가치만큼 비용을 들여야 금고를 파괴할 수 있는 데다 설사 금고를 파괴하고 내용물을 탈취한다 해도 그렇게 획득한 내용물은 가치가 폭락할 것이기 때문에 금고를 파괴할 경제적 동기가 없다는 것이다.

2.
가격이 떨어지면 채굴자의 이익이 줄어 시스템이 허약해진다?

이 말은 부정확한 지식에 기초하고 있다. 채굴은 교과서에 나오는 완전경쟁시장 모형에 가깝다. 비트코인 가격이 떨어지면 남들보다 비싼 전기를 사용하는 채굴자는 버티지 못한다. 즉, 가격이 내려가면 시스템을 지탱하는 채굴파워도 줄어든다. 그러나 살아남은 채굴자들의 수익은 보전된다. 따라서 채굴을 위해 투입하는 한계비용과 비트코인의 시장 가격은 수렴한다. 한계비용이란 경제학에서 가장 중요한 개념 중 하나인데 어떤 생산물을 만들 때 마지막 한 단위에 투입되는 비용이다. 이익을 극대화하려는 생산자는 물건의 가격과 한계비용이 만나는 지점에서 생산을 멈춘다. 이를 비트코인 채굴에 적용할 수 있다.

비트코인의 시장가격이 채굴에 들어가는 전기료보다 높으면 업자들은 채굴기를 더 틀어 놓는 것만으로도 위험 없이 손쉽게 이익을 취할 수 있다. 만약 전기료가 이익보다 커진다면 어떨까? 채굴업자들은 전기 스위치를 끄고 손실을 줄이려고 할 것이다. 경쟁은 완화되고 결국 투입비용과 채굴 보상이 같아지는 지점에서 균형을 이루게 된다. 이 지점을 경제학에서는 한계비용과 한계수익의 수렴점, 즉 균형이라고 한다.

경제학에서의 균형은 역동적이다. 중력처럼 끌어당기는 힘이지 정체상태로 간주해서는 안 된다. 인류는 중력을 거슬러 산에 오르고 비행기를 띄운다. 하지만 그런 현상이 중력의 존재를 반박하지 못하듯이 채굴기를 돌려 이익을 취하는 업자들의 존재가 채굴비용과 코인 가격의 수렴이라는 균형이론을 반박하지는 못한다. 회의론자들은 비트코인 가격이 떨어져서 채굴자가 줄고, 살아남은 채굴자들이 공포에 빠져 코인을 시장에 던지고, 그래서 가격이 더 내려가 더 많은 채굴자가 채굴을 포기하고, 연쇄적으로 시스템이 허약해진 끝에 결과적으로 가격이 폭락하는 악순환을 예상한다. 나심 탈레브가 비트코인 가격이 결국 0으로 수렴한다고 주장하는 이유도 채굴과 가격의 부정적 순환 관계에 대한 통찰에서 나온 논리적 결론이라 할 수 있다.

이러한 악순환은 이론적으로는 가능하지만 현실에서 일어날 확률은 희박하다. 다른 자산과 마찬가지로 가격이 낮아지면 투자가 증가하는 식으로 반대 방향으로 움직이려는 힘도 있기 때문이다.

채굴은 이미 하나의 산업이다. 채굴전용 기계가 생산되고 있으며 전문적인 엔지니어를 고용한다. 채굴업자는 전기료가 가장 싸고 냉방비가 가장 저렴한 곳을 찾아 채굴파워를 집중함으로써 규모의 경제성을 확보한다. 채굴자들은 하루나 이틀만 보지 않고 장기적인 전망 속에서 신중하게 행동한다. 설비가 비싸고 육중하기 때문에 가격이 떨어진다고 해서 다음 날 바로 설비를 비롯한 자산을 시장에 던지고 사업을 정리할 수 있는 것이 아니다. 스위치를 끄는 식으로 단기적으로는 변동비에 대해서만 대응한다. 또, 가격이 오른다고 해서 마구잡이로 설비를 늘리지도 못한다. 진입장벽이 있기 때문이다. 결과적으로 전 세계의 채굴파워 공급은 단기적으로는 어느 정도 안정적이다. 그렇다면 전 세계 채굴의 50% 이상을 차지하는 중국이 채굴을 금지하면 비트코인 채굴이 붕괴될까? 일단 중국 정부가 채굴을 금지하려 해도 채굴업자를 일일이 다 찾아내기가 어렵다. 즉, 중국 정부의 의지와 무관하게 중국 내에도 비산업적이거나 영세한 외로운 늑대들의 채굴은 잔존할 것이다.

실제로 중국 정부는 2021년 채굴을 금지하고 채굴업자를 발본색원拔本塞源하려 했다. 덕분에 비트코인 글로벌 채굴파워가 30~40%나 줄었고, 중국의 비트코인 채굴은 거의 전멸하다시피 했다. 그러나 중국의 채굴비중은 몇 개월 지나지 않아서 상당히 회복되었다. 전면 금지 이후, 1년이 미처 되기도 전에 중국의 채굴비중이 20% 정도까지 다시 올라왔다고 보고되기도 했다.[86]

많은 회의론자들과 주류미디어는 중국이 칼을 뽑아 들었기 때문에 비트코인이 하락추세로 접어들었다고 전망했다. 실제로 중국 정부의 발표는 비트코인과 암호화폐 가격에 찬물을 끼얹었다. 하지만 장기적으로 중국의 채굴금지는 오히려 채굴산업을 좀 더 합리화하는 방향으로 이끌 것이다. 왜 그럴까?

중국의 전기료는 시장자율보다는 정책적으로 책정되는 경우가 많고 관리가 부실해 전기 절도도 흔하다. 즉, 중국의 전기료는 수요공급의 법칙을 따르지 않는데 이는 비트코인 가격을 왜곡하는 한 가지 원인이다. 중국의 채굴비중이 높을수록 암호화폐 가격의 불확실성이 높아지고 가격은 저평가되는 경향이 생긴다.

중국 채굴업자들이 부당한 가격으로 전기를 싸게 사용하거나 아예

---

86 출처: "Bitcoin Mining Appears to Have Survived Ban in China", Coindesk, 2022.5.17.

전기를 절도해 비트코인을 채굴해 왔다면, 다른 나라의 채굴업자들보다 싼값에 비트코인을 처분해도 큰 이익을 남길 수 있다. 이 때문에 비트코인 가격은 중국 도둑 채굴자의 비용에 수렴해 간다. 중국이라는 거대한 규모 때문에 시장이 중국화되어 버리고 마는 것이다. 결국 비정상적인 채굴자들이 정상적으로 비용을 지불하는 산업화된 채굴자를 몰아내는 셈이다.

쉽지는 않겠지만 정말로 중국이 도둑 채굴이나 할인된 전기를 남용하는 불법적인 채굴업을 효과적으로 금지한다면 비트코인 가격은 장기적으로 더 오를 가능성이 크다. 채굴산업의 정상화가 촉진되기 때문이다.

3.
채굴은 전기를 막대하게 사용하기 때문에 각국 정부의 탄압을 받을 것이다?

이는 정반대에 가깝다. 채굴은 전력산업의 효율화에 적지 않게 도움이 된다. 이미 전력회사들은 채굴업자들을 유치하기 위해 움직이기 시작했다.

중국은 2021년 채굴업자들을 강하게 탄압하고 국경 밖으로 내몰았다. 그런데 몇 달 지나지 않아 중국은 극심한 전력난에 시달렸다. 중요한 도시들에서 블랙아웃이 일어나 공장 가동이 중단되었고 가정용은 물론 사무실 전기도 끊겼다. 채굴업자를 내몰았기 때문에 그런 일이 발생한 건 아니었겠지만, 그럼에도 불구하고 전력난에 빠졌다는 사실은 매우 교훈적이다.

중국에서 내쫓긴 채굴업자들은 카자흐스탄과 미국의 텍사스로 몰려갔다. 그런데 전기를 잡아먹는 채굴업자를 유치한 카자흐스탄과 미국의 텍사스에서는 채굴업자들 때문에 전력난이 심화되었다는 뉴스가 없다. 심지어 텍사스에서는 겨울 한파 때마다 생기는 전기부족과 전기료의 폭발적인 인상이 채굴업자들과의 협력으로 완화되고 있다는 뉴스가 나오고 있다.

전기산업과 비트코인 채굴은 매우 독특한 특성을 갖는데 이 둘은 소위 말해서 궁합이 잘 맞는다. 전기산업은 수요반응demand response에 어려움을 겪는 산업이라 경영효율성이 낮다. 반면 비트코인 채굴은 매우 유연한 전력 소비자이기 때문에 전기산업의 경영효율성을 높여주고 결과적으로 전기산업이 좀 더 친환경적으로 이동할 수 있도록 돕는다.

전기산업에 대한 이해가 부족하면 테슬라의 전기차보다는 현대의 수소차가 더 환경친화적이라는 말에 수긍하게 된다. 전기차도 결국은 화석연료를 태우는 발전소의 전기를 필요로 하기 때문이다. 반면 수소차는 화석연료에 의지하지 않는다. 또, 수소는 우주에서 가장 흔한 원소다. 그러나 테슬라는 질주하는 반면에 현대의 수소차는 전망이 그리 밝지 않다.

전기는 장치산업이다. 화력발전소라고 해도 변동비보다는 고정비의 비중이 더 크다. 수력과 원자력은 말할 것도 없다. 평균적인 수요에 대비해서 설비를 갖추는 대신 최대수요에 대응해야 한다. 이를 수요반응이라고 한다. 최대 수요에 반응하기 위해 마련한 비싼 설비를 평소에는 가동하지 못하기 때문에 경영 차원에서는 귀중한 설비의 기회를 버리는 셈이다. 이는 전기를 버리는 것과 같다. 엔지니어들은 발전소가 전기를 버리는 대신 생산을 멈춘다고 주장하지만 발전소를 운영하는 입장에서는 마찬가지다. 석유나 석탄을 태우는 화력발전소도 처음에 보일러를 데우는 데 들어가는 막대한 에너지 때문에 전기 수요가 없는 시간대에도 보일러를 계속 돌리는 게 합리적일 때가 많다. 전기 소비량에 따라 생산량을 조절할 수는 있지만 전기를 생산하지 않을 때도 막대한 비용을 부담해야 한다.

멀리서 사례를 찾을 필요가 없다. 제주시는 과감하게 풍력발전을 촉진했으면서도 불안전한 풍력발전의 한계로 인해 기초전력으로 사용할 수 없다는 이유로 1년에 100차례나 출력제어 조치를 취하고 있다. 발전량이 수용 한계를 초과하는 경우 균형을 맞추기 위해 발전을 강제로 제한한다. 태양광 발전의 출력제어 횟수는 2023년 8월 기준 132회로 전년의 28회보다 4배 이상 증가했다. 제주는 출력제어가 필요하면 풍력발전을 먼저 제어한다. 그 횟수는 2017년 14회에서 2018년 15회, 2019년 46회, 2020년 77회, 2022년에는 104회로 점점 증가하고 있다. 이처럼 재생에너지 출력제어 횟수가 늘어나는 이유는 잉여 전력을 수용할 인프라가 부족하기 때문이다.[87]

---

87 출처: "제주 재생에너지 출력제어 '심화'", 뉴스핌, 2023.8.29.

출력제어는 아까운 발전설비와 자본을 낭비하는 것이기도 하고, 관련 민간업자들의 투자 의욕을 감퇴시킨다. 재생에너지 발전에 비트코인 채굴을 과감하게 접목하면 업자들은 남는 전기로 수익을 얻을 수 있으므로 터빈을 멈추는 조치를 취하지 않아도 된다. 제주도의 풍력발전처럼 낭비되는 전기를 전국에서 수익으로 연결할 수 있다면 전기료 인상을 억제하면서 전력산업의 효율을 높일 수 있다.

전기산업은 비용 효율성이 낮다. 특히 환경에 부담을 덜 주는 재생에너지일수록 효율이 낮다. 계절이나 시간대에 따라 수요가 일정하지 않고 전기를 오래 보관하거나 멀리 보내는 기술이 부족하기 때문이다.

이런 사정을 고려하면 비트코인 채굴은 궁극적으로 수력· 지력·풍력 발전소의 경영을 합리화하는 수단이 될 것이다. 발전소는 비수기에 낭비되는 전기를 이용해 비트코인을 채굴하고 성수기에는 채굴하지 않을 수 있다. 버리는 전기로 비트코인을 생산해 얻은 수익이 전기료 인상요인을 제거하기 때문에 결과적으로 전기 소비자들에게도 이익으로 돌아온다. 그렇다면 채굴의 실제 모습은 어떨까?

지방정부들은 피크타임을 기준으로 전력공급능력을 확보하고자 한다. 블랙아웃을 피하기 위해서다. 이 때문에 피크타임이 아닐 때 전기 수요는 생산설비에 미치지 못한다. 피크타임은 계절적인 요인도 있어서 1년에 며칠 동안의 피크시즌, 그중에서도 피크타임을 기준으로 설비를 마련해야 하는데 이 말은 평상시에는 절반 가까운 설비가 가동되지 못한다는 뜻이다. 전기가격만 유연하다면 전기차의 주인들은 피크타임을 피해 충전하려 할 것이다. 낭비되는 발전설비를 전기차가 활용하기 때문에 추가 부담 없이 총행복을 끌어올릴 수 있다. 따라서 물리학적으로는 아닌 듯이 보여도 경제적으로 보면 전기차는 친환경차가 맞다.

마찬가지로 기업형 채굴업자는 1년 중 피크시즌과 하루 중 피크타임에는 전기를 사용하지 못하는 식으로 계약할 수 있다. 기업형 채굴업은 전기 사용량이 엄청나기 때문에 발전소가 어렵지 않게 현황을 파악해 감독할 수도 있다. 피크타임 전기료를 할증하지 못하는 경색된 가격정책으로 인해 영세한 개인 채굴업자가 피크시즌의 피크타임에도 전기를 사용하곤 하겠지만, 기업형 채굴을 양성화하면 얼마든지 피할 수 있는 문제다. 아예 발전소가 채굴장을 운영하면 특약에 매이지 않고 전기 소비량에 따라 채굴량을 조절하면서 발전소의 경영성과를 향상시킬 수도 있다.

피크시즌일 때는 채굴업자들이 전기를 사용하지 못하니 비트코인 시스템이 허약해질까? 전 지구적으로 보면 피크시즌도 다르고 시간대에 따라 피크타임도 달라진다. 보통 산업수요와 가정수요가 겹치는 늦은 오후부터 초저녁이 피크타임이다. 비트코인은 전 지구적으로 단일 시스템이다. 어느 지역의 전기료가 비싼 시즌에는 다른 지역의 전기로 채굴한다. 물론 다른 지역의 채굴업자는 발전소 옆에서 채굴하고 있을 것이다. 전기를 소비지까지 끌어올 필요가 없다는 것이 비트코인 채굴 산업의 또 다른 장점이기도 하다. 따라서 지구 어디서나 24시간 채굴기가 돌아간다. 이렇게 비트코인 시스템은 때와 장소를 바꾸어 가면서 싼 전기를 찾아내 채굴기를 돌리므로 발전소와 협력하기 위해서 특정 지역의 채굴업자가 채굴을 멈추는 것은 전체 비트코인 시스템의 강건성에 거의 영향을 주지 않는다.

4.
51% 공격이 가능하다?

비트코인을 조금 이해하는 이들은 51% 공격을 입에 달고 다닌다. 다수결을 연상시키며 자신들에게 친숙한 그 개념으로 많은 게 결정된다고 이해해 버린다. 즉, 채굴파워의 51%를 지배하는 자가 시스템을 마음대로 좌우할 수 있다는 식이다. 사토시 나카모토가 제자들을 직접 가르치던 시절 본인 스스로 이런 말을 한 것은 51% 공격으로는 공격자가 이익을 취할 수 없으므로 합리적인 상황에서는 시스템 공격이 일어나지 않는다는 걸 설명하고 싶었기 때문이다. 사토시 나카모토는 이 사안을 기술적인 관점보다는 경제적인 원리로 설명하고자 했다.

비트코인은 진위여부를 가리는 과정에 집단적으로 참여하는 시스템이다. 따라서 다수를 점유하면 시스템의 심판자가 될 수 있다. 그런데 채굴은 열린 시스템이다. 자유로운 입출이 가능하다는 의미다. 누군가 51%를 확보한 상태에서 다른 채굴자들의 진입을 막고 자신의 지위를 지속적으로 유지하기란 생각보다 어렵다.

사토시 나카모토는 51% 파워를 가진 채굴자가 이익을 얻기 위해 어떤 일을 해야 할지를 상상해 보라고 요구한다. 이 채굴자는 화랑에 가서 어마어마하게 비싼 그림을 사고 비트코인으로 값을 지급할 수 있다. 화랑 주인은 비트코인이라면 믿을 수 있다고 여기고 자신의 지갑에 비트코인이 지불된 것을 확인한다. 10분 정도 구입자와 함께 차를 마시면서 1컨펌(승인)을 기다릴 수도 있지만 구입자가 바쁘다고 하니 그냥 보내준다. 구입자는 그림을 트럭에 싣고 화랑을 떠난 후 방금 전 거래를 취소하라고 채굴장의 엔지니어에게 전화한다. 엔지니어는 채굴파워를 이용해 이 거래를 되돌리는 거래를 만들어 넣은 블록을 승인한다. 거래를 되돌린다기보다는 원래 지갑의 비트코인을 자신의 다른 지갑으로 이동시키는 거래를 만들어 이 블록을 정상처럼 승인한다. 즉, 이중지불을 한 셈이다. 화랑주인은 자신의 지갑에 들어온 비트코인이 한 시간이 지나도 승인되지 않는 걸 알게 된다. 컨펌이란 결국 해당 거래가 포함된 블록이 채굴되었다는 것이기도 한데 51% 공격자의 농간으로 그 블록 대신 다른 블록이 채굴되었고 그 뒤로 긴 블록의 사슬이 연결되어 버렸기 때문이다. 컨펌이 안 되니 다른 곳에 보낼 수도 없다. 이 화랑 주인은 값비싼 그림을 빼앗기고 경찰에 신고하지만 구입자에 대해 아무것도 모르므로 자신의 경솔함을 후회해봐야 이미 때는 늦는다.

그러나 이런 일은 일어나기 어렵다. 왜냐하면 그림 같은 고가의 물건을 팔면서 한 시간 정도를 기다리지 못해, 비트코인이 승인도 안 난 상태에서 그림을 들려 내보내지는 않을 것이기 때문이다. 실제로 모든 결제에는 위험이 따른다. 신용카드는 한 달에 한 번 컨펌이 나며 종이돈은 위조지폐일 수 있다. 사람들은 구입하는 물건에 걸맞게 위험과 이익을 따져 행동한다. 값비싼 물건일수록 양도와 결제가 복잡하고 시간이 지연되기 마련이다.

누군가 비트코인 시스템 전체를 지배한다고 하더라도 자신의 지갑에 들어 있는 돈을 여러 번 지불할 수 있거나 남들의 정상적인 거래의 승인을 거부할 수 있을 뿐이다. 남들의 지갑에 손을 대지는 못하며 과거의 정상적인 블록을 취소하는 데도 한계가 있다. 대략 6블록 이전의 기록까지 변경하는 건 불가능하다고 알려져 있다. 블록 간 경과 시간의 평균값이 10분이므로 대략 한 시간만 기다리면 거래의 취소가 불가능하다. 무엇보다 사토시 나카모토가 강조하고자 한 부분은 이렇다.

거래를 조작하려면 막강한 채굴파워를 보유해야 하고 그 채굴자는 비트코인을 많이 생산할 수밖에 없다. 거래를 조작하면 비트코인 가격이 곤두박질칠 테니 바로 공격자 자신이 가장 크게 손해를 입는다. 즉, 51% 공격은 허점인 듯 보이지만 시스템이 성숙한 뒤로는 허점이 아니므로 시스템은 강건하다. 시스템만 알고 경제학은 모르는 이들에게나 허점으로 보인다.

51%를 장악하더라도 몇 탕의 사기밖에는 못 친다. 그렇다면 어마어마한 고가의 자산을 거래해야 하는데 그런 자산일수록 거래과정이 복잡하다. 불량자산인지를 확인하고 등기 이전 여부와 선적이 확인된 뒤에 결제가 마무리된다. 그리고 대체로 홍정 기간이 길고 그 과정에서 상대에게 신뢰감을 주어야 하기 때문에 신분이 노출된다. 위의 화랑에서의 사기와 같이 고가이면서도 거래 당사자들 간에 신원 확인도 없이 신속하게 이루어지고, 현장으로부터 빠르게 이탈한 뒤에 물건을 숨길 수 있는 거래가 현실에서 일어나긴 어렵다. 암흑가의 거래를 떠올릴 수는 있겠지만 암흑가일수록 일반적인 수준보다 훨씬 더 강력한 신뢰망에

의지한다. 한 다리만 건너면 서로 다 아는 세계가 바로 그곳이다.

사실 이런 오해는 현실의 모든 결제가 어느 정도는 위험부담을 지고 이루어진다는 단순한 사실을 망각하는 데서 나온다. 신용카드는 한 달에 한 번만 승인이 이루어지는 결제수단이지만 아무도 느리다고 말하지 않는다. 그러나 신용카드로 아파트를 구입하진 않는다. 아파트 등기를 이전해 줄 만큼 믿을 만하지는 않기 때문이다. 또, 아파트를 현찰로 구입하는 사람도 드물다. 위조지폐일 가능성도 있기 때문이다. 슈퍼나 백화점에서 현금이나 신용카드로 바로 결제가 이루어지는 것은 의심해서 얻을 이익이 의심을 완전히 해소하기 위해 투입해야 할 비용에 비해 별로 크지 않기 때문이다. 그럼에도 실제로 지폐나 신용카드를 슈퍼마켓이나 호텔에서 사용하지 않는 나라도 많다.

아프리카의 나이지리아에서는 특급호텔에서도 신용카드를 받지 않고, 자국화폐 대신 달러를 받아 상주하는 위폐 감별사를 통해 진위를 확인한다.[88] 결제의 속도는 편의성과 신뢰의 수준에 따라 상대적이라는 당연한 사실을 망각해서는 안 된다.

---

88 출처: 로버트 게스트, 《아프리카, 무지개와 뱀파이어의 땅》, 2009.

5.
몇 개의 채굴풀이 50% 이상의 채굴파워를 독점하고 있다?

스스로 사토시 나카모토라고 주장하는 크레이그 라이트는 정부가 채굴자들을 압류해 비트코인 시스템을 파괴할 수 있다고 말했다. 당시 4개의 거대한 채굴풀이 전체 채굴파워의 65% 이상을 차지했는데 정부가 이 거대한 채굴풀에 대해 강제력을 행사하면 가능하다는 내용이었다.

51% 공격은 경제적인 이익을 위해서는 일어나지 않는다. 그러나 만약 정부가 비트코인의 신뢰를 허물기 위해 시도한다면 가능할 수도 있다. 정부가 막대한 비용을 투입해서라도 비트코인에 결정적 한 방을 날려야 할 필요가 있다면 말이다. 각국 정부로서는 크레이그 라이트가 제시한 방법을 시도해 볼 만하다. 51% 이상을 점유하는 몇몇 채굴업자만 협박하면 된다니 말이다.

이는 채굴의 기본 구조를 이해하지 못하는 데서 나온 발상이다. 미디어는 대규모 채굴설비를 갖춘 거대한 채굴장의 사진을 보여줌으로써, 이런 몇몇 회사가 채굴파워를 점유한다는 인상을 대중에게 심어준다. 실상은 전혀 다르다. 채굴업은 채굴풀이라는 간접선거방식을 채택하고 있다. 채굴업자들은 독자적으로 채굴하기보다는 자신의 채굴기가 생산하는 해시값을 유력한 채굴풀에 보낸다. 채굴풀들은 이렇게 모이는 해시값들 중에서 어떤 값이 채굴에 성공할지 미리 알지는 못한다. 다만, 더 많은 해시값이 모일수록 채굴성공률이 높아진다. 채굴에 성공한 채굴풀은 획득한 코인을 배분한다. 코인을 누적한 채굴풀은 해시값에 비례해 각 채굴업자에게 코인을 배분한다. 채굴업자는 자신의 채굴기가 해시값을 찾지 못해도 보상을 받는다. 기준값만 넘긴 해시값을 보내면 된다. 채굴업자들 각각의 성과는 문제의 해시값을 찾느냐 못 찾느냐의 게임이 아니라, 얼마나 많은 난수를 정해진 시간 내에 채굴풀에 보내느냐에 따라 달라진다. 과점상태인 건 거대한 채굴풀들이지 채굴업자들이 아니다. 언론 사진에 등장하는 거대한 공장 같은 그런 채굴장들 수십 개가 가상의 채굴장에 모여서 하나의 채굴풀을 이룬다.

업계가 이런 모양을 띠는 이유는 비트코인 채굴이 어마어마하게 많은 파워를 요구하기 때문이다. 웬만한 설비를 가진 채굴업자도 정답을 맞힐 때만 보상받는다면 1년에 몇 번이나 돈이 들어올지 가늠하기 어렵다. 2, 3년의 장기간을 놓고 보면 직접 채굴하는 것이나 채굴풀을 통한 간접방식이나 보상액이 비슷할 수도 있다. 간접방식이 월마다 일정하게 1억 원이 들어오는 방식이라면 독자노선은 2년에 한 번 24억 원이 들어오는 방식이라 할 수 있다. 여러 가지 이유 때문에 채굴업자들은 독자노선을 포기하고 월정액을 선택한다. 이들은 가끔씩 일어나는 횡재보다는 안정적인 수입을 선호한다. 인건비와 설비비 그리고 전기료가 고정적으로 나가기 때문이다.

라이트는 채굴풀들을 과점업체로 간주했다. 채굴풀의 핵심에 운영회사가 있긴 하지만 정부가 회사를 협박하거나 동결해도 채굴업자들은 전 세계에 흩어져 있기 때문에 채굴풀이 탄압을 받으면 독자노선을 추구하거나 다른 채굴풀로 모여든다. 따라서 채굴풀이 채굴업자들에 대한 지배권을 가지고 있다는 발상은 틀렸다. 그들만의 전용 케이블이 깔려 있지도 않고 국적이나 물리적 거리도 문제가 안 된다. 채굴업자가 해시값을 보내는 IP 주소를 바꾸고 비트코인을 보상으로 받을 주소를 새로운 채굴풀에 등록하면 채굴풀 이사가 끝난다. 작업이라고 할 것도 없지만 길게 잡아봐야 한 시간도 걸리지 않는 일이다. 정부가 독점 채굴업체인 줄 알고 채굴풀의 자산을 동결하고 나면 한 시간이 안 되어 그 채굴풀의 실체가 없어진다. 채굴자들이 다른 채굴풀로 이사 갔기 때문이다.

이런 이유로 과거 중국의 채굴비중도 과장되었다. 언론들은 중국의 비트코인 채굴비중이 70%에 이른다고 주장했었다. 하지만 비트코인 채굴의 국가비중 같은 통계는 정확하지 않다. 채굴풀에 보내지는 IP를 통해 대략 파악할 수 있지만 일부러 다른 나라를 경유하는 식으로 위장하기도 해서 정확한 측정은 어렵다. 이 당시 언론에서 말한 70%가 넘는다는 중국의 채굴비중은 중국에 근거지를 둔 채굴풀들의 채굴 성공비중을 더한 값이다. 중국에서 시작된 채굴풀들이 일찌감치 과점에 진입했기에 캐나다의 채굴업자도 중국의 채굴풀에 해시값을 보내고 사실상 월정액으로 보상받는 경우를 고려하지 못한 셈법이다.

비트코인과 관련한 모든 활동은 국경이라는 개념과 잘 맞아떨어지지 않는데, 이 때문에 전통적인 국경개념에 익숙한 사람들은 쉽게 오해하곤 한다.

6.
양자컴퓨터가 나오면 비밀키를 풀거나 채굴을 독점해서 비트코인 시스템이 붕괴할 것이다?

오늘날 양자컴퓨터는 선진국들의 미래산업 중 하나로 꼽힌다. 2019년, 구글이 양자컴퓨터를 상용화하기 직전이라는 뉴스가 터져 나왔다. 이 때문에 가격이 폭락할 거라는 예상을 깨고 비트코인은 별로 영향을 받지 않았다.

2011년 5월, 캐나다의 양자컴퓨터 벤처기업 디웨이브 시스템D-Wave Systems에서 128큐비트 프로세스가 장착된 양자컴퓨터를 세계 최초로 상용화한 이후 구글과 IBM, 마이크로소프트가 양자컴퓨터 상용화 개발에 뛰어들었다. D-Wave의 가격 대비 성능은 초전도상태에서 양자를 안정적으로 관리하기 어려워 기대에 미치지 못한다는 평가를 받았지만, 빠르면 2020년이 되기 전 양자컴퓨터가 상용화될 수 있다는 전망이 나오기도 했다.

양자컴퓨터는 양자의 중첩현상을 활용하여 큐비트라는 단위로 연산을 한다. 0과 1 사이에는 무한한 점이 존재한다. 인수를 하나씩 넣어서 계산하는 병렬컴퓨터와 달리 패턴분석을 통한 계산이 가능하므로 양자컴퓨터는 현재의 암호체계를 무력화할 것으로 예상된다. 국방, 행정, 금융 등에서 사용하는 대부분의 보안 시스템 알고리즘은 소인수분해를 사용하는데 양자컴퓨터가 소인수분해 계산에 탁월하기 때문이다. 그렇다고 양자컴퓨터가 모든 암호를 푸는 것은 아니다. 격자 기반lattice based

암호는 양자컴퓨터 시대 이후에 살아남을 가장 유력한 암호체계로 꼽힌다. 양자컴퓨터에 대항하는 블록체인을 내건 암호화폐들도 이미 나온 상태다.

이런 양자컴퓨터가 비트코인의 암호체계를 망가뜨릴 것이며, 양자컴퓨터를 보유한 집단이 채굴에서 독점적 우위를 점유함으로써 비트코인 생태계를 붕괴시킨다는 묵시록이 있다. 이 묵시록도 비트코인의 진정한 힘을 이해하지 못하는 데서 출발한 대표적인 오해 중 하나다.

양자컴퓨터 상용화와 관련한 뉴스가 나올 때마다 주요 미디어는 비트코인 묵시록을 퍼뜨려 장기투자자들을 불안하게 만든다. 그러나 이 주장을 처음 제기한 이는 이더리움의 창시자 비탈릭 부테린이다. 그는 2013년도에 양자컴퓨터로부터 안전한 시스템으로 전환이 필요하다는 차원에서 우려를 제기한 바 있다.

양자컴퓨터가 암호를 무력화한다면 이는 비트코인만의 문제가 아니다. 국가안보에서부터 금융 시스템 전반의 보안이 걸린 엄중한 사안이다. 따라서 양자컴퓨터 상용화가 가시화될수록 정부나 대형 금융기관들은 양자컴퓨터에 뚫리지 않는 '양자컴퓨터 내성 암호체계' 개발에 박차를 가할 수밖에 없다. 그리고 양자컴퓨터보다는 양자컴퓨터 내성 암호체계가 먼저 개발될 전망이다. 양자컴퓨터의 이론적 모형은 이미 알려져 있기 때문에 이에 대항하는 체계를 개발하기 위해 시제품이 나올 때까지 기다릴 필요가 없다. 암호학 자체가 수학과 같은 추상적 이론의 세계다.

양자컴퓨터 묵시록은 과학의 외피를 입고 있지만 비트코인과 암호화폐의 진정한 가치를 이해하지 못하는 데서 나온 기우라는 점에서 다른 묵시록과 다를 바 없다. 비트코인은 지름길이 없는 약속이다. 이것이 비트코인의 진정한 힘이다. 지름길이란 다른 사람은 약속을 지킬 때 약속을 어겨 손쉽게 이익을 취하는 특권을 의미한다. 중앙집중형 시스템은 중앙이 바로 지름길이다. 창고를 지키는 이에게는 언제나 창고 문을 열어서 이익을 편취할 수 있는 손쉬운 방법이 있다. 국가가 발행하는 화폐가 취약한 이유다. 하지만 비트코인은 중앙에 창고가 없으므로 창고지기도 없고 지름길도 없다.

합리적인 주체들이 자신의 이익을 극대화하려고 노력한 결과 비트코인 생태계는 언제나 최적상태를 이룬다. 따라서 예측이 가능한 시스템이다. 비트코인이야말로 양자컴퓨터의 상용화가 던지는 충격을 가장 효과적으로 흡수할 것이며 어떤 면에서는 양자컴퓨터의 발전을 촉진할 것이다.

누군가가 독점적으로 양자컴퓨터를 소유하며 양자컴퓨터에 관한 핵심지식마저도 배타적으로 가진다면, 묵시록은 실현될 수도 있다. 양자컴퓨터가 가진 우수한 연산능력을 이용해 채굴을 독점할 수 있기 때문이다. 누군가 통제하고 관리하는 중앙집중형 시스템에 익숙한 이들로서는 떨쳐버리기 어려운 사고의 습관이다. 그러나 양자컴퓨터는 마술이 아니다. 일단 발명돼서 상용화되고 나면 비싼 컴퓨터일 뿐이다. 비트코인은 열린 시스템이기 때문에 다른 참여자들도 양자컴퓨터가 주는 경쟁 우위의 이점과 구입비용 혹은 개발비용을 따져본 결과, 전자가 크다면 양자컴퓨터를 구입하거나 개발할 것이다. 결과적으로 양자컴퓨터를 가진 주체가 누리는 우위는 빠르게 소진된다. 시장은 한계비용과 한계수익의 수렴을 통해 양자컴퓨터가 영구적으로 지름길을 확보하는 걸 차단한다. 이렇듯 특권을 비용으로 치환해 버리면 지름길이 없어진다. 경쟁가격에서의 거래가 거래 당사자들은 물론, 사회 전체 이익의 극대점이라는 건 자유시장의 원리이기도 하다.

실제로 이런 사례가 있었다. 비트코인을 주고 최초로 피자를 주문한 라스즐로 핸예츠는 비트코인 채굴에서 매우 중요한 혁신을 이룬 역사적인 인물이다. 초창기 개발자들은 컴퓨터의 중앙처리장치CPU를 활용해 비트코인을 채굴했다. 채굴자가 소수였기 때문에 CPU만으로도 쉽게 비트코인을 얻을 수 있었다. 당시에는 채굴 성공자에게 50BTC가 주어졌다. 핸예츠는 그래픽카드GPU를 사용해 채굴하기 시작했고 CPU를 사용할 때보다 수백 배나 성공 확률을 높였다. 피자 이벤트를 벌일 당시 핸예츠는 혼자서 전체 채굴량의 50%를 채굴했다. 피자 거래에 성공한 이후 핸예츠는 몇 차례 더 비슷한 이벤트를 벌이면서 비트코인을 뿌려댔다. 그러다가 비트코인 잔액이 줄어들고 있다는 사실을 깨닫고는 비트코인을 흩뿌리는 이벤트를 중단해야만 했다. 자신의 채굴 점유율이 급격히 낮아졌기 때문이다. GPU 채굴은 빠르게 번졌고 혁신 우위는 갑자기 사라졌다. 핸예츠에게는 더 이상 피자와 맞바꿔도 좋을 만큼 싸구려 비트코인이 없었다.

로스트코인이 양자컴퓨터 개발을 촉진해 상용화 시기를 앞당길지도 모른다. '양자컴퓨터 내성 암호체계'가 만들어지면 비트코인은 장부만 유지한 채 지갑과 거래인증방식을 새로운 암호로 바꾸는 하드포크를 해야 한다.

하드포크에 동의하지 않고 기존 주소에 비트코인을 남겨 놓으면 양자컴퓨터를 소유한 이들이 공개주소를 역산해 개인키를 복원할 가능성이 있기 때문이다. 값비싼 비트코인을 눈 뜨고 빼앗길 수 없다고 판단한 소유자들은 주소를 바꾼 비트코인으로 옮겨 갈 것이다. 그러나 미처 옮겨 가지 못한 코인들이 남는데 이것이 바로 로스트코인이다. 양자컴퓨터를 소유한 이들은 로스트코인의 개인키를 찾아서 새로운 비트코인에서 동일한 양을 청구할 수 있다. 이들은 이 행위를 절도라고 인식하기보다는 '양자컴퓨터 채굴'로 생각할 것이다. 이는 오래전 난파된 배의 보물을 공해公海의 심연에서 건져 올리는 프로젝트와 비슷한데 이 역시 시장경쟁의 압박 아래 이루어지므로 공짜 점심은 아니다. 애초에 예정된 게임의 일부일 뿐이다.

비트코인의 가격이 오를수록 로스트코인 채굴의 이익도 커지고, 이는 양자컴퓨터 상용화의 결정적인 유인책이 될 것이다. 비트코인은 양자컴퓨터와 충분히 공생할 수 있을 뿐만 아니라 양자컴퓨터 상용화를 견인하여 기술문명의 진보를 촉진하는 데 공헌할 것이다. 혹자는 미국의 국가기관이 양자컴퓨터를 개발해 놓고도 그 사실을 밝히지 않을 가능성을 우려한다. 다른 나라의 핵심 정보에 접근하기 위해 기술 우위를 오랫동안 유지하려는 목적에서 말이다. 그런 경우라면 미국 정부는 더더욱 비트코인 시스템을 파괴하려고 도전하지 않을 것이다. 왜냐하면 양자컴퓨터 공격으로 한 번에 비트코인 시스템을 파괴할 수도 없는 데다, 양자컴퓨터를 이미 발명해 소유하고 있다는 사실만 폭로될 것이기 때문이다. 양자컴퓨터 같은 막강한 기술적 우위를 독점하면서 지속적으로 시스템을 공격해야만 그동안 누적된 신뢰가 파괴될 텐데 양자 컴퓨터를 가지고 있다는 사실을 노출하지 않으면서 그런 공격을 할 순 없다.

7.
채굴이 종료되면 채굴자들이 망해서 비트코인 시스템이 붕괴된다?

비트코인 채굴은 2140년에 종료된다. 계산에 따라서는 그보다 수십 년 앞서 종료될 수도 있다. 비트코인을 비판하는 이들은 비트코이너들이 100년 이후의 일에 대해 무관심하다고 조롱한다. 그런데 100년까지 기다릴 필요도 없다. 사실 비트코인의 신규 채굴량은 조만간 거의 무의미해진다. 반감기를 네다섯 번만 더 거치면 채굴량이 0.1BTC 미만으로 축소되기 때문이다. 그렇다면 비트코이너들은 20년 뒤를 생각하지 않고 질러 대는 초단기적인 단타쟁이들일까?

회의론자들은 비트코인을 가치물로 여기지 않는데 유독 "채굴이 종료되면 너희도 끝이다"라는 논리를 구사할 때만 비트코인을 가치물로 취급한다. 이 논증에 국한해서는 그들의 평소 지론이 맞다. 코인은 아무것도 아니다.

중요한 것은 비트코인 생태계에 들어오는 자본의 순유입이다. 그리고 자본은 달러나 원화와 같은 법화로 이루어진다고 가정하는 게 합리적이다. 누군가는 비트코인을 팔아서 돈을 챙긴 다음 이 지긋지긋한 생태계를 떠날 것이고 누군가는 비트코인을 사고 생태계에 진입한다. 사람이 아니라 자본의 양이 중요한데 유입되는 자본이 유출되는 자본보다 많으면 순유입이 발생하고 반대라면 순유출이 발생한다. 순유입이 지속되면 가격이 오르고 순유출이 지속되면 가격이 하락한다.

한편, 비트코인 채굴은 생태계 외부의 에너지를 사용한다. 생태계 외부에서 에너지가 들어와야만 살아남는 시스템이다. 순자본의 유입은 바로 생태계에 유입되는 에너지의 값으로 우선 지불된다. 나심 탈레브가 비트코인이 죽음의 소용돌이로 들어갈 것이라고 자신 있게 말한 이유도 바로 외부에서 순유입되어야 하는 에너지 때문이다. 즉, 비트코인은 외부로부터 에너지를 획득해 와야만 하므로 비트코인 생태계에는 지속적으로 자본의 순유입이 발생해야 한다. 자본이 순유입되는 만큼 에너지에 돈을 쓴다면 비트코인 가격은 일정하게 유지된다. 그러나 순유입이 부족하면 비트코인 가격은 떨어지고 에너지를 사용하지 못해서 허약해지다가 죽어버린다는 논리다.

비트코인을 거대한 저수지로 보아도 좋겠다. 상류에서 들어오는 만큼 물이 아래로 빠져나간다면 수위는 일정할 것이다. 상류에서 들어오는 물의 양이 방류량을 초과하면 수위는 높아질 것인데 이것이 비트코인 가격의 상승이다. 상류에서 들어오는 양이 줄어드는 대신에 하류로 흘려보내는 양이 많으면 수위는 낮아진다. 상류에서 저수지에 유입되는 것이 자본의 순유입이고 하류로 흘려보내는 것이 전기와 채굴장 운영비다. 즉, 채굴이 종료할 것을 걱정해 주는 회의론자들은 신규 코인에 주목하느라 정작 중요한 자본의 순유입과 순유출을 생각하지 못하는 셈이다.

이 저수지는 끊임없이 물을 흘려보내야 하므로 그 양을 채우기 전까지 순유입량이 가격을 끌어올리지는 못한다. 자본이 유입되면 먼저 외부의 에너지를 가져오는 데 쓰이고 그래도 남으면 가격을 올린다. 그렇다면 자본이 유입되지 않으면 흘려보낼 수 없으니 채굴에 에너지를 사용할 수 없게 될까?

일단 회의론자들의 걱정은 자본의 순유입량이 줄어드는 것이 아니다. 그들은 신규 코인이 줄어드는 것을 걱정한다. 이 둘은 엄격히 다르다. 채굴이 줄어들면 채굴자들은 새로운 비트코인[89]보다 거래수수료를 더 많이 가져간다. 거래수수료는 미미하기 때문에 채굴량이 줄어들면 수수료만으로는 채굴장을 운영할 수 없다는 논리가 회의론자들의 주장이다.

그러나 만약 저수지에 물을 내려보내는 게 채굴에 투입하는 에너지의 비용이라면 상류에서 저수지로 물이 유입되는 것이 중요하고, 설사 한동안 유입되지 않더라도 저수지에 이미 저장된 물을 방류하는 식으로 채굴자들은 자원을 배분받을 수 있다.

2023년 9월 기준으로 비트코인 가격은 2만 6,000달러다. 10분당 6.25개의 비트코인을 채굴자가 가져간다. 채굴자들이 가져가는 몫을 시스템 차원에서는 보안에 들이는 비용이라고 간주할 수 있다. 즉, 이

89 채굴자에게 새로 생성되어 전달되는 신규 코인을 코인베이스라고 한다.

시점에서 비트코인은 보안망에 대략 16만 2,500달러(2만 6,000 × 6.25)를 사용하고 있다. 한화로 계산하면 10분당 대략 2억 1,000만 원을 사용한다. 현재 상태에서 비트코인 보안에 특별한 문제가 있다고 여겨지지는 않는다. 회의론자들도 지금 당장 보안이 취약하다고는 주장하지 않는다. 10분당 2억 원을 사용하며 적당한 수준의 보안을 달성하고 있다고 가정하자. 그런데 20년 후에는 코인의 신규 채굴량이 거의 무의미해진다. 지금과 같은 보안망을 유지하려면 거래수수료는 얼마 정도여야 할까? 신규 코인 대신 수수료 형태로 채굴자들의 몫을 할당해야만 지금 수준의 보안을 유지할 수 있을 테니 말이다. 비트코인의 거래 수수료는 비싸기로 악명이 높다. 거래할 수 있는 용량이 매우 적기 때문이다. 초당 7개의 거래TPS: Transactions Per Second를 소화할 수 있는데 10분이면 4,200개의 거래량이다. 거래당 수수료가 38.6달러(16만 2,500달러/4,200개)면 20년 후에도 지금의 보안망을 유지할 수 있다.

이 말은 곧 20년 후에 비트코인으로 거래할 때마다 5만 원 정도를 지불하면 보안망 걱정은 안 해도 된다는 의미다. 신규 채굴 코인이 0이 되는 20년 후에도 거래수수료를 거래당 5만 원씩만 받으면 현재의 전기료와 채굴장 운영비를 지불할 수 있다. 거래당 5만 원이라는 거래수수료는 비싸지만 이는 온체인on-chain상에서 이루어지는 거래에 국한된 비용이라는 점을 상기할 필요가 있다. 라이트닝네트워크 같은 사이드체인이 성장할 것이기에 사람들은 저렴한 거래에는 저렴한 수수료를 지불할 것이다. 10만 원짜리 거래를 위해 5만 원을 지불하는 것은 부당하지만 1억 원 혹은 10억 원의 거래를 위해 5만 원을 지불하는 것은 견딜 만한 일이다. 사실은 무척 저렴한 수수료다. 사람들이 모두 라이트닝네트워크를 사용하면 채굴자들이 가져가는 게 없다고 걱정하는 사람들이 있을까 봐 하는 말이지만 라이트닝네트워크 거래도 언젠가는 블록체인에 기록해야 한다. 거래가 쌓이면 최종적으로 장부를 청산하면서 수수료를 5만 원 지불하는 것은 별문제가 아니니다.

다시 저수지 모형이다. 나심 탈레브의 생각처럼 상류에서 유입되는 물이 없으면 저수지 수위는 계속 낮아지다가 결국 말라버릴까? 비트코인 생태계는 유연하다. 유입되는 물의 양이 줄어들거나 멈추었는데도 하류로 계속 같은 양을 방류하면 저수지는 결국 마른다. 그러나 유입되는 물의 양이 줄어들거나 멈추면 하류로 방류하는 양도 덩달아 줄어든다. 언제나 수시로 조정되는 것은 아니지만 결국은 조정된다. 상류로부터 유입량이 많아지면 수위가 올라가지만 조만간 방류량도 따라서 늘어난다. 상류에 유입되는 양이 줄어들면 수위가 낮아지지만 하류의 방류량도 줄어든다.

나심 탈레브는 비트코인 생태계가 이미 충분한 저수량을 가지고 있다는 사실과 외부로 방류하는 양을 조절할 수 있는 시스템이라는 점을 간과했다. 저수지의 물이 이미 충분하다면 한동안 방류하면서 버틸 수 있다. 그렇게 버티다 보면, 때가 오면 다시 비가 내려 상류로부터 물이 유입된다.

신규 코인 축소에 따른 묵시록은 나심 탈레브와는 결이 다른 주장이다. 나심 탈레브의 주장은 논리적이지만 신규 코인 축소에 따른 묵시록은 단지 게임의 매개와 게임의 본질을 혼동한 착각이다. 신규 코인이 없어지면 채굴자들이 사라져 보안이 붕괴될 것을 우려하는 이들은 중요한 것은 비트코인의 가치가 아니라 외부로부터 유입되는 자본이라는 것을 간과하고 있다. 굳이 저수지 비유를 억지로 확장해 보자면, 나심 탈레브는 저수지의 외부만을 본 것이고 이 경우 회의론자들은 저수지의 내부만을 본 것이다.

회의론자들의 우려는 초기 비트코이너들이 순전히 머릿속에서 고민하고 토론해서 결론 낸 사안들이다. 천재들이 결론을 낸 사안을 일일이 의심하면서 자기 머리로 터득하려는 것도 좋은 자세이기는 하다. 그러나 자신의 논리적 추론이 천재들의 그것과 다를 때는 "유레카!"를 외치기 전에 한 번쯤 자기 논리가 뭔가를 간과하지는 않았는지 걱정하는 편이 비트코인을 공부하는 데 훨씬 더 생산적인 태도라고 할 수 있다.

우리 모두는 누군가가 본격적으로 비트코인을 구상한 지 20여 년 뒤 그리고 비트코인이 거친 생태계에 던져져 생존투쟁을 벌이면서 성공적으로 정글에 한 자리를 차지한 지 15년이 지나서야, 이 위대한 발명품에 대해서 뒤늦게 반추하는 후학들일 뿐이라는 사실만큼은 비트코인을 지적으로 탐험하는 동안 한시도 잊지 말아야 한다.

양자역학 고양이의 생존 여부에 대한 베이지안 추론

'슈뢰딩거의 고양이'는 양자역학이 얼마나 고약한 이론인지를 설명하는 데 사용된다. 상자 안에 들어 있는 고양이가 죽었는지 살았는지를 확인하려면 상자를 열어야만 한다. 열어서 확인하기 전에는 살아 있을 확률이 반, 죽어 있을 확률이 반이다. 그런데 양자역학에서는 이 확률값이 단지 인지의 불확실성이 아니라 존재적인 의미도 갖는다. 상자 안에 있는 고양이는 살아 있기도 하고 죽어 있기도 하다. '살아 있음'과 '죽어 있음'이 중첩된 상태로 병존한다. 즉, 알기 전의 상태는 그 자체가 불확정적이다. 외부인이 모르기 때문에 불확정적인 게 아니라 상태가 불확정적이어서 외부인이 모르는 것이다. 그리고 상자를 열면 둘 중 하나의 상태로 확정된다. 우리가 익숙한 관념으로는 도통 이해가 가지 않는다. 양자역학을 발견한 과학자들조차 자신들이 수학적으로 증명한 명백한 사실들이 실체적 혹은 철학적(존재론적)으로는 무엇을 의미하는지 전혀 이해할 수 없었다.

비트코인을 비판적으로 외부에서만 바라보는 사람들은 상자를 열지 않은 채, 고양이는 틀림없이 죽었다고 말하고 있다. 그들은 비트코인이 성장하고 있는 명백한 현실도 외면할 뿐 아니라 자신의 확신이 매우 견실한 논리적 토대 위에 있다고 믿는다.

지난 10년간 나는 슈뢰딩거의 고양이를 숱하게 관찰해야 했다. 확신이 부족한 이들은 비트코인이 살아 있는 상태와 비트코인이 죽어 있는 상태가 중첩된 시간 안에 머문다. 물론 비트코인 가격이 요동치는 현상은 중첩상태가 맞는 표현이라고 웅변해 주는 것 같다. 격렬하지만 짧은 여름, 지루하게 늘어지는 침체의 겨울이라는 비대칭이 이 불확실한 상태를 연장하고 있는 걸로 보인다. 긴 겨울을 지나는 동안 대부분의 사람들은 상자 속 고양이는 틀림없이 죽었다고 확신한다. 그리고 관심을 끊는다. 그러나 양자역학 이상으로 요상한 비트코인 현상은 다시 상자 속 고양이를 깨우고 만다. 그때, 사람들은 고양이가 살아 있다는 것을 기정사실로 받아들인다. 그리고 비트코인 투자자들을 부러워하고 자문을 구하고 열심히 받아 적기도 한다. 그러나 그때라면 대체로 늦었다고 보아야 한다. 그리고 얼마 지나지 않아서 새로운 순환이 시작된다. 가격이 폭락하면 고양이는 살아 있는 상태와 죽어 있는 상태로 중첩되며 상자는 굳게 닫혀서 도무지 안을 들여다볼 수 없다.

나는 비트코인이 객관적인 가격을 가진 현실이 양자역학만큼이나 이해하기 어렵다고 느꼈다. 일단 어떤 것이 지구적 차원에서 가격을 가지고 있고, 빛의 속도로 이동하며, 어느 정부도 막을 수 없으므로 국경을 넘어서까지 변제의 최종성을 가지고, 컴퓨터 프로그램과 잘 호응하며, 개인들이 정부에 대해 소유여부 자체를 숨길 수 있다면 그것은 혁명이다. 소유권 혁명이기에 결제 시스템과 금융혁신을 훌쩍 넘어서는 문명사적인 사건이다. 메타버스와 국제적인 역학관계까지도 바꿀 만큼 파급력이 크다. 그리고 개인과 정부 사이에서 너무나 큰 힘의 격차도 줄여준다. 그런데 이런 사고의 확장은 비교적 쉽다. 이런 변화를 상상하는 데는 기존의 지식이 도움이 된다. 문제는 기존의 지식으로 답하려면 속수무책인 "왜 비트코인이 애초에 가격을 갖고 있는가?"라는 질문이다.

이것을 설명하는 합당한 논리는 별로 없다. 정신을 차리고 상자를 열었을 때 살아 있는 고양이를 만난 것처럼 이 세계에 사는 우리는 가격을 가진 비트코인을 목도하고 있다. 이 세계는 더 이상 가격이 없는 비트코인과 가격을 가진 비트코인이 중첩된 상태가 아니다. 지구와 모든 게 똑같지만 약간만 다른 어떤 평행우주에서는 가격을 갖지 않은 비트코인을 발견한 우리가 있을지도 모른다.

평행우주 이야기가 나와서 말인데, 무한한 우주(정말로 무한이라는 말 그대로)에서 당신과 비슷하지만 약간만 다른 당신이 살아가는 다른 우주의 존재는 충분히 가능한 상상이라는 것이 천체물리학자들의 진지한 가설이다. 그렇다면 어떤 평행우주에는 서기 2017년 바로 직전에 비트코인의 가능성을 발견하고 1억 원어치쯤 투자해 둔 당신이 살고 있을지도 모른다.

나는 비트코인 현상은 재현이 가능하다고 확신했다. 우리는 비트코인이 가격을 갖게 만든 기저의 원리를 모두 이해하지는 못한다. 정말로 하는 말인데, 나는 평행우주 어딘가에 모든 게 여기와 똑같지만 비트코인이 가격을 갖지 않은 세계가 존재할 수 있다고 상상한다. 즉, 비트코인이 가격을 가진 데는 어느 정도 우연적 요소도 있다는 소리다. 그리고 우리는 그것이 무엇인지 감조차 잡지 못하고 있다.

그러나 비트코인이 객관적인 가격을 갖게 되는 과정을 재현해 낸다면 비트코인 현상의 기저에서 중요한 요소와 중요하지 않은 요소를 가려낼 수는 있게 된다. 재현에 실패한다고 해서 엄연히 '팔팔하게 살아 있는 비트코인'의 존재를 반박할 수야 없겠지만, 성공한다면 비트코인 현상에 대해 우리는 더 많은 것을 이해할 수 있다. 즉, 재현 실험의 실패가 살아 있는 고양이를 죽이지는 못하지만, 14년 전 사건들을 어눌하게 복제한 실험이라도 비트코인 현상을 재현한다면 우리는 높은 확률로 고양이를 살아 있게 했던 상자 내부의 조건을 성찰할 수 있다. 양자역학의 정의상 상자를 뜯기 전까지 상자 안을 볼 수는 없지만 그야말로 상상할 수는 있다.

그리고 나는, 아니 우리는 재현에 성공했다. 어떤 가치물과의 교환도 보장하지 않았고, 돈을 받고 팔지도 않았으며, 단지 산 중턱으로 불러서 나누어준 코드 쪼가리가 생기 넘치는 가격을 갖게 되었다. 상자를 열었더니 고양이는 진짜로 살아 있었다. 이제 우리는 무엇이 고양이를 살리는 환경인지 대략 파악할 수 있게 되었다. 상자를 열기 전에 상상력만으로 추론한 조건이 '예상대로 올바르게' 작동했다고 주장할 수 있는 논거를 하나 얻은 셈이다. 게다가 어디까지나 덤이지만 2023년 무렵, 여기 이쪽 평행우주에 살고 있는 몇천 명은 비트코인에서는 자신을 비켜간 행운을 이 실험에 참여하며 움켜쥘 수 있었다. 이는 다른 평행우주에서라면 아주 높은 확률로 비트코인도 비켜가고 이 실험도 비켜간 자신이 여기이 우주에 있는 자신을 엄청나게 부러워할 정도의 행운이기도 하다.

비트코인이 객관적인 가격을 가진 현실과 양자역학은 상식이나 직관과 충돌하기 때문에 '딱 떨어지는 논리만'을 좋아하는 지성인들에게 거부감을 불러일으킨다는 점에서 닮았다. 또한, 동일한 조건에서 반복하면 같은 결과가 나오는 엄연한 사실이라는 점과 실체적이고 철학적인 의미는 모르더라도 수학적으로는 명석하게 분석된다는 점도 비슷하다.

상자를 열면 고양이가 살아 있거나 죽어 있는 상태를 눈으로 확인할 수 있지만, 상자는 열지도 않은 채 살아 있는 상태와 죽어 있는 상태의 중첩이라는 난해한 해석에 꽂혀 한 발짝도 앞으로 나아가지 못하는 사람들이 아직도 대다수다. 우리는 다 이해하지 못하지만 현실을 수용할 수는 있다. 사실 우리 모두는 이해하지 못한 채 현실을 살아내고 있다. 현대 과학자들조차 양자역학의 의미를 충분히 이해하지 못하지만 양자역학이 예견하는 결론을 명백한 사실로 수용한다.

아니, 상자가 열리지 않은 상태라면 당신의 추론이 맞다. 만약에 누군가 자신이 실력, 열정, 헌신을 모두 갖추고 있다고 스스로 소개하면서 정말로 실력, 열정, 헌신이 꼭 필요한 일을 제안한다면 엉터리라고 단정하고 관심을 끊는 편이, 높은 확률로 인생의 낭비를 피하는 올바른 태도다. 인생을 살아본 경험통계상 이 세 가지를 모두 갖춘 사람을 만나는 것은 매우 어렵다. 진짜로 실력 있는 사람이 열정적이기도 하다면 그 열정은 개인적 야심에 불과한 경우가 많다. 간혹 보이는 사심 없는 실력자라면 그들은 대체로 세상에 대해 냉소적이다. 잡스러운 세상욕망과 거리를 두는 것이야말로 어쩌면 그들이 실력을 유지하는 비결일 것이다.

그러나 다시 말하지만 이런 생각은 이 우주에서는 이미 쓸모가 없다. 우리는 상자를 열었고 어쨌거나 고양이는 살아 있다. 우리는 당신이 세상을 수용할 때까지 기다릴 수는 없다. 우리는 상자를 열었고 살아 있는 고양이를 보았으므로 그 사실에 기반해서 앞으로 나아갈 것이다. 비트코인이 죽었다고 생각하는 당신은 단지 틀린 게 아니다. 당신은 현실과 그 현실을 살아야 할 자신의 인생에 대해 성실하지 못한 것이다. 당신이 우연히(?) 살게 된 이 평행우주가 이미 확정한 것들을 있는 그대로 수용하려는 용기를 가져야 한다. 비트코인만이 아니라 사실 우리는 자신의 삶에 닥치는 일들을 모조리 이해하지는 못한다. 왜 유독 비트코인만큼은 모조리 이해해야만 현실을 직시할 수 있다고 우기는 것일까?

상자는 이미 열렸는데 상자가 닫혀 있는 중첩으로부터 한 발짝도 나아가지 못하는 당신은 이 평행우주에서 아직 확실하게 살아 있지 못한 '중첩상태'인지 모른다. 즉, 당신의 현실 인식이야말로 살아 있는 것도 죽어 있는 것도 아닌 불확정 상태다.

모호함은 고양이가 살아 있는 상자 내부가 아니라 이미 일어난 일을 받아들이지 못하는 당신의 머릿속에 있다.

오태민
×
어스 캠퍼스

오태민 작가와 함께하는
비트코인 필승 투자 스터디

더 그레이트 비트코인
The Great Bitcoin

1판 1쇄 발행 2023년 11월 10일
1판 10쇄 발행 2025년 1월 7일

지은이 오태민
펴낸곳 거인의 정원
발행인 이웅구
출판등록 제2023-000080호(2023년 3월 3일)
주소 서울특별시 강남구 영동대로602, 6층 P257호
이메일 nam@giants-garden.com
홈페이지 smartstore.naver.com/giantsgarden